城市轨道交通建设系列指南

城市轨道交通装饰装修工程设计与施工指南

江苏省住房和城乡建设厅
江苏省土木建筑学会城市轨道交通建设专业委员会 组织编写

中国建筑工业出版社

图书在版编目（CIP）数据

城市轨道交通装饰装修工程设计与施工指南/江苏省住房和城乡建设厅，江苏省土木建筑学会城市轨道交通建设专业委员会组织编写．—北京：中国建筑工业出版社，2020.7

（城市轨道交通建设系列指南）

ISBN 978-7-112-25290-9

Ⅰ.①城… Ⅱ.①江… ②江… Ⅲ.①城市铁路-轨道交通-装饰-工程设计-指南 ②城市铁路-轨道交通-装饰-工程施工-指南 Ⅳ.①U239.5-62

中国版本图书馆 CIP 数据核字（2020）第 114911 号

本指南重点论述城市轨道交通装饰装修和标识系统的设计与施工。全书共分为 8 章，包括：绪论、城市轨道交通线网装饰装修设计、城市轨道交通车站装饰装修设计、BIM 在装饰装修设计中的应用、装饰材料性能、施工技术准备、车站装饰装修施工及城市轨道交通标识系统。全书附有大量的工程实景照片和典型施工案例，具有较强的实用性和可操作性。

本指南可供城市轨道交通工程参建各方、科研院所、建设主管部门、质量安全监督机构等广大技术和管理人员使用，可作为城市轨道交通装饰装修和标识系统培训教材，也可供装饰装修设计和施工等相关专业的师生参考。

责任编辑：万　李　张伯熙
责任校对：张　颖

城市轨道交通建设系列指南
城市轨道交通装饰装修工程设计与施工指南
江苏省住房和城乡建设厅
江苏省土木建筑学会城市轨道交通建设专业委员会　组织编写
*
中国建筑工业出版社出版、发行（北京海淀三里河路 9 号）
各地新华书店、建筑书店经销
北京红光制版公司制版
南京海兴印务有限公司印刷
*
开本：787 毫米×1092 毫米　1/16　印张：21　字数：505 千字
2020 年 10 月第一版　2020 年 10 月第一次印刷
定价：**62.00** 元
ISBN 978-7-112-25290-9
（35992）

《城市轨道交通装饰装修工程设计与施工指南》

主编单位：

江苏省土木建筑学会城市轨道交通建设专业委员会

南京华夏天成建设有限公司

参编单位：

上海现代建筑装饰环境设计研究院有限公司

苏州市华丽美登装饰装璜有限公司

江苏省建筑工程质量检测中心有限公司

苏州国贸嘉和建筑工程有限公司

启迪设计集团股份有限公司

苏州金螳螂建筑装饰股份有限公司

常州市规划设计院

南京地铁建设有限责任公司

苏州市轨道交通集团有限公司

无锡地铁集团有限公司

常州市轨道交通发展有限公司

徐州市城市轨道交通有限责任公司

南通城市轨道交通有限公司

本书编审委员会

顾　　问　钱七虎　陈湘生　缪昌文　周　岚　顾小平
余才高　周明保　徐　政　宋晓云　朱明勇
王　智

本书编写委员会

主　　任　张大春

副 主 任　汪志强　夏　进　卢红标　朱云峰　周浩明

主　　编　祁　红

副 主 编　陈　庭　于凤霞　张学红

编写人员　（按姓氏笔划排列）

马　奎　马　亮　马凌颖　王开材　王莉娟
车　伟　卢红标　冯黎喆　朱云峰　朱利伟
华　梅　刘亚伟　杜兆金　李　畅　李天艳
李新祝　杨晓燕　吴沈军　何　伟　张大春
张亚挺　张志浩　张福林　范春波　周浩明
胡　静　夏　进　倪　列　徐彩霞　殷　矫
郭文超　郭雷黎　曹兰兰　彭　欢　葛云飞
蔡志军　薛本俊　戴丽丽

本书审定委员会

主　　任　徐学军

委　　员　黎　庆　殷　彤　徐　敏　王厚然　刘清泵
赵伟力

序　一

自 20 世纪 90 年代至现在是中国城市轨道交通快速发展的新阶段。随着经济的快速发展，城市综合规模的迅速扩大，中国城镇化进程的加快，我国的轨道交通也进入了大发展时期。规划建设城市轨道交通的城市迅速增多，大中城市轨道交通正逐步形成网络化，中国正初步形成了以地铁为主体，轻轨、单轨、有轨电车、磁浮、APM 和市域快轨等其他制式为补充的多元化发展格局，城市轨道交通已在高位稳定发展。中国城市轨道交通用不到 30 年的时间，走过了国外发达国家 150 年的发展历程。

实践证明，城市轨道交通在优化城市地下空间结构，促进新型城镇化发展，缓解城市交通拥堵和保护环境等方面显示出无比优越的作用。在大规模、高速度、跨越式发展的阶段，我们必须清醒地认识到，当前我国城市轨道交通建设正面临着一些严峻的问题和挑战。轨道交通建设的前期线网规划、线路、可行性研究、方案设计、比较研究和优化工作不够；在大建设时期还未来得及形成一套系统、完善的管理、勘察、设计、施工、监理、运营等在内的技术与管理标准体系；强调快速建设而压缩工期，强调最低价中标而造成材料设备和施工竞相压价，导致建设投入不足；建设管理薄弱，管理信息化水平不高，风险管理意识薄弱，工程事故时有发生；由于建设项目多、规模大、专业性强，造成目前轨道交通行业技术和管理力量稀释，专业技术人员、管理人员和熟练岗位技术工人严重匮乏，特别是一线操作工人来源短缺，技术水平较低，难以适应需求；工程建设中常见质量问题仍较普遍，质量水平不容乐观。

可喜的是，江苏省土木建筑学会城市轨道交通建设专业委员会在江苏省住房和城乡建设厅、江苏省科协的大力支持下，从 2014 年 10 月成立以来，一直以“建设一批优质工程、带动一批骨干企业、培养一批优秀人才、研究一批急需成果”为己任，先后开展了城市轨道交通工程“835”、“926”科技创新计划，经过 5 年多的努力，终于完成了两轮科技创新任务。两轮科技创新计划涵盖了城市轨道交通科研项目、地方标准和建设指南。其中编写的一套《城市轨道交通建设系列指南》，始于城轨需求，源自城轨实践；有理论，更有经验的提炼；有系统性，更重操作性，可喜可贺！本套丛书的问世，顺应了“聚焦高质量发展”新时代的要求，将对我国城市轨道交通建设水平的提升起到积极和重要的促进作用。

中国工程院院士、国家最高科学技术奖获得者：钱七虎

2019 年 12 月 9 日

序　二

从1863年英国伦敦第一条地铁线到1965年我国北京地铁一号线建设以来，因快捷准点、运输量大、节能环保等优点，城市轨道交通已成为百姓出行首选的交通工具。截至2019年9月底，我国已有43个城市运营突破6300公里；在建里程达6600公里。截至2019年12月，江苏省城市轨道交通已有7个地级市运营或在建，其中运营地铁18条线704.5公里、有轨电车5条线83.8公里；在建地铁19条线539.4公里。

城市轨道交通工程建设涉及土木工程、机电工程和管理工程等近40个专业。随着我国城市轨道交通进入高速发展阶段，该领域的管理、勘察设计、监理、施工、检测、监测等专业人员紧缺，安全与质量管理面临着严峻的问题和挑战。因此，项目管理、安全与质量风险管控，技术与管理人员管理水平等亟待提升。

为此，江苏省土木建筑学会城市轨道交通建设专业委员会（以下简称江苏城轨专委会）自2014年成立以来，一直把科技创新工作放在首位。先后联合了省内外城市轨道交通建设110余家勘察设计、施工、监理、检测、监测、科研院所、监管等单位和部门，共同开展了两轮科技创新活动，取得了一批可喜的成果。已出版了第一批《城市轨道交通建设系列指南》7本、省级地方标准6本和10余项重要科研成果，第二批《城市轨道交通建设系列指南》将有10余本陆续出版，相关成果对推动城市轨道交通建设高质量发展起到了很好的引领作用。

组织《城市轨道交通建设系列指南》的编写，反映了江苏城轨专委会想城轨建设所想，急城轨建设所急，具有前瞻眼光和强烈的责任感。组织编写这样一套系列丛书，工程浩大，需要组织协调和筹集大量人财物。从选题、立项、确定主参编单位和人员、每本书的大纲和定位，到编写过程中邀请国内相关专家的数轮指导审核把关，付出了艰辛的努力；他们坚持不流于形式、不急于求成，坚持实用、创新、引领和指导等原则，体现了编审委员会严谨、求实和负责的态度和精神。

系列指南涵盖了我国城市轨道交通建设的多个领域，涉及面广。它的陆续出版，是我国城市轨道交通建设的一件盛事和喜事。编写者在城轨一线边工作边写作，边调研边提炼总结，对现行标准规范融会贯通，集思广益，倾注了大量的心血。他们紧扣该领域建设的实际需要，突出问题导向，突出经验总结和梳理，突出实用性和操作性，奉献出了一本本图文并茂、可读性强，集指导性、实用性、专业性为一体的指南，可喜可贺！系列指南的问世将对我国城市轨道交通工程建设水平的提高和高质量发展具有重要的促进作用。

陈湘生，博士，教授，中国工程院院士
深圳大学土木与交通工程学院院长
深圳市地铁集团有限公司技术委员会主任
2019年12月9日

序　三

随着城市建设的快速发展，城市轨道交通作为百姓出行的首选方式，其工程建设也进入迅猛发展时期。针对如此大规模的城市轨道交通建设任务，为提高工程整体建设水平，急需在施工质量控制、新材料研究及应用、安全管理标准化、检测监测技术研究、建设项目管理等多方面编写一系列指南来指导工程建设。

江苏省土木建筑学会城市轨道交通建设专业委员会（以下简称江苏城轨专委会）作为科技社团，2014 年 10 月成立以来，紧紧围绕城市轨道交通建设“四大目标”和“六项任务”开展工作。“四大目标”即：建设一批优质工程、带动一批骨干企业、培养一批优秀人才、研究一批急需成果；“六项任务”即：搭建交流平台、开展标准（课题）研究、提供咨询服务、组织人才培训、指导工程创优、发挥助手作用。

通过 5 年多的努力，江苏城轨专委会充分发挥专家团队的技术优势，积极开展系列科技创新活动。先后牵头组织省内外 110 余家单位，近 800 人共同开展城市轨道交通“835”和“926”计划，参加的单位有城市轨道交通参建单位、高等院校、科研院所以及政府主管部门等，目前已基本完成全部科技创新计划任务。

系列指南的编写立足于城市轨道交通建设，内容丰富，书中大量的观点、做法、数据和案例都来自各编写单位一线工程实践经验，具有鲜明的工程特色，同时还引用了国内大量最新发布的标准和规范性文件，在写法上做到了图文并茂，整体具有较好的先进性、创新性和实用性。

本轮系列指南在编写过程中凝聚了全体主参编、审定人员的智慧和辛勤汗水，对推动城市轨道交通工程高质量发展具有非常重要的指导价值。

中国工程院院士：

2019 年 12 月 18 日

序　　四

近年来，江苏省城市轨道交通工程建设进入大规模、高速度、跨越式发展阶段。自2000年南京地铁1号线开工建设以来，先后有苏州、无锡、常州、徐州、南通、淮安及昆山等地陆续开工建设，截至2019年12月，江苏省城市轨道交通在建和投入运营的线路（含有轨电车）共42条，共1327.7公里；预计到“十三五”末将达到1400公里左右。

城市轨道交通工程建设周期长、施工环境复杂、风险大，涉及专业众多。多年来，我省各级建设主管部门和奋战在我省城市轨道交通建设战线的广大管理和技术人员，在轨道交通工程建设和管理方面十分重视向北京、上海、广州、深圳等兄弟城市学习，同时结合江苏省的实际和特点进行探索，并注重实践经验的积累和总结。2014年7月25日，江苏省住房和城乡建设厅下发了“关于开展江苏省城市轨道交通工程建设系列指南（标准）编写工作的通知”，并委托江苏省土木建筑学会城市轨道交通建设专业委员会具体实施。通过110余家单位、近800人的攻关，首批系列指南已正式出版发行。第二批指南也列入江苏省住房和城乡建设厅科技创新工作计划，计划到“十三五”末，基本建立和健全江苏省城市轨道交通建设标准体系。目前，已出版了第一批《城市轨道交通建设系列指南》7本、省级地方标准6本和10余项重要科研成果，第二批《城市轨道交通建设系列指南》有10余本也陆续出版，相关成果对推动城市轨道交通建设高质量发展起到了很好的引领作用。

组织编写《城市轨道交通建设系列指南》，是我省城市轨道交通建设史上的一件大事，是全面总结和提高我省城市轨道交通建设水平的重要工作。江苏省土木建筑学会城市轨道交通建设专业委员会在组织编写系列指南过程中，积极协调各方资源，严密组织编写过程，坚持每本指南召开编写大纲、中间成果、修改后成果三次评审会和最终成果专家审定会，每次会议均邀请国内城市轨道交通建设专家学者严格把关，经过多次反复沟通修编，较好地保证了指南编写的质量。

由于江苏省城市轨道交通建设起步较晚，建设经验与兄弟省市相比还有较大的差距，系列指南（标准）的编写还存在许多不足，希望编委会和广大编写人员继续向兄弟省市学习，向实践学习，不断改进、总结和完善，为城市轨道交通建设作出积极的贡献。

江苏省住房和城乡建设厅党组书记：

2019年12月16日

前　言

城市轨道交通工程作为一个城市的重要基础设施，其装饰装修从线网整体规划，到线路、车站设计、施工和标识，不仅要满足功能需要，还要表达一个城市的文化内涵，反映一个城市的精神风貌。为指导城市轨道交通装饰装修工程设计及施工，提高工程设计水平和施工质量，江苏省住房和城乡建设厅、江苏省土木建筑学会城市轨道交通建设专业委员会组织南京华夏天成建设有限公司等多家单位共同编写了本指南。

本指南编写组在广泛调研近年来国内外城市轨道交通装饰装修工程基础上，对江苏省内外多条城市轨道交通工程装饰装修的经验进行了认真的梳理和总结，并依据国家现行相关法律法规及标准，经过反复讨论，多次修改成稿。

本指南在编写之初，原计划将城市轨道交通标识系统单列成书，后在编写过程中考虑其建设时序与装饰装修处于同一阶段，故将其合二为一。本指南共分 8 章。第 1 章绪论，主要介绍了城市轨道交通装饰装修的作用和意义、现状及发展趋势；第 2 章城市轨道交通线网装饰装修设计，主要介绍了线网设计内容与原则、线网概念主题如何表达与定位；第 3 章城市轨道交通车站装饰装修设计，主要介绍了车站公共空间装饰装修设计原则与方法，方案设计表达手法，车站空间照明、文化艺术、设施、地面附属建筑物、设备用房设计方法与标准，装饰装修设计与专业之间的配合，以及施工图质量控制；第 4 章 BIM 在装饰装修设计中的应用，主要介绍 BIM 应用流程、应用目标、成果表达、模型设计深度等内容；第 5 章装饰材料性能，介绍了装饰材料的分类、基本要求及常见材料的特性、应用概况及主要技术指标；第 6 章施工技术准备，主要对图纸会审、设计交底、深化设计、测量放线、综合布置图深化的方法和要求进行了介绍；第 7 章车站装饰装修施工，主要介绍了各分项工程的工艺流程、施工重点、质量验收标准、成品保护、常见质量问题控制等内容；第 8 章城市轨道交通标识系统，主要介绍标识的内涵与分类、标识系统的设计和施工。在相应章节插入了大量案例照片和工程实景照片，具有较强的实用性和可操作性。

本指南在编写过程中，得到了江苏省内外城市轨道交通建设相关主管部门，质量安全监督部门，建设、设计、监理、施工及检测等单位的领导、专家和学者的帮助，在此表示衷心的感谢！因时间仓促和编写人员学术水平的局限性，编写过程中难免存在一些不足和疏漏，敬请读者提出宝贵的意见和建议，并及时反馈至江苏省土木建筑学会城市轨道交通建设专业委员会，以供修订时参考。

本书编审委员会

2020 年 5 月

目　录

第 1 章　绪　　论

随着城市轨道交通的发展，在固守建筑空间基本功能的基础上，对审美功能的重视已经成为一种普遍的需求。装饰装修的效果时刻都在人的视觉和触觉等意识情感能感受到的空间范围内，通过其视觉和触觉感受反馈给人们。装饰装修使用科学的工艺和现代化的装饰材料，对建筑物结构进行有效的覆盖，利用装饰装修将建筑提供的各种功能服务或者文化艺术理念予以呈现，将功能与装饰完美组合，彼此渗透，既起到装饰作用，又不失功能性，通过一些细节的刻画，打造一个有特色的建筑空间，改善内外空间环境，给人带来一种美好的视觉享受。

1.1　城市轨道交通装饰装修发展历程

随着城市交通事业的日益发展，近年来最受关注的无疑就是轨道交通，城市轨道交通所具有的优势使其成为近年来最受欢迎的交通出行方式。目前，城市轨道交通建设发展已经达到了较高的水平，其装饰装修对于不同的国家都呈现着不同的风格特色。这些风格和特色对进一步提高交通空间环境品质、提升城市品位、促进城市社会经济发展具有极其重要的作用。

1.1.1　国外城市轨道交通装饰装修发展历程

世界上首条城市轨道交通建成的城市是英国，就目前来看，发达国家城市轨道交通城市如纽约、伦敦、巴黎、东京、莫斯科等已基本完成了网络建设。但中等发达国家和地区，特别是发展中国家的城市轨道交通建设正在进行中。

从建设的成果看，目前国外虽然没有形成系统的车站空间环境设计理论，但是发达国家现有的轨道交通空间经过长期的发展，已经形成了一定的规模和特色，并赢得了人们对空间环境的认可。

二战结束以后，世界开始安定下来，各国开始恢复修复环境工作，缓解城市交通堵塞，为原来经济萧条的地区创造更多的工作岗位。瑞士斯德哥尔摩 1950 年修建城市轨道交通，成就了今天的城市轨道交通艺术长廊，如图 1-1 所示；天生浪漫，又极富艺术才华的意大利人，汇集了来自世界各地的近百名艺术家、设计师，从中精挑细选，将那不勒斯地铁站建成了充满艺术气息且风格鲜明的一个个地铁站，如图 1-2 所示。德国某地铁站如图 1-3 所示，在这里乘坐地铁时，经常会为站内的建筑结构、线条、色彩、设计而感到惊叹不已。一个普普通通的地铁站，竟然被设计成一个视觉冲击力极强的现代艺术画廊，且每个地铁站的设计风格不一，为广大市民在搭乘城市轨道交通时提供了许多看点和乐趣。

英国伦敦地铁站空间形态的变化与过渡以动线为线索层层展开，同时室内色彩与材质的变化，也因空间层次的不同而相应变化，在不同空间的转换处表现尤为明显。美国纽约某地铁站如图 1-4 所示，有很多独特的艺术作品，为城市文化的宣传搭建了一个公共开放的平台，车站内部的装饰艺术成了地铁文化的载体。

图 1-1　瑞士斯德哥尔摩某地铁站实例

图 1-2　意大利那不勒斯某地铁站实例

图 1-3　德国汉堡某地铁站实例

图 1-4　美国纽约某地铁站实例

从上述所列城市轨道交通装饰发展历程来看，城市轨道交通装饰装修设计的影响因素来自多方面，如政治因素、社会因素、经济因素、文化因素等，基于城市人口的迅速增长，进而引发各种需求变化，随着经济和技术的迅速发展，各个城市轨道交通的发展各自展现其城市独特的魅力。

1.1.2　国外城市轨道交通装饰装修特色

匈牙利布达佩斯 M1 线是欧洲大陆最古老的地下铁路，如图 1-5 所示。为了纪念匈牙利先民到欧洲定居一千周年（史称“千禧年盛典”）而修建，目的是让市民可以乘坐城市轨道交通直接到达千年庆祝活动的主会场布达佩斯城市公园。车站整体风格沿袭千年纪念

图 1-5　匈牙利布达佩斯某地铁站实例

时的样式，古典的墙面瓷砖装饰、长条木椅、木门、木质服务中心以及煤油灯造型的壁灯，让每个站台都像一座怀旧电影的摄影棚。2002年，该城市轨道交通线被联合国教科文组织列入世界遗产。

捷克布拉格某地铁站如图1-6所示，由三条线路组成，分别为A线、B线和C线，总共有54个地铁车站，铁路总长度超过50km。布拉格地铁车站的墙面装饰多采用富有本国民族特色的金属质感材质，构成单一式图形排列，利用色彩的渐变以及图形的凹凸分布完成了统一视觉里的细致变化，并绘上体现各个车站特征的壁画。

图1-6　捷克布拉格某地铁站实例

法国巴黎某地铁站如图1-7所示，被称为全世界最密集、最方便的城市轨道交通系统之一。早期城市轨道交通是通过对空间界面进行艺术装饰，每个城市轨道交通车站的设计都各有特色：如巴士底站的墙壁上贴满了攻克巴士底狱的图片，车站内采用了大量潜艇窗口、铆钉装饰和暖色金属，风格独特；卢浮宫站陈列着许多文物，俨然就是一个小博物馆；通过这些艺术装饰给人一种视觉上的享受。大部分城市轨道交通车站都很有自己的个性，而且经常会整修和翻新，城市轨道交通车站内部的装饰都别有风情。

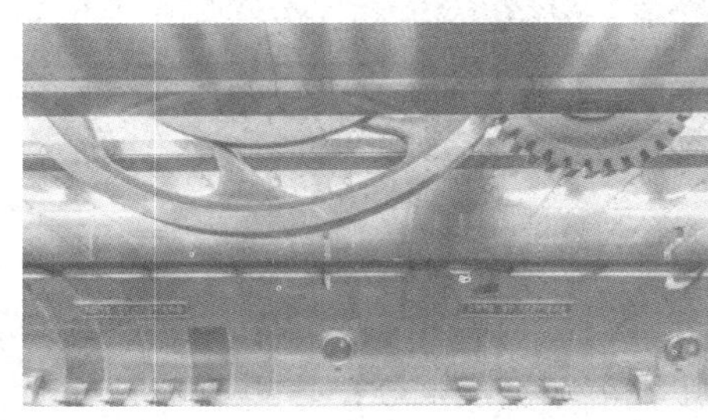

图1-7　法国巴黎某地铁站实例

德国柏林某地铁站如图1-8所示，是继伦敦、布达佩斯、格拉斯哥和巴黎之后，世界

图1-8　德国柏林某地铁站实例

上第 5 个建成城市轨道交通的城市。虽然历史久远，柏林的城市轨道交通车站却不那么陈旧，色彩饱和鲜活，再次打破对于德国设计冷静严谨的印象。站台设计就不仅仅满足于每站不一样的颜色，而是每站的建筑设计和个性特色都相对鲜明，融入城市轨道交通车站附近的人文特色，树立了独一无二的标志，至今看来仍非常前卫，在这里乘坐城市轨道交通可谓一件赏心悦目的乐事。

俄罗斯莫斯科的城市轨道交通车站如图 1-9 所示，总免不了一股浓郁的东欧风情。每一个城市轨道交通车站都富丽堂皇，装饰着令人难以置信的马赛克壁画。发展至今一直被公认为世界上最漂亮的轨道交通空间，建筑造型各异、华丽典雅。多用五颜六色的大理石、花岗石、陶瓷和五彩玻璃镶嵌出各种浮雕、雕刻和壁画装饰，艺术水平较高，照明灯具十分别致，使旅行者有种身处富丽堂皇宫殿的感觉。

图 1-9　俄罗斯莫斯科某地铁站实例

日本东京城市轨道交通如图 1-10 所示，注重设计，新材料、新技术的使用为城市轨道交通注入了新的元素。这些新技术的应用，让城市轨道交通空间变得有趣、生动，城市文化、人文艺术也不断加入城市轨道交通空间当中，城市轨道交通不再是单纯满足出行的便利交通工具，而是代表了城市形象。以东京涩谷站为例，通过打穿地下层与层之间的结构，制造出能引入日光的城市轨道交通空间，玻璃纤维混凝土的利用使得曲线的空间造型

图 1-10　日本东京某地铁站实例

得以实现。

新加坡某地铁站如图 1-11 所示，早期的城市轨道交通车站建筑强调实用而非美观。这点可以从最早开始建造和营运的车站上看出来。唯一的例外是乌节路站，设计者有意将其建成一个城市轨道交通车站的“样板”而建造了半球形的屋顶。在主要的城市轨道交通车站里，可以看到一些艺术作品，主要是表现新加坡近代历史的绘画和雕塑，目的是为乘客在搭乘城市轨道交通时，可以有鉴赏公共艺术的机会。每个车站的艺术作品都与车站的特点相配合。

图 1-11　新加坡某地铁站实例

随着城市物质与文化水平的不断提高，轨道交通车站内部空间环境设计作用越来越凸显，设计更加多元化。通过调查研究国外城市轨道交通车站其设计主流类型主要有：

(1) 重视城市轨道交通文化载体的作用，传统与时尚交融。伦敦和莫斯科具有代表性，传统模式依然如旧，富丽堂皇，犹如地下宫殿，带有浓烈的民族风格，体现了时代发展的烙印，但引入了很多时代风格，在一定程度上的简化更能体现自身独特的理念。

(2) 充分体现地域文化。瑞士斯德哥尔摩车站设计受到行业内的广泛关注，用原始而繁复的壁画装点地下空间，给当代都市人一份非常独特的艺术感受及震撼。斯德哥尔摩车站设计中，很多细节都和当地优美的自然景观融为一体，形成独特设计，被业内称之为最美车站。

(3) 文化艺术表现与工程设计浑然一体。慕尼黑重点线路车站重视环境创造、文化选择、从工程建设中可以看出文化是基础，工程是平台，空间效果一体化是基本特征。

发达国家将城市轨道交通纳入城市景观设计之中，通过不同的设计、不同的色彩传达不同的内涵，展示不一样的城市轨道交通空间，传达出一个城市的文化和思想理念，让乘客能够获得更好的出行体验。

1.1.3　国内城市轨道交通装饰装修发展历程

起步阶段——20 世纪 50 年代，我国北京开始筹备轨道交通建设，1965～1976 年建成了第一条线，该阶段建设以人防功能为指导思想，如图 1-12 所示。从美学角度讲，第一代城市轨道交通车站装饰装修设计思路有部分是向当时实力强大的苏联学习；从风格样式来讲，体现了当时的美学观点，老一代艺术家的车站装饰壁画已经成为经典。一些重点车站的站厅和站台的柱面设置了书画作品，客观上来讲已成为一个文化载体，较真实地反映了当时的文化状况。

图 1-12　北京一号线实例

发展阶段——20 世纪 80 年代初至 20 世纪 90 年代末，仅有北京、上海、广州等几个大城市规划建设城市轨道交通，如图 1-13 所示。从功能及设施上看，考虑了多项人性化功能设计，车站普遍采用了当时较流行的国际风格，简洁明快，特殊站点特殊设计，形成初步的重点区域重点设计的建设意向。材料运用上使用了当时国际通用的各类金属板、石材。该阶段建设开始以解决城市交通拥堵为目的。

图 1-13　20 世纪 80 年代初至 20 世纪 90 年代末车站实例

建设高潮——1999 年以后至今，国家的政策逐步鼓励大中城市发展城市轨道交通，该阶段建设除了满足功能需求外，越来越重视装饰艺术审美需求，很多城市轨道交通建设提出城市轨道交通线网装修概念设计工作，以线路为设计单位，遵循线网装饰装修概念主题定位为原则，把控车站空间设计风格方向。这样的举措有效地避免了装修风格混乱，文化元素重复的现象，如图 1-14 所示。

图 1-14　1999 年以后至今车站实例

目前在装饰装修设计过程中，车站的舒适性主要就是要以人为本进行针对性设计。对于车站有效空间的高效创造是我们在车站设计过程中需要面对并且解决的问题，当下我国的地下轨道交通空间为了降低人们对于地下空间以及光线的不适应问题，已经有效地采用了光、声以及电的手段来进行缓解或者消除，要让每一位乘客有舒适的乘车感觉。

1.1.4 国内城市轨道交通装饰装修特色

随着中国城市轨道交通产业的大幅度开展，如何恰当合适地处理城市轨道交通地下空间的装修越来越成为人们重点关心的问题之一。早期的国内城市轨道交通装修设计没有意识到线网规划设计的重要性，对于线路的概念设计缺乏经验，基本上是“一站一景”反映站点地域文化特征，与沿线的人文历史相融合。广州城市轨道交通比较有代表性；随着建设线路的增加意识到标准化、模块化、工业化的优越性，城市轨道交通装修空间的设计基本采用共性区＋个性区＋共性区的设计手法，即“一线一景”。目前出现了新的“空间一体化”设计手法，即将装饰装修功能、环境艺术进行高度融合。

（1）“一站一景”强调的是各个站的装修风格，装修色彩的差异化。利用不同的材料、不同的色彩，强调车站的个性化差异。其优点在于空间相当的丰富，空间有很强的可识别性。其缺点在于整体感不强，设计手法不统一，不便于运营和维护。现场施工量大，施工工期长，施工造价成本高。

（2）“一线一景”将空间设计分割为墙面、吊顶、柱体 3 大部分，全线整体化设计。风格上多以简洁现代、在空间设计上多以人性化设计为基本设计理念，更加注重空间的实用功能。大多对材料的色彩进行改变。材料的品种规格高度统一。保证了设计手法、空间形式、装饰风格等高度统一。其优点在于风格统一，施工工艺统一，施工造价可得到良好控制。其缺点在于站点特色不明显，识别性不强。

（3）“空间一体化”。设计中的各元素，如顶棚、墙面、地面、照明、色彩等都可以作为一个整体来设计，设计的时候不仅要考虑它们各自的特点，更要考虑它们之间的相互关系，使各个元素相互协调、相互包容；建筑设计中的各元素，如建筑结构、管道布置、线路布置、功能分区等，要做成一个整合设计，各个元素之间都是相互影响、相互制约、相互发展的；室内设计与建筑设计的一体化，就是要在建筑空间里进行更为细致深入的室内研究，在建筑设计初期，室内设计就要提前介入，针对建筑设计中不合理的地方进行改造，两者结合起来，统一设计，建筑在先期设计构成中就已经给室内设计埋下了伏笔、预留了发展的思维创造空间，使得装饰装修更具有灵活的设计张力和伸缩性。

从装修设计在城市轨道交通建设管理中的地位及作用来看，一条线路从开工建设到运营通车至少需要 2～3 年时间，最长的 7～8 年，甚至会更久。而从勘察设计开始，直到开通，需要巨大的人力物力，仅仅需要配合协调的专业接口，可达到几十个。而装修设计只是其中的一个专业。装修设计历来被称为“收口专业”，最终效果的好坏、评价往往是显而易见的。装修设计水平最直观，作用也非同小可。但从现在国内的建设管理流程上来看，大多城市的装修设计单位还处在最“底层”。从监管层面上来讲，有建设管理方、总体总包单位、概念设计单位、工点设计方等，各自有着不同的分工和职责。但在西方发达国家，装修设计与建筑设计为同一专业，在建筑设计时已经开始考虑最终的装饰效果了，而非国内现有情况。由于装修设计专业参与阶段的滞后，客观上造成了与建筑的脱节，与综合管线专业配合难度较大及需要解决的问题较多，装修方案的最终效果很难保证。

当前在城市轨道交通装修设计领域，存在两种截然不同的思维理念与模式，一种可以称为：功能实用主义；另一种称为：文化艺术主义。两种思维模式的博弈一直以来是业内争论的焦点，是客观存在的，是轨道交通装修设计作为独立专业发展的必然结果。

功能实用主义的立场是：轨道交通本身就是为广大百姓提供交通便利的一种解决方式，没有必要在装修设计中赋予太多的文化与艺术内涵。这样一来不符合公共交通空间快速出行的要求，二来太多的装饰手法必将导致投资成本的增加，同时对未来运营维护带来诸多不便。其中以香港城市轨道交通、深圳城市轨道交通、广州城市轨道交通、上海城市轨道交通、天津城市轨道交通为代表。

文化艺术主义的立场是：轨道交通建设是城市基础设施建设投资最大的项目之一，每天使用人群可达上百万，是实实在在的百年工程。因此应该在装饰手法中融入更多的城市历史文化内涵，或者应体现线路所经过的区域特色并力图与周边环境融为一体，使其成为城市的地下艺术长廊，成为体现城市特色的亮点与招牌。其中以北京城市轨道交通、西安城市轨道交通、成都城市轨道交通、昆明城市轨道交通、南京城市轨道交通、苏州城市轨道交通为代表。

1.2　装饰装修在城市轨道交通中的作用和意义

装饰装修是一个广泛、普遍的文化艺术现象。每一个时代的历史、文化都在建筑中留下了深刻的印迹，这些印迹除了在建筑的构造中得到保存之外，大量的信息凝聚在建筑的装饰中。建筑中的雕刻、纹饰、色彩，以及构件排列、组合的秩序等，都成为我们判断和理解建筑风格、类型和文化内涵的至关重要的信息，人们的社会意识、信念和价值观，通过这种形式而得到显现。

1.2.1　装饰装修在城市轨道交通中的作用

装饰装修是指对建筑及建筑空间进行艺术加工的手法。在进行装饰装修过程中，需要设计者关注建筑的主体功能，将装饰和建筑空间进行完美的融合，并且实现建筑的精神功能。此外建筑装饰还能够保护建筑结构的构件，展现艺术形象，改善居住环境，并产生和发挥更高的经济价值和社会效益。高水平的装饰设计能够充分体现建筑装饰材料的性能，低成本、高效益地产生美化建筑的效果。通过对建筑要素的详细分析，能够对建筑室内外的环境进行充分的了解，并根据实地情况进行建筑空间风格设计，将室内外的表面装饰和某些可以移动布置的设施有机地结合，并和空间视觉共同营造出一种完整的建筑艺术效果。这要求设计师对装饰时所需要的色彩、材料质感、光影、室内陈设等要素全面地进行考量，并设计出美观、舒适、实用并具有个性化的艺术效果。

按照人们通常的理解，建筑中的装饰装修大多是非功能性的，它的目标是创造审美价值。在现代主义者眼中，装饰装修是可有可无的，甚至是多余的东西。因此，他们极力反对在建筑中使用装饰。事实上，装饰对建筑而言，从来就不是可有可无的，我们始终没有摆脱装饰对建筑的影响，它是无所不在的，只要我们把建筑同美的追求联系在一起，装饰的因素就会在潜移默化中发生作用。建筑装饰的功能可以概括为以下几个方面：

（1）审美功能。自从人类的审美意识产生之后，人们使用装饰的目的首先就是创造审美价值。能够为人们提供视觉和心灵上的美感和愉悦，这本身就成为一种精神上的功能。

(2) 调节功能。装饰在建筑的构造和形式中，可以起到调整比例、协调局部与整体关系的作用。无论是古典建筑还是现代建筑，人们都充分发挥了装饰的这种功能，利用纹饰、色彩、装饰性的几何构件调整和划分建筑的比例关系，并通过这些装饰对材料和形式的转换起到过渡作用。

(3) 突出与强调功能。装饰由于自身的特点，具有很强的表现性，可以使建筑的主题或某种文化的涵义凸现出来，形成视觉上的显著点，而这些显著点往往就构成了建筑中的“点睛”之笔，产生深刻的感染力。

装饰装修是一种造型手段，但是这种手段又有着丰富的实现形式。我们正是在这个意义上来阐述“手段”的概念。考察装饰的历史，就不能不涉及实现这些装饰的手段。它们在内容与形式、材料与制作工艺等方面为丰富建筑艺术的表现力发挥了重要的作用。

建筑装饰是文化的产物，是人类艺术意志的体现。因此，任何装饰都必定会注入设计者的意志和情感。一个成熟的设计师应该在构造上、形式上使用必要的装饰。装饰作为一种文化符号，具有指代的功能，使用一种装饰就可能会让观赏者阅读出“被指”的意义(如果他使用的手法是恰当的、明确的)。当然，观赏者解读到的意义未必就是设计者所要表达的东西，但这并不妨碍它存在的意义，只要人们尊重它的文化背景，正确地领悟到它的含义是可能的。这种功能可以加深人们对建筑主题的认识，使建筑的品格在人们的心灵境界中得到升华。

1.2.2 装饰装修在城市轨道交通中的意义

从宏观来看，装饰装修的整体规划艺术风格，能反映相应期间社会物质和精神生活的特征。随着社会发展所展示的历代室内规划，总是标记着年代的印记，犹如一部无字的史书。这是由于室内装饰装修规划从规划构思到施工工艺，从装饰材料到内部设备，一直和社会的物质生产水平、社会文明和精神生活状况联系在一起。在室内空间组织、平面规划和装饰处理等方面，从整体来说，也与哲学思想、美学观念、社会经济、风俗民风等密切相关。

从单个作品来看，室内规划水平的高低、质量的好坏又都与规划者的专业素质和文明艺术素质等联系在一起。至于各个单项规划最终施行后所体现的档次，又和该项工程详细的施工技能、用材质量、设备装备状况，以及与建设者即业主的和谐密切相关。规划是具有决定意义的关键环节和前提，但最终效果的质量有赖于设计—施工—技能的确保。

装饰装修既有构造上的功用，也有信息传递和审美方面的功用。由于装饰与建筑的空间、构造一同构成了一个完整的主题，对任何一种类型建筑的解读，都不可能将装饰的要素排除在外。装饰总是和艺术联系在一起，在某种意义上说，不存在没有功用的装饰，也不存在没有装饰的功用，步行街上的盲道，既是一种功用，也是一种装饰，它丰富了铺装的体现力。罗马建筑的柱子，既提供了构造上的功用，也是一种规范的装饰语言。对功用的表达不可能是空泛的、笼统的，总要经过详细的资料、构造方法和加工方法的运用使之变成可见的方法。

装饰装修的意义既有对历史的回忆，也有对人生哲理的考虑；既有对本土文明的留恋，也有对自然环境的照顾，人们恰恰是在这种环境中体会着丰厚与无限的艺术文化。

1.3 城市轨道交通装饰装修的现状

城市轨道交通以其安全、准时、快速的优点，在拓宽城市空间、打造城市快速立体交通网络和改善城市交通环境方面发挥越来越大的作用。截至目前，中国建成投运城市轨道交通的城市已达四十多个，北京城市轨道交通的满载率和单车运行均居世界第一。随着中国城市轨道交通产业的大幅度开展，如何恰当合适地处理城市轨道交通地下空间的装修越来越成为人们重点关心的问题之一。目前的城市轨道交通车站装修的共有特点是：功能与构造形式的高度统一；设计手法及施工工艺大多类似及统一；风格上多以简洁现代为主，在空间的设计上多以人性化设计为基本设计理念，更加地注重空间的实用功能。

1.3.1 装饰装修符合人的审美观

在我国，城市轨道交通车站装修起步较晚，同时发展空间较大。同西方国家相比，我国城市轨道交通车站装修的发展和应用方面都存在许多不容忽视的问题，无论是装修的艺术理念、艺术布局，还是装修的技艺等方面与国外还有一定差距。城市轨道交通车站的装修除了要满足城市轨道交通的使用功能外，还要不断满足乘客的精神生活的需求，城市轨道交通车站从一定程度上反映了一个城市的经济发展程度和社会文明程度。

正是基于这个特点，我国的城市轨道交通车站的装修要符合国人的审美观。中国有五千年的文化史，深厚的历史底蕴造就了举世瞩目的民族文化，书法、水墨山水、壁画、陶瓷艺术等形式多样，源远流长，丰富多彩并且艺术价值极高，大批的文化瑰宝流芳百世，这些艺术成就完全可以支撑起中国城市轨道交通车站装修的发展。因此，在我国城市轨道交通车站装修过程中，以认真负责的态度和高度的历史责任感，立足于中国人的审美习惯进行艺术创造，以满足中国大众对城市轨道交通车站艺术创作的期待。

同时，还要将中国民族文化传统同西方国家先进的城市轨道交通车站装修的艺术理念、艺术布局及装修技艺有机地融合起来，城市轨道交通车站的装修要植根于中国民族文化的沃土中，鲜明地体现中国的民族特色，在体现丰厚的内在精神性和思想性上下功夫，要有深厚的历史积淀和符合中国大众审美要求的独特的民族文化，在装修中独树一帜。任何一个热爱中国历史、具有强烈的民族感情的中国人都会希望在中国的城市轨道交通车站中看到弘扬中国民族文化的艺术形式。

因此，城市轨道交通车站装饰装修设计尽可能地集实用性和艺术观赏性为一体，结合当今传统民间艺术形成的宝贵文化和独特风格，融合传统民间艺术和现代艺术理念，达到不断提升城市的知名度，同时满足中国大众追求艺术的心理需求的目的。

1.3.2 装饰装修突出地方特色

城市轨道交通车站是一个城市向外推介的名片，因此，城市轨道交通车站的装修要突出地方特色。在装修实践中要采用当地流行的、群众喜闻乐见的艺术形式，结合前瞻性、多视角地进行创新，突出本地的风土人情、风俗习惯，结合本地特定民族或群体赖以生存的、习以为常的主导性文化模式进行城市轨道交通车站的装修，既要充分体现地方文化品位、与其他城市文化相区别，又要具有前瞻性与现代感，同时还要根据不同的功能区域来确定地方文化的采用形式，打破传统，采用声、光、电及新技术、新材料、新工艺对不同的空间环境进行独具匠心的艺术创造，使外来乘客一进入城市轨道交通车站就能充分了解这座城市的历史、文化积淀、风土人情及经济发展、精神风貌等，以生动客观的艺术形式给乘客留下深刻的印象。

在城市轨道交通车站的装修上充分突出地方特色，就要采用认真负责的态度，对地方特色的文化、风俗习惯等方面进行仔细的筛查，认真细致地开展调查研究和资料的整理工作，并从中优选出最能体现本地特点的文化和艺术表现形式，并对照城市轨道交通车站的位置、功能区域，针对不同的城市轨道交通车站，制订不同的装修方案，体现地方特色的同时要顾及本站所处的区域、文化特点。由于乘客在城市轨道交通车站停留的时间较短，在设计装修方案时，就要充分根据这个特点，装修设计尽可能采用简洁明快的手法，立足于实用、安全、舒适，力争达到在短时间内给旅客展现并留下深刻的文化底蕴和地界特色等多面性印象的目的，因此，城市轨道交通车站装修的发展要考虑城市轨道交通车站的构造，做到点线面结合，在色彩和艺术运用上注重整体效果，拿捏好尺度，将突出地方特色文化的艺术形式与城市轨道交通车站的空间效果有机地结合起来，进行艺术的再创造，才能体现城市、地方特色，给乘客留下深刻印象的城市轨道交通车站文化。

1.3.3 装饰装修突出艺术性

城市轨道交通车站体现了一个城市的品位和档次，因此，城市轨道交通车站的装修要突出艺术性。艺术，来源于生活，高于生活，是人文境界的体现，城市轨道交通车站的装修体现了艺术在公共环境空间中的价值，是城市轨道交通车站个性体现的重要载体。城市轨道交通作为现代城市的主要交通工具，其车站装修的发展既要充分突出前瞻性与现代感，又要具有文化品位，充分展示艺术性。这就要求城市轨道交通车站装修的建设者们要具有强烈的历史责任感和民族自豪感，充分运用其高度的艺术修养并结合现代科技的发展与新材料、新工艺的运用技巧，将解决实际问题的能力同艺术运用相融合，因地制宜，结合不同站点的区域特色，根据城市轨道交通车站空间分布的特点，在空间组织的合理性、色彩的运用以及照明设施的装配、材料工艺等方面，都要同艺术形式有机结合起来，从浩如烟海的中国文化艺术作品中选出具有代表性和中国特色的艺术作品，在色彩搭配、灯光效果等方面充分考虑传统艺术作品的陈列效果，以各种书法、水墨山水、壁画、雕塑、现代元素等予以艺术性结合、点缀，产生令人流连忘返的效果；综合考虑其功能实用性和布局合理性，节能、安全等各因素掺入规划设计，不同城市轨道交通车站具有独特的形象、艺术展示，将其建设成为体现城市文化艺术的窗口，使城市轨道交通车站成为中国民族文化艺术天堂之一。

1.3.4 国内案例分析与总结

香港城市轨道交通车站装饰如图 1-15 所示，以标准化设计为宗旨，以符合未来运营需要为第一要务，在设计上注重空间结构的模数关系，在细节处理上也独具匠心，采用特色材料，每个站用不同颜色的马赛克作墙壁贴面，既简洁又醒目，做到了共性与个性的结合，同时节约了成本。

香港是近代才发展起来的一座高度繁荣的国际大都市，因此香港的设计无论是人文历史还是建筑设计，都赋予了中西文化结合的双重色彩，为车站室内空间的装饰装修设计提供了更多的发挥空间。在设计上重点强调运营和功能的需要，比如大量采用价格低廉的马赛克，每个站用不同颜色的马赛克作墙壁贴面既省钱又醒目。如湾仔站的绿色、铜锣湾站的紫色、中环站的红色、金钟站的橘黄色……让人过目不忘，既简洁又醒目，做到了共性与个性的结合，同时节约了成本。高档的搪瓷钢板、金属材料只是局部应用，真正地做到了把钱用在刀刃上。再加上拥有几十年的建设运营经验，在细节设计和处理上更能体现人文关怀的精神。

图 1-15　香港城市轨道交通车站的装饰设计实例

广州城市轨道交通车站如图 1-16 所示。因为地缘优势，使得他们受到香港的影响比较大，吸收了香港标准化的设计经验，这里面当然就包括文化与建筑。广州城市轨道交通每个站点的设计，各不一样，但同具文化底蕴。通过装饰手段体现出城市的精神气质及个性。广州城市轨道交通吸取了展现国际城市文化形象的成功经验，在文化形象上进行了创新与构想，随着更多线路的开通，不难看出广州城市轨道交通无处不在追求匠心的极致。城市轨道交通不仅是城市公共交通资源设施，更应该打造成城市创新文化的展示平台，使之成为城市文化景观的一部分，成为城市区域交通内最具魅力的文化特色体现。

图 1-16　广州城市轨道交通车站的装饰设计实例

上海城市轨道交通车站如图 1-17 所示。建设与设计与北京相似，经历了几个不同的阶段，早期的设计几乎在装饰设计形式上没有太多的考虑，还是以功能为主要目的。从起初统一的线路设计风格，到如今设计上融入了很多地标特色，车站装饰也颇有巧思。上海的城市轨道交通车站越来越多，也越来越有“个性”。在注重安全高效，经济合理，采用标准化模块化设计的基础上，专门进行了城市轨道交通网络的建筑及环境艺术的总体规划及顶层设计。重点站进行了空间环境艺术整体设计，运用雕塑、浅浮雕、涂鸦、实物展示、艺术装置、多媒体等多种公共文化艺术创作形式，形成了极具艺术效果的公共空间，增强了车站的艺术氛围，提高了车站的环境品质，产生了传统与现代的呼应碰撞效果。城市轨道交通不仅仅是交通工具，更是上海这座城市的文化窗口。

北京城市轨道交通车站如图 1-18 所示。建设与设计从时间上来讲跨度比较大，初期

图 1-17　上海城市轨道交通车站的装饰设计实例

建设阶段（如城市轨道交通 1，2 号线）主要还是以功能为主，平战结合。在设计上最大的亮点是邀请了国内著名艺术家在城市轨道交通站台轨行区侧墙上设计制作的壁画，以中国历史传统文化为表现主题，体现了当时的美学观点，流传至今，已成为经典。

北京于 2001 年申奥成功，在此背景下，地铁事业快速发展，从美学特点来说，此阶段车站装饰装修普遍采用现代流行的国际风格，简洁明快，特殊站点空间特殊设计，形成重点区域车站重点设计意向。从功能及设施看，新增了人性化功能设计，导向系统也进行了升级，但样式繁多、复杂、不统一。

最近几年开通的线路从装修设计上都或多或少体现出了首都形象，各个线路以及各个站点空间设计风格越来越混杂，或以中国传统文化元素为背景与装饰结合．或以老北京的本土特色为背景，或以现代的世界的流行元素为背景等，但出现了站点文化重复的现象。为了避免这种现象的重复出现，现以轨道交通线网装修概念设计为主，以线路为设计单元，把控整条线路的设计风格。这样的举措有效地避免了装修风格的混乱，文化元素单一重复出现的现象。

图 1-18　北京城市轨道交通车站的装饰设计实例

西安城市轨道交通车站如图 1-19 所示。从规划之初提出“力求打造古都历史文化特色”，将轨道交通作为城市形象的重要窗口为目标展开设计。作为历史文化名城，西安有深厚的历史积淀、恢弘的都城气度、独特的文化内涵，作为现代城市公共交通空间，西安城市轨道交通的装饰设计要在满足轨道交通功能要求的前提下，最大限度地体现西安古都

图 1-19　西安城市轨道交通车站的装饰设计实例

的城市风貌和精神气质。西安城市轨道交通的装饰设计，一方面在异域乘客辨识的基础上凸显城市人文、地域特色、简洁大气、规整严谨，处处透露出西安传统文化元素的和谐共生；另一方面也体现了安全、环保、简洁明快的现代交通空间。

南京城市轨道交通车站如图 1-20 所示，设计整体从把握车站装饰设计与地域环境之间的关系，植根于金陵文化的地域性文化特色，讲究整体和协同是装饰设计构思立意到实施完成的关键，将南京本地的、民族的、民俗的风格以及本区域历史遗留的种种文化痕迹融入设计中，具有很强的识别性。以人为本的指导思想是南京城市轨道交通装饰设计理念的重要原则，使城市轨道交通车站环境设计由单纯的设施配置，向营造人文艺术环境的方向转变，同时也要能够满足人们的出行需求。不同区域的车站，营造独特的区域文化、艺术氛围，表达出对生活情调的追求，设计理念从城市历史、人文等分析出发，由车站所处区位环境的景观特质中提炼出来。选择不同历史时期的代表元素或符号，以现代的造型手法、材质和色彩对其表现，以适当的视觉刺激来弥补空间环境的缺失，使历史文化成为城市轨道交通闭合环境的内部装饰和文化景观，营造南京城市轨道交通良好的人文气息和浓郁的视觉效果，加深人们对车站的印象，勾起对历史文化的记忆。

图 1-20　南京城市轨道交通车站的装饰设计实例

从国内城市轨道交通车站空间环境艺术设计来看，很多城市已经认识到城市轨道交通作为文化载体的重要性，通过调查研究，国内城市轨道交通车站设计主流类型主要有：

（1）走现代化、国际化的路线。这里对轨道交通的定位是以快速疏导客流，解决基本的交通问题为基础。

（2）展示地域文化艺术性路线。公共艺术文化和自身城市文化相互结合，采用不同形式呈现其鲜明的城市特征，并且也向乘客传达了当地独特的精神风貌与文化氛围，让走过这座城市的人爱上这里的文化，爱上这座城。

很多城市已经认识到轨道交通作为文化艺术载体的重要性，提前做好线网装饰装修文化主题、艺术主题等规划，将一个城市的历史底蕴、精神面貌进行认真研究梳理，会对这个城市的轨道交通装饰装修设计起到很好的前瞻铺垫。

第 2 章　城市轨道交通线网装饰装修设计

城市轨道交通线网装饰设计应属于每个城市轨交线网顶层设计的内容，具有重要的作用，是线路及车站装饰装修设计的依据及总则。轨道交通线网装饰设计承载地理、历史、政治、经济、文化内涵的同时，也承载区别线路与线路之间不同特点和风格的作用，避免各线路之间装饰设计的雷同、重复与单调，让出行的市民在轨道交通的内部环境中明确所属地域位置，耳濡目染感知城市的文化气质。因此，面对城市轨道交通网络化中的线路交汇以及线路站点在区域上的重合，各线路需要有自己独特的设计主题和设计概念，设计概念主题的定位和确立为线路网络的装饰提出了一个合理而又明确化的解决方法，而最终地铁线网中人文性的体现又成为城市文脉的重要组成部分。

2.1　城市轨道交通线网装饰装修设计任务与原则

2.1.1　城市轨道交通线网装饰装修设计任务

根据各个城市线网规划的特点及线网规划所对应的不同时间阶段，线网装修的设计任务也呈现出各自的差异性，主要涉及以下几个方面：

（1）城市物质及非物质文化调研。城市物质及非物质文化是线网装修设计任务中的起始环节，各种文化空间被城市所容纳，物质及非物质文化的文化特性通过时间的不同层面拓展开来。物质及非物质文化调研工作既能为所在区域的受众群体展现文化资源和文化认同，也能为外在区域的受众群体提供文化体验与文化意境，线网规划有了起始的调研积累，可保证轨道交通线网装饰的地域传统连续性及当代性无偏差。

（2）各线路区域特色及装修主题探索。轨道交通作为城市交通出行的主要方式，同时也是向大众进行文化传播及熏陶的载体。各城市的各条线路需根据调研的基础，结合各条线路走向规划定位及区域文化特征可提出城市各条线路的主题，对下阶段设计形成指导文件。

（3）网络重点车站研究及分级。在城市线网规划的角度需要对网络车站进行全面的研究及分级，来确定重点车站及标准车站。

（4）附属建筑研究及分类。车站地面附属建筑出入口、通风亭和冷却塔是城市景观的重要组成部分，也是轨道交通重要的功能组成，应结合周边地域环境、城市整体规划，融合景观绿化、城市文化特色，对线网的附属设施进行研究定位及分类，对下阶段设计形成指导文件。

（5）线网装修标准化技术文件。站在城市线网角度结合地铁特殊的功能需求及运营维护要求对车站内外装饰装修视觉元素、设施、线路色统一规划，形成线网标准化技术文件，文件内容可根据不同城市的需求制订，各城市个性化及标准化程度不一。

（6）线网公共艺术策划。公共艺术需要结合各城市各条线的具体情况，融入能够反映所在城市特点的人文 、历史风貌与城市精神，设计单位通过对全线网车站的梳理提出公共艺术线网的策划。每个城市应根据自身特点及线网发展的要求制订线网装修设计任务，推进装饰装修网络化建设。

2.1.2 城市轨道交通线网装饰装修设计原则

城市轨道交通线网是城市建设总体规划确定线路所形成的独有的线网，装饰装修设计在满足地铁功能要求的基础上，对城市轨道交通线网、轨道线路及站点进行主题概念、文化定位、装修风格、元素符号、文化植入等设计，以落实轨道建设各个期间的装修经济技术指标，最终以网络化的形式呈现，起到指导性的作用。

线网装饰装修基本设计原则：

（1）体现整体性及系统性，符合城市规划、区域发展及地铁线网规划的要求。城市轨道交通已然成为城市交通的重要组成，它承载着一座城市交通出行的需求，链接整个城市的交通命脉。设计要从整体性及系统性角度出发，结合所在城市、区域不同的特点展开分析与研究。

（2）结合地铁网络特征及城市区域文化特点。从最初的北京、上海、广州到如今每个省会城市都拥有自己的城市轨道交通，其发展的个性化和独立性开始慢慢呈现，每个城市都拥有着与自己城市形象吻合的城市轨道形象，应该说整体的发展是向前的、多元化的。对于轨道交通公共室内空间设计而言，在注重整体性设计的同时需要兼顾其各座城市的个性化设计，并注重各专业的可持续发展。

（3）满足地铁功能需求并体现城市人文精神。城市轨道交通空间的设计上，除了要考虑功能性及美观性，还涵盖了造型、照明、色彩、材料；从学科上讲，它是一个较为复杂的综合体。公共空间室内设计艺术介入地铁空间，不仅要考虑满足人们基本的功能需求，同时还要兼顾人们精神生活的需求，公共室内空间设计的好坏直接会影响人们生活的质量、城市的文化品位以及社会经济发展的速度。

（4）体现适度性及经济性，符合限额设计的要求。方案深化落实阶段，既要考虑技术又要考虑与经济关系的因素，这关系到规划阶段造价控制理念的顺利执行。限额设计是一个全流程控制措施，贯穿于设计全过程的各个环节，包括可行性研究、初步设计、施工图设计、配合施工过程中的变更及修改补充设计等。

（5）标准化与差异性相结合。每座城市，每条线路根据周边地域、人文文化的不同，会呈现不同的特质。标准化设计在设计施工及采购方面具有优势。但从全线角度出发，仍然需要在满足标准化设计的基础上，考虑这些地域人文经过设计的语言转换成为轨道交通空间中的装饰元素的呈现。

（6）体现交通空间可持续性、绿色的要求。地铁车站由于运量大、运行时间较长，是城市电网的耗能大户，在保证运行安全的前提下，减少地铁的能源消耗，有利于实现国家的节能减排目标。在设计之初，需要将节能减排维护考虑其中，体现交通空间的可持续性、绿色的要求。

2.2 城市轨道交通线网装饰装修设计内容

2.2.1 线网装饰总体策划

线网装饰总体策划包括：所在城市物质及非物质文化调研形成城市文化地图。物质文化主要是国家重点文物保护单位所涉猎的一些内容，具有一定的历史性、艺术性、科学价值，包括不可移动文物和可移动文物。不可移动文物是指古文化遗址、古墓葬、古建筑、石窟寺、石刻、壁画、近现代重要史迹和代表性建筑。可移动文物是指历史上各时代重要实物、艺术品、手稿、图书文献等。根据《中华人民共和国非物质文化遗产法》规定：非物质文化遗产是指各族人民世代相传并视为其文化遗产组成部分的各种传统文化表现形式，以及与传统文化表现形式相关的实物和场所。包括：传统口头文学以及作为其载体的语言；传统美术、书法、音乐、舞蹈、戏剧、曲艺和杂技；传统技艺、医药和历法；传统礼仪、节庆等民俗；传统体育和游艺；其他非物质文化遗产。地铁从功能角度说是现代人出行的交通工具，但从一座城市的角度来看，更是城市发展历程的记录，能够体现一座城市的文化脉络，设计之初对于城市物质及非物质文化的调研可以清楚地了解城市及每座站点设立的意义，对概念设计的开展起到了概括和指导意义，可以使得地铁装饰所表现的对象更集中、主题更鲜明、感染力更强烈。

在线网重点艺术车站、全线重点艺术车站会根据全线主题，充分结合地域及周边环境进行个性化设计，每座城市与每条线均有着各自的独特性，主题与周边地域是需要结合考虑的，例如有些城市的个别线路站点途经区域以科技站点为主，该线主题便可以科技作为装饰风格展开，有些城市的个别线路以文化古迹为贯穿全线的站点，那么该条线的主题定位便可以该城市文化展开。在主题定位明确的基础上，线网与全线重点艺术站的打造还会考虑建筑空间是否有特殊性，可以在装修阶段提前介入，更好地将建筑与装饰进行结合，打造建筑装饰机电一体考虑的个性化车站。这些具有明显标志性建筑空间的艺术车站将成为所在城市的窗口，更好地诠释定位的线路主题。

明确线网中各站的属性及定位，对网络中各站点进行分级，车站分级应结合交通要素，充分考虑站点是否为换乘车站或者交通枢纽；客流因素及区域文化特征，周边区域文化特点会直接影响站点的客流量多少，一般会在居住密集区及有配套商业、换乘车站的站点有明显的客流量剧增。根据以上几点会将车站分为线网重点艺术车站，主要根据一座城市各条线路综合考虑对其进行定位，从每一条线路出发根据车站分级的因素将其列为重点艺术站，在设计时可融入一些文化元素，使其在标准站的基础上更具艺术性、更多地注重标准模块化的演变及推广，便于施工及维护。同时应明确各车站分级在线网中的比例与限额设计的标准，根据所在城市同一期建设规划的总体布局，来控制每一条线重点艺术站与标准艺术站的站点数量。有了明确的车站分级，便可以依据这些站点分级，制订空间艺术、公共艺术、广告、商业的策划。

2.2.2 线网设施设备及视觉元素统筹

装饰装修在轨交线网中与车站土建及设施设备设计分属于不同的系统，这些系统既彼此独立又相互交叉存在诸多接口。装饰装修需要对影响空间的所有视觉元素进行统筹。全线网装饰设计应明确相关原则，制订统一的标准。

1. 统筹装饰装修与设备设施的关系

满足城市轨道交通功能性要求的前提下应兼顾空间美观性。对设施设备位置、外观应提出原则性要求。设备设施包括：公共设施、安全设施、人性化设施。

其中，公共设施包含玻璃隔断、扶手、座椅、卫生间。这些公共设施的设置需要从每个城市每条线的主题进行总体把控，协调统一，个别设施可根据装饰主题的不同定位进行个性化设计。无障碍卫生间现在越来越被重视，一些城市以专题的形式进行深入研究并制订标准。经过对上海、南京等地的调研，针对卫生间设计需要提升的方面主要有标识、环境改善、人性化（洗手液、烘手器、感应洁具）的提升。国外的一些人性化卫生间设计如图 2-1 所示。

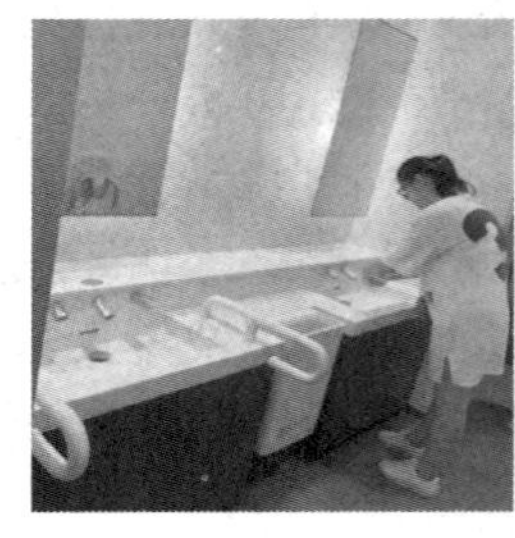

图 2-1　人性化卫生间设计示例

安全设施主要包含屏蔽门、消火栓、灭火器（砂箱）。这些安全设施的设计需要融入到装修立面中来，在标准墙面模数的基础上更好地表现这些安全设施的位置。在一些艺术品较长的墙面中更需要设计提前考虑这些设施的间距尺寸范围。

人性化设施包含票务设施、盲道、残疾人电梯、无障碍卫生间、母婴设施。人性化设施关系使用者的舒适性与体验性，设计需要从使用者角度出发，在一轮轮建设中寻求变化与提升。越来越多的城市将上述这些人性化设施列为专题，进行分项讨论与研究。以母婴设施为例，近几年来的地铁新线建设中，基本都增加了母婴室，并且对母婴室的设置也提出了相关标准。以苏州市城市轨道交通母婴室标准为例，见表 2-1。

苏州市城市轨道交通母婴室标准示意图　　　　**表 2-1**

设施	小型哺乳室	中型哺乳室
哺乳小间	○	●
哺乳专用椅	●	●
边桌	○	●
婴儿护理台	●	●
婴儿安全座椅	●	●
洗手盆	●	●
清洁水槽	○	○
废物箱	●	●

续表

设施	小型哺乳室	中型哺乳室
安全镜子	●	●
电源插座	●	●
空调	●	●
洗手液	●	●
干手设备（自动感应干手器/抽纸机）	●	●
衣物挂钩	●	●
温奶器	○	○
灯光亮度调节设备	○	○
等候座椅	○	○
恒温饮用水设备	○	○
冰箱	○	○

注：必须设置：●；建议设置：○。

2. 统筹装饰装修与导向、广告、商业的关系

地铁装修涵盖多个专业，导向、广告、商业、设施设备在空间中有着重要的作用，其中导向作为最为重要的一项内容，在装饰上需要以功能性为先，再进行美观性的融入，而广告和商业则需要配合各站点评估，预留具体广告与商业数量。广告灯箱形式可根据装饰装修具体要求进行个性化设计。

2.2.3 线网装饰装修标准化设计文件

从建设单位角度来说，每座城市针对轨道交通设计均有相应的技术指导标准，对标识系统、线路色彩、共有元素、材料使用等均提出了相应的标准，各家设计单位可以按照各自理解的不同进行不同的方案设计，但在一些标准化的要求上，则是保证了每座城市的规范与标准。例如很多城市在规划阶段便会设定好各条线路的线路色，这些线路色有的城市要求被用于玻璃栏杆、墙面信息带提示、地面标识等多个区域；很多城市会根据已有线路总结出需要在新线建设中仍要沿用的标准，如一些出入口的七字门框、站名墙字体、座椅、垃圾桶等公共设施。很多城市都有各自不同标准的导向识别系统，颜色、字体大小均有差异。上述这些例子在功能性标准上对设计提出了理论与实践的指导，而对于一些材料的应用，越来越多的城市愿意接受常规标准以外的尝试，也为设计提出了更多的可能性。

从设计总体角度来说，各城市在全线设计中，虽然由总体作为牵头单位进行总体协调，但同样需要制订相应的设计标准，用于指导各家工点设计院统一执行，保证全线的设计风格统一。需要针对不同阶段形成一定的标准化设计文件，可以以此为依据编制标准通用图。这种做法有利于提高效率、节约投资。例如：全网络的设备管理区装修可统一标准，因为全网络地铁车站功能用房及设备用房配置情况类似，可形成统一的设计标准。而车站公共区可能个性化程度较高，每条线路都有不同的装修设计形式，可从网络的层面确定装饰装修设计原则、装饰装修标准化设计文件、导向标准化设计文件、客服中心标准化

设计文件等。

每个城市在地铁网络快速发展时期一般标准化程度较高，在地铁建设慢速期一般比较强调个性化设计，当城市轨道交通网络建设进入成熟期时一般可形成网络装饰装修标准化设计文件。

2.3 线网装饰装修设计概念方案主题表达与定位

在城市轨道交通建设规划中，轨道交通的线路建设将是以线带面，最终形成城市轨道交通的网络化，来加强城市各区域之间的联系并给市民出行带去更加便捷的方式。但这也给城市轨道交通线网装饰设计提出了较高的要求，在轨道交通线网室内空间承载更多地理、历史、政治、经济、文化内涵的同时，还要区别线路与线路之间的不同特点和风格，避免各线路之间装饰设计的雷同、重复与单调，让出行的市民在轨道交通内部环境中清晰地辨明和定位自身的位置等。因此，面对城市轨道交通网络化中的线路交汇以及线路站点在区域上的重合，各线路必须有自己独立的设计主题和设计概念，设计概念主题的定位和确立为线路网络的装饰提出了一个合理而又明确化的解决方法。

2.3.1 线网装饰主题定位的内涵

城市轨道交通装饰装修设计概念主题方案的定位和确立，需从轨道交通线路整体上去考虑，根据轨道交通线路沿线的区域特征、文化特色以及自身特点等，注重认真分析、整理出可以重点表现各线路特色的设计要素，赋予各线路鲜明的主题特征。而各站点的室内装饰设计则根据整条线路所总结的文化特性、设计要素、设计主题等进行细化，分解到每个站点中去，通过设计手法、表现形式、材料应用等手段实现设计的统一性和协调性。在主题定位以及拟定上，有时会根据线路或区域的特性制订副主题或次主题，副主题或次主题从属于这个大主题，形成多层次的主题从属结构，从而更加详细表达出设计的内涵。对轨道交通线路进行主题的拟定，以此为支撑再对站点进行设计概念的提炼和发掘，在丰富站点空间装饰内容的同时，也实现了全线装饰效果的统一。这样一来，从城市轨道交通网络来看，各条线路在阐释自身特色的同时，也让整体线网看起来更加清晰、明确、生动。

2.3.2 定位线网装饰主题的作用

1. 体现城市形象的作用

城市轨道交通发展迅速，地铁空间视觉系统研究变得不容忽视。地铁内部空间作为城市印象的“第一窗口”，对于展示城市形象、体现城市人文气质及精神内涵方面起着至关重要的作用。线网的装饰主题根据所在城市视觉形象、人文形象的不同，定义有所差异，可从新的角度诠释对城市形象的塑造，将人们对城市可认知的意识形态转化为大众可读的视觉形态。

2. 明确主题定位的作用

城市轨道交通线网装饰设计的主题定位，对目前国内轨道交通的设计提出了较为明确的设计思路。城市轨道交通的线路规划最终以网络状呈现，面对众多的线路和站点，以具有差别性的区域性环境特色为基础，对不同规划线路以及站点进行多样化的主题及概念定位，可以更加明确线路及站点自身的特性和内涵，通过不同的设计形式以及表现手法对轨道交通地下空间进行装饰，对发掘地域文化和开发特色的地下空间提供了较为系统和科学的方法。

城市轨道交通线网的装饰以明确的主题定位设计理念为基础，通过设计手法及设计要素去综合表达设计的主题，可以科学、规范地建造出便利、舒适的地下交通网络。通过对沿线地域文化等特色的发掘还可以把不同时期、不同区域的环境特色映射于发达的交通网络之中，具有区域空间可识别的积极意义。将主题定位的设计理念引入轨道交通线路网络的地下空间装饰设计，把区域环境特征在城市建设方面从地面引申到地下，为城市文化的发展和建设提供了多样化道路。而通过对引路或站点确立主题，也可指导和约束站点和线路周边的城市建设，使城市建设得到补充、完善、均衡的发展。

第 3 章　城市轨道交通车站装饰装修设计

随着城市的发展，城市轨道交通工程建设需求越来越大，车站与人的交流通过车站空间环境来实现，装饰装修效果直接影响车站给人的印象，车站装饰承载着城市文明，体现了社会审美发展趋势，代表着建筑技术水平的发展。车站装修是技术与艺术相结合的成果，集艺术美感与建筑技术于一身。本章对城市轨道交通车站装饰装修设计内容、表现因素、空间特征等作出分析，探讨车站装饰设计原则、方法及要求，拟形成车站装修专业化设计理念。文中城市轨道交通车站特指地铁车站，其他类型轨道交通车站可参照地铁车站进行室内装饰设计。

3.1　城市轨道交通车站公共空间装饰装修设计原则与方法

3.1.1　车站公共空间装饰装修设计原则

1. 安全性原则

城市轨道交通车站装饰装修设计中，营造安全的室内空间环境是最基本的要求，装修设计应安全、合理。装修材料应满足不同空间和不同部位环保、消防、防滑等相关技术要求，装饰构配件工艺应安全可靠，做好与其他专业之间的末端接口工作，做到接口美观、专业设施功能完整有效，保障车站结构、消防、防灾、抗震、人防、运营的安全。装修设计文件应符合设计合同、相关批文、标准、法规等的要求，按程序进行设计、会签、审核等工作，向建设单位提供技术合理、完整、有效的设计成果。

2. 功能合理原则

地铁车站功能是实现乘降，为人们提供安全、舒适的交通组织空间，进行空间规划时，必须围绕满足交通需求进行空间布置和人流动线组织。重点考虑进站流程、出站流程、换乘动线和紧急疏散需求。空间功能合理主要取决于动线合理，让人在站内以最短距离、最少时间完成乘降活动。站厅通过设置栏杆、闸机等进行空间分割，划分付费区和非付费区，在闸机至出入口通道之间的必要行进路线上设置安检设备、自助售票机和其他商业服务设施，设备设施位置应合理，功能易懂，减少乘客在车站内的停留时间。站台乘车空间应简洁明了，最大程度将空间留给乘客等候、乘降及疏散使用，换乘动线要合理，减少换乘距离。设备设施位置合理，功能完善，满足车站运营需求。

3. 便捷高效原则

车站空间装饰设计遵循便捷高效原则。空间易懂，乘客进入车站后能快速做出判断，向目标方向行进，减少在车站内的停留时间，减少动线交叉，提高通行速度。便捷高效是车站空间装修设计追求的目标，对乘客而言，无论是进站乘车、到达出站还是换乘线路，均希望用最短的时间完成整个动作，减少在车站里的停留，实现乘降过程。室内空间装饰应适度，空间优美舒适、简洁易懂，避免过度装饰造成空间混乱。

4. 人性化原则

地铁车站空间装饰设计遵循人性化设计原则。轨道交通的发展是社会发展的产物，应人的需求而产生，建设的根本出发点是为人服务，一切以人的需求为出发点，以满足人的需求为根本目标，这里的人不仅仅包括乘客还包括车站工作人员以及与车站有关系的人。设计过程中需收集运营、开发、乘客、公安、妇联、残联等各方需求，制订设计目标，满足车站各类需求，注重细节设计，令空间更具人性化。

5. 与地域文化相融合原则

车站是城市轨道交通的精华部分，一个城市轨道交通的特色往往通过车站空间环境来呈现，车站空间环境既要保证车站功能的完整，又要让乘客在车站环境中感到舒适、愉悦。车站装饰设计应融合周边文脉和地域文化，运用一定的表现手法进行设计，营造出充满文化气息、优美的空间效果，在流动的城市中起着传递文化的作用，成为一个城市的名片。车站艺术可通过装饰元素、座椅、雕塑、壁画、小品、艺术墙、空间艺术装置、现代科技互动等形式呈现。

6. 遵循节能、环保、绿色建造原则

地铁车站建设必须遵循节能、环保、绿色建造理念，这是工程建设遵循的统一原则。规划、勘察、设计、施工等运行流程合理，过程缜密。内容符合规范及标准要求，遵循环保、节能、绿色建造理念，从材料选择、工艺设计、合理装饰、利用建筑构件形式等方面入手，进行空间营造，将节能、环保、绿色设计理念贯穿于工程始末。

7. 遵循美学原则

车站空间环境设计，要遵循美学原则。轨道交通车站建设，专业配合较多，空间界面呈现过程中，会遇到各种问题，各专业对装饰造型、空间高度、选用材料及色彩、安装方式等有限定，多专业配合要求客观上对空间带来一定的束缚，限制空间的发挥，设计中应突破这些限制，寻求最佳设计方案，对空间进行整合。装饰可繁可简，材料可多可少，风格可多样化，但无论采用何种设计理念，空间的呈现都必须遵循美学原则，营造出符合审美要求的空间。

3.1.2 车站公共空间装饰装修设计方法

1. 车站公共空间分析

城市轨道交通车站多分布于城市繁华地带，有高架站、地面站和地下站。高架站和地面站公共空间形态受城市规划影响较大，与城市元素结合紧密，注重室内外呼应，可以有效引入自然光。地下车站装修设计需克服地下空间的不利因素，如空间闭塞、不适心理影响、防火防潮要求等，满足车站功能要求，实现交通性，满足综合商业、市政、人防等多种功能的要求。地下站复杂，设备设施多，错综复杂，设计过程中需理清这些关系，将设施与空间装饰进行优化整合，形成优美的空间效果，车站装修体现地域文化，考虑地上与地下的关联。一般来讲，地下车站强调可识别性，地面站、高架站则更强调通透性。乘客乘降活动发生在车站公共空间，通过出入口通道、站厅、站台公共区域来实现，地下典型单柱车站站厅、站台平面布局如图 3-1、图 3-2 所示。

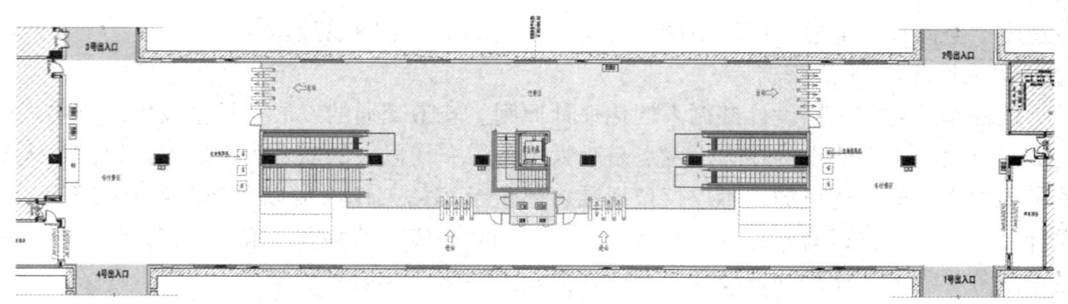

图 3-1 典型单柱车站站厅平面图一

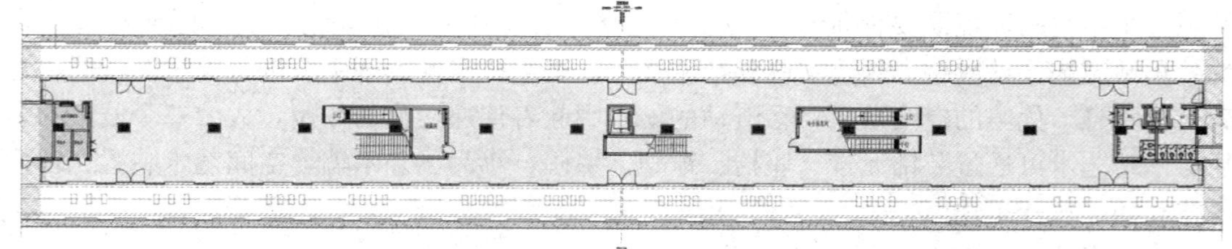

图 3-2 典型单柱车站站台平面图二

2. 车站空间组成

城市轨道交通车站由车站主体、出入口通道和地面附属三部分组成。车站主体包括站厅、站台、管理用房、设备用房及设备区等。出入口通道是地下车站和地面之间的过渡空间。地面附属是维持车站赖以运行必不可少的建筑需要，主要包括出入口、安全出入口、高风亭、低风亭等。

从乘客所能到达的区域角度分析，车站分为公共区和设备区，乘客能到达的区域为公共区，乘客不能到达的区域为设备区。公共区包括出入口通道、站厅、站台、楼梯、电梯、自动扶梯、卫生间、母婴室等。站厅层公共区分为付费区、非付费区和出入口通道，付费区与非付费区之间一般通过栏杆、闸机、柱子以及客服中心等进行分割，非付费区设有乘客服务用房、客服中心、安检设施、自助设施（自助售票机、市民卡设备、自助银行、自助售货机等）。非付费区通过出入口通道或楼（扶）梯与地面出入口相连，地面车站站厅门直接连通室外。站厅付费区由栏杆、柱子、闸机、建筑墙体、客服中心等围合而成，实现快速分流人群的功能，通过楼（扶）梯、电梯与站台连通。站台层公共区全部属于付费区，包含站台、公共卫生间、母婴室、楼（扶）梯、电梯等。设备区包括管理用房（有人房间）、设备用房（无人房间）和设备区等。管理用房是为保障车站运行而设置的办公用房，如车控室、站长室、交接班室等，一般设置在站厅层。设备用房是为保障列车正常运行提供给各专业设备设施的设备房间，如消防泵房、环控机房、气瓶间等。设备区其他区域是设备区除管理用房、设备用房以外的空间，如走道、楼梯间等。

3. 轨道交通车站分类

（1）按与地面相对位置分类。按与地面相对位置车站分为地下站、地面站、高架站。地下站结构位于地面以下，可有效节约城市用地，绝大部分城市轨道交通车站属于地下站，地下站室内装饰设计需解决地下车站封闭、潮湿等诸多问题。地面站结构位于地面以上，空间布局灵活多样，建筑造型受城市整体规划影响，建设成本低。高架站结构位于地面高架桥上，占用城市用地较少，但会形成永久性的阴影区，车站建筑形态受城市规划影响，装修设计应注意减震降噪。

（2）地下车站按照埋深深度不同进行分类。按埋深不同分为浅埋车站和深埋车站，见表 3-1。从空间环境角度出发，车站的埋深不直接影响车站室内空间环境，但因埋深深度会对车站结构形式有一定的要求，所以埋深间接影响车站的空间形态。

地下车站按埋深分类表 **表 3-1**

分类标准		类　型
车站轨顶到地表距离	20m 以内	浅埋车站
	超过 20m	深埋车站

（3）按照车站运营性质分类。按车站运营性质分为一般车站、换乘站和联运站。一般车站指单一性质车站，实现单一车站的乘降功能，城市轨道交通线路里绝大多数车站属于这种类型。换乘站是指两条或两条以上的线路交汇位置的车站，实现换乘其他线路的功能，这种类型的车站随着城市线路的增加而增加。联运站是指车站内设有两种或多种不同性质的列车线路，进行联运及客流换乘，如轨道交通与机场的联运、与火车的联运、与汽车的联运等，有时候也会出现几种功能混合联运需要的情况，此类车站兼具一般车站和换乘站的双重功能。换乘站需要综合考虑两条或多条线路的整体性，还要考虑每条线路的差异化，联运站应满足自身线路的要求，还要做好与其他类型车站的融合，做到空间过渡协调，避免突兀，容易辨识。

（4）按起始位置分类。轨道交通车站按起始位置分为起点站、中间站、终点站和折返站。起点站是指列车按照调度指令开始单程载客运行的车站，也称始发站。终点站是指列车按照调度指令结束单程载客运行的车站。折返站是指按列车交路进行列车折返作业的车站。中间站是指起点站和终点站之间的车站。

（5）按站台位置分类。轨道交通车站按照站台位置分类，可以分为岛式站台、侧式站台、岛侧混合式站台，见表 3-2。岛式站台的站台位于上、下行车轨道之间，具有岛式站台的站点称为岛式站台车站。岛式站台利用率较高，可以灵活分配客流，适用于客流量较大的车站，此类型站台柱子在中间，两侧上下车，休息区一般设置在中间区域，空间整体统一，是目前地下车站较喜欢采用的一种模式。侧式站台，是轨道设置在中间，站台分列两侧的模式，这种布局站台面积不受轨道限制，可实现站台的灵活扩建。岛侧混合式站台，是站台达到三个或三个以上时所需要进行组合的形式，可以采用双岛式站台、双侧式站台、完全混合式站台三种形式。对于混合形式的站台，大都处于换乘站，设计时需要做好总体规划思路，避免前后期实施风格不一致而造成空间效果不协调。

按站台位置分类表 **表 3-2**

站台类别	图　例
岛式站台	站台 轨行区

续表

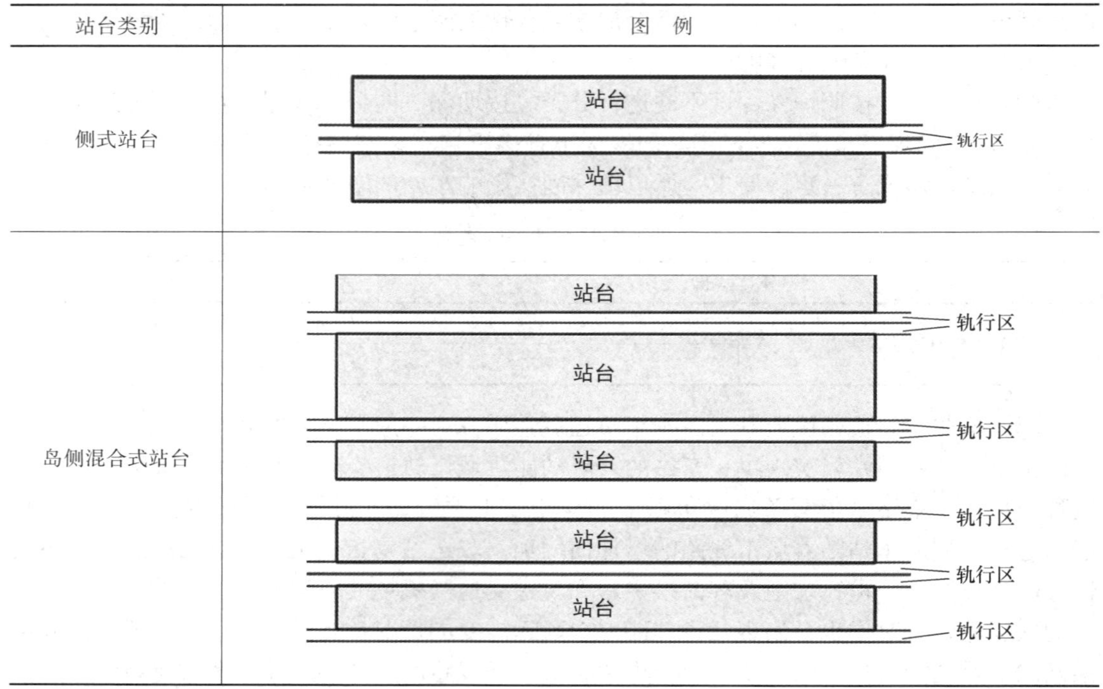

站台类别	图　例
侧式站台	
岛侧混合式站台	

（6）地下车站按结构断面形式分类。按结构断面形式，地下车站分为矩形断面、拱形断面、圆形断面，见图 3-3～图 3-5。矩形断面车站结构，是车站中最常用的结构形式，多用于浅埋的车站，可以设计成单层、双层或多层，跨度可根据车站空间需要设计成单跨、双跨或多跨。对车站空间环境的影响参数主要有层高、轴距、柱子和梁的位置、尺寸及形式。拱形断面车站结构，多用于深埋车站，有单拱和多跨连拱形式，拱形断面的车站中间部位起拱，高度较高，两侧底，进行车站空间营造时可利用结构自身的美感进行整体组织，以实现良好的空间效果。圆形断面车站结构，用于深埋或盾构法施工的车站，与拱形车站相似，空间结构本身有不同的利用方式，设计时可以利用结构的空间美感进行空间塑造，能给人带来不一样的空间体验。随着建设技术的提高，车站空间形式越来越多，站厅的空间形态也有桥式站厅、楼廊式站厅、楼层式站厅、夹层式站厅、独立式站厅等。在进行空间设计时，需把握好空间形态，最大程度利用空间特征来营造室内空间环境。

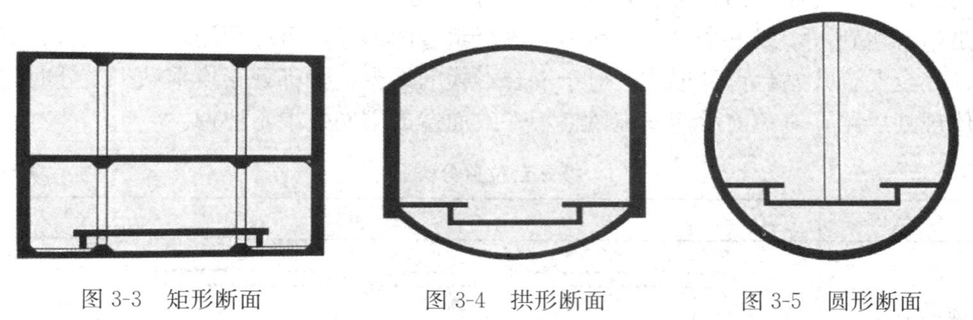

图 3-3　矩形断面　　图 3-4　拱形断面　　图 3-5　圆形断面

（7）按照换乘方式分类。轨道交通车站按照换乘方式分为同站台换乘、平行换乘、T

型换乘、十字换乘、L 型换乘、通道换乘，见表 3-3。同站台换乘是指通过同一站台完成换乘，分为同向换乘和不同站台换乘，乘客下车后在站台的另一侧上车，即可换乘其他线路，行走和等待的时间最少，要求不同的线路设置在同一站台进行换乘，站台上下行车轨道为不同的线路，这种站台模式也属于岛侧混合式站台的一种形式。同站台换乘是最为先进的换乘方式，换乘路线最短。平行换乘是指站台相互平行的不同线路，通过同一站台或楼（扶）梯和站厅完成换乘，包括相互平行的不同线路同层设置或上下层设置两种类型。平面平行时，站台通过天桥或通道连接；上下平行时，站台上下对应，采用楼（扶）梯进行换乘。T 型换乘是指车站上下立交，其中一个车站端部与另一个车站中部相连，在平面上形成 T 型组合，采用站台换乘方式。十字换乘与 T 型换乘类似，两个车站中部相互立交，在平面上构成十字型组合，换乘采用站台直接换乘的方式。L 型换乘指两个车站上下立交，车站端部相互连接，在平面上构成 L 型组合，采用站厅换乘，乘客由站台经楼梯、自动扶梯到达另一车站站厅付费区，再经楼梯、自动扶梯到达站台乘车，这种换乘路线相对较长。通道换乘是指两条及以上轨道交通线路立体交叉，在其站厅付费区、站台、出入口间以通道相连的换乘，这种换乘方式线路长、费时。车站装饰设计，换乘站的设计一般更需要关注两条或多条线路空间装饰风格的相互衔接。采用通道换乘方式的车站，不同线路站点间完全分开，只通过通道进行连接，各自站点装饰风格可按照所在线路进行设计；除通道换乘外的换乘车站，站体内空间环境相互影响较大，在进行空间组织和设计时，必须充分考虑各条线路之间的相互协调，让乘客在换乘过程中既能便捷快速地找到目标线路，又能感受到空间的整体性，尤其当线路车站建设分期实施的时候，已开通的线路对后期开通的线路有非常大的风格定位影响。

换乘站分类 **表 3-3**

换乘类别	图　例
同站台换乘	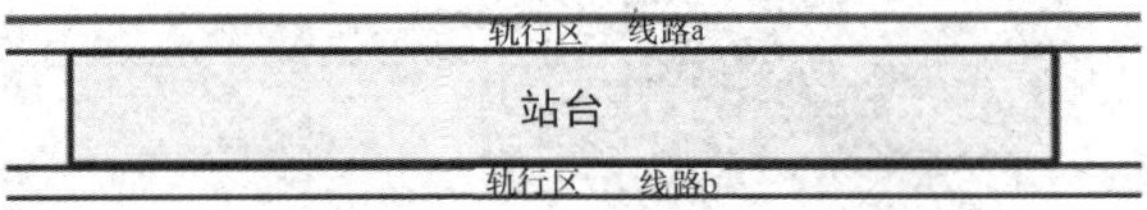 轨行区　线路a 站台 轨行区　线路b
平行换乘	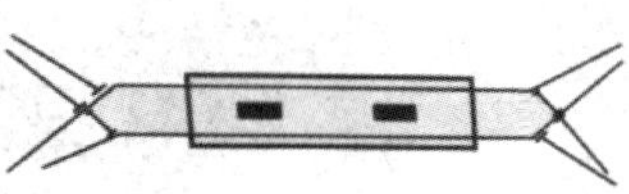 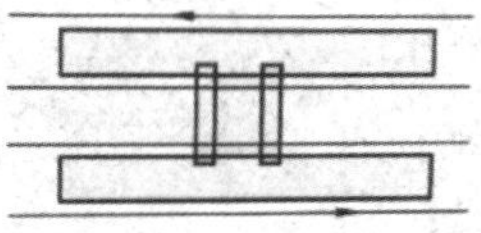
T 型换乘	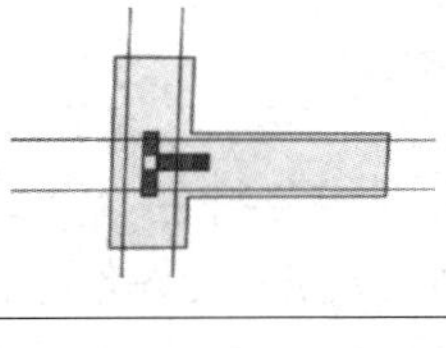
十字换乘	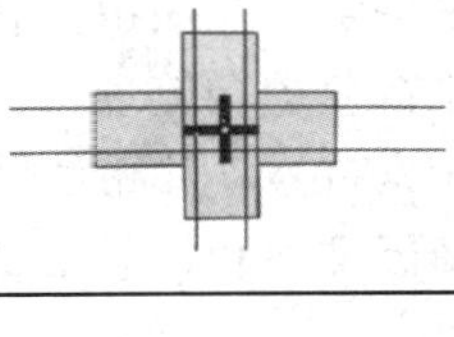

续表

换乘类别	图　例
L 型换乘	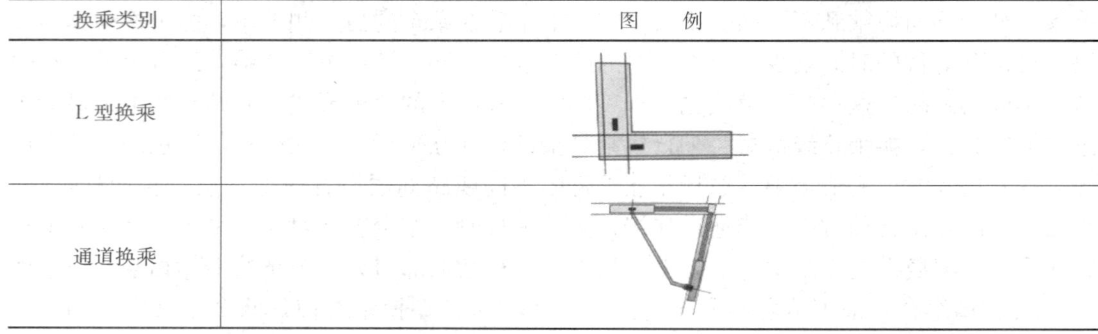
通道换乘	

（8）按装修等级标准分类。城市轨道交通车站装修，按建设单位对车站定位的重要程度划分装修等级标准，分为标准站和特色站两种。标准站是指一条线路中绝大多数车站的标准做法，具有全线统一性，以造型、颜色、材质等统一符号或一定的变化规律来实现线路的整体性和变化，在一条线路中，大多数车站属于标准站。特色站多处于城市的重要地理位置，位于商业中心、风景名胜或其他具有代表性的建筑物周边，空间装饰具有一定的标志性，是一条线路中需要重点装饰的空间，空间效果有别于标准站，作为全线的重点、亮点存在。特色站空间环境往往结合艺术墙、艺术小品、艺术座椅、空间整体艺术效果进行设计，以体现地域文化。

4. 车站装饰主题的表达

从国内外地铁装饰分析，国外地铁装饰色彩较艳丽，手法大胆、夸张、个性鲜明，有浓郁的区域特性和地域文化，模块化、规模化不强，如瑞典斯德哥尔摩地铁、德国慕尼黑地铁等，如图 3-6、图 3-7 所示。国内地铁装饰多采用标准化设计模式，空间效果整体统一，便于后期运营维护，个性不强，如图 3-8 所示。

图 3-6　瑞典斯德哥尔摩地铁

图 3-7　德国慕尼黑地铁

装饰主题的确定，应根据线路特色、建筑技术水平、法规标准要求、造价控制标准等要求进行综合分析，进行精准提炼。线路装饰主题，需要结合城市文化、线路途径区域的特色以及线路的整体定位来确定，在城市文化底蕴之上，根据线路途经区域的名胜古迹、重点建筑、商业等，对线路特色进行梳理，挖掘地域文化，结合线路形态、特色、愿景等确立线路装饰主题，确定元素符号，注重线路的特色化建设，增强识别性。按装修等级标准，将车站进行分类，明确标准站和特色站属性。

图 3-8　国内地铁

车站装饰主题的表达应满足总体线路装饰主题的要求，标准站按照总体确定的理念进行设计，强调统一性、规范性，形体、尺度、色彩、照明等按照全线统一标准进行设计。标准站为一条线路中绝大部分车站所选用的标准做法，仅从局部元素的变化对不同车站进行区分，充分体现一线一景、一线一主题或一区一景的设计理念。标准站空间以简洁、明快、现代、大气为主，强调模块化设计。特色站是全线的重点车站，突出车站的艺术效果和文化氛围，与车站所在区域地理文化共鸣，更具有记忆性，特色站更强调车站的个性化，成为全线的点睛之笔。设计过程中结合空间结构特征，充分利用空间高度，打造舒适优美的标准站、特色站，充分理解空间环境特性，从其本质出发着手进行空间设计。遵循设计理念，打造标准站、特色站空间模式。线路车站空间环境主题的提炼应结合地域文化、现代社会需求，形成线路总体理念，在其基础上进行标准站、特色站的打造，标准站侧重于通用性、模块化，特色站侧重于个性化，承载艺术性表达和文化传承。

遵循专业设计理念模式，车站建设周期长，投资巨大，参建专业多，站体内空间复杂，受建设技术条件制约因素明显，在进行空间规划、空间整合过程中需要以专业的理论指导、专业的设计方法、专业的管理来进行空间的营造，坚持绿色发展理念。运用艺术、技术手段打造空间环境，适度装饰，实现空间的功能性和艺术性。

5. 共性与个性分析

共性元素是全线车站共同执行的标准，凸显线路的识别性，共性元素有助于帮助乘客对线路的识别，有利于工程施工和后期的运营维护。个性元素强调个别车站或一类车站，主要用以强调车站的特殊性。共性元素和个性元素的应用，应根据线路的整体装修定位、造价要求等，对整条线路进行共性元素和个性元素划分。

（1）共性元素

1）线路色的应用。线路色是一条线路所特有的颜色，线路色在空间装饰中的应用可有效提高乘客对线路的判断，一般来讲线路色纯度高，在室内空间中应用需要控制与环境色的融合，避免突兀，多以点缀色的形式出现。常见应用部位包括：站台门、导向、客服中心、闸机、墙、顶、柱子、座椅等部位装饰性线条，如图 3-9～图 3-11 所示。

图 3-9　客服中心线路色应用

图 3-10　柱子线路色应用

图 3-11　墙面线路色应用

2）导向标识系统。导向标识系统在城市轨道交通车站内起着举足轻重的作用，遵循导向优先原则进行设置，导向标识的设计应符合统一连续的设置原则，一个城市轨道交通系统内导向应统一，统一的导向标识可增加乘客对空间的辨识，如图 3-12 所示。

图 3-12　标准导向

3）客服中心。客服中心为乘客提供各项服务，宜进行标准化设计，整合各专业末端接口，强调统一性，有利于乘客对空间的辨识，如图 3-13 所示。

图 3-13　标准化客服中心

4）地面。地面材质、规格、铺贴方式宜统一，有利于项目施工，备品备件准备，特色站地面可根据装修效果需要进行特殊设计。地面末端接口应统一，如：去水花格、地漏、排水箅子、检修盖板、出线孔、辅助疏散指示、站台绝缘带等，如图 3-14～图 3-17 所示。

5）盲道。盲道材质、规格、颜色、铺贴方式、设置部位原则应统一，有利于特殊人群的安全使用。如图 3-18 所示。

6）栏杆扶手。栏杆扶手材质、样式进行标准化设计，栏杆扶手的设计，需充分满足无障碍、临空高度、儿童使用、消防安全等公共安全要求，如图 3-19 所示。

图 3-14　地漏

图 3-15　去水花格

图 3-16　站台绝缘带

图 3-17　检修盖板

图 3-18　盲道

7）公共区设备设施。如安检设备、闸机、自助售票机、自助售货机、自助银行、市民卡设备、垃圾桶、休息座椅等，如图 3-20～图 3-23 所示。

图 3-19　栏杆扶手

图 3-20　垃圾桶

图 3-21　座椅

图 3-22　闸机

图 3-23　自助售票机

8）卫生间（含无障碍卫生间、第三卫生间）、哺乳室、设备区用房宜全线统一标准和做法，如图 3-24～图 3-26 所示。

图 3-24　车控室

图 3-25　第三卫生间

图 3-26　哺乳室

9）墙、柱面共性元素。墙面材质、分模、末端接口收口方式、出入口门头样式、广告灯箱设置原则应一致。如图 3-27、图 3-28 所示。

图 3-27 出入口门头、消火栓暗门、手报、广告灯箱、疏散指示

图 3-28 检修暗门

10）顶面共性元素。顶面材质、分模、末端接口收口方式、灯具排布样式应一致。

11）标准出入口。结合城市规划进行设计，与城市融合，体现地域文化，如图 3-29 所示。

图 3-29 标准出入口设计

（2）个性元素

1）颜色的应用。车站空间环境氛围与颜色有很大关联，不同的颜色传递不同的空间感受，标准站通过颜色配色方案实现车站的变化，可按照车站所在的区划分，一个行政区内车站颜色统一，也可以采用一定数量的颜色交替使用，通过相邻站之间颜色区别进行车站辨识。特色站颜色应用比较灵活，不受标准站配色方案限制。如图 3-30 所示。

图 3-30 车站内颜色应用

2）艺术品。车站艺术品由艺术品公司依据车站周边地域文化进行设计，与装修设计空间效果相协调，形式多样，主要有：艺术墙、空间艺术装置、雕塑、园林景观、壁画

等，如图 3-31 所示。

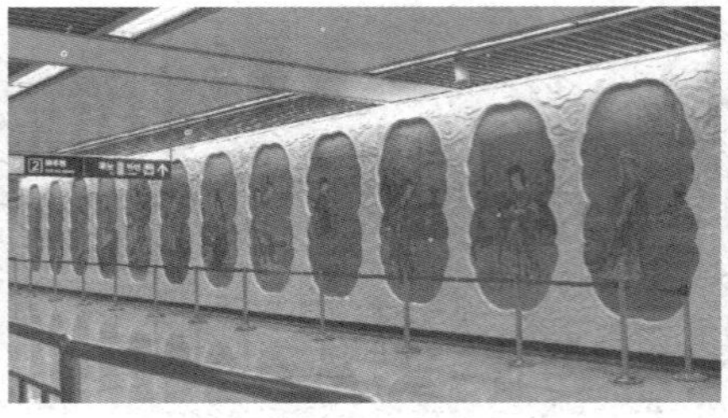

图 3-31　艺术品

3）特色站设计。特色设计是相对标准站来说的，特色站可以突破标准站的限制进行空间营造，结合车站周边地域文化、设计愿景等因素进行确定，特色站的空间界面装饰造型、材质、颜色、模数可以自行确定，但需要兼顾共性元素的要求，如图 3-32 所示。

图 3-32　特色站空间效果

4）站名墙个性化设计。站名墙可根据车站空间效果表达的需要进行特色化设计，如图 3-33 所示。

图 3-33　站名墙特色化设计

5）地面附属和出入口。地面附属和出入口需要结合城市规划进行设计，标准做法不满足城市规划要求时，需要进行个性化设计，以满足出入口、地面附属建筑与周边环境的协调，如图 3-34 所示。

6. 不同等级车站设计差异及关联

按装修等级标准车站分为标准站和特色站，标准站侧重功能实用，强调“线”的概念，是一条线路的主导方向。特色站侧重文化艺术，强调“点”的概念。特色站一般设置在车站周边环境具有明显的文化区域特征或突出的建筑空间，建设造价高，车站数量少，

图 3-34　地面附属特色化设计

一般为全线车站数量的 1/3 左右。特色站和标准站之间既存在着联系又有区别，特色是相对于标准的特色，标准是相对于特色的标准，它们是一条线路密不可分的有机体，是一线一景和一站一景的组合形式。特色站是在整条线路标准的基础上进行的特色化设计，设计主题需兼顾整条线路设计理念的表达，共性元素在特色站中继续引用，起到串联全线的作用，形成一线一景。对于色彩的运用，特色站不受标准色系的控制，可结合地域文化进行提取。特色站的空间造型、材质运用、艺术座椅、艺术品的设计均可进行个性化设计，彰显车站空间环境的特殊。标准站是整条线路的基础，决定着整条线路的装修质量、建造成本、运营环境等。标准站是车站装修的整体印象，特色站则是线条中的闪光点，有了特色和标准的应用，实现了车站装修整体统一，相互关联的效果，令车站如同演奏于城市之中的优美乐谱，在川流不息的人群中，奏响城市发展的乐章。

3.2　车站公共空间装饰装修方案设计

3.2.1　设计手法的表达

轨道交通车站公共空间环境的营造，是运用一定技术手段、艺术手段，结合车站所处的地域环境，对车站内部空间进行创造与组织，形成安全、舒适、优美、生态、卫生的内部环境，满足人们对车站的物质和精神功能需求。进行车站空间营造时，原建筑结构已经基本形成，需要对空间进行再组织，主要涉及空间的形态、比例、限定方法、限定度、空间组织等方面的内容。

1. 轨道交通车站空间的形态

空间形态很大程度上受工程建设技术水平的影响，尽管先进的现代工程技术给空间的结构形式创造了多样的空间，但其空间形态仍受制于工程技术水平的高低，如前所述常见的车站剖面形式就有矩形、拱形、圆形等，不同的空间形态给人不同的心理感受，而原空间的形式几乎决定了装饰空间的形态。空间形态，典型的有正向空间、斜向空间、曲面及自由空间，见表 3-4。而轨道交通车站受功能要求限制，站厅、站台在长度方向的尺寸远大于宽度和高度上的尺寸，这形成了车站狭长的空间感，只能在不影响功能的基础上，根据空间效果的需要，适当调整宽度、高度、长度的关系，以实现空间比例的舒适感，空间比例给人带来的感受详见表 3-5。车站各部位的最小高度见表 3-6，车站各部位的最小宽度见表 3-7。

空间形态及其给人带来的心理感受　　表 3-4

	正向空间				斜向空间		曲面及自由空间	
空间形态								
心理感受	稳定 规整	稳定 有方向感	高耸 神秘	低矮 亲切	超稳定 庄重	动态 变化	和谐 完整	活泼 自由
	略呆板	略呆板	不亲切	压抑	拘谨	不规整	无方 向感	不完整

空间比例及其给人带来的心理感受　　表 3-5

常见型	$H/D=1$	空间具有一定的向心感，是较为常见、规整的空间感受
舒展型	$H/D\leqslant 1$	空间宽度大于空间高度，容易形成舒展、开阔的空间感
高耸型	$H/D\geqslant 1$	空间高度大于空间宽度，容易形成高耸的空间感

车站各部位的最小高度　　表 3-6

名称	计算方式	最小高度（m）
地下车站站厅公共区	地面装饰层面至吊顶面	3.0
高架车站站厅公共区	地面装饰层面至梁底面	2.6
地下车站站台公共区	地面装饰层面至吊顶面	3.0
地面、高架车站站台公共区	地面装饰层面至雨篷底面	2.6
站台、站厅管理用房	地面装饰层面至吊顶面	2.4
通道或天桥	地面装饰层面至吊顶面	2.4
公共区楼梯和自动扶梯	踏步面沿口至吊顶面	2.3

车站各部位的最小宽度　　表 3-7

名称		最小宽度（m）
岛式站台		8.0
岛式站台的侧站台		2.5
侧式站台（长向范围内设梯）的侧站台		2.5
侧式站台（垂直于侧站台开通道口设梯）的侧站台		3.5
站台计算长度不超过 100m，且楼（扶）梯不伸入站台计算长度	岛式站台	6.0
	侧式站台	4.0
通道或天桥		2.4
单向楼梯		1.8
双向楼梯		2.4
与上、下均设自动扶梯并列设置的楼梯（困难情况下）		1.2
消防专用楼梯		1.2
站台至轨道区的工作梯（兼疏散梯）		1.1

2. 对空间的限定

（1）空间设计。被限定前的空间叫做原空间，用于限定空间的构件等物质元素叫做限定元素，空间的设计过程就是空间的限定过程。空间的限定方式常见的有：设立、围合、凸起、下凹、架设、覆盖等。设立是把限定元素设置在原空间中，进而在元素周围形成新的空间，比如设置家具、雕塑、陈设、自助售票机等。围合是利用隔断、隔墙、家具、绿化等对空间分割，形成不同的功能区域，可以利用限定元素的位置、颜色、质感、高低、疏密等不同方式营造不同的空间感。凸起和下凹是通过高出周围地面或下沉的方式，形成不同的空间感，凸起有强调、凸出、展示意味，下凹则营造一种静谧的气氛，在轨道交通车站设计中考虑到地面高差变化不利于人流量较大的场所，可能造成安全隐患，较少采用这种方式。架设是通过设置夹层、连廊来丰富空间效果、增加使用面积的一种方式。覆盖是采用悬吊或在下面设置支撑构件来实现的，一般适用于较大空间。对空间设计时，可通过限定元素的变化来营造不同的空间感，通过颜色、材质、形状、明暗等的变化实现对空间的不同限定。对于空间，对限定度的把握是至关重要的，空间给人的感觉是开敞还是闭塞、人对空间功能的识别快慢都取决对空间的限定度，限定度越强，越容易识别。在对空间进行限定时必须综合考虑空间的形式及需求，采用合理的方式进行限定，对于空间的组织和处理，也是设计中非常重要的内容。轨道交通车站装饰，对空间的组织和处理，是影响到功能实现的重要环节，空间组织合理与否直接影响到能否快速疏导人流。站厅和站台通过楼梯、电梯、自动扶梯进行联通，换乘方式则根据车站建筑的不同而形式各异。对空间组织应以实现基本功能为目的，提倡适度装修，以简洁明快、安全清晰为基本要求。

（2）城市轨道交通车站环境特性及限定

1）地上、地下空间特性。设计时，需要对地下、地上空间进行区分。城市轨道交通车站大部分位于地面以下，如图 3-35 所示，空间封闭，缺少阳光、植物、水，空气流通不畅，对人的生理、心理有一定的负面影响，再加上人们对地下空间的认识不足，容易使人产生恐惧、压抑感。地上空间，通过门、窗等形式和大自然直接关联，阳光、空气、山水花木等自然风光都可能影响或成为空间环境的一部分。地下空间，属于人工建筑，空间闭塞、与外界缺少互动，没有外景可以借用，只能靠人工措施来改善空间环境。从视觉环境分析，地上是无限的，地下是有限的，地下空间依赖围护结构而存在，是在一个限定的空间形成的，从根本上对视距、视角、方位进行了限定。地上空间由于阳光作用，明暗对比较为明显，地下空间采用人工照明，明暗对比较弱，而且光线比室外弱得多。同样的物体，在室外显得小、色彩鲜艳，在地下空间显得大、颜色灰暗。所以在进行地下空间尺度及色彩设计时，需要考虑地下空间的差异，选择恰当的尺度及色彩进行空间呈现。地上空间自然采光、通风环境好，室内温湿度、空气质量好控制，地下空间没有自然风，人和环境在运行过程中如果产生有害物质，只能通过人工措施排出。车站装饰装修，需对地上、地下车站空间进行区分，根据不同空间特性展开设计，尤

图 3-35　地下车站

其重视地下空间的特性，运用一定的技术、艺术手段，让空间舒适宜人。

2）交通空间。轨道交通车站是交通空间的一种，车站人流量大，往往与其他交通形式组合设置，共同形成城市网络运输格局。车站功能要实现交通性，空间环境需要符合人们对交通建筑的审美要求，动线应符合人们活动的行为要求，空间要易懂，人们身处空间中时，能快速找到目标线路，减少空间装饰给人的干扰，空间不宜做得过于花哨，以简洁大方为主。《地铁设计规范》GB 50157—2013 也对车站环境设计作出明确的要求：简洁、明快、大方，易于识别，装修适度，充分体现结构美，并宜体现现代交通建筑的特点。在地下车站中，人们没有方向感，几乎完全依赖导向进行活动，这对导向的设计提出了更高的要求，空间的设计要遵从导向优先的原则，让视觉传达快速、准确、连续，引导乘客进行站内活动，快速疏导人流。空间装饰风格可以多种多样，但都必须遵照交通建筑的要求来设计，让空间易懂，让在车站中寻路的人能利用最少的时间、最短的路线到达目标位置。人们使用轨道交通出行目的有三种：始发、终到、换乘，环境设计合理与否的重要指标是是否方便市民出行，轨道交通的存在是为了提升市民出行效率，若这项基本要求不能实现，再高档的车站环境都是虚设，失去了存在的意义。除了基本的交通功能外，必要的辅助设施也是车站不可或缺的部分，如卫生间、哺乳室等，为乘客提供基本必要的服务，设计中亦应予以重视。

3）车站本身的问题。轨道交通车站是个庞大的体系，装饰装修受建筑结构、系统、机电等多种因素的影响，车站复杂的建设系统对公共空间装饰效果的最终形成产生一定的限定。首先受建筑结构的限定，地上车站相比于地下车站有一定的优势，空间延伸有一定的灵活性，但因受城市规划、造价控制要求等影响，形体结构自由度受到一定限定；地下车站空间建筑则由完全围合的界面组成，埋于地下，空间较为闭塞，体量受经济技术指标影响相对比较固定，在项目建设过程中，建筑、结构设计往往在装饰设计开始之前就已经完成了整体的设计，交给装修的是基本已经稳定的建筑结构形式，不能做大的更改。建筑结构的既有空间对室内空间形成限定，空间的高度、宽度、轴网、格局、楼（扶）梯位置、通道等都已确定，装饰没有办法进行更改或只能在很小的限度内调整，所以大都只能在原有的空间基础上进行综合利用，对空间进行装饰。对车站空间的利用，长、宽、柱体基本没有太多的调整余地，应重点考虑高度空间的利用，结合机电管线设计，最大程度地争取空间高度，能高则高，尤其对地下车站来说，这一点非常重要，车站装饰高度的提高可有效缓解地下空间带来的压抑感，增加空间舒适度。设计过程中可结合 BIM 技术应用，将装修、机电、系统、建筑结构等模型进行整合和优化，通过技术手段消除对装修的限制，如站厅层把下翻梁调整为上翻梁，减少结构对装修高度影响，管线排布根据装修吊顶造型进行优化整合，如图 3-36 所示；站厅层从设备区到公共区第一跨设备管线交叉严重，可通过管线优化，将交叉位置调整到设备区，从而减少管线交叉造成空间高度的损失；站厅、站台、出入口通道等公共区域，下翻梁预留管线孔洞，如图 3-37 所示，避免梁下穿管线造成空间高度损失。其次，车站赖以维持运行的设备设施非常多，这些设备设施与建筑结构在站体内形成一个庞大的交织网，各专业之间相互影响、相互制约，对车站空间环境造成一定的影响，在进行装饰设计时，必须对这些因素进行梳理，利用艺术、技术手段将空间界面与这些因素进行整合，最终形成优美舒适、功能完善的车站空间环境。美好的创意与多专业配合之间常常出现冲突和矛盾之处，设计时，必须正视两者之间的矛盾，进行整合优化。

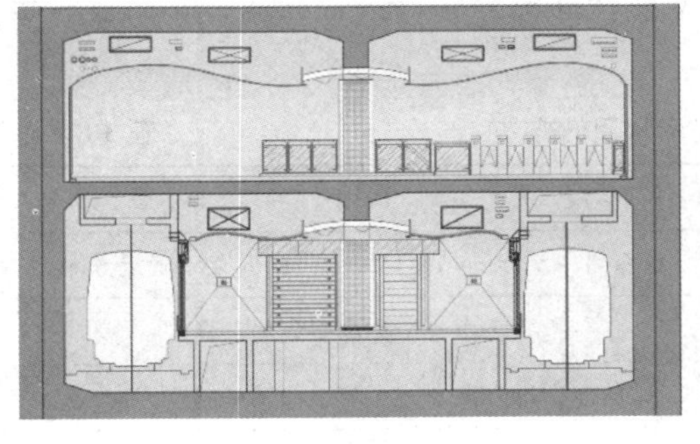
图 3-36　管线根据装修造型优化

图 3-37　梁预留孔洞

3. 对空间进行艺术处理

主要包括空间的对比与变化、重复与再现、衔接与过渡、渗透与层次、引导与暗示、序列与节奏等。

（1）空间的对比与变化：

1）进行高大与低矮的对比。相邻空间，通过体量差异悬殊来营造，在小空间时，人的视野被极度地压缩，一旦走进高大空间，视野骤然开阔，从而引起心理的突变和情绪的振奋。

2）采用开敞与封闭对比。开敞空间限定度低，比较明朗，与外界关系紧密，封闭空间限定度高，较为暗淡，与外界隔绝，人们经过封闭空间到达开敞空间时，必然会因强烈的对比而产生豁然开朗的感觉。

3）利用形状、色彩、明暗的差异形成对比与变化。不同形状的空间对比，打破空间的单调，实现空间变化，通过色彩、明暗等变化让空间出现对比，引导人流行进，比如站厅在灯光设计时照度高于通道，自助售票机、闸机等位置局部增加光照，从而吸引人的注意，换乘站通过颜色的变化或造型的变化更易于识别不同线路等。

4）利用空间方向的不同产生对比，增加空间的变化。

（2）空间的重复与再现。同一形式，连续多次或有规律地重复出现，形成一种韵律节奏感，在轨道交通车站空间装饰中，应用得非常多，空间再现是一种分散性的重复，通过逐一地展现而被感受，重复与再现凭借协调实现统一。

（3）空间的衔接与过渡。大的空间之间以简单的方式直接联通，有时会让人产生一种单调感，这时可通过设置过渡空间来进行空间的衔接，过渡空间设置的低一点、小一点、暗一点，可以起到很好的空间过渡作用。人们从一个大空间走到另一个大空间时经过由高到低，再由低到高；由大到小，再由小到大；由明到暗，再由暗到明的过程，一定会使人对空间留下深刻印象。过渡空间要根据空间的功能、流线转折、高度变化、明暗变化、内外变化等巧妙设置，车站装饰装修设计，需注意尽量减少进入车站空间时的突兀感。

（4）空间的渗透与层次。相邻的空间，不彻底隔绝，相互联通，彼此渗透，相互因借，从而增加空间的层次感，比如设置共享空间将站厅和站台进行关联，实现空间相互渗透。

（5）空间的引导与暗示。轨道交通车站空间需要采取一定的手段对人流进行引导和暗示，使乘客循着一定的途径到达预定的目的地，对于快速疏导人群，合理地引导、暗示起着重要的作用。引导和暗示常用的方法见表 3-8。

轨道交通车站引导和暗示常用的方法　　表 3-8

序号	方法	作用
1	利用弯曲的侧界面	暗示另一空间的存在，把人流引向某一确定方向
2	利用楼梯、台阶、坡道、电（扶）梯等	把乘客由一个标高引到另一标高
3	利用顶棚、地面造型以及颜色进行引导	暗示行进方向，把人流引向某一确定方向
4	采用分隔物进行空间分割	暗示另一空间的存在
5	利用灯光营造明暗对比效果，重要空间设置的明亮些	起到引导作用
6	利用色彩变化进行空间引导和暗示	起到引导作用
7	设置导向标识	通过导向标志、确认标志、综合信息标志、无障碍设施标志、禁止警告标志、消防安全标志等一系列标志的综合设置，快速将人们引向目标位置

（6）空间的序列与节奏。对于车站空间，乘客很难一眼就看到它的全部，要在连续行进过程中，逐一地看到它的各个部分，从而形成整体印象。从一个空间到另一个空间的过程中，能逐渐感受空间的整体，不仅涉及空间变化因素，还涉及时间变化因素，所以空间群体也是思维的艺术。车站的空间不仅要在静止的情况下获得良好的视觉效果，还要让人在运动情况下同时获得舒适的观赏效果，对空间留下深刻、完整的印象。空间序列的组织，重点考虑主要人流方向的空间处理，兼顾次要人流方向空间。空间序列通常归纳为：入口空间—次要空间—主要空间—次要空间—出口空间，入口空间吸引人流进入，经过一个或一系列次要空间进入主体空间，次要空间要认真处理，成为主体空间的铺垫，让人们怀着期盼的心情进入主体空间。主体空间是空间序列的重点，空间宜高大、用材考究，让人留下深刻印象。在主体空间后面设置次要空间，让人的情绪逐渐回落，最终通过出口空间进行情绪的整理，有始有终。轨道交通车站中，地面附属出入口为出入口空间，出入口通道可以定义为次要空间，站厅、站台为主体空间。设计时，需要根据空间限定原则、形式美原则，综合运用空间对比、重复、过渡、引导等一系列手法，使整个空间群体成为有次序、有重点、有变化的统一体。

3.2.2　设计要素的表达

1. 界面

轨道交通车站公共空间，最终呈现在大众眼前的是界面材质，界面设计与材料的选择对空间效果有着非常重要的意义。车站空间的界面主要包括水平界面和垂直界面两个体系，水平界面包括顶面、地面、楼梯踏步等；垂直界面包括墙面、柱面、电梯等。界面的设计需要综合考虑功能、形式、装饰风格、色彩、图案、视觉变化、灯光效果等一系列的因素，只有进行综合界面设计才能表达出良好的空间环境要求，界面的设计需要按照下列要求来进行。

（1）形式美要求。遵循多样统一的准则，多样统一可从均衡与稳定、韵律与节奏、对比与微差、重点与一般几个方面来实现。

1）均衡与稳定。稳定就是物体保持稳定的状态，遵从上小下大、上轻下重的常见形式。均衡指空间各要素之间，通过完全对称、基本对称、动态均衡等方法获得一种美的状态。对称是最常见的均衡方式，以轴线为主进行布局，给人端庄严肃的空间感，在轨道交通车站空间中应用得比较广泛。缘于空间结构及功能的多元化，有时难以达到沿中轴线的完全对称，这时可采用基本对称的方法对空间灵活处理，使人感到轴线的存在。除此之外，对空间的感受是人们在空间内移动的过程形成的，设计中可以通过左右、前后等方面进行综合处理，以达到均衡的效果。

2）韵律与节奏。自然界许多事物呈现出秩序的重复和变化，给人以韵律、节奏感，激发人们的美感，常见的韵律表现有：重复、渐变、起伏。重复韵律，是以一种或几种要素连续重复展现，各要素之间保持一定的关系，形成规整的强烈印象。把连续重复的要素按照一定的秩序或规律进行逐渐变化，比如逐渐宽窄、长短、大小变化等，运用特定渐变的韵律，可以形成一定的空间导向性。如果韵律按一定规律时而增加，时而减小，如波浪起伏或具有不规则的节奏感时，就会形成起伏韵律，让空间灵活而有动感。

3）对比与微差。对比是指要素之间的差异比较明显，微差就是要素之间的差异比较微小。通过对比，借彼此之间的差异来强调各自的特点以求得变化，通过微差，借彼此之间的共性来呈现和谐统一。空间缺少对比会单调，过度对比易造成混乱，所以对比与微差的应用要恰到好处，巧妙地结合，才能达到理想的空间效果。对比和微差可通过多种元素来进行，如大小、曲直、虚实、明暗、形状变化、颜色变化、材质变化等，通过对比与微差的应用突出重点，丰富空间。

4）重点与一般。主题与副主题、主角与配角、主体与背景的关系就是重点与一般的关系，重点与一般的关系非常普遍，可以运用轴线、体量、对称等手法进行表达。形成空间重点的方式是形成“趣味中心”，趣味中心的体量不一定大，但位置非常关键，起到点明主题、统帅全局的作用，车站中的艺术墙、艺术座椅、艺术站名墙都起到了突出重点的作用。另外，运动能使人的眼睛做出敏捷的反应，动态技术在车站内合理应用，可起到良好的作用。

（2）界面功能要求。城市轨道交通大部分车站处于地面以下，所选用的界面材料需符合相应的要求，如防火、防潮、防水、吸声等．对于空间，不同的界面也具有不同的功能要求，在进行车站空间营造时，要根据界面的要求进行材料选择，来实现空间功能，常见地下车站界面功能要求见表 3-9。

轨道交通地下车站室内空间不同界面的功能要求　　表 3-9

功能要求	地面	墙面、柱面	顶面	说明
使用期限、耐久性	要求高	要求高	要求高	地下空间，材料更换难度大
防火性能	要求高	要求高	要求高	需要满足消防要求
无毒、不散发有害气体	要求高	要求高	要求高	空气易浑浊，不易通风
核定允许的放射计量	要求高	要求高	要求高	需要满足材料环保要求
易于施工、加工、制作	要求高	要求高	要求高	提倡模块化、装配式工艺

续表

功能要求	地面	墙面、柱面	顶面	说明
自重轻	要求低	要求低	要求高	—
耐磨、耐腐蚀	要求高	要求高	要求低	—
防滑	要求高	无要求	无要求	—
易清洁	要求高	要求高	要求低	—
隔热保温	要求低	要求低	要求低	地下空间环境比较稳定，建筑有较好的隔热保温效果
防潮防水	要求高	要求高	要求高	地下空间，空气湿度大，有渗水风险
反光折射	要求低	要求低	要求高	浅色明亮的材料可增加顶面反射效果，提高光效，减少压抑感

（3）界面色彩处理。色彩是地铁车站装饰设计的灵魂，影响室内空间感、舒适度、环境气氛、使用效率，影响人们对车站的生理、心理感知。人们进入车站，第一感知到的是视觉带来的冲击，不同的色彩可引起不同的心理感受，人们从和谐悦目的色彩环境中产生美的遐想，化境为情。通过色彩使用，可以营造出不同的艺术氛围，形成良好空间环境，有效提高公众对空间的接受度。有彩色系的颜色具有三个基本特性：色相、纯度、明度。色相是有彩色的最大特征，确切地表示某种颜色色别的名称；纯度是指色彩的纯净程度，表示颜色中所含有色成分的比例；明度是指色彩的明亮程度。有彩色的色相、纯度和明度三个特征是不可分割的，应用时必须同时考虑。通过色彩的冷暖感、轻重感、软硬感、膨胀与开阔感、大小感、鲜艳与质朴感、兴奋与镇静感等进行颜色选用，运用对比与调和等方式进行搭配，制订出符合地铁线路的配色方案。色相环如图 3-38 所示。车站空间色彩设计具有双重特征：科学性和艺术性。空间色彩主要分为背景色、主体色和强调色，背景色多用于顶面、墙面、地面，一般采用彩度较低的沉静色，起衬托的作用，值得注意的是，对地下车站而言，应充分考虑人在地下车站内的感受，其背景色不宜太灰；主体色大都用于柱子、家具、陈设中的中等面积的色彩，用以表现空间色彩效果的主要载体；强调色是指小面积的色彩，在空间中起画龙点睛的作用，如标识、垃圾桶等。色彩本身并无冷暖的温度差别，是视觉色彩引起人们的心理联想，进而产生冷暖感觉的。人们见到暖色：红、红橙、橙、黄橙、黄、棕等色后，会联想到太阳、火焰、热血等物像，产生温暖、热烈、豪放、危险等感觉。见到冷色：绿、蓝、紫等色后，则会联想到天空、冰雪、海洋等物像，产生寒冷、开阔、理智、平静等感觉。黑色、白色和灰色属中性色。不同的颜色有其不同的表现特征，红色感觉温暖、兴奋、热情、豪放；绿色象征生命、青春、和平、安详、新鲜；蓝色表示宁静、冷淡、敏捷、理智；白色给人洁净、光明、纯真、朴

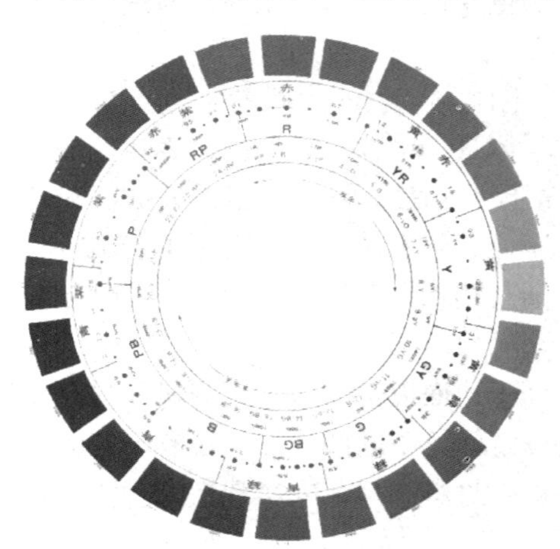

图 3-38　色相环

素、卫生、恬静等印象。轨道交通车站装饰过程中，配色方案设计，需充分掌握不同颜色的表现特征，结合空间效果目标，进行合理选用。

眼睛感受色彩的色差使人们对建筑物产生距离感。一般来讲，暖色系的色彩具有前进、凸出、拉近距离的效果，冷色系具有后退、凹进、拉远距离的效果。除此之外，色彩的距离感也和色彩的亮度、纯度有关。高亮度、高纯度的颜色具有前进、凸出感，低亮度、低纯度的颜色有后退、凹入的感觉。设计中可利用色彩组合进行车站空间效果调节，对空间加以划分，强调空间的主次关系，建立有组织的空间秩序感。色彩的尺度感主要取决于色彩的亮度和色相。亮度高，扩展感加强，反之收缩感增强。材料的色相越暖，扩展感越强，冷色有收缩感。受建筑条件限制，地铁建筑构件具有自己特有的尺度和比例，设计师可根据条件，在满足人们对地铁建筑空间审美的基础上，运用适当的尺度与比例，通过运用色彩来调整建筑空间比例，使车站具有适宜的尺度及合适的比例，令空间更加舒适。小空间选用使空间扩展的色彩，过大空间选择使空间缩小的色彩，有助于改善空间的不足。色彩的温度感在地铁设计过程中应予以重视，不同的色彩有不同的温度感。从红紫、红、橙、黄到黄绿色为暖色，以橙色为最热。从青紫、青、到青绿为冷色，以青为最冷。紫色和绿色是温色。在地铁车站的设计过程中可以根据车站所处地理位置、当地气候的不同，以及车站所在地上、地下不同，选用合适的主色调，营造一种良好的空间感。值得注意的是，色彩应用过程中，应注重整体空间色彩的融合，包括装饰以及艺术品色彩的选择，做到协调统一，主次分明，一个空间中色彩不宜太多，造成空间混乱。轨道交通车站空间常见色彩运用见表 3-10。

轨道交通车站空间常见色彩 **表 3-10**

部位	常见色彩
顶面	白色或者接近白色的高明度色彩；色彩明度通常高于墙面
地面	一般以中性色系为主，衬托整体空间
墙面、柱面	一般采用明度高的色彩，明度宜低于顶面；中性色系的垂直彩色处理容易形成明朗、舒适的感觉
踢脚	明度一般低于墙裙或墙面，色彩与地面相同或接近，考虑耐脏要求
座椅、家具	一般采用无刺激、低彩度的色彩；也可以采用与墙/柱面的色彩对比色或相近色

轨道交通车站装饰配色方案的制订，除了色彩学知识外，还需要考虑城市地域文化、气候特征、地上地下站特征、线路特色、材质表现、灯光选用、空间形体表现等因素影响。车站装饰颜色合理搭配，是营造良好空间环境的重要因素，设计过程中需对车站颜色选用进行多方案比较，最终确定最合适的颜色进行空间效果表达。地铁车站常见配色方案有两种，一种方案是按照车站所在的区不同进行颜色划分，一个行政区内车站颜色统一，如图 3-39 所示。另一种方案是采用一定数量的颜色进行交替使用，相邻标准站之间颜色不同，如图 3-40 所示。特色站颜色应用比较灵活，不受标准站配色方案限制。

（4）界面视觉感受。车站中不同的色彩、质感、图案可产生不同的视觉感受和心理效应，起到调节界面视觉感受和空间感受的作用，在进行空间组织和处理时，把握一定的原则和规律，有助于空间优美环境的展现。轨道交通车站空间不同界面处理与视觉感受见表 3-11。

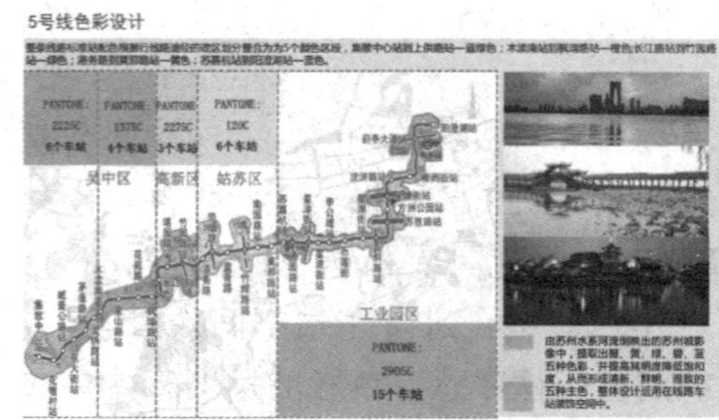

图 3-39　按行政区区分颜色配色方案

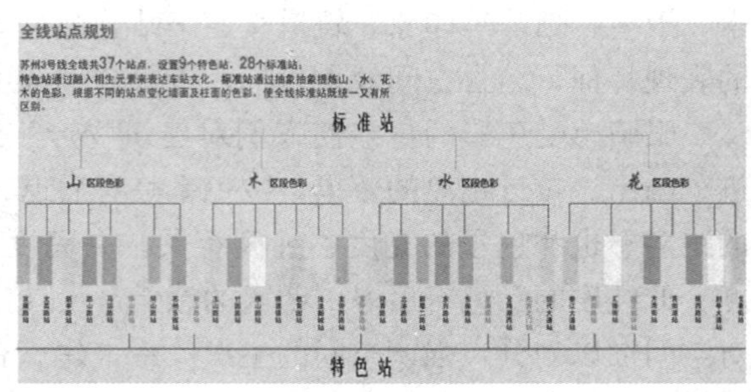

图 3-40　不同颜色交替使用配色方案

轨道交通车站空间不同界面处理与视觉感受　　　　表 3-11

类别	变化因素	空间效果
线性	垂直线性	空间容易感觉增高
	水平线性	空间容易感觉开阔
图案	大尺度图案	空间容易感觉缩小
	小尺度图案	空间容易感觉扩大
质感	硬质材料	空间容易感觉挺拔冷峻
	软质材料	空间容易感觉亲切柔和
色彩	暖色系列（色相）	有前进感，空间易感觉变小；易形成欢快、温暖的效果
	冷色系列（色相）	有后退感，空间易感觉变大；易形成沉静、冷峻的效果
	高明度	有后退感，空间容易感觉变大
	低明度	有前进感，空间容易感觉变小
	高彩度	有前进感，空间容易感觉变小
	低彩度	有后退感，空间容易感觉变大

2. 材料

车站空间效果的呈现离不开装修材料，选择合适的材料是获得良好空间效果的必要环节。城市轨道交通车站大部分位于地下，对于材料的选择，除了美观要求之外，还必须重点考虑外观质感、防火性能、绿色环保等方面的因素。

（1）外观质感。车站公共空间中，人的视线观看距离较近，很多部位伸手就能触摸得到界面材料，所以，选择材料要充分考虑材质给人的视觉、触觉感受。影响材料质感的因素主要有：粗糙与光滑、软与硬、冷与暖、光泽感、透明度、弹性、机理。车站中常见的粗糙材料有：毛面石材、混凝土、磨砂玻璃、粗砖等；光泽材料有：抛光砖、镜面石材、烤瓷铝板、搪瓷钢板、烤漆玻璃等。柔软的材质触感会让人愉快，硬的材料耐用、具有光泽度。空间中，人的皮肤能接触的部位尽量选择温暖的材质；界面材料的冷暖质感需要材质和颜色的综合呈现。光泽感强的材料，可起到扩大空间感的作用，光洁的材料表面易清洁，但要注意避免产生眩光。合理使用透明度，利用透明材料来增加空间的广度和深度，如玻璃、金属网等。对于材料的肌理，无论选用天然纹理还是人工肌理，巧妙运用可产生丰富的空间效果。材料应用除本身的特质之外，还要考虑观看距离，质感与距离也有着密切的关系，细腻的质感适合近距离体验，粗犷的质感则更适合于远距离观看。常见轨道交通车站室内空间装饰材料特征见表3-12。

常见轨道交通车站室内空间装饰材料特征　　表3-12

材料名称		主要特点	部位
天然石材	花岗石	质地坚硬、耐磨，色彩多，肌理为点状或晶体状	地面、墙面、柱面、台面
	大理石	色彩多样、纹理美观	墙面、柱面、台面
人造石材	人造石	颜色多样、无毒、无放射性、耐污、抗菌防霉、耐磨、耐冲击	地面、墙面 柱面、台面
	微晶石	天然无机材料经高温烧结而成，质地坚硬、细腻、耐磨、耐腐蚀	地面、墙面 柱面、台面
	水磨石	碎石、玻璃、石英石等骨料拌入水泥粘结料制成混凝制品后经表面研磨、抛光的制品。造价低廉、可任意调色拼花、施工方便	地面
混凝土	混凝土	除结构作用外，还有装饰作用，采用特殊设计的模板浇筑而成的混凝土，或者表面经处理后形成非常粗犷的效果	地面、墙面 柱面、顶面
金属材料	搪瓷钢板	颜色多样、抗划痕、结实耐用、防撞性能好、耐高温	柱面、出入口等转角位置
	烤瓷铝板	颜色多样、防火、防水、耐腐蚀、烤瓷面视觉效果好，抗划痕，轻质、耐高温	墙面、柱面、顶面
	彩印钢板	颜色纹样鲜艳，化学稳定性好，防火、防潮、绿色环保	墙面、柱面、顶面
	铝蜂窝板	抗风压、减震，隔声、保温、阻燃、强度高	墙面、柱面、顶面
	不锈钢	表面处理方式多：镜面、拉丝、哑光等。有现代、简洁感	台面、踢脚、门等装饰面不宜过大
	铝合金	种类多：铝单板、铝挂板、铝冲孔板等。颜色多，给人现代、轻盈、整洁的感觉	门、顶面等
	黄铜	色彩金黄，给人高贵、华丽之感	五金件、装饰件
	青铜	给人古朴、沉稳之感	五金件、装饰件
陶瓷制品	釉面砖、墙地砖、马赛克等	种类多：釉面砖、墙地砖、陶瓷锦砖、陶瓷马赛克。价格低、耐火、防水、耐磨、易清洁、色彩丰富、尺寸多样、图案丰富	地面、墙面、柱面
玻璃制品	功能性玻璃	平板玻璃、夹丝玻璃、中空玻璃、吸热玻璃、热反射玻璃、防火玻璃、夹胶玻璃等	墙面、柱面、顶面、挡烟垂壁、窗
	装饰性玻璃	磨砂玻璃、花纹玻璃、彩绘玻璃、玻璃砖等	墙面、柱面、顶面
石膏板	石膏板	表面可涂饰各种色彩，种类多，可满足不同要求，如防水石膏板　防火石膏板	顶面、墙面
	吸声石膏板	板面根据声学技术设置吸声孔，用于需要吸声的空间	顶面、墙面

续表

材料名称		主要特点	部　位
涂料	无机矿物涂料	防火性能好、颜色多样	顶面、墙面
	陶瓷耐污涂料	颜色多样、耐划擦	
抗静电地板	抗静电地板	安装灵活、方便走线	地面
	抗静电地砖	价格低、耐火、防水、耐磨、易清洁	
玻璃纤维加强石膏板	玻璃纤维加强石膏板	造型灵活多变，可满足不规则曲线造型要求	顶面、墙面
硅酸盐板	硅酸盐板	表面可涂饰各种色彩，种类多，可满足不同要求，如防水硅酸盐板、防火硅酸盐板	顶面、墙面
	吸声硅酸盐板	板面根据声学技术设置吸声孔，用于需要吸声的空间	
水泥板	水泥板	价格低、防火、防水	墙面

（2）防火性能。车站选用装饰材料必须符合防火规范的要求，如现行国家标准《建筑内部装修设计防火规范》GB 50222 便对车站材料的防火性能进行了明确的规定。地下车站的饰面材料均需要达到 A 级，即不燃材料，目前工程中常用的有，地面：天然石材、人造石材、地砖、抗静电地板、水泥砂浆地面、水磨石等；墙面：烤瓷铝板、搪瓷钢板、玻璃、石材、钢板、瓷砖、马赛克、无机矿物涂料等；柱面：搪瓷钢板、烤瓷铝板、石材、玻璃、陶土砖等；顶面：铝板、铝型材、钢板、无机矿物涂料、玻璃纤维加强石膏板等。除了顶、地、墙等大的界面外，点缀性的陈设如座椅、艺术墙、雕塑等也须选用 A 级材料。

（3）绿色、环保、节能：

1）选用绿色、环保、节能的材料，材料本身的有害物含量及有害物质排放量等参数满足规范的要求，选用节能型产品，材料的生产、运输、安装制作过程均尽量避免产生环境污染。

2）提倡采用可循环、可再生的材料，可循环材料分为两种：一种是用于饰面的材料本身就可再循环使用，另一种是拆除时能够被再循环的材料，如钢材、铝材、玻璃等。

3）设计宜选用模块化、标准化、组装式安装工艺，规格标准化可以有效减少制作成本，降低能耗，提倡组装式安装，可以减少现场切割、加工，减少湿作业，提高施工速度，减少二次加工带来的环境污染。

4）装饰风格上，要做到适度装饰，减少不必要的装饰构件，提倡简洁明快的设计风格，以此来减少材料消耗。

5）设计过程管理，车站空间的装饰设计与建筑设计、机电设计、通信信号等其他专业设计相互交织，可通过相互充分提资、沟通、会签的方式来落实和解决各专业间的协调工作，减少变更、拆除产生的物资浪费。

（4）强化细节设计：

1）分缝：综合车站轴网尺寸及选用材料规格进行模数确定，分缝应注意墙、顶、地面的对缝关系，做到对缝或单元式对缝。材料的分缝应符合材料制作工艺要求，避免因模数选取不当造成工程浪费，分缝美观合理，根据装修效果要求不同采用密拼或留缝工艺。

2）工艺：工艺设计应符合安全、美观、便于施工安装、便于后期维护的要求。不同材料之间的收口应考虑不同材料热胀冷缩率的不同，避免硬收造成后期裂缝，宜选用留缝、增加装饰盖板等工艺进行收口。

3）人体接触部位要求：阳角转角处，在人体能接触到的部位应考虑采用圆弧转角，避免直角伤人，如独立柱转角、出入口转角、墙裙收边条等。所有直接暴露于公共空间，且人体可以接触的部位材料，均应避免产生锐角伤害，采用倒角、打磨、包饰等进行优化，如玻璃栏板、艺术墙等。楼梯扶手端头收口应避免乘客转弯上下楼梯钩挂衣物。

4）伸缩缝：保证建筑各类伸缩功能完善，装修龙骨、材料应断开，起到伸缩调节功能。

5）防滑：地面材料防滑系数应满足规范要求。

6）末端设施：各专业末端设施收口点位应由装修设计确定，墙面暗门、顶面检修口、地面盖板等大小、位置应与饰面进行整合优化，保证功能完善、美观协调。明装末端设施，其开孔安装位置应结合规范要求及审美要求确定。

3.3 车站公共空间环境照明设计

3.3.1 车站空间照明的分类

1. 按照功能要求分

按照功能要求不同分为：一般照明、分区一般照明、局部照明、混合照明。

（1）一般照明。城市轨道交通车站各场所均应设置。

（2）分区一般照明。同一场所内的不同区域有不同照度要求时设置分区一般照明，如站台门前区域。

（3）局部照明。为照亮某个局部或实现特定视觉工作时采用局部照明。

（4）混合照明。对照度要求高，单独设置一般照明不合理的场所，采用混合照明。

2. 按照工作场所分

按照工作场所分为：正常照明、应急照明、值班照明、过渡照明。

（1）正常照明。所有场所应设置正常照明。

（2）应急照明。应急照明是在正常照明系统不再提供正常照明的情况下，供人员疏散、保障安全或继续工作的照明。轨道交通车站内应急照明包括备用照明和疏散照明。当正常照明因故障熄灭后，对需要确保正常工作或活动继续进行的场所，应设备用照明；当正常照明因故障熄灭或火灾情况下正常照明断电时，对需要确保人员安全疏散的场所，应设疏散照明。

（3）值班照明。值班照明是在非工作时间，为值班而设置的照明。非24h连续运营的城市轨道交通公共场所，应设置值班照明。

（4）过渡照明。过渡照明是为了减少建筑物内部构筑物与外界过大的亮度差而设置，其亮度可逐次变化，车站设置过渡照明的部位主要有：出入口楼梯、地面，高架站厅与站台楼梯。

3. 按照车站布局分

按照车站布局分为：公共区照明（含出入口）、设备区照明、区间照明。

（1）公共区照明。公共区照明是车站装饰的重点区域，由装修专业进行光环境的营造，与装修形体进行一体化设计。

（2）设备区照明。设备区照明以功能性为主，需满足各专业的正常工作需要。

（3）区间照明。区间照明根据隧道空间的特殊性进行设计，灯具满足防水、防尘、防震、耐腐蚀、散热性等要求。

4. 按照用途分

按照用途分为：工作照明、节能照明、事故照明、导向标志照明、广告照明、区间照明。

5. 按照光的分布和照明效果分

按光的分布和照明效果分为：直接照明、间接照明、直接间接综合运用。灯具照明效果种类特征见表 3-13。

灯具照明效果种类特征表 **表 3-13**

照明效果种类	特性
直接照明	上方 0～10%、下方 90%～100%的配光，不透明反射伞，例：射灯
半直接照明	上方 10%～40%、下方 90%～60%的配光，半透明伞，例：吊灯
全方位扩散照明	上方 40%～60%、下方 60%～40%的配光，例：球型灯
半间接照明	上方 60%～90%、下方 40%～10%的配光，半透明反射伞，例：门灯
间接照明	上方 90%～100%、下方 10%～0 的配光，不透明反射伞，例：壁灯

（1）直接照明灯具发射光通量的 90%～100%，直接投射到假定工作面上，是最高效的一种 照明方式，在轨道交通车站内应用广泛，但这种直接光源容易产生眩光，从人性化角度分析，存在一定的缺陷。

（2）间接照明不直接把光线投向被照射物，通过反射形成照明效果，产生均匀柔和的光环境，效果柔和、令人愉悦，提升空间环境的艺术美感，改善空间层次，营造良好环境艺术氛围，但光效较低，不节能。

（3）光环境的营造，可以将直接照明、间接照明综合应用，根据空间环境的需要选择合适的照明效果，最终形成空间优美、经济合理、易于维护的车站空间。

6. 按照发光面形态分

按照发光面形态分为：面光源、线光源、点光源。三种类型的照明方式结合空间效果进行组合搭配应用，常见面光源形式：透光膜、透光玻璃、透光 PC 板等；线光源：线型排布的灯盘、暗灯带，洗墙灯等；点光源：筒灯、射灯、光纤灯等。

7. 按照灯光显示模式分

按照灯光显示模式分为：不变光、可变光。不变光指灯具亮度、色温等不变。可变光指灯具亮度、色温等发生变化，通过智能控制程序形成多种空间照明模式。

3.3.2 车站空间照明的相关规定

1. 照明灯具及其附属装置

（1）选用的照明灯具应符合《灯具　第 1 部分：一般要求与试验》GB 7000.1、《灯具　第 2—22 部分：特殊要求　应急照明灯具》GB 7000.2、《消防应急照明和疏散指示系统》GB 17945、《建筑室内用发光二极管（LED）照明灯具》JG/T 467 等国家现行相关标准的有关规定。

（2）在潮湿的场所，应采用相应防护等级的防水灯具或带防水灯头的开敞式灯具。

（3）在有腐蚀性气体或蒸气的场所，宜采用防腐蚀密闭式灯具，若采用开敞式灯具，各部分应有防腐蚀或防水措施。

（4）在有尘埃的场所，应按防尘的相应防护等级选择适宜的灯具。

（5）在有爆炸、火灾危险以及有安全照明要求场所使用的灯具，应符合国家现行相关标准和规范的有关规定。

（6）在有洁净要求的场所，应采用隔紫灯具或无紫光源。

（7）地下区间照明灯具应具有防水、防尘、防震功能，防护等级不低于 IP65。

（8）高度小于 1.8m 的电缆通道、电缆夹层内照明宜采用 36V 电压供电，如采用 220V 电压时，应有防止触电的安全措施，并应敷设灯具外壳专用的接地线。

（9）采用的镇流器应符合现行国家标准《普通照明用自镇流荧光灯能效限定值及能效等级》GB 19044、《高压钠灯用镇流器能效限定值及节能评价值》GB 19574、《管形荧光灯镇流器能效限定值及能效等级》GB 17896、《金属卤化物灯能效限定值及能效等级》GB 20054 等标准，其产生的高次谐波及电磁干扰应符合现行国家标准《电磁兼容　限值　谐波电流发射限值（设备每相输入电流≤16A）》GB 17525.1、《电磁兼容　限值　对每相额定电流≤16A且无条件接入的设备在公用低压供电系统中产生的电压变化、电压波动和闪烁的限制》GB 17625.2 等的规定。直管形荧光灯应配用电子镇流器或节能型电感镇流器；高压钠灯、金属卤化物灯应配用节能型电感镇流器，功率较小者可采用电子镇流器。

（10）在满足眩光限制和配光要求条件下，应选用效率高的灯具。荧光灯灯具的效率不应低于表 3-14 的规定，高强度气体放电灯灯具的效率不应低于表 3-15 的规定。

荧光灯灯具效率　　表 3-14

灯具出光口形式	开敞式	保护罩（玻璃或塑料）		格栅
		透明	磨砂、棱镜	
灯具效率	75%	65	55%	60%

高强度气体放电灯灯具的效率　　表 3-15

灯具出光口形式	开敞式	格栅或透光罩
灯具效率	75%	60%

2. 照明光源选择

（1）应选用高效、节能、环保的光源。光源应符合现行国家标准《普通照明用双端荧光灯能效限定值及能效等级》GB 19043、《单端荧光灯能效限定值及节能评价值》GB 19415、《高压钠灯能效限定值及能效等级》GB 19573、《金属卤化物灯用镇流器能效限定值及能效等级》GB 20053、《室内照明用 LED 产品能效限定值及能效等级》GB 30255 等有关规定。

（2）光源在满足显色性、启动时间等要求的条件下，根据光源、灯具、镇流器等的效率、寿命、价格，综合分析比较后确定。

（3）高度较低场所宜采用三基色细管径直管形荧光灯、节能 LED 灯，也可选用紧凑型荧光灯、小功率的金属卤化物灯。

（4）高度较高的站厅、站台、出入口通道等空间，可采用金属卤化物灯、高压钠灯、大功率细管径荧光灯、大功率 LED 灯、高频无极荧光灯等。

（5）一般照明场所不宜采用荧光高压汞灯和自镇流荧光高压汞灯。

（6）区间线路照明，隧道区间宜采用高频无极荧光灯、荧光灯、小功率金属卤化物灯，当采用高频无极荧光灯时，其电磁兼容性应满足周边设备的要求。地面、高架区间宜采用高压钠灯、小功率金属卤化物灯。

（7）室内外照明不宜采用普通照明白炽灯，特殊情况采用时，其额定功率不应超过100W。选用白炽灯的情况主要有：

1）要求瞬时启动和连续调光的场所，使用其他光源技术经济不合理时。

2）对防止电磁干扰要求严格的场所。

3）开关灯频繁的场所。

4）照度要求不高，且照明时间较短的场所。

5）对装饰有特殊要求的场所。

6）由于光源的频闪作用而引起错误视觉，危及人身安全的场所。

7）应急照明用出口标志灯、指向标志灯可采用 LED 灯，疏散照明灯应选用能快速点燃的光源。

8）应根据识别颜色要求和场所特点，选用相应显色指数的光源。站台、站厅同一场所光源色温应保持一致。

3. 照明质量

（1）照度均匀度。照度均匀度是指规定表面上的最小照度与平均照度之比。光线分布越均匀说明照度越好，视觉感受越舒服，照度均匀度越接近 1 越好。城市轨道交通公共场所、办公室、休息室等一般照明照度均匀度，不应小于 0.7；作业面邻近周围的照度均匀度不应小于 0.5；室内非作业区一般照明照度值不宜低于作业区一般照明照度的 1/3。

（2）眩光限制。直接型灯具的最小遮光角应符合表 3-16 的规定，城市轨道交通运营各场所的不舒适眩光最大允许值，应符合城市轨道交通各类场所正常照明标准值的规定，见表 3-21，不舒适眩光应采用统一眩光值评价。有视觉显示终端的工作场所照明应限制灯具中垂线以上也可大于或等于 65°高度角的亮度，灯具在该角度上的平均亮度限值宜符合表 3-17 的规定。

直接型灯具的最小遮光角 **表 3-16**

光源平均亮度（L_{av}）（$10^3 cd/m^2$）	$L_{av}<20$	$20\leq L_{av}<50$	$50\leq L_{av}<500$	$L_{av}\geq 500$
遮光角（°）	10	15	20	30

灯具平均亮度限值 **表 3-17**

屏幕分类	Ⅰ	Ⅱ	Ⅲ
屏幕质量	好	中等	差
灯具平均亮度限值（cd/m^2）	≤1000		≤200

注：1. 本表适用于仰角小于等于 15°的显示屏；

2. 对于特定适用场所，如敏感的屏幕或仰角可变的屏幕，表中亮度限值应用在更低的灯具高度角上（如 55°）。

（3）光源颜色。城市轨道交通各场所照明光源的色表宜符合表 3-18 的规定。站台、站厅同一场所光源色温应保持一致。城市轨道交通地下各场所照明光源的一般显色指数宜符合城市轨道交通各类场所正常照明标准值的规定，见表 3-21。

城市轨道交通车站光源色表 **表 3-18**

场所	色表特征	色温 K
休息室、厕所、哺乳室等	暖	≤3300
站厅、站台、通道、楼梯、办公室等	中间	3300～5300
机房、控制室等	冷	≥5300

（4）反射比。反射比是从材质反射的漫反射光能的百分比，城市轨道交通需连续工作的房间和经常有人活动的公共场所，其各表面的反射比宜按表 3-19 选取。

表面的反射比 **表 3-19**

表面	顶面	墙面	地面	作业面
反射比	0.2～0.9	0.3～C.9	0.1～0.5	0.2～0.6

4. 照明节能

（1）节能规定。照明节能应采用房间或场所一般照明的照明功率密度（LPD）作为评价指标，城市轨道交通各场所照明功率密度值应符合表 3-20 的规定。当按规定提高或降低一级照度标准值时，照明功率密度值应按比例增加或减小。

城市轨道交通车站照明功率密度表 **表 3-20**

类别	场所	照明功率密度（W/m²）		对应照度（lx）
		现行值	目标值	
车站	出入口门厅/楼梯/自动扶梯	10	9	150
	通道	10	9	150
	站内楼梯/自动扶梯	10	9	150
	站厅（地下）	12	10	200
	站台（地下）	10	9	150
	站厅（地面）	11	9	150
	站台（地面）	10	8	100
	售票室	11	9	300
	办公室	11	9	300
	会议室	11	9	300
	休息室	7	6	100
	盥洗室、卫生间	7	6	100
	行车/电力/机电/配电等控制室或综控室	11	9	300
	变电/机电/通号等设备用房	8	7	150
	泵房、风机房	7	6	100
	冷冻站	8	7	150
控制中心	计算机房	18	15	500
	中央控制室	11	9	300
	会议室	11	9	300
	办公室	11	9	300

续表

类别	场所	照明功率密度（W/m²）		对应照度（lx）
		现行值	目标值	
控制中心	档案/资料室	8	7	200
	设备间	8	7	150
	盥洗室、卫生间	7	6	100
车辆段	停车列表库	5	4	100
	静调库、临修库、检修库	8	7	200
	调机库、工程车库	5	4	100
	洗车库	5	4	100
	信号控制室	11	9	300
	一般件检修间	8	7	200
	精密检修间	12	11	300
	试验室	11	9	300
	压缩空气站	8	7	150
	一般件仓库	5	4	100

（2）节电措施

1）选用符合要求的灯具和光源。

2）对车辆段中的停车库、检修库，车站的站台、站厅、出入口等大面积场所，照明进行分路控制。

3）非运营时间可只保留应急照明与值班照明，作内部人员通行和巡视使用，照度标准不低于正常照明照度的10%。

4）地面或高架站出入口外灯具宜采用时控或光控，白天或高照度时关闭。

5）高架站四周路灯宜采用时控和光控节能。

6）有条件时，宜利用各种导光和反光装置将自然光引入室内进行照明。

7）有条件时，宜利用太阳能作为照明能源。

8）地面或高架场所照明应首先考虑自然光的利用，自然光利用可参照现行国家标准《建筑采光设计标准》GB 50033 规定。

5. 照度标准值

（1）照度标准值。城市轨道交通运营各场所的照明照度标准值按以下系列分级：1lx，2lx，3lx，5lx，10lx，15lx，20lx，30lx，50lx，75lx，100lx，150lx，200lx，300lx，500lx，750lx，1000lx，1500lx 和 2000lx。运营各场所正常照明的照度标准值应符合表 3-21的规定。根据建筑等级、使用情况、所处地区等因素，车站站台、站厅、通道等公共场所照度可提高或降低一个照明照度标准值等级。

城市轨道交通各类场所正常照明标准值表　　表 3-21

类别	场所	参考平面及其高度	照度（lx）	统一眩光限值 UGR_L	显色指数 R_a	备注
车站	出入口门厅/楼梯/自动扶梯	地面	150		80	考虑过渡照明

续表

类别	场所	参考平面及其高度	照度(lx)	统一眩光限值 UGR_L	显色指数 R_a	备注
车站	通道	地面	150		80	
	站内楼梯/自动扶梯	地面	150		80	
	售票室/自动售票机	台面	300	19	80	
	检票处/自动检票口	台面	300		80	
	站厅（地下）	地面	200	22	80	
	站台（地下）	地面	150	22	80	
	站厅（地面）	地面	150	22	80	
	站台（地面）	地面	100	22	80	
	办公室	台面	300	19	80	VDT 工作应注意避免反射炫光
	会议室	台面	300	19	80	
	休息室	0.75m 水平面	100	19	80	
	盥洗室、卫生间	地面	100		60	
	行车/电力/机电/配电等控制室或综控室	台面	300	19	80	VDT 工作应注意避免反射炫光
	变电/机电/通号等设备用房	1.5m 垂直面	150	22	60	
	泵房、风机房	地面	100	22	60	
	冷冻站	地面	150	22	60	
	风道	地面	10		60	
线路	隧道	轨平面	5		60	注意避免直接眩光
	地面/高架线	轨平面	5		60	
	道岔区	轨平面	20		60	
		混凝土梁轨平面	100		60	有监控需要时
控制中心	中央控制室	台面	300[1]	19	80	VDT[2] 工作应注意避免反射炫光
	计算机房	台面	500	19	80	VDT 工作应注意避免反射炫光
	会议室	台面	300	19	80	
	办公室	台面	300	19	80	VDT 工作应注意避免反射炫光
	档案/资料室	台面	200	22	80	
	设备间	地面	150	22	60	
	盥洗室、卫生间	地面	100		60	

续表

类别	场所	参考平面及其高度	照度(lx)	统一眩光限值 UGR_L	显色指数 R_a	备注
车辆段	车场线	轨平面	5		60	
	试车线、道岔区	轨平面	10		60	
	停车列检库	地面	100	22	60	
	检修坑	地面	100		60	
	车检修库、静调库	地面	200	22	60	另加局部照明
	调机库、工程车库	地面	100	22	60	另加局部照明
	洗车库	地面	100	22	60	
	信号控制室	台面	300	19	80	VDT工作应注意避免反射炫光
	一般件检修间	0.75m水平面	200	22	80	另加局部照明
	精密检修间	0.75m水平面	300	22	80	另加局部照明
	试验室	台面	300	22	80	另加局部照明
	压缩空气站	地面	150	22	60	
	一般件仓库	0.75m水平面	100	22	60	
	段内道路	地面	5		40	

1 中央控制室照度标准值为控制区照度标准值，中央控制室屏前区应视屏幕方式适当降低照度；
2 VDT（Visual Display Terminal）—视频显示终端。

（2）维护系数。照度标准值为维持平均照度值，其维护系数应符合表3-22的规定。

轨道交通车站照度维护系数 **表3-22**

环境污染特征	工作房间或场所	维护系数
清洁	中央控制室、控制室、办公室、会议室、售票室、通信信号房、计算机室等	0.8
一般	站厅、站台、通道、检票处、休息室、机房、设备间、检修库、检修间、试验室、车库、室外等	0.7
严重污染	风道、风机房、隧道、线路、车辆段线路等	0.6

6. 应急照明、值班照明和过渡照明相关要求

（1）应急照明

1）总要求：应急照明持续供电时间不应小于60min，由正常照明转换为应急照明的切换时间不应大于5s，应急照明灯具宜设置在墙面或顶棚处。

2）备用照明。变电所、配电室、环控电控室、通信机房、信号机房、消防水泵房、事故风机房、防排烟机房、车站控制室、站长室以及火灾时仍需坚持工作的其他房间，应设置备用照明。变电所、配电室、环控电控室、通信机房、信号机房、消防水泵房、车站控制室、站长室等应急指挥和应急设备设置场所的备用照明，其照度不应低于正常照明照度的 50%；其他场所的备用照明，其照度不应低于正常照明照度的 10%。

3）疏散照明。疏散照明由疏散照明灯、疏散指示标志灯（包括：出口标志灯、指向标志灯）组成。车站公共区、楼梯或扶梯处、疏散通道、避难走道（含前室）、安全出口、长度大于 20m 的内走道、消防楼梯间、防烟楼梯间（含前室）、地下区间、联络通道应设置疏散照明。车站疏散照明的地面最低水平照度不应小于 5.0lx，楼梯或扶梯、疏散通道转角处的照度不应低于 5.0lx，地下区间道床面疏散照明的最低水平照度不应小于 3.0lx，控制中心、车辆段地面水平照度值不小于 1.0lx。站台和站厅公共区、人行楼梯及其转角处、自动扶梯、疏散通道及其转角处、防烟楼梯间、消防专用通道、安全出口、避难走道、设备管理区内的走道和变电所的疏散通道等，应设置电光源型疏散指示标志。站台和站厅公共区内的疏散指示标志应设置在柱面或墙面上，标志的上边缘距地面不应大于 1m、间距不应大于 20m 且不应大于两跨柱间距，在这些标志相对应位置的吊顶下宜增设疏散指示标志，其下边缘距地面不应小于 2.2m，上边缘距吊顶面不应小于 0.5m。安全出口和疏散通道出口处的疏散指示标志应设置在门洞边缘或门洞的上部，标志的上边缘距吊顶面不应小于 0.5m，下边缘距地面不应小于 2m。疏散通道两侧及转角处的疏散指示标志应设置在墙面上，标志的上边缘距地面不应大于 1m、间距不应大于 10m，通道转角处的标志间距不应大于 1m，在这些标志相对应位置的吊顶下宜增设疏散指示标志，其下边缘距地面不应小于 2.2m。设备管理区疏散走道内的疏散指示标志间距不应大于 10m。自动扶梯起点侧面及人行楼梯起步的 3 阶踏步立面处，宜增设蓄光型疏散指示标志。地下区间纵向疏散平台上应设置疏散指示标志和与疏散出口的距离标识。疏散指示标志和疏散出口的距离标识应设置在疏散平台的侧墙上，不应侵占疏散平台宽度，间距不宜大于 15m。疏散指示标志应设置在不被遮挡的醒目位置，不应设置在可开启的门、窗和其他可移动的物体上。疏散指示标志的图形及其文字的尺寸应与空间大小及标志的设置间距匹配。

（2）值班照明。非 24h 连续运营的城市轨道交通公共场所，应设置值班照明，如：站台、站厅、通道、楼梯等的值班照明，其照度值不应低于正常照明度标准值的 10%。

（3）过渡照明。亮度是指人的主视线方向亮度，人的周围亮度发生变化后，人眼为适应变化后的亮度，需要有一定的适应时间。亮度和适应时间的关系如图 3-41 所示。城市轨道交通车站出入口、双层地面站及高架车站昼间站台到站厅楼梯处应设过渡照明。过渡照明宜优先利用自然光过渡，当自然光过渡不能满足要求时，应增加人工照明过渡。设置过渡照明应考虑室外亮度和室内表面亮度，根据室内外亮度差确定适应时间，再根据适应时间、人行速度确定所需距离的长度，人行速度以 0.7m/s 考虑。白天车站出入口内外亮度变化，宜按 1∶15～1∶10 取值，夜间出入口内外亮度变化，宜按 4∶1～2∶1 取值。双层地面站及高架车站昼间站台到站厅的亮度变化与出入口相同。年平均漫射照度参考值：南京 12.3klx、徐州 12.6klx、上海 11.7klx、杭州 11.9klx、济南 12.3klx、合肥 12.3klx。过渡照明与正常照明标准值重叠时（表 3-21）应取高的数值。

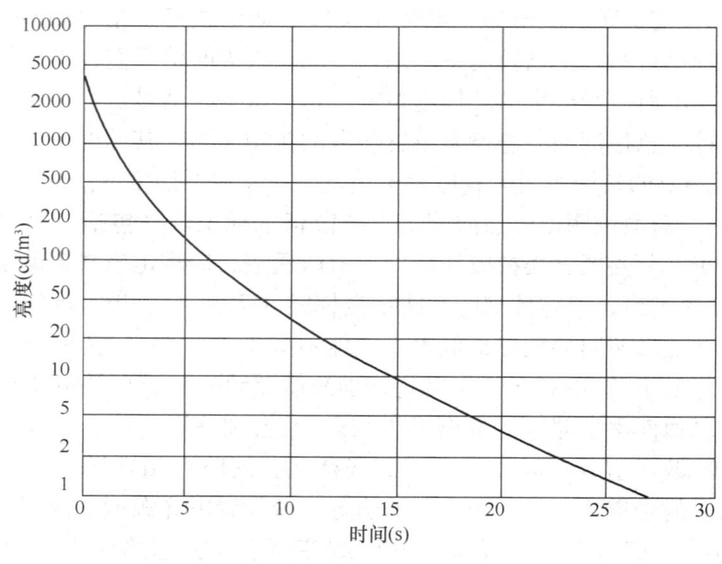

图 3-41　亮度-时间曲线

3.3.3　车站公共空间照明的主要功能

1. 装饰元素表达

灯光是城市轨道交通车站空间的装饰元素，灯光通过与车站装修其他要素共同作用，营造空间装饰效果。根据车站内部空间结构、装修风格特色，选用适合的灯具进行照明设计，灯具与照明因而形成空间环境表达的重要因素。车站内部空间照明设计，应结合现场条件充分考虑空间的用途、特质、环境的差异等，选用相应的灯具及布光原则，进行合理设置，利用其优美的造型及光色的多样性，营造出特定的空间氛围。如通过灯光布置显示空间结构的真实性与多样性，通过对建筑结构进行韵律、节奏、质感、形式等的巧妙处理，加以简单的照明陪衬，充分营造出结构自身的特点以及灯具本身形态艺术的美感，这种方式往往更为经济，有吸引力，具有现实意义。

2. 渲染空间环境气氛

光的色温对于表达室内气氛起着举足轻重的作用，轨道交通车站空间的艺术性照明在色温的选择上不能做单一要求，不同的色温给人不同的感受，对色温的选择应根据不同的空间功能、特色、风格等进行确定。它不是抽象的色彩关系，更不能硬套心理物理试验结果，需要进行综合分析，结合界面材质的表现进行空间效果模拟，充分表达设计主题，选择合适的色温、色度来渲染整个空间的场景气氛，在满足使用功能要求的前提下，最大程度地对空间进行氛围渲染，营造良好空间效果。除了色温之外，灯具形态、发光形式、灯具排布形式、灯具的照射部位、光照的强弱等都对空间气氛产生一定的影响，设计时需综合考虑。

3. 丰富空间环境内容

国内大多数轨道交通车站空间照明是以满足功能要求为目标的基础空间照明，灯具均匀地布置于各区域吊顶或墙壁，这是保证空间照度最基本的方法。但单一层次的照明效果很难满足装修效果的需要，在进行空间表达时，可以借助灯光、空间结构、界面材质、设备设施等建立或改善各对象之间的有序关系，利用灯光直接照明或间接照明烘托出主体空间环境的层次，营造丰富的空间环境。可根据空间效果表现的需要，设置一定的艺术照明，补充基础照明的同时，丰富内部空间的照明层次，有目的、有重点地对重点区域或目标加以强调。通过对灯光的合理应用，形成引导与暗示、主从与重点、藏与露、虚与实、明与暗、冷与暖、渗透与层次、空间秩序与节奏等，渲染空间变幻效果，限定空间区域，强调趣味中心，进而增加空间层次感，营造舒适的空间效果。

4. 车站运行基本保障

城市轨道交通车站照明最基本功能是实现功能性和艺术性，保证车站的正常运行。基本功能性主要体现在：满足基本照度需求、实现应急照明要求、满足值班照明和过渡照明需要、符合节能和绿色理念要求等。艺术性主要体现在：对装饰元素进行表达，渲染空间环境气氛，丰富空间环境内容等。值得注意的是，车站照明在全吊顶、全裸吊顶、半裸吊顶空间的应用上应有所区分，照亮装修空间的同时，避免照亮不必要的结构部分，选择灯具及安装形式要满足空间效果的要求，根据不同部位、不同灯光效果需要，选择合适的灯具参数，安装方式应合理，模数与造型相匹配，便于后期运营维护。

5. 改善空间环境

轨道交通车站大部分位于地下，空间闭塞，人在这样的空间容易产生不适心理。照明的合理运用可有效改善空间装饰，尤其是地下空间效果。空间界面形体、材质、颜色等确定的情况下，通过光源位置、照度设置、光的投射方向、光线强度、光线颜色等照明要素组合搭配，会使空间产生不同的观感效果，从而改善空间的不利影响，营造舒适的装饰效果。

3.3.4 车站公共空间照明设计的程序

1. 照明需求分析

城市轨道交通车站不同功能房间、不同区域有不同的照明需求，车站大部分设置在地下，对自然光的利用有限，以人工光作为车站主要照明。运用灯光，首先要对车站空间照明的需求进行充分、系统的分析，照明设计效果需要满足功能性和装饰性需求，还需要进行安全、环保、节能、维护、经济性等方面的分析，以满足车站照明需求。

2. 初步设计

一整套的灯光照明设计，需要融合空间室内装饰设计的主题理念，营造空间效果。结合空间装饰造型进行照明初步设计，运用技术艺术手段进行空间塑造，满足基本照明的同时，重点打造灯光的艺术性，渲染空间文化艺术氛围，模拟空间效果。

3. 对灯光进行策划

初步设计完成后，对灯光进行深化设计，形成可实施性的图纸或用户需求书，具体落实一系列参数，如灯具种类、荷载、灯具尺寸、定位、回路、控制形式等。

4. 灯具选型

根据区域、功能不同，以及艺术效果表达不同的需要，选择合适的灯具。灯具的选择要满足各项功能参数的要求，如规格、大小、材质、外框颜色、安装方式、功率、色温等。应急灯应满足 3CF 认证要求，灯具 IP 等级应满足各部位防护要求，优先选用节能型灯具，灯具性价比应满足造价控制要求。

3.3.5 车站公共空间照明设计原则

1. 安全性原则

安全可靠是照明设计的首要遵循原则，选用材料符合设计要求，灯具安装牢固、散热合理、维护方便、设置防触电、防短路等安全措施，避免意外事故发生。

2. 功能性原则

车站空间照明必须满足功能照明的基本要求，根据不同空间、不同区域对照明要求的不同进行精准设计，满足车站照明的基本需要，选用合适的照明方式和灯具。考虑照度设置、亮度分布、光源显色性、光源稳定性、光的颜色、眩光等各项照明质量标准。

3. 装饰性原则

光是一种室内装饰设计表达元素，其表现必须符合装饰性美学的基本要求，对车站空间进行装饰，增加空间层次，渲染环境气氛。通过明暗、隐现、抑扬、强弱等有节奏的控制，充分发挥灯光作用，丰富空间环境。

4. 经济适用原则

城市轨道交通车站的建设是在一定的建设标准基础上进行的，照明设计必须满足投资控制要求，选用经济适用的线缆、灯具以及智能控制模式，灯具宜选用节能型灯具，减少能源消耗，节约运营成本，符合环保、绿色建造理念。

3.3.6 车站公共空间照明设计手法

1. 多种照明方式综合运用

轨道交通车站空间照明是个系统化工程，应综合运用多种照明方式进行空间光环境营造，根据空间功能不同和装饰效果表达需要，合理选择不同的照明方式。直接照明和间接照明相结合，点、线、面光源相结合运用，正常照明、应急照明、值班照明、过渡照明兼顾，与装修界面材质、颜色、形体共同作用，相互衬托进行空间环境的营造。灯具应与装修造型融合为一体，形态美观、位置合理、安装便捷、维护方便、经济合理，最终形成整体、统一、优美、舒适的车站空间效果，切忌灯光混乱错杂。

2. 分层设计

车站的主要功能是提供交通乘降场所，需要根据人流动线、功能区域、设计主题表达不同进行照明分层设计。从设计程序分析，首先，保证运行需要的基本功能实现，如正常照明、应急照明、值班照明等车站赖以维持运行所需要的照明，需要优先考虑。其次，在基本功能的基础上结合空间装饰进行艺术化光环境设计，对照明进行局部光环境营造，在设计过程中需要充分考虑建筑空间特性，将建筑空间形体的美通过照明进行展现。空间的形体、材质的运用、颜色的选择等界面对灯光的效果有着直接的影响，必须考虑到这些因素。对空间装饰效果进行虚拟展示，对照明进行照度设计和计算，结合装修材料模数合理选择灯具规格，并要易于安装和后期维护。最后对照明进行深化设计，配电合理，照明控制模式与功能需求吻合，灯具选择美观并便于后期维护，对灯具参数做出详细的要求，形成灯具用户需求书。从装饰效果分析，重点区域照明应进行重点设计，如站台门前区域、售票区、检票区、艺术墙、站名墙、特殊部位形体表达等对照度要求高的地方，照度要满足特殊照度要求，以突出空间功能或艺术表现的需要。普通区域，如通道、等候区、设备区照明等参数采用一般照度。

3. 照明手法

（1）轮廓照明。用以凸显形体轮廓与整体形态。

（2）投光投影照明。光线直接投射到某个物体的表面，重点表现该物体的艺术效果。

（3）透光照明。从内部向外部透光，由内而外照亮形体。

（4）探照灯式照明。光束具有窄且亮度强的特点。

（5）泛光照明。特定照明区域或特定视觉目标的亮度远高于其他目标和周边区域的照明方式。

（6）特种照明。用现代化的科学技术手段和媒介，如光纤、导光管、激光灯、投影灯等特殊照明器材和技术来营造特色的照明艺术效果。

（7）普通照明。不考虑特殊部位的需要，为照亮整个区域而设置的照明。

（8）混合照明。多种照明手法综合应用。

3.3.7 车站公共空间照明设计实例

车站公共空间照明设计实例见表 3-23。

车站公共空间照明设计实例　　表 3-23

 灯具沿装修造型设置，与装饰元素共同作用，营造车站文化艺术氛围，展示地域文化	 面光源与装饰造型相结合，形成秩序，灯具造型及图案具有浓厚的地域特色
 顶面灯具采用点光源形式进行布置，与菱形造型顶面协调，顶面与墙面交接部位采用暗灯带形式，补充空间照度，突出墙面装饰效果	 顶面鹅卵石形灯具安装在白色铝板上，照亮空间的同时增添趣味感，RGB 变色灯具与顶面圆管等直径安装，美观协调，通过变化烘托空间氛围

 主光源采用反射式灯盘，光线柔和，灯与灯之间采用密缝连接，无阴影，灯具与顶面造型起拱弧度一致，造型美观	 线型灯具与吊顶圆管尺度保持一致，完全融合在吊顶造型内，柱面发光灯片的应用丰富了空间效果，增添灵动感
 灯具造型与顶面造型曲线保持一致，使站厅富有动感，形成空间韵律美，呼应设计主题	 顶面通过投光灯照射，形成天光的效果，模拟自然光，特色壁灯可有效衬托空间装饰效果
 出入口以下落式灯具吸引视线，集艺术、技术于一体，展示空间艺术效果	 顶面暗灯带沿造型布置，勾勒出顶面优美的曲线造型，丰富空间变化层次

续表

裸装吊顶，照明与造型相结合设计，灯具既实现照明功能，又作为装饰元素烘托空间氛围	出入口下落式灯具，造型灵动、优美，形成视觉焦点，集艺术、技术于一体

3.4 车站公共空间文化艺术设计

3.4.1 车站公共空间文化艺术设计程序及原则

1. 设计程序

城市轨道交通车站公共空间艺术体系的设置，需经综合考量，在保证车站功能的同时，让艺术品恰当地融入空间环境，改善环境舒适度，塑造有别于其他车站的文化个性。地铁文化是城市文化的体现，一定程度影响着城市文化的发展。以城市自身所特有的文化作为统领，建设地铁文化，可以很好地展示城市形象，传播地域文化，丰富市民生活。车站公共空间文化艺术设计主要通过车站艺术品的设置来实现，地铁文化艺术创作的土壤是城市，城市的风貌、历史、文化，记忆中的点点滴滴皆是创作的源泉。传统地铁文化艺术包括雕塑、壁画、小品、装置以及融合现代科技的动态或互动艺术装置和艺术墙。车站文化艺术氛围很大程度依赖于艺术品，乘客进入车站室内空间，视觉中心便会停留在与视线同等高度的墙面，因此很多车站选择在站厅墙面设置艺术墙，以此烘托空间文化氛围。

（1）进行陈设主题遴选。陈设主题涵盖宽泛，内容比较丰富，涉及历史文化、艺术装饰、社会生活、科学探索等多个领域，地铁艺术陈设大都以艺术装饰和历史文化为主。从车站所在区域的特定性着手，分析区域的历史轨迹、人物事件、功能性质等，对周边地域文化进行提炼，确立创作主题，选择合适的表现形式，选定工艺。

（2）位置、表现形式确定。结合建筑空间环境形态、人流动线、乘客视线分析，确定艺术品的部位和表现形式，以不妨碍功能设施使用为前提。文化艺术陈设区域一般包括站厅、站台的顶面和墙面、交通联系和转换空间等，表现形式多种多样，采用一种表现形式或多种表现形式并用，主要取决于空间文化艺术表达的需要。

（3）结合空间装修效果设定色彩。色彩在室内空间中的作用非常大，艺术品色彩的选取根据空间装修色彩和主题表达进行确定，与空间装修协调融合，又要有其独特的视觉冲击力，形成视觉焦点。

（4）材料、工艺选择。根据艺术品的位置、表现形式不同，选择适合的材料和制作工艺，造价满足投资要求，选用安全、可靠、耐用、环保、绿色、易维护的材料和工艺，如悬吊式艺术品需选用自重轻的材料制作，墙面艺术需考虑人体接触的安全性等。

2. 设置部位

（1）出入口。出入口外部，根据出入口建筑形态选择适合的部位和形式，如墙面采用壁画形式，可以给人们带来独特的感受，形成很强的识别性。

（2）楼梯。扶梯左右以及中庭墙壁位置。

（3）通道。站内通道，空间窄、人流迅速，可以设置简洁明了的艺术品。

（4）站厅。人流量大、速度快、视觉整体效果强。站厅墙、顶都是很好的艺术品展示部位。

（5）站台。人流量大、速度慢，对艺术品关注程度高，可结合建筑空间形式选择适宜部位设置艺术品。

3. 设置原则

（1）安全、经济、易实施、易维护原则。艺术品材质、加工工艺、安装工艺及结构力学性能等必须安全可靠、经济合理、便于后期运营维护，选用材料应防火、防潮、环保。对容易产生安全隐患的金属板材质，需做好抛光、防护等措施，杜绝隐患。

（2）呼应地域文化原则。车站与周围的人文环境紧密联系，地铁艺术不仅仅是陈设，艺术品创作主题需要通过对地域文化的提炼来确立，起到美化空间、传承文化、展示空间的作用，与周围人文历史环境统一。

（3）与室内空间相融合原则。艺术品不能单独存在，需要与空间融为一体，提升空间美感，起到视觉焦点的作用。艺术品与室内装修应进行统筹设计，相互衬托，共同作用展现空间文化艺术气息。

（4）位置合理，形式多样原则。艺术品设置的位置需要根据空间功能分析后进行确定，可以设置在付费区也可以设置在非付费区。进行人流动线分析、乘客视线分析后确定，位置不得妨碍交通或造成安全隐患，不与车站中功能性设施相冲突。表达形式根据空间结构进行确定，形式多样，可以将传统艺术与现代技术进行融合应用，常见形式：艺术墙、雕塑、空间艺术装置、园林景观等。艺术品的设置应避免干扰导向标识的识别性。

3.4.2 车站公共空间文化艺术分类

1. 壁画

壁画是地铁车站公共空间文化艺术最主要的表现形式，点缀空间，活跃气氛、宣传文化、展示地域文化。通常设置于站厅、站台、通道等较长的墙面上，以及顶面。包括用绘制、雕刻及其他造型手段或工艺手段，在墙壁上制作，如图 3-42 所示。壁画从属于环境，并与之形成完整统一的有机体，应以文化视角来注视空间，从物理、心理感受进行综合设计，注重作品意义、环境整体性、艺术与空间工程技术的结合。情感、精神的表达与其所在环境达成内在的气质融合，既有艺术家的个人表达，又具有大众性，满足不同地域、文化、民族的人群的共同欣赏趣味和审美习惯。在情感上与大众沟通交流，被公众所接受。随着现代技术的发展，互动技术在壁画中应用越来越多，把公众参与作品的行为和身体体

图 3-42　地铁壁画（艺术墙）

验的经历作为作品不可缺少的一部分，从而使作品超越传统视觉审美的范畴，加强公众的触觉、视觉和心灵的感受，让以公众参与或社会评议的方式与壁画艺术作品交流对话，使公众成为作品中的主体和形式上的有机组成部分。常见壁画表现材料：金属、陶瓷、石材、玻璃等。

2. 雕塑

雕塑是一种古老的艺术形态，地铁公共区内雕塑，从功能上可以分为纪念性雕塑、展览性雕塑、实用性雕塑、装饰性雕塑。雕塑以独有形体、材质、体量、三维度视点，是最先能打动和吸引人的艺术表现形式，促进人与环境交流、人与自然融合，雕塑在一定程度上起到辅助导向的作用。雕塑通常被放置在壁龛中，置于中庭或下沉广场等空间中，也可以结合中庭或下沉广场水池和瀑布进行组合设计，悬吊雕塑能给空间以动态和深远感。雕塑应融入车站空间和文化中，将雕塑作为车站设计的一部分，整体考虑。雕塑工作者需要对环境特征、文化传统、空间心理等进行科学的理论分析，做出自己的独到理解，确定雕塑的材质、色彩、尺度、题材、位置。雕塑应符合车站地域特色及周边文脉要求，具有时代性，多样性，可与其他元素相结合应用，如与导向结合等，如图 3-43 所示。

图 3-43　地铁雕塑

3. 空间艺术装置

装置艺术自由地综合绘画、雕塑、建筑、音乐、戏曲、影视、录音、诗歌、光影等手段，开放地进行空间艺术展示，位置的选择主要根据空间特征和人流疏散的需要进行确定，可以临时呈现，也可以永久固定。如图 3-44 所示。

4. 新技术互动艺术

随着科技的发展，车站公共空间文化艺术表现形式越来越多样，新技术艺术形式越来越多，照相艺术、录影艺术、光电艺术、声音艺术、水体艺术等新的视觉、听觉语言的出现，丰富了空间效果，更具有时代性、科技感，展现现代地铁的气质。如多媒体互动技

图 3-44　地铁空间艺术装置

术、三维成像技术、感应技术、智能化技术等，如图 3-45 所示。

图 3-45　地铁新技术互动艺术

3.4.3　车站公共空间文化艺术设计案例

北京青年路地铁站，设置天天飞车创意互动艺术。将乘客变身工程师，展开想象设计未来车，乘客经过一段充满未来科技感的“未来隧道”后，抵达设计中心，就能够在一块巨大的互动屏幕面前“赤手空拳”地开启自己的未来车设计之旅：从拥有无数零件的未来车车库试验室里，精心挑选不同风格的零件进行组装，并进行喷漆、改造、搭配武器等一系列逼真而充满想象力的设计。行人只要靠近墙上的“车门”，周围就会发出炫色光芒并伴有赛车轰鸣声。如图 3-46 所示。

图 3-46　天天飞车创意互动艺术

南京地铁 3 号线打造《红楼梦》主题“人文地铁”，有 9 个车站设计布置了《红楼梦》文化艺术墙，内容包括“太虚幻境”、“元春省亲”、“品茗”、“金陵十二钗”、“除夕夜宴”、“湘云眠芍”、“黛玉葬花”、“大观园”、“菊花诗社”9 个具有代表性的经典场景，市民在乘地铁时可“再读红楼”。如图 3-47 所示。

图 3-47　《红楼梦》主题艺术墙

苏州轨道交通 2 号线火车站设计为《园林意向、人家枕河》的空间艺术装置形式，选择了水乡和园林两个最能代表苏州特色的元素。“人家枕河”采用平面加立体的方式，“园林意象”则采用枯山水式的缩微式园林景观表现手法，如图 3-48、图 3-49 所示。

图 3-48　“人家枕河”空间艺术装置

图 3-49　“园林意象”空间艺术装置

北京大兴线枣园地铁站景泰蓝壁画，长 33m、高 3m，是迄今为止全国，也是全世界最大的景泰蓝壁画，主题为《田园奏鸣曲》。壁画中央是一只展翅欲飞的朱雀，神态高傲，颜色火红。朱雀的两翼，描绘的是麋鹿奔腾跳跃的景象，百鸟和鸣，仙鹤飞舞，喜庆热烈，绚丽多彩。大兴区的南海子是麋鹿的家园，壁画紧扣大兴的方位和珍奇物产，突破了传统局限，首开景泰蓝工艺品在大型公共空间中的应用，如图 3-50 所示。

广州南沙客运港地铁站空间艺术装置与装修一体化设计，空间延续岭南文化传统韵味，重现了广州海上丝绸之路的历史盛景，全面融入海洋、宝船、海鸥等文化元素进行设计，用螺旋往复的造型烘托带领乘客领略一场“梦幻旅程”，顶棚做镜面处理，抬头随处可见的海鸥状灯具映入眼帘，仿佛置身通透的大海，在站厅正中央一艘巨大的郑和宝船造型装置让人眼前一亮，船身嵌入 20 台自动售票机，令人遥想当年“海上丝绸之路”盛景。如图 3-51 所示。

图 3-50 《田园奏鸣曲》景泰蓝壁画

图 3-51 空间艺术装置

3.5 车站公共空间中设施设计

轨道交通车站内公共空间中设施主要包含家具、陈设、绿化、无障碍设施、卫生间。这些设备设施与车站装修共同作用，相互影响，形成空间有机体。设备设施是地铁车站必不可少的部分，装饰装修必须重视设施与装修的接口或组合设计，设备设施一定程度上影响空间效果，合理设置可有效提升空间品质，在实现内部空间功能的同时，营造良好的车站室内效果。

3.5.1 车站家具

车站公共区家具主要是指站台公共区乘客等候座椅，座椅根据车站空间的效果可进行艺术化设计，也可以采购成品座椅，采用何种方式进行设置，主要看车站如何定义。特色站座椅强调个性，往往为表达空间的设计主题，采用艺术化处理来进行设计，造型、色彩等与整体空间相融合，可以很好地展示车站文化艺术，形成视觉焦点，令空间更丰富多彩。标准站座椅以实用为主，可以定制，也可以采购成品，重视功能性和经济性，便于运营维护。定制座椅需考虑材质、造型与空间的匹配，安装工艺合理，采购家具的样式需要与车站的整体风格相匹配。车站家具的材料应满足防火、防潮、耐用、易维护的要求，常用材料有天然石材、人造石、搪瓷钢板、不锈钢等。

3.5.2 车站陈设

陈设有功能性陈设和装饰性陈设两种，功能性陈设有一定的使用价值，比如自助售票机、自助售货机等；装饰性陈设以装饰性为主，常见的有绘画、雕塑、壁画等。车站中的陈设布置方式要根据空间特征来进行灵活布置，通常布置方式有：壁面布置、橱架布置、地面布置、台面布置、悬挂布置。壁面布置是车站空间艺术塑造较为喜欢的一种方式，适用于绘画、书法、照片、浮雕等陈设，壁面布置与墙体相结合，作为墙体的一部分，不占用空间，渲染空间的同时，不影响空间功能，与空间形成一个整体。橱架布置多用于体积较小的物品，实现整齐有序的视觉效果，如陶瓷作品、古玩、工艺品等。地面布置适合于功能性强、尺度大、重量重的物品，如自助售票机、自助取款机等。台面布置用于陈设较小的物品，如盆景绿化、工艺品等，布置较为灵活。悬挂布置一般在空间较高的情况下使用，用于调整空间感。陈设品的设置要与空间环境相关联，实现功能，承载空间艺术、体现地域文化，值得注意的是陈设品布置不宜太多太杂，应以突出重点为目的。

3.5.3 车站绿化

植物、水体、土壤这些在地面上随处可见的自然产物，深受人们的喜爱，但在地下空间，却成了稀有物品。绿色植物给人以舒适、自然的感觉，可以舒缓地下空间给人带来的压抑、恐惧等心理。绿色植物从客观上也能给人带来舒适的空间环境，如吸收二氧化碳，释放氧气，改善室内空气质量；吸收噪声，改善声音质量；与设备设施等相结合设计，可有效遮挡需要隐蔽的物品，起到美化环境的作用。在进行绿化设计时，需要按照空间的要求，选择无毒、无刺、易养护的植物，且大小、颜色、形态都需要结合车站空间的装饰效果进行选择。车站公共空间绿化设计是一种趋势，但因成本、维护等原因，不宜大面积推广，可以在条件成熟的车站内应用。

3.5.4 无障碍设施

1. 实施范围

实施范围为征地红线范围内地面附属、车站内公共区域。

2. 乘客无障碍通行路径

乘客无障碍通行路径为：市政人行盲道—车站出入口地面附属—地面无障碍电梯—无障碍出入口通道—无障碍售票窗口—安检区域—宽通道检票机—付费区无障碍电梯—站台无障碍候车点。

3. 实施部位

无障碍实施部位有：出入口、台阶；无障碍楼梯、扶手、栏杆；轮椅坡道；盲道；无障碍电梯；无障碍服务设施（饮水器、售票窗口等）；无障碍检票通道；无障碍厕所、厕位；哺乳室；无障碍标识系统。

(1) 出入口、台阶。出入口室外台阶步数不得少于3级，踏步宽度宜为300～350mm，高度宜为100～150mm。站厅位于首层的地上车站，室内外有高差时，需同时设置台阶和轮椅坡道的无障碍出入口。设置无障碍电梯的出入口通道内存在高差时应设置轮椅坡道。车站出入口室外台阶旁宜设行李坡道，行李坡道宽度宜为700mm，坡度与室外台阶相同。室外无障碍门亭进出口前平台深度不应小于1.8m。

（2）无障碍楼梯、扶手、栏杆。车站内无障碍楼梯、扶手（含靠墙扶手）应连续设置。楼梯侧面临空时，栏杆下端设置高度不小于100mm的安全挡台。楼梯上行和下行第一阶踏步在颜色或材质上与平台有明显区别。踏步宽度不小于280mm，高度不大于160mm，同一楼梯梯段踏步尺寸应一致，不应采用无梯面和直角型突缘的踏步，无障碍单层扶手高度宜为900mm，无障碍双层扶手上层高度宜为900mm，下层高度宜为700mm。扶手形状应易于抓握，截面为圆形或椭圆形，圆形扶手直径应为35～50mm。扶手与栏杆安装应牢固、稳定，杆件节点表面应光洁无毛刺，栏杆应采用防攀爬的构造，垂直栏杆水平间净距小于110mm。采用玻璃栏板时，玻璃的种类、规格、尺寸、安装方式等应满足玻璃相关技术标准的要求，玻璃外露边角应进行倒角处理。扶手端头宜做转弯处理，扶手应向下呈弧形或延伸到地面固定。

（3）轮椅坡道。车站轮椅坡道净宽室内不小于1.2m，室外不小于1.5m，起点、终点、中间休息平台的水平长度不小于1.5m。轮椅坡道的最大高度和水平长度见表3-24。轮椅坡道临空侧应设安全阻挡措施，当轮椅坡道高度大于300mm且坡度大于1∶20时，应在两侧设置扶手，坡道与休息平台扶手应保持连贯。轮椅坡道坡面应平整、防滑、无反光。

轮椅坡道最大高度和水平长度 **表3-24**

坡度	1∶20	1∶16	1∶12	1∶10	1∶8
最大高度（m）	1.2	0.9	0.75	0.6	0.3
水平长度（m）	24	14.4	9	6	2.4

注：其他坡度可用插入法进行计算。

（4）盲道。盲道包含行进盲道和提示盲道。行进盲道表面呈条状形，视觉障碍者通过盲杖的触觉和脚感，可被指引直接向正前方继续行走，行进盲道宽度为250～500mm，与人行道走向一致。提示盲道表面呈圆点形，用在盲道的起点、终点、拐弯处和表示服务设施的位置以及提示视觉障碍者前方将有不安全或危险状态等地方，具有提醒注意作用。当盲道宽度不大于300mm时，提示盲道的宽度应大于行进盲道的宽度。盲道的纹路应凸出路面4mm高，表面应防滑，颜色与地面形成对比，行进盲道的触感条规格以及提示盲道的触感圆点规格应满足无障碍规范的要求。盲道铺设应连续，避开障碍物，距离障碍物距离宜为250～500mm。排水箅子穿过盲道时，不得高出地面，且孔洞宽度不得大于15mm。

盲道应连续设置，不宜与主客流交叉，车站内所有无障碍设施都应与乘客无障碍通行路径相连，盲道的设置应避免形成回形闭合线路。车站盲道应与市政盲道衔接，从含有无障碍电梯的出入口通道开始进行设计，并至少保证两个出入口通道设置盲道。轨道交通车站设置盲道的部位主要有：出入口通道、无障碍电梯出入口、人行步梯、客服中心、售票、检票闸机、站台、无障碍卫生间等。站台盲道的设置不得影响站台门、消防安全疏散门的开启。车站公共区内所有电扶梯、楼梯上下口，楼梯休息平台处均设置与楼（扶）梯等宽的盲道提示块。盲道规格尺寸宜与车站地面材料形成倍数关系，做到分缝对齐美观。轨道交通车站常见盲道材料有：定制石材盲道、成品盲道砖、石材与不锈钢结合盲道。

无障碍楼梯踏步起点、终点 250～300mm 处设置提示盲道，宽度与楼梯等宽。无障碍电梯门处设置提示盲道，盲道距无障碍电梯门侧墙面尺寸宜为 250～300mm，宽度从梯门边延伸至电梯门按钮处。自动扶梯上下踏板前及自动人行步道踏板前 250～300mm 处设置不与行进盲道相连的提示盲道，宽度不小于自动扶梯扶手带之间的水平距离。宽通道检票机前 250～500mm 处设置与通道等宽的提示盲道。安检设施前后两段 0.8～1.0m 处设置提示盲道。客服中心供视觉障碍者使用的无障碍窗口前 250～500mm 处设置提示盲道。站台门无障碍车厢门口设置与门等宽的提示盲道，盲道与站台门之间的距离宜为 1.2m。轨道交通车站盲道设计图例见表 3-25。盲道的设置在遵循无障碍规范的同时，还应结合车站运营服务的需求进行合理布置，实现其功能性、人性化服务。

轨道交通车站盲道设计图例　　表 3-25

部位	图例 （250≤盲道宽度≤300，单位：mm）	图例 （300<盲道宽度≤500，单位：mm）
起点与终点铺设	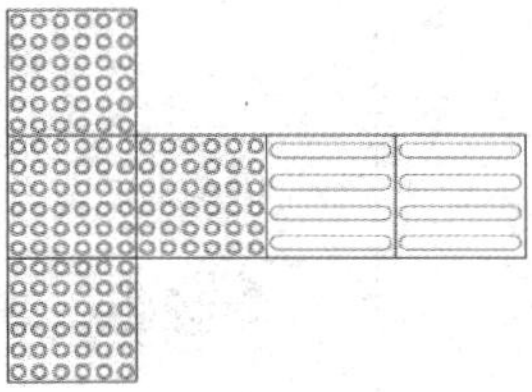	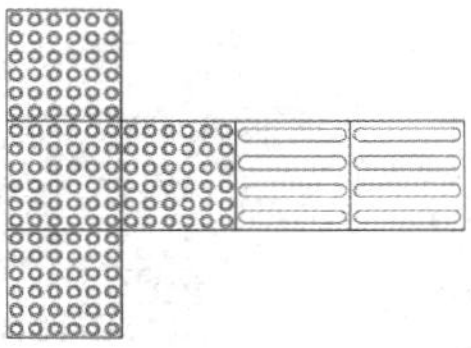
L 字走向铺设	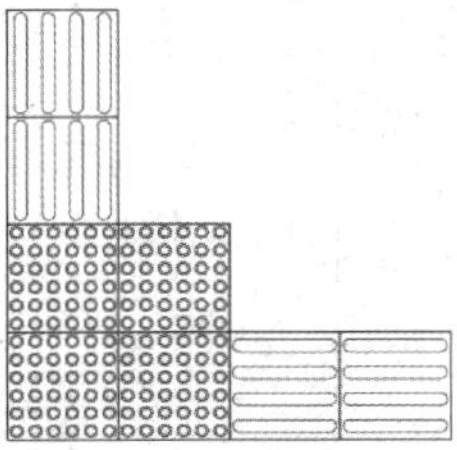	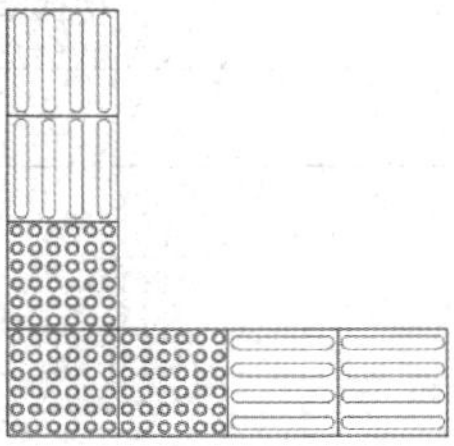
T 字走向铺设	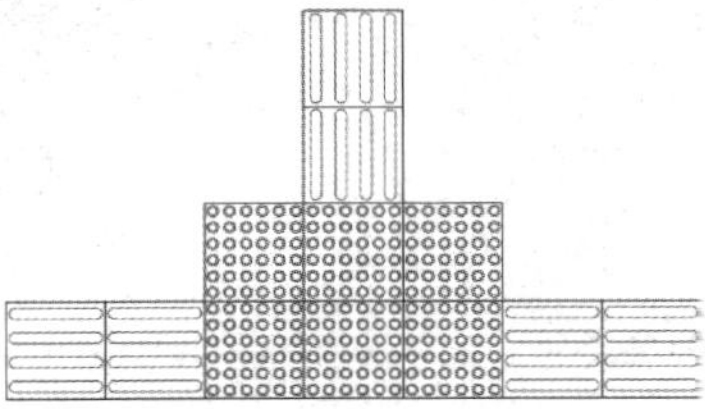	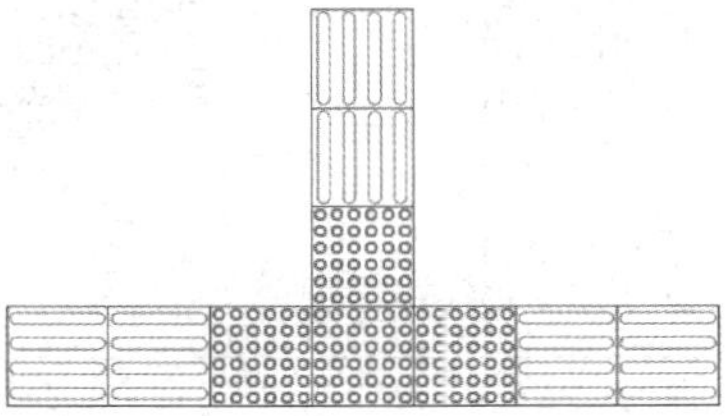
十字走向铺设	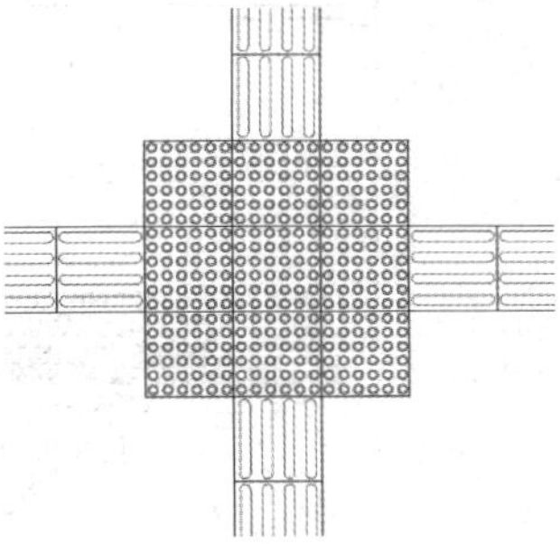	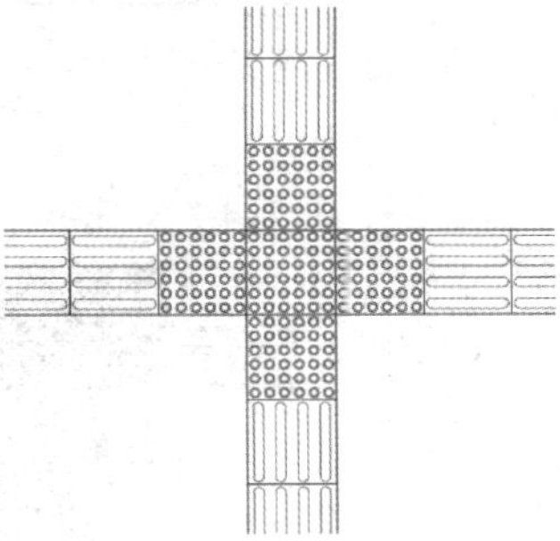

续表

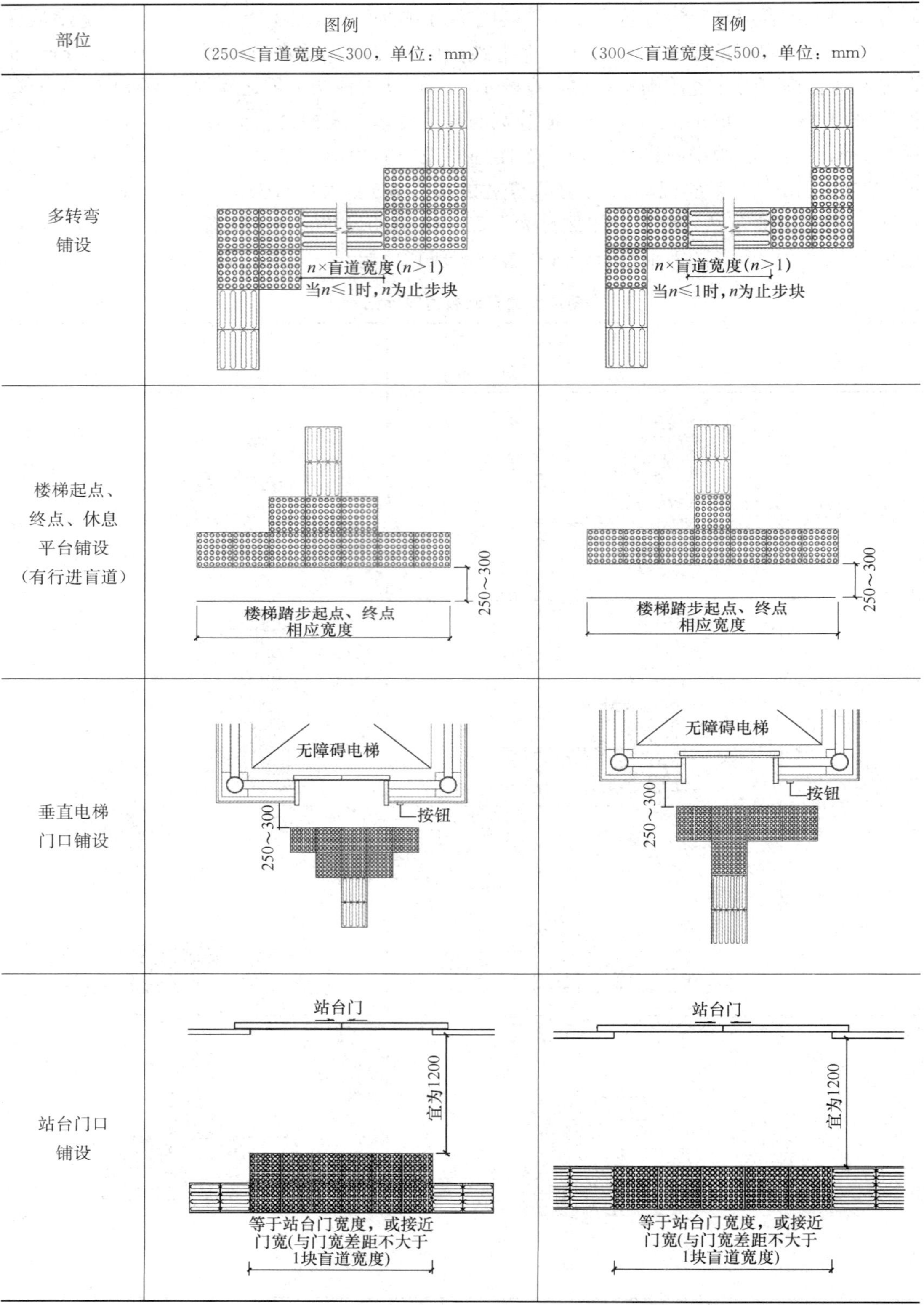

部位	图例 （250≤盲道宽度≤300，单位：mm）	图例 （300<盲道宽度≤500，单位：mm）
多转弯 铺设		
楼梯起点、 终点、休息 平台铺设 （有行进盲道）		
垂直电梯 门口铺设		
站台门口 铺设		

续表

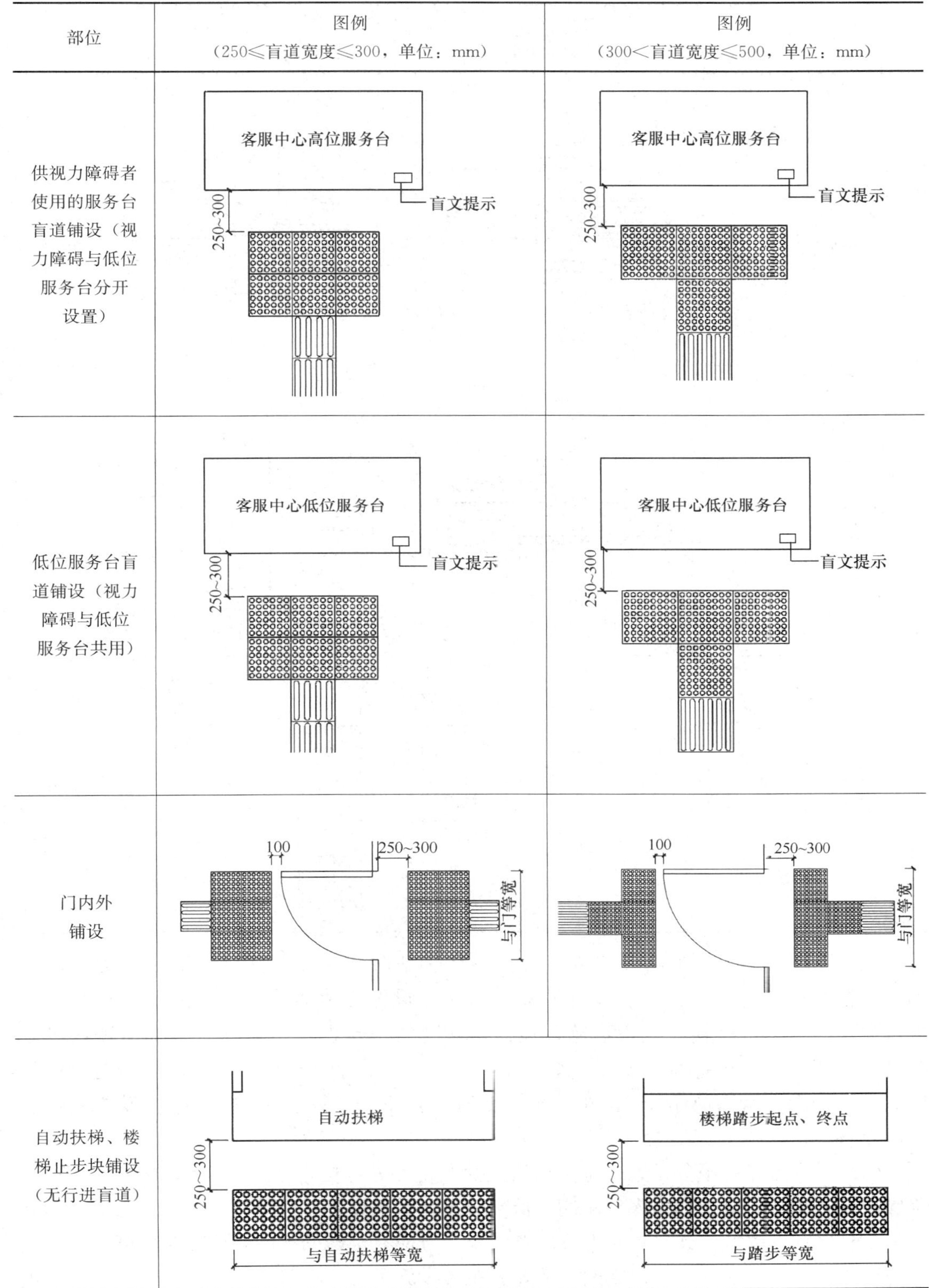

部位	图例 （250≤盲道宽度≤300，单位：mm）	图例 （300＜盲道宽度≤500，单位：mm）
供视力障碍者使用的服务台盲道铺设（视力障碍与低位服务台分开设置）	客服中心高位服务台 盲文提示 250~300	客服中心高位服务台 盲文提示 250~300
低位服务台盲道铺设（视力障碍与低位服务台共用）	客服中心低位服务台 盲文提示 250~300	客服中心低位服务台 盲文提示 250~300
门内外铺设	100 250~300 与门等宽	100 250~300 与门等宽
自动扶梯、楼梯止步块铺设（无行进盲道）	自动扶梯 250~300 与自动扶梯等宽	楼梯踏步起点、终点 250~300 与踏步等宽

续表

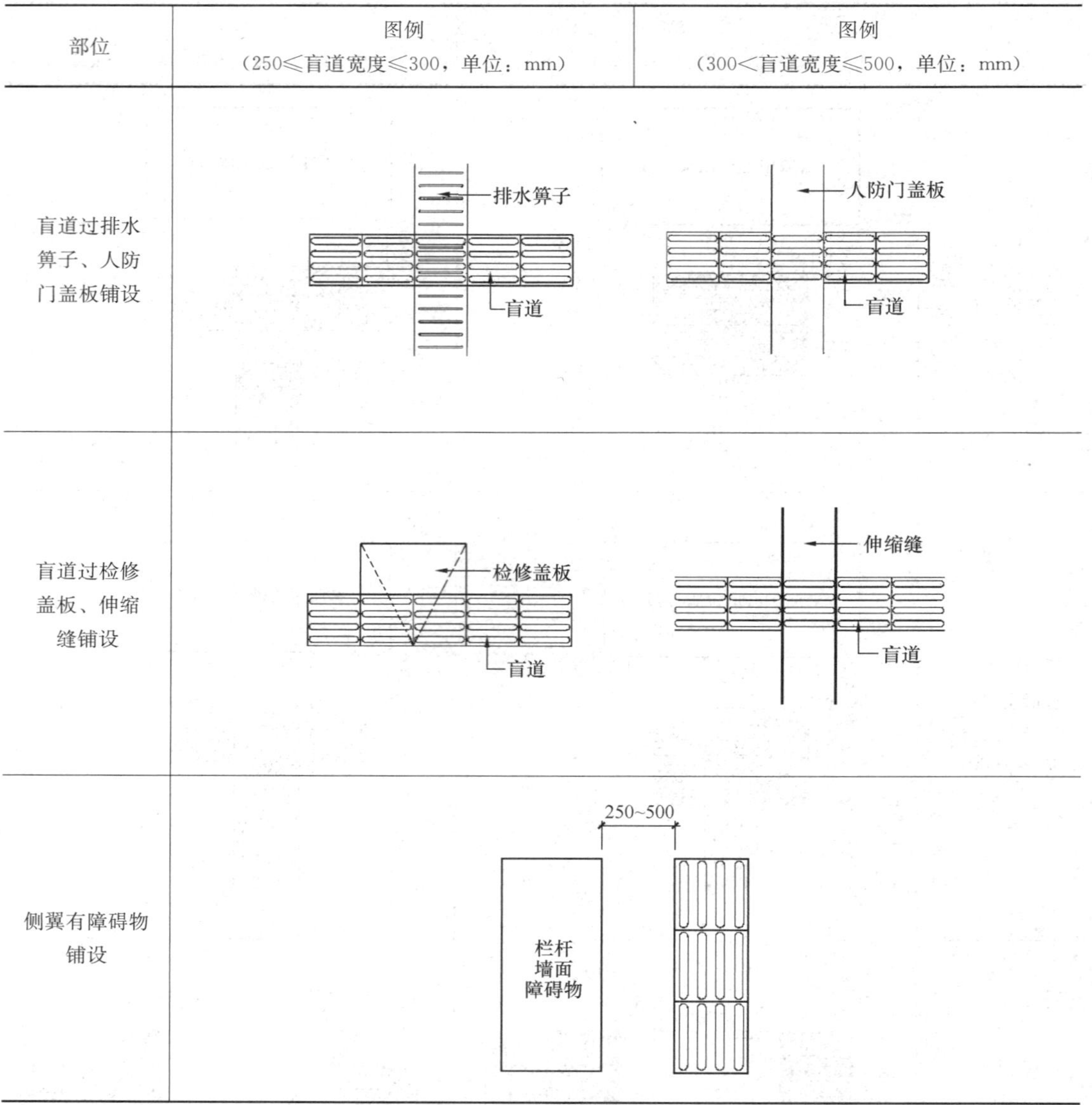

部位	图例 （250≤盲道宽度≤300，单位：mm）	图例 （300<盲道宽度≤500，单位：mm）
盲道过排水箅子、人防门盖板铺设	排水箅子 盲道	人防门盖板 盲道
盲道过检修盖板、伸缩缝铺设	检修盖板 盲道	伸缩缝 盲道
侧翼有障碍物铺设	250~500 栏杆 墙面 障碍物	

（5）无障碍电梯。车站公共区站台到站厅、站厅到地面不同层时应设置无障碍电梯，若换乘通道高差太大无法设置轮椅坡道时应设置无障碍电梯。无障碍电梯设置位置和数量结合车站结构、城市道路、地面附属建筑进行设计。无障碍电梯轿厢内设施应满足规范要求。候梯厅深度不宜小于 1.8m，候梯厅门净宽不小于电梯门净宽，候梯厅室外平台净深度不应小于 1.5m，轮椅坡道净宽不小于 1.5m，候梯厅应设置监控和对讲设备。

（6）低位无障碍服务设施。每座车站至少设置一处低位售票或一台低位自动售票机，位置靠近有无障碍电梯的出入口一侧，低位售票窗口应设置对讲设备。当车站公共区设有饮水台时，宜设置低位饮水台。低位服务设施下方应有足够的空间，以便于轮椅接近，它的前方应留有轮椅能够回转的空间。无障碍服务设施可集中在低位设施部位统一设置，也可以将视力障碍者使用设施与低位设施分开设置，当分开设置时，盲道、盲文等专供视力障碍者使用的无障碍设施应与其对应。

（7）无障碍检票通道。设有无障碍电梯出入口与站厅无障碍电梯之间的进出站检票机组上应设置宽通道检票机，宽通道检票机净宽≥0.9m。

（8）无障碍厕所、厕位。

1）车站公共区应设置无障碍厕所，公共厕所当设有无障碍厕位时，地面高差按无障碍厕所设置。无障碍厕所位于站台端部时，尽可能避免开门正对侧站台乘降区域，室内外高差不大于15mm，门槛石向厕所室内做斜面过渡。

2）无障碍厕所门宜选用电动平移门，当采用普通门时，首选推拉门，其次为平开门，平开门宜向外开启。无障碍厕所门应设置紧急开启门锁，电动门开启后净宽≥1.0m，其他门的通行净宽≥0.9m，门把手上端距室内地面高度为0.9～1.05m，钥匙孔中心距室内地面距离为0.85～1.00m，距地350mm范围内设置与门等宽的护门板。

3）无障碍厕位门宜向外开启，厕位内外地面无高差，坐便器中心线距侧墙不小于450mm，在不占据坐便器使用空间的前提下，厕位隔间内宜设置900mm×350mm可折叠置物台。无障碍洗手盆下部应留出宽750mm、高650mm、深450mm供乘坐轮椅者膝部和足尖部移动的空间。

4）无障碍厕所、无障碍厕位内的坐便器、无障碍小便斗、无障碍洗手盆应设置安全抓杆。安全抓杆材质应防滑、热惰性指标好。截面为圆形或椭圆形，圆形扶手直径应为35～50mm，扶手内侧至墙面水平净距≥40mm，安全抓杆安装应牢固，样式、颜色与空间协调美观。

5）无障碍坐便器宜采用感应冲水系统，取纸器和呼叫按钮设置在坐便器侧前方，高度距地400～500mm，位置应便于使用，挂衣钩高度距地宜为1.00～1.20m，纸巾和干燥器应设于轮椅使用者可以触及的位置，多功能台与人接触部位应设安全防护圆角，窗户开启手柄距地高度≤1.20m。

（9）哺乳室。轨道交通车站哺乳室应按照现行《公共场所母乳哺育设施建设指南》DB32/T 3375进行设置，换乘站应设哺乳室，哺乳室分为小型、中型、大型三种类型，小型哺乳室使用面积为4～10m^2，中型哺乳室使用面积为10～20m^2，大型哺乳室使用面积大于20m^2，典型哺乳室平面布置如图3-52～图3-58所示。哺乳室的类型和大小根据人流量的大小进行合理设置，哺乳室层高不低于2.6m，宽度不小于1.5m，墙体颜色应与环境相协调，宜采用温馨柔和的色彩，空间布置应科学、合理。哺乳室应有独立的出入口，建议靠近电梯，远离卫生间，若设置在母婴卫生间内，应与母婴卫生间间隔，如与卫生间贴邻，出入口朝向应错开设置。哺乳室装修材料、设备设施、卫生洁具应满足国家绿色环保相关规定，哺乳室应安静、整洁、安全、舒适，室内允许噪声≤45dB（A声级），应设置防尘、防蝇、防虫等病媒生物防制措施，地面应采用防滑材料铺装。公共场所哺乳室的标志应张贴在哺乳室入口处和公共场所导向牌处，标志的背景颜色宜根据公共场所环境和引导系统进行调整。哺乳室标志样式参照表3-26，各类哺乳室的设施要求见表3-27。

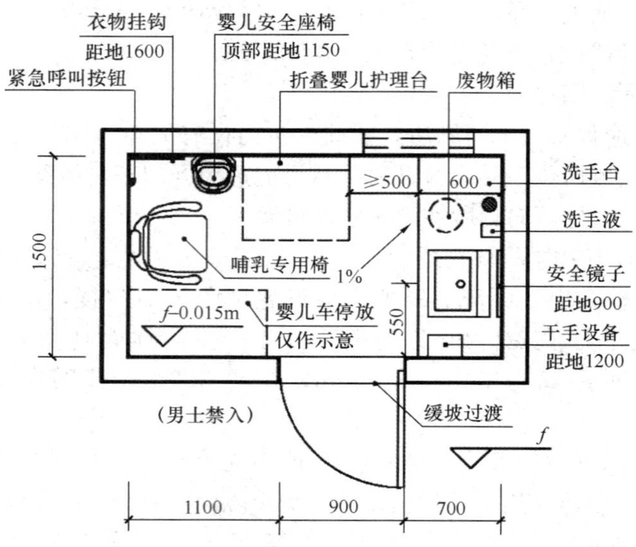

图 3-52　小型哺乳室示例（一）（面积约 $4m^2$，单位：mm）

f—以米为单位的地面标高

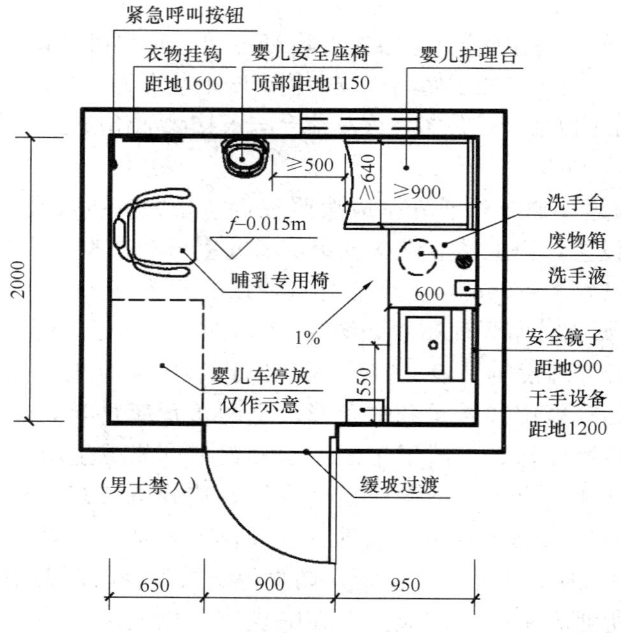

图 3-53　小型哺乳室示例（二）（面积约 $5m^2$，单位：mm）

f—以米为单位的地面标高

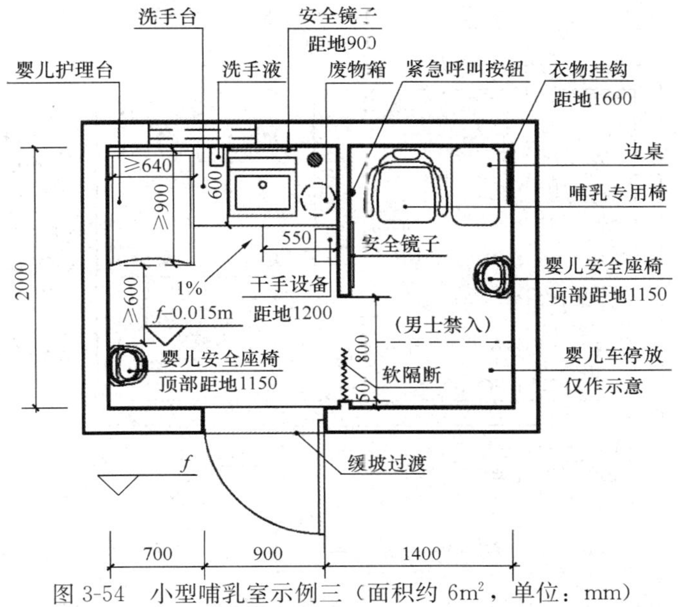

图 3-54　小型哺乳室示例三（面积约 6m²，单位：mm）

f—以米为单位的地面标高

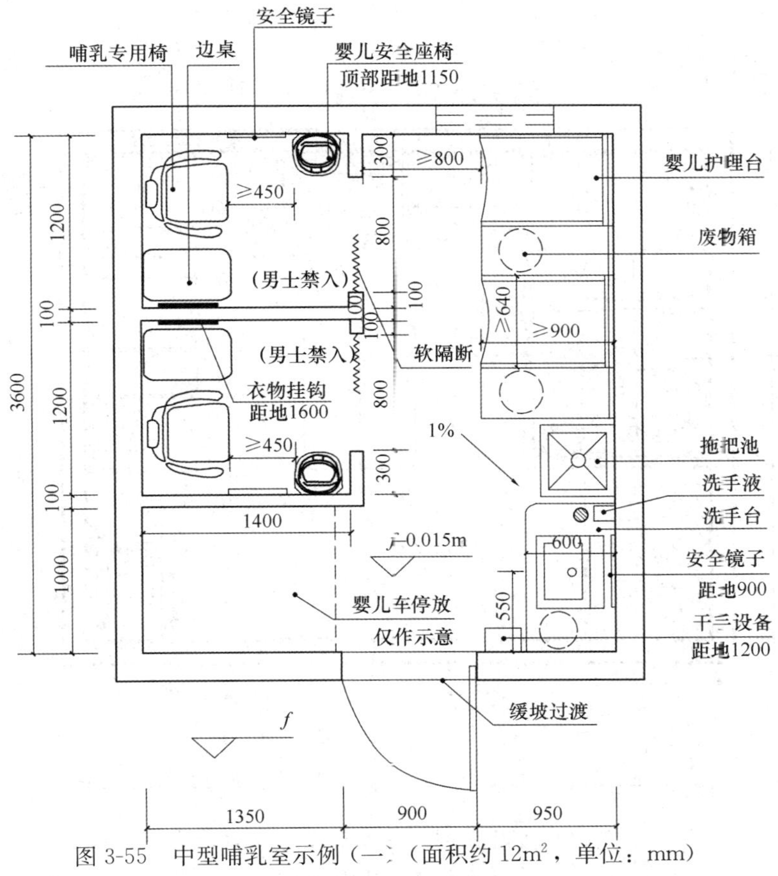

图 3-55　中型哺乳室示例（一）（面积约 12m²，单位：mm）

f—以米为单位的地面标高

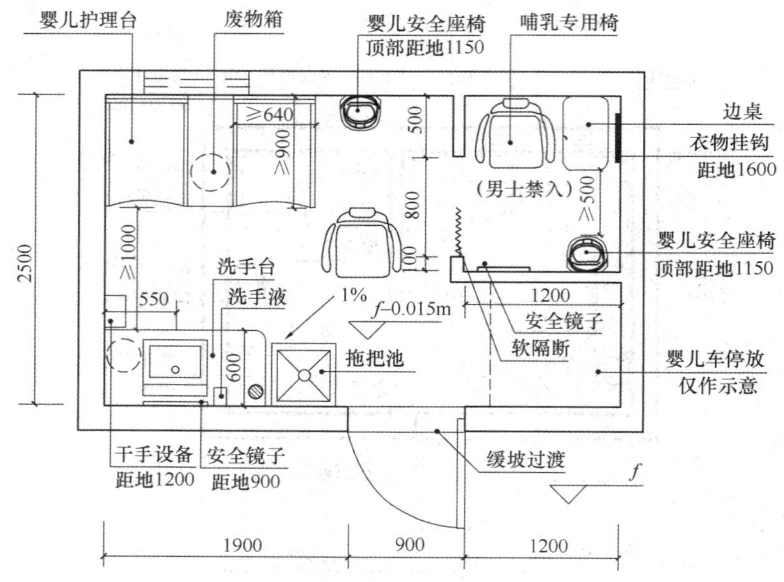

图 3-56　中型哺乳室示例（二）（面积约 $10m^2$，单位：mm）

f—以米为单位的地面标高

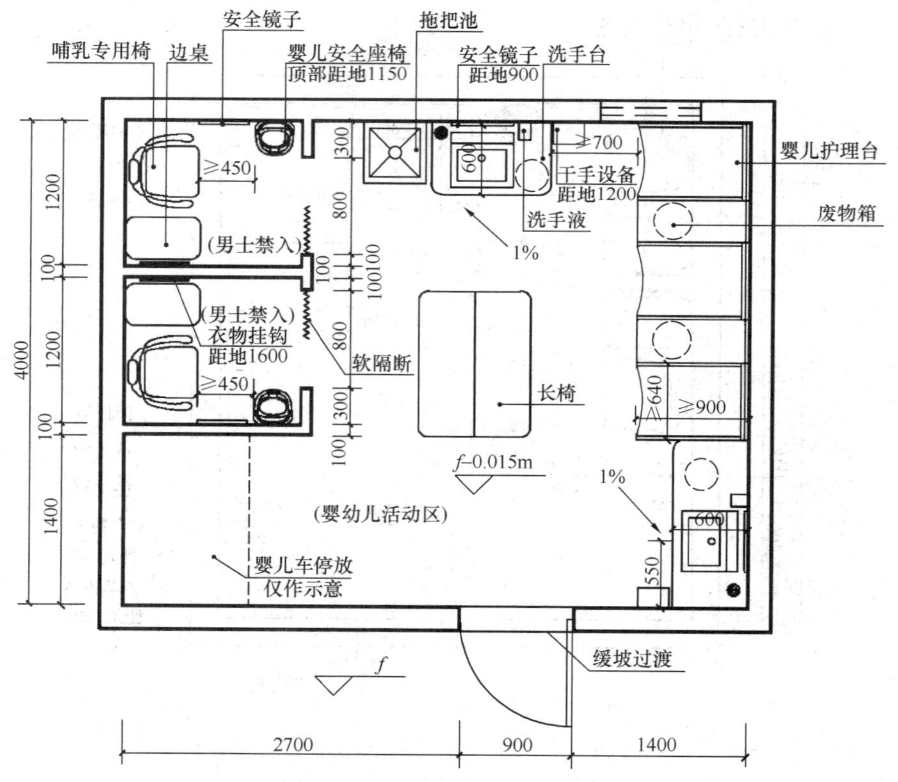

图 3-57　大型哺乳室示例（一）（面积约 $20m^2$，单位：mm）

f—以米为单位的地面标高

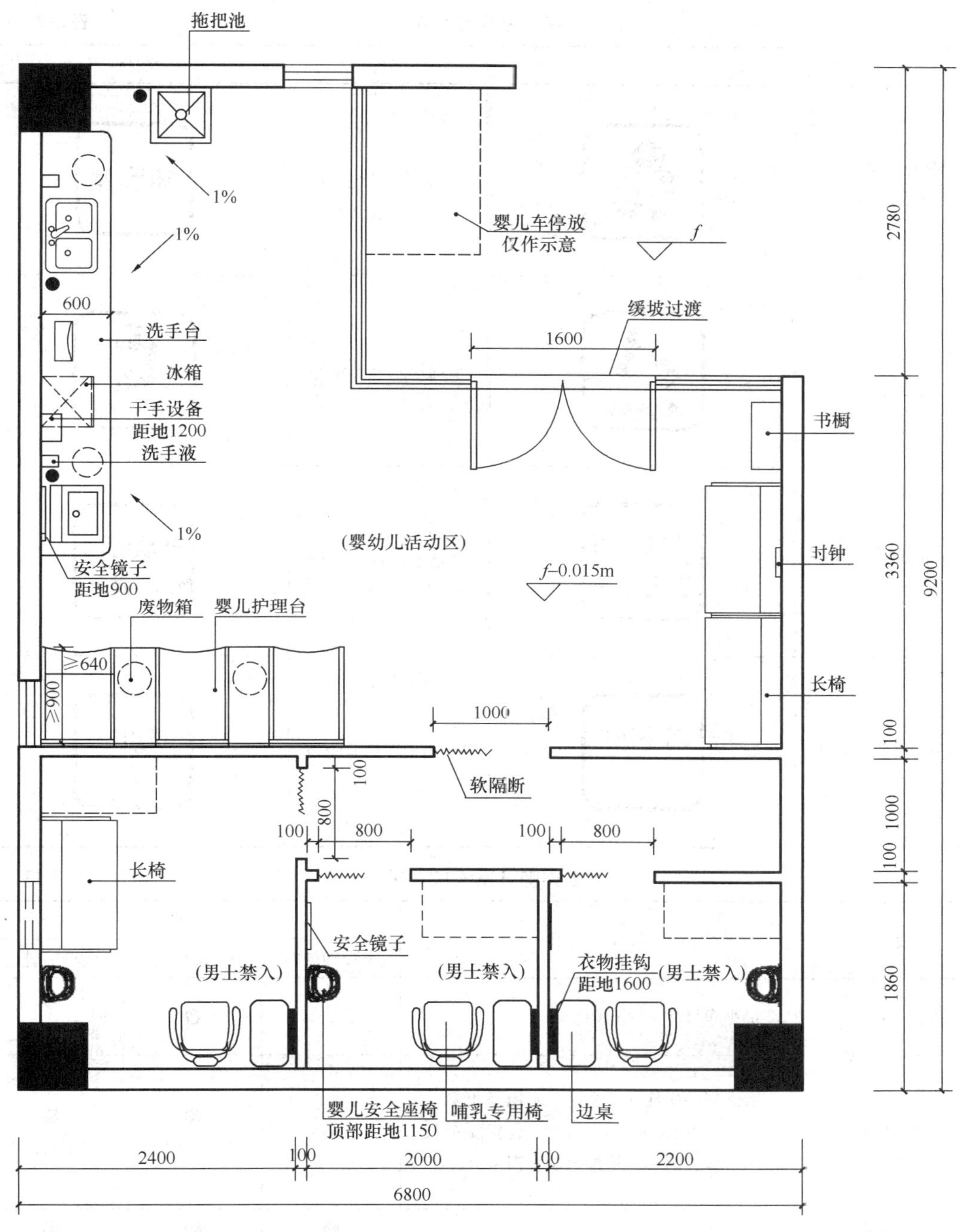

图 3-58　大型哺乳室示例（二）（面积约 46m²，单位：mm）

f—以米为单位的地面标高

图 3-52～图 3-58 为典型哺乳室平面布置图，图中墙厚和门窗位置仅为示意，图中哺乳专用椅、婴儿护理台、婴儿安全座椅等样式仅作示意，婴儿护理台高度 700mm，台下式、嵌入式洗手盆台面距地安装高度为 800mm，应在洗手台与哺乳专用椅处设置电源插座，无特殊说明时地面找坡为 1%坡向地漏，应在男士禁入出入口处明确标识“男士禁入”告示。

哺乳室标志示例 **表 3-26**

名称	图例	名称	图例
哺乳室图形标志示例		哺乳室文字标志示例	哺乳室
婴儿车停放区域标志示例	婴儿车停放	节约用水标志示例	节约用水
男士止步标志示例	哺乳专用 男士止步	开放时间标志示例	开放时间 7:00-22:00
“空闲中”标志示例	空闲中 Vacant	“使用中”标志示例	使用中 Occupied

各类哺乳室设施要求 **表 3-27**

设施	尺寸、要求	类型		
		小型哺乳室	中型哺乳室	大型哺乳室
哺乳小间	最小净尺寸 1.2m×1.4 m	○	●	● 两个及以上
婴儿护理台	考虑到操作性和安全性，不用婴儿床。 高度应离地面 700mm，宜设置安全扣。使用折叠式的婴儿护理台应标识拉力说明	●	● 两个及以上	● 三个及以上
哺乳专用椅	—	●	●	●
婴儿车停放区域	标识清晰	●	●	●
婴儿安全座椅	不得设置在转角处与隔墙处	●	●	●
洗手盆	台下式、嵌入式洗手盆台面 距地安装高度应为 800mm。宜同时提供冷热水（热水温度低于 45℃）	●	●	●
废物箱	≥25L，宜采用带盖式非手动废物箱	●	●	●

续表

设施	尺寸、要求	类型		
		小型哺乳室	中型哺乳室	大型哺乳室
安全镜子	—	●	●	●
电源插座	—	●	●	●
空调	—	●	●	●
洗手龙头，洗手液设施	宜采用非接触式器具	●	●	●
干手设备（自动感应干手器/抽纸机）	—	●	●	●
衣物挂钩	—	●	●	●
门扇	开启方向应朝外，禁止使用弹簧门。门应符合无障碍设计规范的规定	●	●	●
地漏	找坡为1%坡向地漏	●	●	●
边桌	—	○	●	●
紧急呼叫按钮	—	○/●（仅供一人使用时）	○	○
清洁水槽	宜采用不锈钢材质，清洁水槽与洗手盆分开设置宜同时提供冷热水（热水温度低于45℃）	○	○	●
等候座椅	—	○	○	●
温奶器	—	○	○	○
灯光亮度调节设备	灯具应采用漫反射灯光	○	○	○
恒温饮用水设备	—	○	○	○

注：●表示必须设置；○表示建议设置。

（10）无障碍标识系统。无障碍标志应采用国际通用标志图案，并符合现行国家标准《标志用公共信息图形符号　第9部分：无障碍设施符号》GB/T 10001.9的有关规定。地面出入口周边道路交叉口应设置标注有无障碍电梯位置和方向的标识牌，地面无障碍电梯标识应具有远距离观看和夜间使用功能，地面无障碍电梯厅应设置本站无障碍设施位置示意图。车站内无障碍标志的设置应连续指引，可与导向系统相结合进行设计，布置点位合理，安装高度应考虑乘轮椅视线要求。楼梯扶手起点、终点应设置盲文标志，盲文标志距扶手端部100～150mm，供盲人使用的服务台面应设盲文标志，盲文应符合现行国家标准《中国盲文》GB/T 15720的有关规定。自动扶梯上下端应设置语音提示装置，无障碍电梯厅应设置摄像、语音提示和对讲装置，语音提示应为中文和英文。

4. 无障碍设计案例

站厅、站台典型盲道设计如图 3-59～图 3-62 所示。

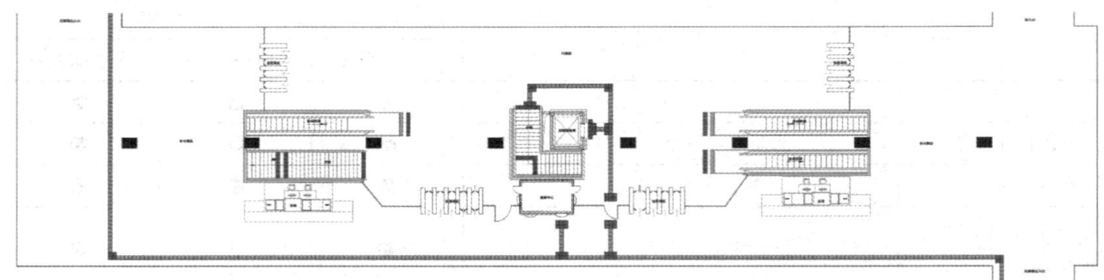

图 3-59　站厅典型盲道设计（一）（250mm≤盲道宽度≤300mm）

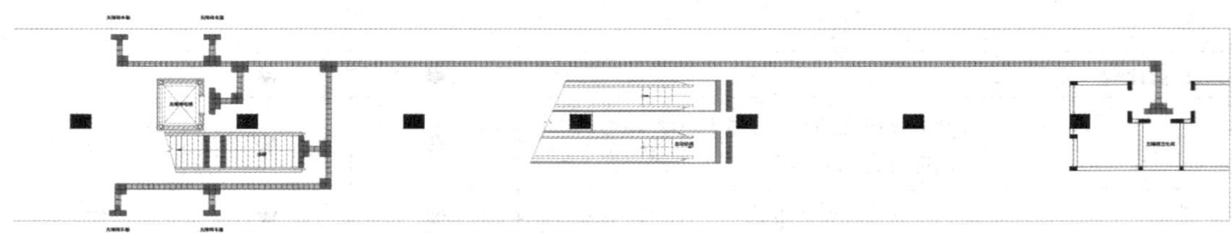

图 3-60　站台典型盲道设计（一）（250mm≤盲道宽度≤300mm）

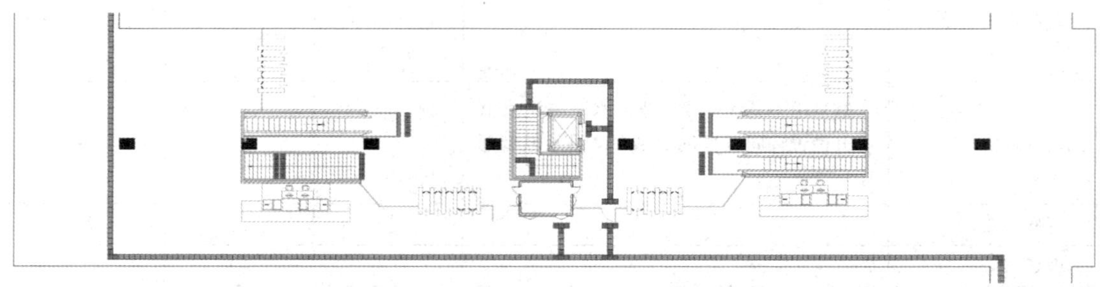

图 3-61　站厅典型盲道设计（二）（300 mm<盲道宽度≤500mm）

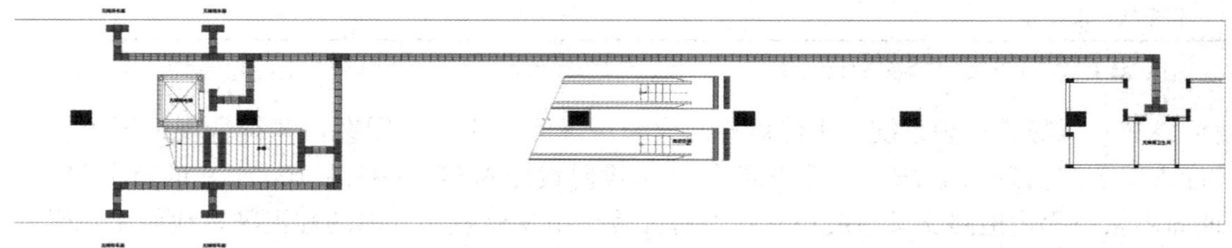

图 3-62　站台典型盲道设计（二）（300mm<盲道宽度≤500mm）

3.5.5　卫生间

1. 位置要求

（1）厕所、卫生间、盥洗室应根据功能合理布置，位置选择应方便使用、相对隐蔽，并应避免所产生的气味、潮气、噪声等影响或干扰其他房间。

（2）在生活供水、电气用房等有严格卫生、安全要求房间的直接上层，不应布置厕所、卫生间、盥洗室、浴室等有水房间；在餐厅等有较高卫生要求用房的直接上层，应避免布置厕所、卫生间、盥洗室、浴室等有水房间，否则应采取同层排水和严格的防水措施。

2. 卫生器具配置的数量

卫生器具配置的数量应符合国家现行相关建筑设计标准的规定。男女厕位的比例应根据使用特点、使用人数确定。在男女使用人数基本均衡时，男厕厕位（含大、小便器）与女厕厕位数量的比例宜为 1∶1.5～1∶1；交通建筑厕位数量比不宜小于 1∶2～1∶1.5。

3. 平面布置要求

（1）厕所、卫生间、盥洗室的平面设计应合理布置卫生洁具及其使用空间，管道布置应相对集中、隐蔽。有无障碍要求的卫生间应满足国家现行有关无障碍设计标准的规定。

（2）公共厕所应防止视线干扰，宜分设前室。

（3）公共厕所宜设置独立的清洁间。

（4）公共活动场所宜设置独立的无性别厕所，且同时设置成人和儿童使用的卫生洁具。无性别厕所可兼作无障碍厕所。

4. 隔间的平面尺寸

厕所隔间的平面尺寸应根据使用特点合理确定，并不应小于表 3-28 的规定。宜加设婴儿尿布台和儿童固定座椅。厕位隔间应考虑行李放置空间，其进深尺寸宜加大 0.2m，便于放置行李。儿童使用的卫生器具应符合幼儿人体工程学的要求。无障碍专用隔间的尺寸应符合现行国家标准《无障碍设计规范》GB 50763 的规定。

厕所隔间平面尺寸 **表 3-28**

类别	平面尺寸（宽度 m×深度 m）
外开门的厕所隔间	0.9×1.2（蹲便器） 0.9×1.3（坐便器）
内开门的厕所隔间	0.9×1.4（蹲便器） 0.9×1.5（坐便器）
无障碍厕所隔间（外开门）	1.5×2.0（不应小于 1.0×1.8）

5. 卫生设备间距

（1）洗手盆或盥洗槽水嘴中心与侧墙面净距不应小于 0.55m。

（2）并列洗手盆或盥洗槽水嘴中心间距不立小于 0.7m。

（3）单侧并列洗手盆或盥洗槽外沿至对面墙的净距不应小于 1.25m。

（4）双侧并列洗手盆或盥洗槽外沿之间的净距不应小于 1.8m。

（5）并列小便器的中心距离不应小于 0.7m，小便器之间宜加隔板，小便器中心距侧墙或隔板的距离不应小于 0.35m，小便器上方宜设置搁物台。

（6）单侧厕所隔间至对面洗手盆或盥洗槽的距离，当采用内开门时，不应小于 1.3m；当采用外开门时，不应小于 1.5m。

（7）单侧厕所隔间至对面墙面的净距，当采用内开门时不应小于 1.1m，当采用外开门时不应小于 1.3m；双侧厕所隔间之间的净距，当采用内开门时不应小于 1.1m，当采用外开门时不应小于 1.3m。

（8）单侧厕所隔间至对面小便器或小便槽的外沿的净距，当采用内开门时不应小于 1.1m，当采用外开门时不应小于 1.3m；小便器或小便槽双侧布置时，外沿之间的净距不应小于 1.3m（小便器的进深最小尺寸为 350mm）。

6. 卫生间装修要求

卫生间装修宜简洁明快，风格与车站空间相协调，材料应防潮、防霉、耐污、耐磨。地面采用防滑材料。材料分缝美观，顶、墙、地面材料宜对缝。材料与卫生设备设施末端接口美观，并应便于后期运营维护。台下盆应有防脱落措施。地面找坡应从门口向地漏位置进行找坡。隔间内应设置照明，提供必要的照度。卫生间宜设置空调及新风系统，形成负压差，排气扇位置应合理，最大程度减少空间异味。

3.6 地面附属建筑装饰设计

3.6.1 顶层设计的思考方向和思维逻辑

地面附属建筑是城市轨道交通的重要组成部分，是与城市连接和交互的重要节点。地面附属建筑主要包括出入口、风亭、无障碍电梯、消防出入口、冷却塔和多联机组等部分。这些部分有其明确的功能属性和内在联系，地面附属建筑的点位布置、组合形式、设置方式、外观形象等更是根据城市规划、交通、环境、功能、结构、经济、空间、人文等内部和外部的诸多复杂条件所决定的。

在多种复杂条件制约下的地面附属建筑设计似乎一直被迷茫困扰，广泛的主观臆断和漠视应付将其推到建筑设计的边缘。城市建设和轨道交通的发展已进入了一个新的阶段，高效的轨交线网成为城市交通的骨干，线网已与城市紧密地编织在了一起，这就对地面附属建筑设计提出了更高的要求。如何完成这个任务，首先需要正确的思考方向和清晰的思维逻辑，然后再专注解决遇到的每个问题。

正确的思考方向是将其从装饰设计拉回到建筑设计，以建筑设计的方式来思考，拨开迷雾。清晰的思维逻辑需把握四个原则：完善的功能性原则、进步的技术性原则、和谐的城市性原则和人文的艺术性原则。如何理解？如果把塑造建筑看作是塑造一个人，功能性就像是器官，技术性就像是骨骼，城市性就像是体态和容貌，艺术性就像是灵魂，必须兼顾这四方面原则才能塑造一个完整的人，这就是地面附属建筑设计的顶层设计原则。城市是个不断成长的生命体，只有具备健康的体魄和有趣的灵魂才能更好地融入这座城市，如图 3-63 所示。

3.6.2 功能性原则

1. 交通建筑功能属性

地面附属建筑顾名思义是轨道交通大型建筑的地面附属部分，与主体建筑是一个有机的整体。出入口和无障碍电梯是乘客进出的通道；消防出入口是应急消防人员进出通道；风亭是车站的呼吸通道；冷却塔和多联机是营造车站宜人环境温度的重要设备。虽然这些凸出地面的内容普遍体量较小，布局较分散，但其是与主体连接的重要部分，所以交通建

图 3-63　地面附属建筑设计案例（南京地铁出入口）

筑功能是其最本质的属性。

回归交通建筑本质是地面附属建筑设计的基础，对于各单体的设计和复杂问题的解决都需要以此为基础进行思考。高效、便捷、纯净、人性化等是交通建筑的特点。注重功能的梳理与思考，总结运营中遇到的各种问题，不断推敲和优化，同时需要考虑未来的发展需求，在前期做到对功能性的充分思考，是减少运营问题和改造成本的最有效办法。部分地面附属建筑设计案例如图 3-64 所示。

(*a*)

(*b*)

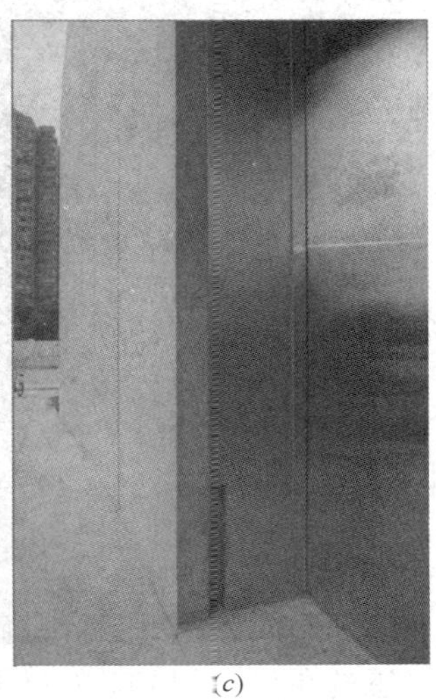

(*c*)

图 3-64　地面附属建筑设计案例（上海地铁 9 号线三期出入口）

（*a*）清水混凝土外墙及顶面；（*b*）内藏式雨水管及嵌平式百叶；（*c*）无框电梯门及整合式防淹闸槽

2. 附属与主体功能整体性

地面附属建筑设计受多方面复杂因素制约，需要协调和均衡各种诉求。然而地面附属建筑设计普遍较滞后，主体建筑设计时往往不能充分考虑附属建筑的城市性和艺术性，最后只能以装饰的方式进行有限的美化，此时很多问题已成定局很难改变。所以附属设计应提早介入，与主体建筑设计一起进行推敲和优化，完成附属与主体建筑的整体性设计。南京地铁出入口设计案例如图 3-65、图 3-66 所示。

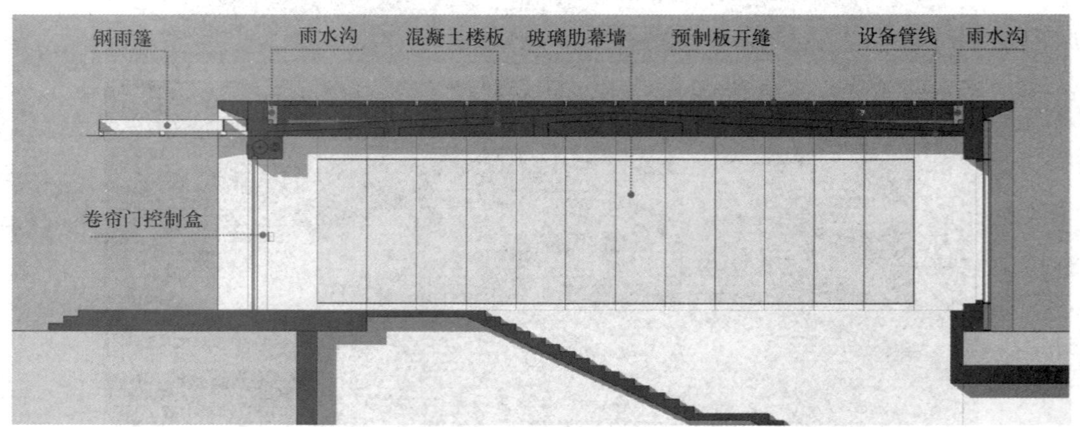

图 3-65 地面附属建筑设计案例（南京地铁出入口）剖面图

图 3-66 地面附属建筑设计案例（南京地铁出入口）内景

3. 技术性原则

地面附属建筑的设计基础是对功能、结构、材料、设备等技术内容的充分认知，技术是灵感的源泉，创造者的母语，建筑师是用技术言说的诗人，不追求技术就不能引导我们缔造诗意的建筑。在地面附属建筑中采用的透明玻璃砖墙体如图 3-67 所示。

4. 精细化设计

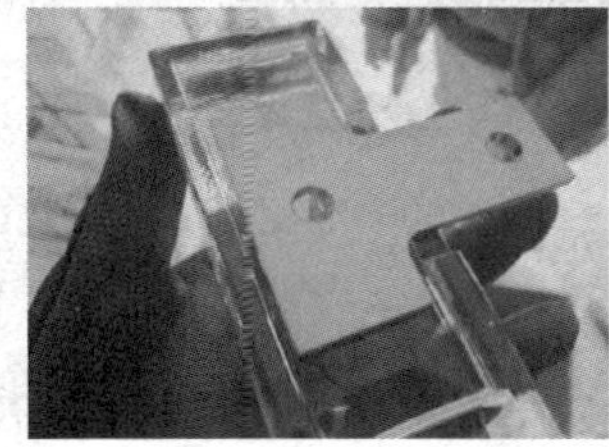

图 3-67　透明玻璃砖墙体

建筑品质是由技术所决定，以工匠的精神对建筑每一处进行雕琢，不放过任何一个可以改善和提升的部分，做到对细节的极致追求。高品质的建筑才是城市发展当中最需要的，粗糙低劣的建筑将很快变成建筑垃圾被清除。部分细部节点效果如图 3-68 所示。

图 3-68　地面附属建筑细部节点效果（上海地铁 9 号线三期出入口）

5. 装配式设计

装配式是技术进步的代表，可以提升建筑品质，保障建造精度，缩短建造周期，减少环境影响等。结合 BIM 后更可以对建筑设计、建造、运营、维护等进行全生命周期服务和管理。地面附属建筑装配式方案如图 3-69 所示。

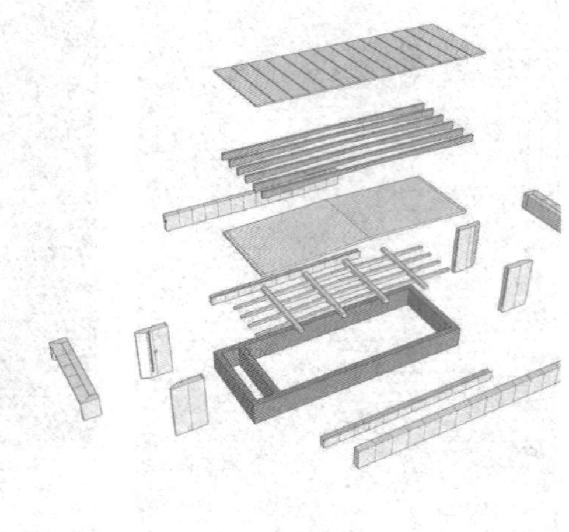

图 3-69　地面附属建筑装配式方案

6. 耐久和易维护

轨道交通为百年大计，从运营开始就需要稳定不间断地为城市服务，任何影响其运行的事件都是需要避免的。对于地面附属建筑的需求也是同样的，如果其经常需要整修维护，并且耗时费力，那么对于轨道交通运营将产生重大影响，不但会造成很高的成本和带来大量浪费，同时还有可能因交通不畅而增加安全隐患。选择持久的结构体系，使用易更新、高品质的装饰材料，预留设备管线，采取高度集成的整合设计方式等都可以优化建筑的耐久性和易维护性。部分设计案例如图 3-70 所示。

图 3-70　地面附属建筑设计案例（上海地铁 9 号线三期出入口）

3.6.3 城市性

作为城市空间中不可被忽视的组成部分，建筑的空间和形象不仅代表了轨道交通的功能和技术发展，也蕴含着城市空间环境的艺术和品质追求。建筑虽小，但其是最贴近城市生活的载体之一，其形象也经受着时代发展的审视和考验。以城市性思考其如何融入城市环境，就可以进入一个新的思考层面。一些类似体量的城市建筑如图 3-71 所示。

图 3-71　类似体量的城市建筑案例

1. 共性与个性

地面附属建筑的功能性和技术性不完全能引导我们走向理想的建筑。器官和骨骼是人体基本的部分，是构成人体的基础，具有普遍的共性。体型和容貌的不同区分了不同的人，是个性的基本体现。地面附属建筑就像人体，需具有普遍的共性和适应不同城市空间环境而产生的个性。城市性就在于共性基础上的个性表达，如图 3-72 所示。

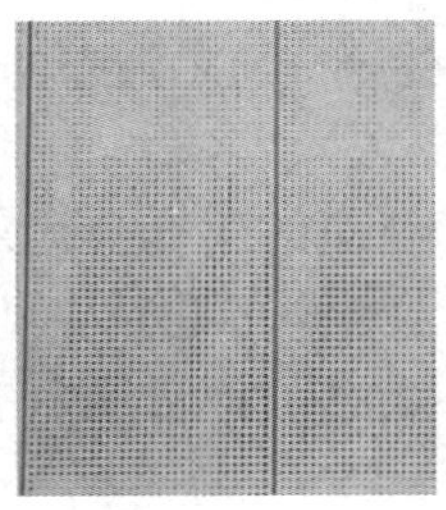

图 3-72　共性下的个性表达示意

地面附属建筑不能在无共性的基础上盲目张扬个性，这样就会成为不健全的异类或怪物，不能被人理解，也无法与城市融合。人类之间的体态容貌差别和其他动物之间的体态容貌差别相比是非常小的，但同样可以形成个性完全不同的人类社会。

2. 适应性和永恒性

地面附属建筑设计至今，大家都在尝试创新求变，用改变形态、元素、材料和色彩等来追求和城市环境的协调。但环境是随着城市的发展而不断更新的，有部分标志性的地面附属建筑会随着时间的推移而凸显出与新的环境格格不入的现象，变成了城市中的异类。

对于地面附属建筑设计而言，与城市空间环境完美融合是最好的设计方式，但城市空间环境是一直在发展变化中的，所以设计需重点塑造其适应性和永恒性的个性。

怎样塑造建筑的适应性和永恒性，方法是不要孤立思考其本身，要将其作为空间来思考，建筑的神奇之处在于它是空间的艺术，它能够创造具有场所和精神魅力的空间，如图 3-73 所示。

图 3-73 与城市空间融合、具有场所魅力的空间塑造

3. 标识性与标志性

在地铁网路密布的大城市中，已经无需依靠地铁出入口形象进行地铁站点及线路识别。完善的标识系统和智能导航系统可以很好地满足出行交通的形式选择和线路规划，所以其标识性形象需求已不需要重点考虑。把握标识性和标志性的区别与运用，慎用标志性来塑造地面附属建筑，因为标志性就是要摆脱环境的束缚，跳脱到人们的眼前，展示其张扬不羁的个性。当然其标志性需求也会存在于极少的个别城市空间环境需求中。

3.6.4 艺术性

建筑是所有艺术种类中最受物质条件制约的一种艺术形式。艺术性是建筑的灵魂所在，好的建筑就是因为它离艺术更近。

极简的当代艺术气息可以体现经典的交通建筑气质，清晰的结构体系能更好地做到坚固耐久，集成化的技术方式更有利于更新升级。

通过极简的建筑风格、建筑材质的本质，纯净的建筑空间来表达当代艺术的还原本质、开放自由的思想，目的是营造具有当代艺术气息的建筑空间与城市空间环境的融合，寻求空间质感与环境的融合。以纯净、简洁、通透的体量展示宁静而艺术的质感，彰显品质。

艺术性的设计旨在探索更好的融合度和更持久的生命力，不再追求视觉的愉悦，而注重精神感受方面的品质，尽可能去除多余的装饰材料，以工匠的精神对空间的组合进行精雕细琢，以极简的手法营造纯净而艺术化的空间氛围，所谓“大象无形”，希望使用者关注的不是其形，而是其体现的精神层面的广大空间，以“无形”来融入城市环境的变化万千。

3.7 车站设备区用房装饰设计

3.7.1 设备区用房装修设计原则

1. 设备区用房分类

设备区是车站各专业末端设备安装管理、仅工作人员进出的区域，按区域分为站厅层设备区、站台层设备区、设备层和轨行区。设备区用房按工作人员停留时间可划分为管理用房、设备用房、设备区其他区域三大类，见表3-29。

车站设备用房分类表　　表3-29

分类	功能	空间名称	备注
管理用房	办公类空间	车站控制室、站长室、交接班室、司机休息室、各驻站专业办公室、值班室、AFC票务室、警务室等	人员密度大，滞留时间长
	配套功能类空间	保洁间、茶水间、男女更衣室、工作人员卫生间、备品间等	人员流动性大，滞留时间短
设备用房	需弱电保护空间	通信设备室、通信电源室、站台门设备室、公安通信设备室、民用通信设备室、信号设备室、信号电源室、AFC设备室、综合监控设备房、综合布线配线间、蓄电池室等	人员滞留时间短，弱电设备较多，需带静电保护
	有水空间（冷却水、冷凝水等）	消防泵房、废水泵房、污水泵房、环控机房、冷水机房、混合风室、加压排风机房、风道、风室、热排风室、风道夹层、小通风机房等	有水房间；产生冷却水或冷凝水等
	其他空间	应急照明电源室、环控电控室、气瓶室、强电井、弱电井、照明配电及控制室、0.4kV低压开关柜室、35kV开关柜室、控制室、整流变压室、再生吸能控制室、检修室、直流开关柜室、高压开关柜室、通号电缆引入室、预留再生能源设备室等	—
设备区其他区域	—	设备区管理走道、楼梯间、安全出口通道、站台轨行区走道等	—

2. 设备区用房装修设计原则

（1）安全性原则。设备区用房装修设计秉承安全原则，装饰材料应满足防火、环保、防水、防静电、易维护等各空间功能要求，安装工艺安全可靠。

（2）功能性原则。满足车站使用功能要求，保障车站正常运行，装修布置应具有灵活性，满足各空间技术要求。

（3）简洁、美观、舒适性原则。设备区用房装修宜简洁、美观、舒适，有人房间装饰满足办公空间装修要求。

（4）人性化原则。装修应遵循人性化设计原则，以人的需求为出发点进行设计。

（5）易维护原则。设备区管线多，后期运营维护工作量大，装修应便于各专业后期维护工作开展。

3.7.2 设备区用房装修常规做法

1. 管理用房

（1）设计要点。管理用房为工作人员经常滞留空间，以办公及配套功能房间为主要构成。装修材料应满足防火、防潮、防腐、耐久、易清洁的要求以及装修审美要求，形式及色彩上营造明快、整洁的空间环境。

（2）管理用房常用材料：

1）墙面。涂料、墙砖、金属板、水泥纤维板、硅酸盐板、防火板。

2）地面。地砖、防滑地砖、防静电地板、防静电地砖。

3）顶面。涂料、金属顶棚。

（3）管理用房家具。管理用房家具可根据运营需要进行定制或购置，家具材料应符合防火、环保等要求，尺寸满足人体工程学要求，色彩与空间协调。

2. 设备用房

（1）设计要点。设备用房为各专业设备存放空间，以各专业机房为主要构成。装修应满足不同专业设备对空间环境的要求，装修材料满足防火、防尘、防潮、防滑等技术要求。

（2）设备用房常用材料：

1）墙面：涂料、吸声板、水泥纤维板、硅酸盐板。

2）地面：预制水磨石、地砖、防静电地板、防静电地砖。

3）顶面：涂料。

（3）静电防护。设备用房静电防护应符合现行国家标准《电子工程防静电设计规范》GB 50611的规定，通信设备室、通信电源室等需要进行静电防护的房间，地坪材料应选用防静电地板或防静电地砖等材料。防静电地板或地面应有静电泄放措施和接地构造，防静电地板、地面的表面电阻或体积电阻值应为 $2.5\times10^{4}\sim1.0\times10^{9}\Omega$，并具有防火、环保、耐污耐磨性能。防静电地板支架须进行防锈、防腐蚀处理，支架遇中板开孔处，安装时局部进行加强处理，孔隙地板的数量应满足气体灭火的要求，防静电地板开孔率不小于5%（站长室、车站控制室除外），荷载应满足承重要求。防静电地砖房间需使用防静电水泥砂浆（内掺导电材料）铺设防静电层，内铺接地铜带，接地铜带接室内接地端子后连入共用接地，砖缝需使用专用防静电勾缝剂。

（4）防水。有水房间如环控机房、冷水机房、消防泵房、污水泵房、混合风室、加压排风机房、风道、风室、热排风室、风道夹层等需考虑临水部位防水，地面均需涂刷防水涂层后，再进行其他面层的施工，地面防水涂料应延伸至墙面，其中环控机房、冷水机房、消防泵房、污水泵房等应沿设备基础设置排水沟，常规做法为沟底及四周涂抹防水膏或设置防水卷材，并随排水沟找坡，如图3-74所示。环控系统机房内冲洗水池可现场砌筑，做防水及表层饰面，也可购置成品水槽，底部固定。

（5）减噪。为满足噪声控制要求，通风空调机房（大、小系统机房）、冷水机房、环

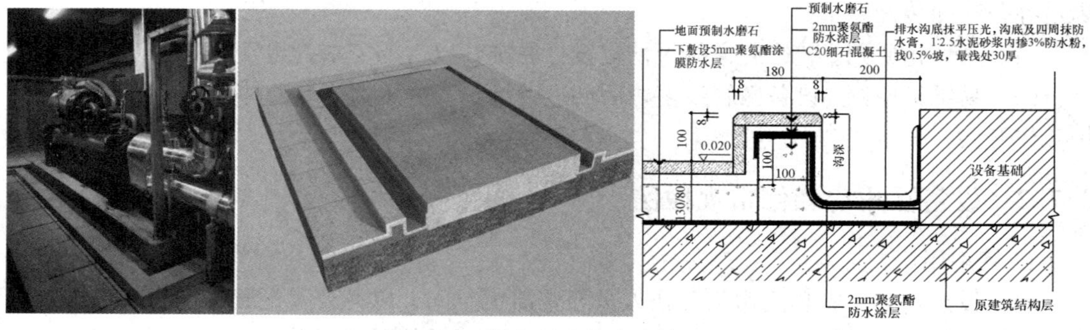

图3-74　设备基础排水沟做法

控机房等噪声较大的大型设备空间应设置隔声墙面，隔声墙设置部位：与大型设备放置空间直接相邻的车站公共区、走道、有人房间的墙面（机房内侧），吸声材料采用安全、环保、不燃材料。隔声墙常规做法为金属钢架填充防火岩棉，水泥纤维板基层外附穿孔无机矿物涂料预涂板，如图 3-75 所示。

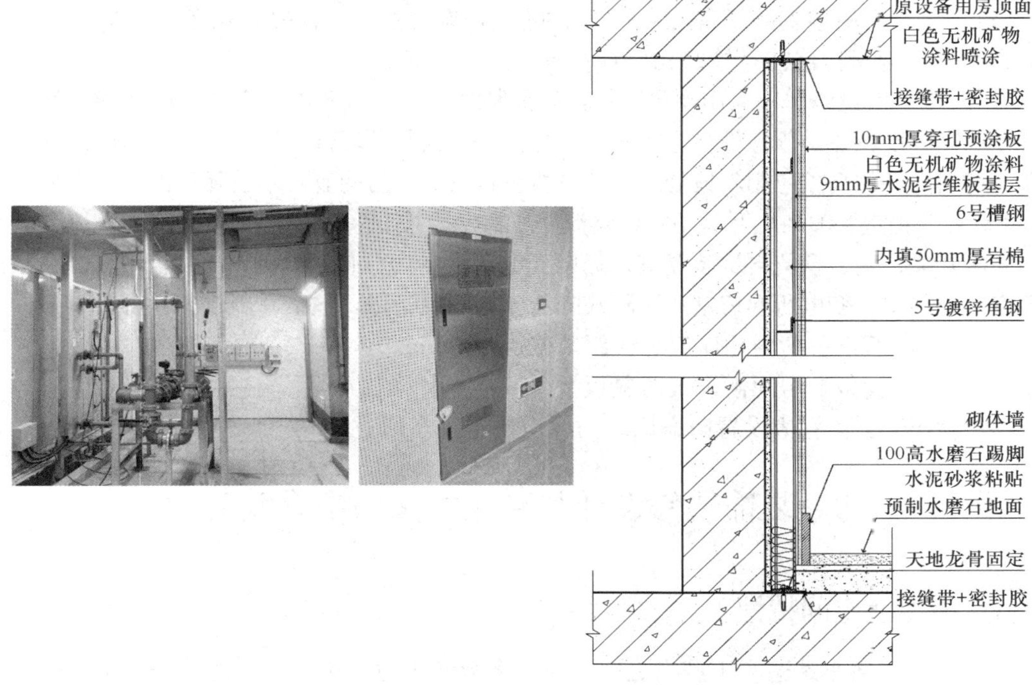

图 3-75　隔声墙面做法

（6）孔洞处理。设备安装完成后，孔洞应按照谁使用谁封堵的原则进行封堵，且封堵应满足防火、防潮等要求。大型设备空间顶部或存在吊装孔洞，在设备进站后，车站吊装孔的封堵需密实，不能有明显宽大的缝隙，且需要考虑抗风压措施，防止盖板被吹起。

3. 设备区用房装修注意事项

（1）设备机房高度应根据机柜高度、管线安装及通风要求确定，通常不宜小于 3.0m。设备用房放置设备正上方不得设置风口、VRV 空调系统等设备，管线宜避开设备正上方，无法避开处，管线标高不宜低于 3.5m，设备运输走廊管线标高不宜低于 3.5m。

（2）有离壁墙的房间应设置离壁沟检修暗门，如墙面无法设置，则就近在相邻房间设置。

（3）设备区孔洞位置、安全楼梯间、临轨行区走道均应设置金属防护栏杆。

（4）门窗洞口及门窗结合部位应采取密封、隔声、防渗等措施。

（5）材料的燃烧性能应符合现行国家标准《建筑内部装修设计防火规范》GB 50222 的有关规定。

（6）设备机房室内装修，应选用气密性好、不起尘、易清洁、符合环保要求、在温度和湿度变化作用下变形小、具有表面静电耗散性能的材料，不得使用强吸湿性材料及未经表面改性处理的高分子绝缘材料作为面层。

（7）墙壁和顶棚的表面应平整、光滑、不起尘，避免眩光，并应减少凹凸面。

（8）墙上挂重物时，根据重量不同，可采用专用锚栓、对穿螺栓、H形钢板卡固件等固定，结构应满足承载要求。

（9）设备区走道墙面安装的箱体，如消火栓，宜入墙设置。

（10）站台门端门外不小于2000mm的设备区墙、地面需设置绝缘层。

（11）设置在吊顶上的所有的风阀、水阀、空调设备、风管检查孔等，有吊顶房间均需要在吊顶上设置检修孔（检修孔位置由各专业向装修提资）。

（12）变电所设备房应采用硬质铺装，如预制水磨石、地砖等。变电所的地面装修应在设备专业完成设备基础预埋件后进行施工，保证装修面与预埋件齐平，且设备房门能够正常启动，房间内外的高差应用斜坡处理。变电所设备房常见房间有：牵引降压混合变电所，包括35kV开关柜室、0.4kV开关柜室、整流变压器室、控制室、变电所检修室、直流开关柜室、高压开关柜室、预留再生装置室；降压变电所设备房，包括35kV开关柜室、0.4kV开关柜室、控制室、变电所检修室；跟随式降压变电所设备房，包括0.4kV开关柜室等。

（13）变电所设备房内插座底部应距装修层300mm。

（14）放置设备的房间需设置防鼠板。

（15）AFC票务室应设置防盗门，门槛应便于推车通过。

3.8 装饰装修设计与专业之间的配合及要求

3.8.1 多专业空间特性

城市轨道交通车站遍布于城市之中，绝大多数属于地下车站，功能复杂，车站赖以维持运行的设备设施多，这些设备设施在建筑内形成繁杂脉络，各专业之间相互影响、相互制约，给车站装饰装修造成一定的影响，见表3-30。进行装饰设计前，需对这些因素进行梳理，利用艺术、技术手段将空间界面与这些因素进行整合，最终形成舒适、优美的车站空间环境。美好的创意与多专业配合之间有冲突和矛盾，要正视两者之间的矛盾，进行优化整合，在最终实现各项专业功能的同时营造优美的空间效果。

轨道交通车站各专业与车站装饰的关系　　表3-30

专业	与车站装饰的关系
建筑、结构	建筑、结构形式对室内空间环境形态形成决定性制约，如长、宽尺寸，吊顶高度，梁、柱位置及尺寸，车站断面形式等
通风空调	影响吊顶高度、造型形式，对吊顶镂空率有严格要求，挡烟垂壁、风口位置及形式、检修口等对顶面造型有一定影响
动照	消防、节能有一定要求，对灯具的选择有限定，墙面配电箱等需要开暗门，插座、疏散指示、广告灯箱、商业点位、设备设施、导向、灯具等末端点位影响装修材料模数分配和装修效果
给水排水	顶面、地面、墙面检修口、地漏等末端接口对造型有一定要求，如顶面：喷淋、检修口；墙面：消火栓暗门、冲洗栓暗门、排水沟检修暗门；地面：检修盖板、排水箅子、去水花格、地漏、清扫口等
通信、信号	末端接口位置及高度有要求，摄像头、LCD屏、LED屏等末端和装饰造型及导向存在一定冲突

续表

专业	与车站装饰的关系
自动售检票系统（AFC）	闸机、售票机属于功能性陈设，影响空间效果，地面检修盖板、走线槽等对地面造型及栏杆位置等有影响
火灾自动报警系统（FAS）	烟感、温感等顶面末端影响吊顶造型及形式，声光报警器、手动报警按钮、FAS模块箱等墙面末端需与墙面进行整合
站台门	有绝缘要求，对站台顶、地、墙局部装饰有要求
电梯、自动扶梯	形式固定，空间的布局有固有模式
门禁（ACS）	对装修界面末端有要求，与装修进行接口整合
综合监控（ISCS）	强调功能性，对车站控制室装修布置及材料有要求
环境与设备监控系统（BAS）	公共区墙面BAS模块箱需设置暗门，温湿度传感器、二氧化碳传感器末端点位对装修界面有影响
商业布点及其他业主要求	自助银行、自助售货机等形成空间陈设；墙面广告灯箱、商业LED屏等影响墙面材料分缝

3.8.2 专业设计提资深度要求

1. 提资单位

（1）建设单位。建设单位提资装修设计工点单位，同时抄送相关单位。

（2）总体设计单位。总体设计单位提资装修设计工点单位，同时抄送相关单位。

（3）装修副总体单位。装修副总体单位提资装修设计工点单位，同时抄送相关单位。

（4）各专业设计单位：

1）各专业设计单位提资给总体设计单位，由总体设计单位提资装修设计工点单位，同时抄送相关单位。

2）经总体设计单位同意，各专业设计单位提资给装修副总体单位，由装修副总体单位提资装修设计工点单位，同时抄送相关单位。

3）各专业设计单位提资给总体设计单位，由总体设计单位提资给装修副总体单位，再由装修副总体单位提资装修设计工点单位，司时抄送相关单位。

2. 提资专业及主要内容

（1）建设单位需求。商业布点、运营要求等。

（2）建筑和结构。建筑图、结构图对装修要求。

（3）通风空调。图纸（包含风口、挡烟垂壁、风管等）对装修要求。

（4）动照。图纸（包含照明、插座、疏散标示、应急照明点位、桥架等）对装修要求。

（5）给水排水。图纸（包含消火栓、冲洗栓、水管、上下水末端点位、喷淋等）对装修要求。

（6）通信信号。图纸（包含摄像头、LED显示屏、LCD显示屏、站台操作车门按钮等各末端点位）对装修要求。

（7）自动售检票系统（AFC）。图纸（包含线槽、闸机、售票机、检修口等）对装修要求。

（8）火灾自动报警系统（FAS）。图纸（包含烟感、温感等点位）对装修要求。

（9）站台门。图纸（包含位置、形式、安装节点、绝缘要求等）对装修的要求。

（10）电梯、自动扶梯。图纸（包含位置、形式）对装修的要求。

（11）门禁（ACS）。图纸（包含末端点位）对装修的要求。

（12）综合监控（ISCS）。图纸（包含IBP盘、主机柜等末端点位、机柜、电箱等）对装修的要求。

（13）环境与设备监控（BAS）。图纸（包含 BAS 模块箱、温湿度传感器、二氧化碳传感器）对装修的要求。

3. 提资深度

装修设计分为方案设计阶段、初步设计阶段、施工图设计阶段，不同阶段对各专业提资深度要求不同。轨道交通工程建设由于工期原因，装修设计大都和其他专业设计同步进行，一个专业的图纸往往依赖于其他专业的提资深度，在进行设计时，建设单位的全专业同步设计管理非常重要。装修设计工点单位按照设计合同开展设计工作，履行相应职责，遵守分级管理制度，设计工作开展初期，总体设计单位应组织召开各专业界面划分及提资要求会议，明确装修与各专业之间的界面划分，依据本线路技术标准要求，各专业对装修专业提出技术配合参数要求。

城市轨道交通工程，装修设计方案能否实施，很大程度受其他专业的影响，技术融合非常重要，各阶段装修专业接收其他专业及建设单位提资见表 3-31、表 3-32。

方案设计阶段装饰专业接收其他专业及建设单位提资　　表 3-31

专业	内容		深度要求			表达方式		
			位置	尺寸	其他	图	表	文字
建筑、结构	设计说明		●	●	包含车站主体及地面附属建筑	●		
	总图		●	●		●		
	各层平面图、立面图、剖面图、节点图等	房间名称	●	●		●		
		墙体位置、材料	●	●		●		
		门、窗表	●	●		●		
		预留孔洞	●	●		●		
		离壁沟等排水结构（含找坡）	●	●		●		
		变形缝、伸缩缝	●	●		●		
		标高、找坡、防水要求	●	●		●		
		消防专项要求	●	●		●		
		无障碍专项要求	●	●		●		
		对装修材料、标高、荷载等要求	●	●		●		
通风空调	送风口、回风口、排烟口				设置原则			●
	挡烟垂壁				设置原则			●
	高度等其他要求							●
动照	动照对装修的要求				设置原则			●
给水排水	给水排水对装修的要求				设置原则			●
通信信号	通信信号对装修的要求				设置原则			●
自动售检票系统（AFC）	闸机					●		
	自助售票机					●		
火灾自动报警系统（FAS）	火灾自动报警系统对装修的要求				设置原则			●
站台门	站台门对装修的要求				设置原则			●
商业布点、其他运营要求等	自助银行、市民卡、自助售货等				设置原则		●	
	商业 LED 屏						●	
	广告灯箱及其他形式广告							
	零售						●	
电梯、自动扶梯	电梯、自动扶梯对装修的要求				设置原则		●	●
门禁（ACS）	门禁对装修的要求				设置原则			●
综合监控（ISCS）	综合监控对装修的要求				设置原则			●
环境与设备监控（BAS）	环境与设备监控对装修的要求				设置原则			●

初步设计阶段、施工图设计阶段装饰专业接收其他专业及建设单位提资　　表 3-32

专业	内容		深度要求			表达方式		
			位置	尺寸	其他	图	表	文字
建筑、结构	设计说明		●	●	包含车站主体及地面附属建筑；与装修的对接应以建筑为对接口，结构与建筑另行对接	●		
	总图		●	●		●		
	各层平面图、立面图、剖面图、节点图等	房间名称	●	●		●		
		墙体位置、材料	●	●		●		
		门、窗表	●	●		●		
		预留孔洞	●	●		●		
		离壁沟等排水结构（含找坡）	●	●		●		
		变形缝、伸缩缝	●	●		●		
		标高、找坡、防水要求	●	●		●		
		消防专项要求	●	●		●		
		无障碍专项要求	●	●		●		
		对装修材料、标高、荷载等要求	●	●		●		
	其他		●	●		●		
综合管线	设计说明		●	●	重点关注高度及对造型的影响（初步设计阶段不需提资）	●		
	平面图		●	●		●		
	剖面图		●	●		●		
	其他		●	●		●		
通风空调	设计说明		●	●		●		
	送风口、回风口、排烟口		●	●		●		
	挡烟垂壁		●	●		●		
	管线		●	●	关注走向、标高	●		
	检修口		●	●		●		
	其他		●	●		●		
动照	设计说明		●	●		●		
	照明（含应急等）		●	●		●		
	插座（含应急等）		●	●		●		
	配电箱		●	●		●		
	疏散指示、安全出口		●	●		●		
	广告灯箱、商业 LED 屏及其他形式广告		●	●		●		
	导向		●	●		●		
	管线		●	●	关注走向、标高	●		
	其他		●	●		●		

续表

专业	内容	深度要求			表达方式		
		位置	尺寸	其他	图	表	文字
给水排水	设计说明	●	●		●		
	消火栓	●	●		●		
	灭火器	●	●		●		
	冲洗栓	●	●		●		
	排水沟、地漏（含防爆地漏）、清扫口	●	●		●		
	上下水末端点位	●	●		●		
	水平管、立管	●	●	关注走向、标高	●		
	喷淋	●	●		●		
	检修口	●	●		●		
	其他	●	●		●		
通信信号	设计说明	●	●		●		
	LED 显示屏	●	●		●		
	LCD 显示屏	●	●		●		
	摄像机（球型、半球型、枪型）	●	●		●		
	吸顶式扬声器	●	●		●		
	天线	●	●		●		
	人员防护开关	●	●		●		
	自动折返按钮	●	●		●		
	发车计时器	●	●		●		
	站台操作车门按钮	●	●		●		
	紧急停车按钮	●	●		●		
	紧急电话	●	●		●		
	清客确认按钮	●	●		●		
	公共电话	●	●		●		
	信息网络插座	●	●		●		
	单孔语音插座	●	●		●		
	自动电话机	●	●		●		
	子钟插销盒、单面数字子钟	●	●		●		
	双口面板	●	●		●		
	站内直通电话	●	●		●		
	其他末端接口	●	●		●		
自动售检票系统(AFC)	闸机（含预留）	●	●		●		
	售票机（含预留）	●	●		●		

续表

专业	内容	深度要求			表达方式		
		位置	尺寸	其他	图	表	文字
自动售检票系统（AFC）	线槽	●	●		●		
	出线口	●	●		●		
	穿线口（检修口）	●	●		●		
火灾自动报警系统（FAS）	烟感探测器	●	●		●		
	温感探测器	●	●		●		
	吸入式烟感	●	●		●		
	声光报警器	●	●		●		
	手动报警按钮	●	●		●		
	消火栓按钮	●	●		●		
	紧急电话	●	●		●		
	FAS 模块箱	●	●		●		
	FAS 线槽	●	●		●		
	配电箱、控制箱	●	●		●		
	线槽	●	●		●		
	其他	●	●		●		
站台门	站台门平面、立面、节点	●	●		●		
	绝缘、找坡等技术要求	●	●		●		
商业布点（建设单位物业开发）	自助银行	●	●		●		
	自助售货等	●	●		●		
	市民卡	●	●		●		
	商业 LED 屏	●	●		●		
	广告灯箱及其他形式广告	●	●		●		
	零售（单处商铺面积不大于 $30m^2$，每站厅商铺总面积不大于 $100m^2$）	●	●		●		
电梯、自动扶梯	电梯	●	●	核对与结构孔洞是否一致	●		
	自动扶梯	●	●		●		
	电梯控制柜	●	●		●		
门禁（ACS）	门磁	●	●		●		
	门禁读卡器	●	●		●		
	门禁开门按钮（含紧急）	●	●		●		
	可视对讲	●	●		●		
	门禁电磁锁、电插销、一体化锁	●	●		●		
综合监控（ISCS）	FAS 机柜	●	●		●		
	感温光纤主机柜	●	●		●		
	IBP 盘	●	●		●		

续表

专业	内容	深度要求			表达方式		
		位置	尺寸	其他	图	表	文字
综合监控（ISCS）	ISCS 服务器柜	●	●		●		
	ISCS 网络柜	●	●		●		
	ACS 机柜	●	●		●		
	ISCS 配电柜	●	●		●		
	主机柜	●	●		●		
	FAS 模块箱、BAS 模块箱	●	●		●		
	线槽	●	●		●		
	其他	●	●		●		
环境与设备监控（BAS）	BAS 温湿度传感器	●	●		●		
	BAS 二氧化碳传感器	●	●		●		
	BAS 模块箱	●	●		●		
	线槽	●	●		●		
	其他	●	●		●		

初步设计阶段和施工图设计阶段接收提资内容基本一致，主要区别在于末端点位位置的准确程度不同，初步设计阶段是各专业初步设计点位，施工图阶段提资应为经过多次与各专业的沟通之后稳定的点位图。装修专业不仅接收各专业提资，还需向各专业及建设单位提资，详见表 3-33。装修与其他专业之间的相互提资，以及与建设单位物业开发、运营等之间相互提资，可根据项目进度分批次、分阶段、多次互提。提资应以书面联系单形式提供，图纸可采用光盘等电子载体形式提供。

装饰专业向其他专业及建设单位提资　　表 3-33

专业	内容		深度要求			表达方式		
			位置	尺寸	其他	图	表	文字
建筑	设计说明		●	●		●		
	总平、顶、地面图		●	●		●		
	各分区平、顶、地面图及立面、节点图	房间名称	●	●		●		
		装修材料	●	●		●		
		顶面、地面标高	●	●		●		
		门、窗编号	●	●		●		
		孔洞装修接口	●	●		●		
		离壁沟装修（含找坡）	●	●		●		
		变形缝、伸缩缝装修	●	●		●		
		找坡、防水等装修做法	●	●		●		
		消防专项图纸	●	●		●		
		无障碍设计图纸	●	●		●		
		导向设计图纸	●	●		●		
		装修与地面附属接口及其他	●	●		●		

续表

专业	内容	深度要求			表达方式		
		位置	尺寸	其他	图	表	文字
综合管线	顶面图	●	●	重点关注高度及对造型的影响	●		
	顶面综合图	●	●		●		
	顶面节点	●	●		●		
通风空调	设计说明	●	●		●		
	平面图	●	●		●		
	顶面图（应体现：送风口、回风口、排烟口、换气扇、通风口、挡烟垂壁、检修口）	●	●	设备设施上方应避开风口	●		
	顶面综合图	●	●		●		
	吊顶剖面图	●	●		●		
动照	设计说明	●	●		●		
	平面图（应体现：配电箱暗门、疏散指示、插座等平面用电点位、广告灯箱及其他形式广告、商业等用电点位）	●	●		●		
	顶面灯具图（明确所有灯具形式、规格；同时显示安全出口）	●	●		●		
	顶面综合图	●	●		●		
	导向图（含点位和用电量）	●	●		●		
给水排水	设计说明	●	●		●		
	平面图（应体现：消火栓暗门、冲洗栓暗门、墙面检修暗门、立管包饰等）	●	●		●		
	地面图（应体现：排水沟、地漏、去水花格、清扫口、检修盖板）	●	●		●		
	顶面图（应体现喷淋、检修口）	●	●		●		
通信信号	平面图（应体现：人员防护开关、自动折返按钮、站台操作车门按钮、紧急停车按钮、紧急电话、清客确认按钮、公共电话、站内直通电话、发车计时器、信息网络插座、单孔语音插座、自动电话机、子钟插销盒、单面数字子钟、双口面板）	●	●		●		
	顶面图（应体现：LED 显示屏、LCD 显示屏、球型摄像机、半球型摄像机、枪型摄像机、吸顶式扬声器、天线）	●	●		●		
自动售检票系统（AFC）	平面图（应体现：闸机、售票机）	●	●		●		
	地面图（应体现：检修口盖板、出线口）	●	●	分区栏杆和线槽不能冲突	●		
商业布点	平面图（应体现：零售、商业 LED 屏、广告灯箱及其他形式广告、自助银行、自助售货、市民卡等自助商业点位）	●	●	向建设单位相应部门提供	●		

续表

专业	内容	深度要求			表达方式		
		位置	尺寸	其他	图	表	文字
火灾自动报警系统（FAS）	平面图（应体现：声光报警器、手动报警按钮、消火栓按钮、紧急电话、FAS模块箱暗门、线槽立管包饰、配电箱暗门、控制箱暗门）	●	●		●		
	顶面图（应体现：烟感探测器、温感探测器、吸入式烟感）	●	●		●		
站台门	平面图（应体现：站台门平面位置）	●	●		●		
	顶面图（应体现：站台门与顶面关系）	●	●		●		
	地面图（应体现：绝缘层）	●	●		●		
	立面、节点（应体现：站台门与装修部位连接节点）	●	●	绝缘要求	●		
电梯、自动扶梯	平面图	●	●		●		
	剖面图（应体现：扶梯上部空间高度）	●	●		●		
	立面图	●	●				
	节点图（应体现：孔洞与装修收口）	●	●		●		
门禁（ACS）	平面图（应体现：门磁、门禁读卡器、门禁开门按钮、可视对讲、门禁电磁锁、电插销、一体化锁）	●	●		●		
综合监控（ISCS）	平面图（应体现：各类家具、FAS机柜、感温光纤主机柜、IBP盘、ISCS服务器柜、ISCS网络柜、ACS机柜、ISCS配电柜、主机柜、FAS模块箱、BAS模块箱）	●	●		●		
	立面图（应体现：装修材料、分模、家具、各设备末端等）	●	●		●		
	顶面图（应体现：吊顶材料、分模、灯具、风口等各末端点位）	●	●		●		
环境与设备监控（BAS）	平面图（应体现：BAS温湿度传感器、BAS二氧化碳传感器、BAS模块箱暗门）	●	●		●		

3.8.3 与各专业接口设计

1. 接口设计原则

（1）安全性。接口设计应遵循安全性原则，材料应满足防火、防潮、防滑、环保等相应要求，工艺安全，无隐患。

（2）功能性。装修与各专业接口设计应遵循功能性原则，保证各专业接口功能完整，好用，标示清晰。

（3）接口美观。接口应与装修界面融合，与空间造型相协调，符合装修审美要求，模数对应，色彩适宜，标识美观。

（4）易维护。末端接口应便于运营后期维护，维护、更换方便。

（5）统一性原则。整条线路应与各专业接口有统一的设计标准，易于辨识和维护。

2. 与各专业接口设计

（1）顶面接口

1）空调风口。包括出风口、回风口、排烟风口、排气扇，风口形式应与顶面造型协调，公共区风口尽可能设置在镂空吊顶之上，出风口距饰面保持适当距离，防止产生冷凝水。当风口设置于实板上，风口形状及位置应根据顶面造型确定，风口颜色与顶面饰面板一致。设备设施上方不应设置出风口。检修口形状应美观、材质与顶面保持一致、位置应便于使用维护。接口设计如图 3-76、图 3-77 所示。

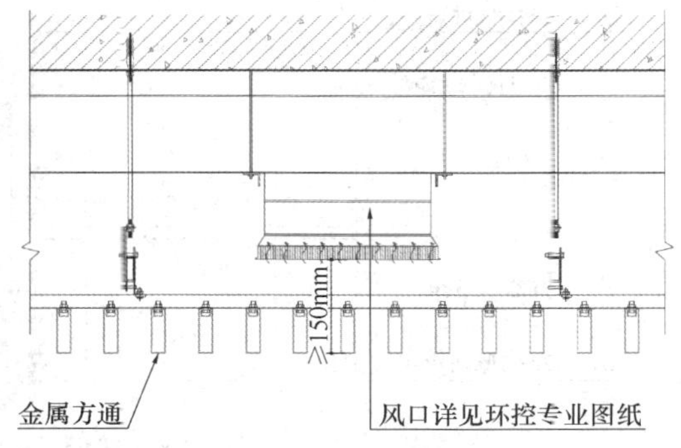

图 3-76　空调风口接口设计

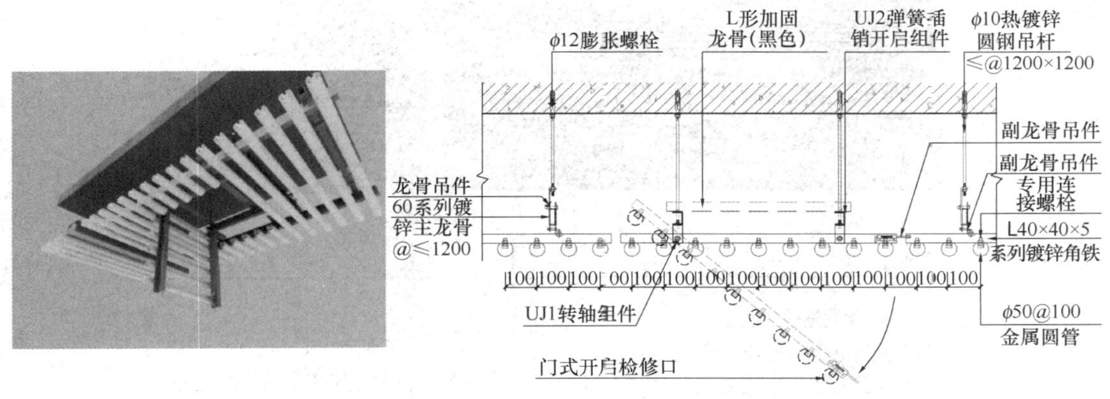

图 3-77　吊顶检修口接口设计

2）挡烟垂壁。独立系统固定，按防烟分区进行设置，与暖通提资保持一致，造型与顶面协调，可视部分选用夹胶玻璃材质、机械性固定方式安装，吊顶可视面以上部分可选用符合要求的实板材质。挡烟垂壁应为不燃材料且耐火极限不应低于 0.50h，有效下降高度应不小于 500mm，挡烟垂壁的下缘至地面、楼梯或扶梯踏步面的垂直距离不应小于 2.3m。排烟口底边距挡烟垂壁下沿的垂直距离不应小于 500mm。接口设计如图 3-78 所示。

3）灯具。独立系统固定，灯具造型、模数与顶面协调，分缝与顶面材料分缝保持一致或一定倍数关系，禁止重型灯具吊装于装修吊顶龙骨之上，如图 3-79 所示。

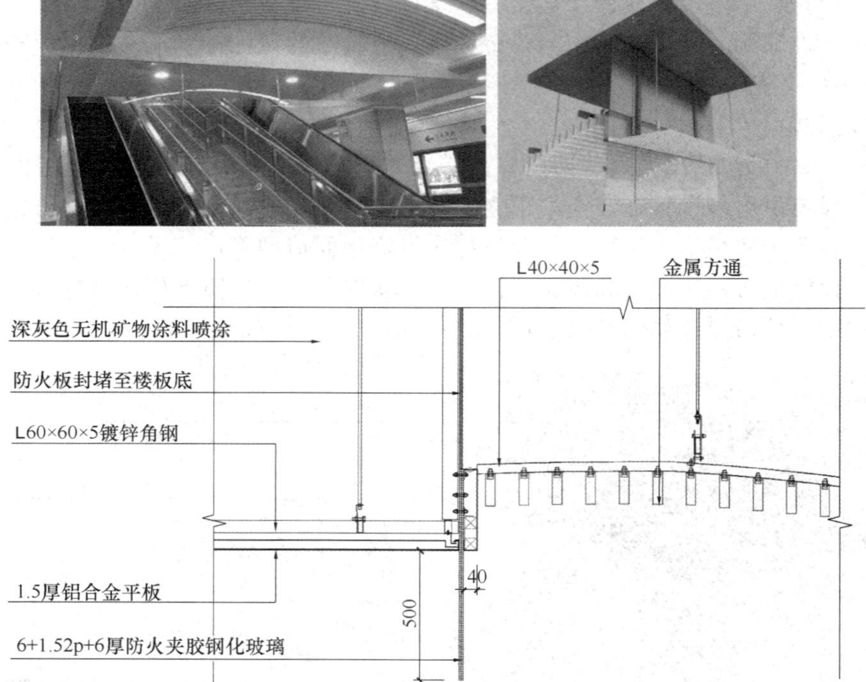

图 3-78　挡烟垂壁接口设计

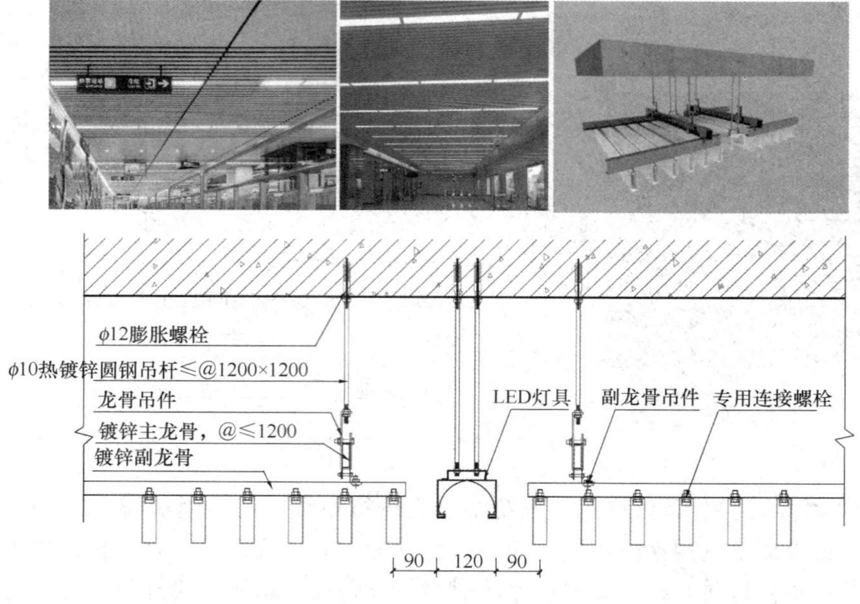

图 3-79　灯具接口设计

4）导向。宜独立系统固定，当与装修共用一个吊顶转换层时，转换层应满足吊顶和导向荷载要求，导向安装应牢固，导向设置位置应根据人流动线进行确定，避免与摄像头、PIS 屏（LED 显示屏、LCD 显示屏）相互遮挡。安装高度宜结合空间高度确定，如图 3-80、图 3-81 所示。

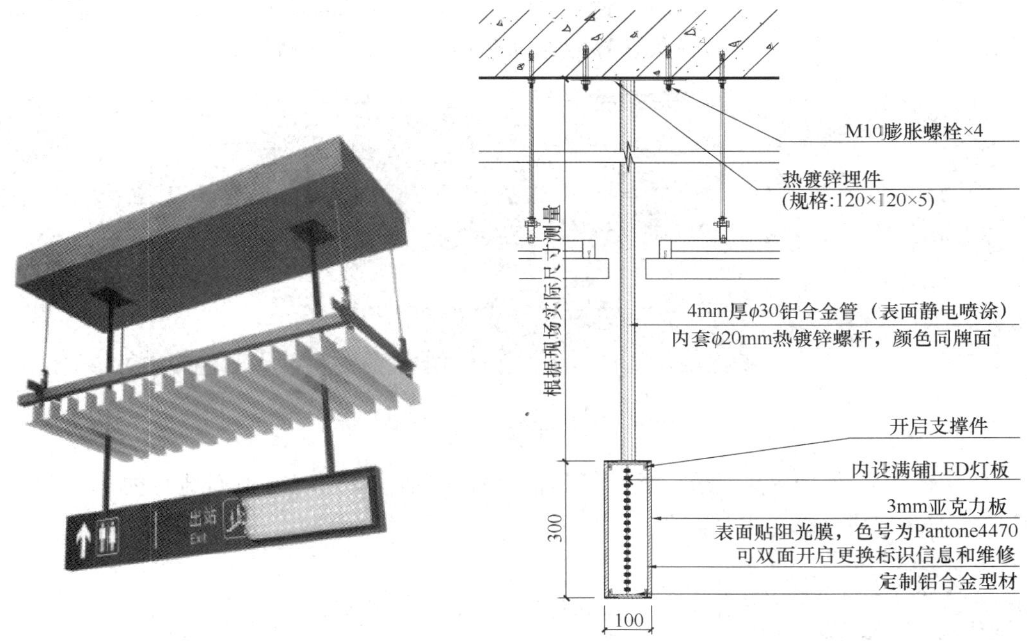

图 3-80　悬挂导向接口设计

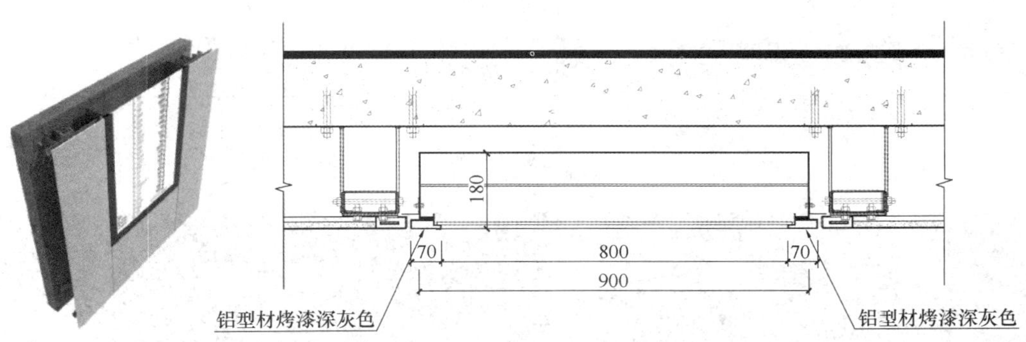

图 3-81　嵌入式导向接口设计

5）摄像头。独立系统固定，安装形式根据空间效果确定，可顶面吊挂、可悬臂安装。高度根据空间高度和导向高度统一确定，避免与 PIS 屏（LED 显示屏、LCD 显示屏）、导向相互遮挡，如图 3-82 所示。

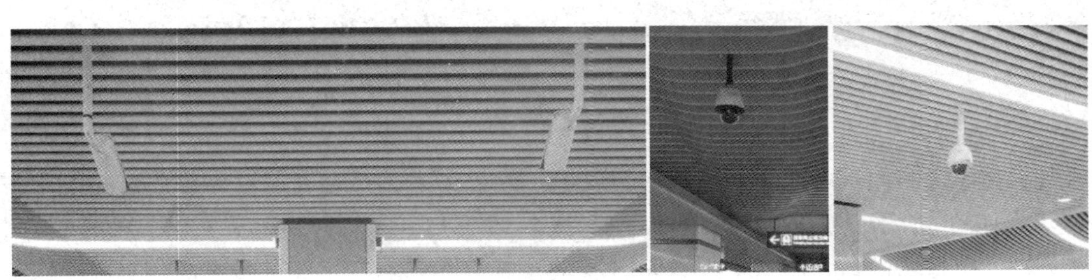

图 3-82　摄像头

6）LED 显示屏、LCD 显示屏。独立系统固定，位置应与顶面造型协调，杆件位置宜位于板中或镂空处。避免与摄像头、导向相互遮挡，如图 3-83 所示。

图 3-83　LED 显示屏、LCD 显示屏

7）烟感、温感、应急广播、天线等其他顶面末端。位置应与顶面造型协调，宜隐蔽安装，如图 3-84 所示。

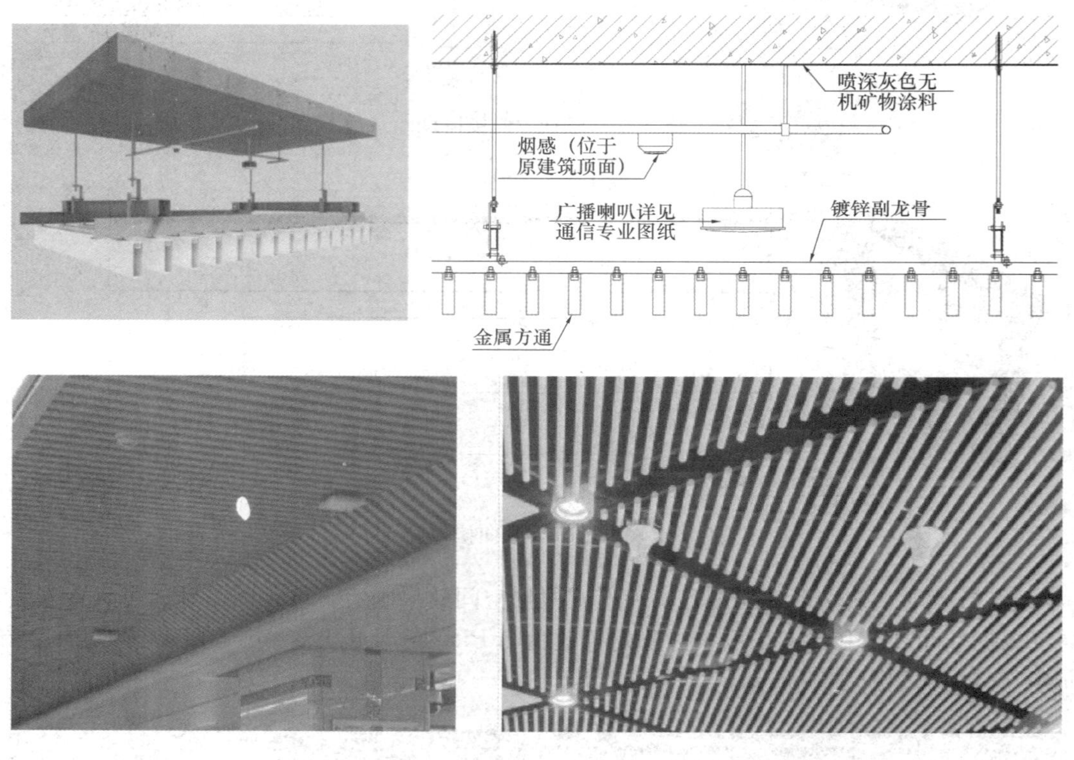

图 3-84　喇叭、烟感等接口设计

（2）墙面、柱面接口

1）消火栓暗门。暗门大小与墙面板保持一致或倍数关系，高度宜与广告灯箱上口齐平，如图 3-85 所示。

2）冲洗栓暗门。暗门大小与墙面板保持一致或倍数关系，材料与墙面一致。高度宜与广告灯箱下口齐平，且不得低于冲洗栓高度，如图 3-86 所示。

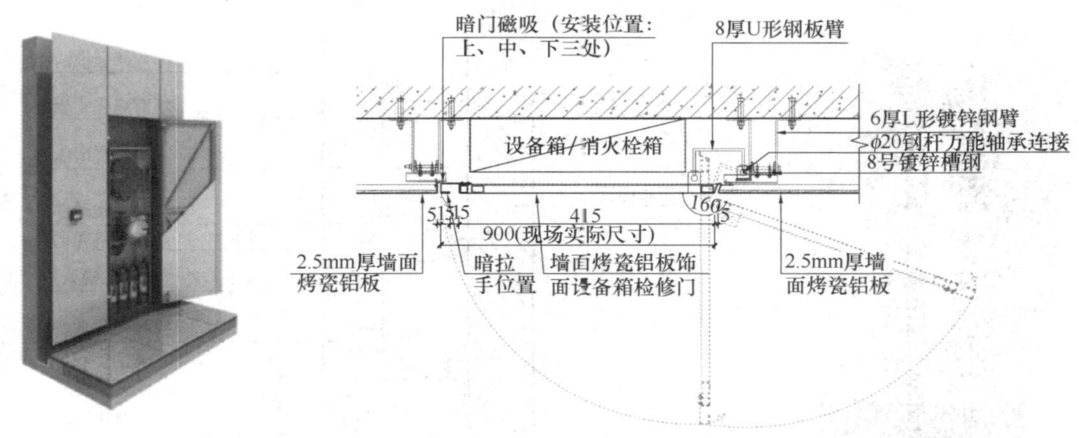

图 3-85 消火栓暗门接口设计

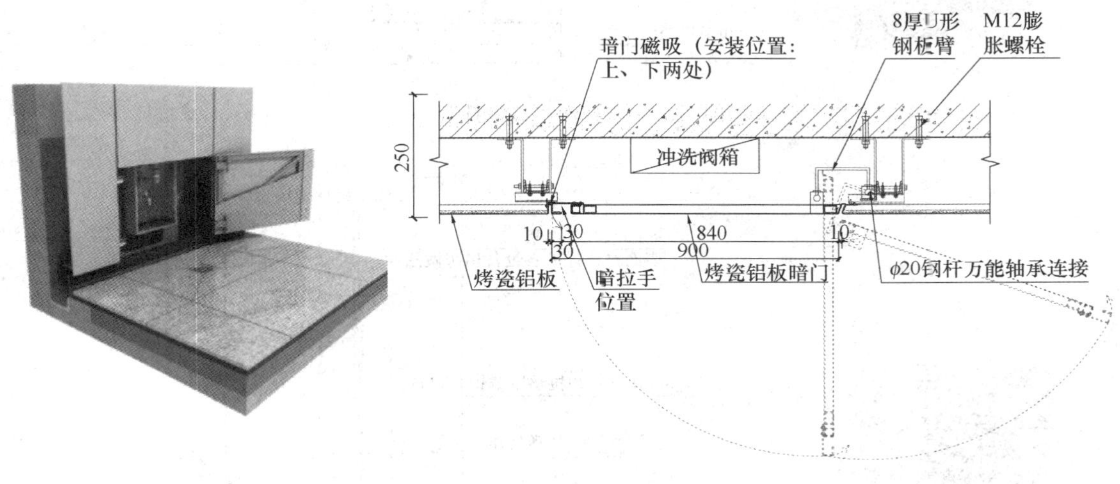

图 3-86 冲洗栓暗门接口设计

3）给水排水检修暗门。离壁沟落水点位置墙面必须设置，其他根据运营维护要求设置，暗门大小与墙面板保持一致或倍数关系，高度与冲洗栓暗门高度一致，如图 3-87 所示。

4）离壁墙和离壁沟。离壁墙位置设置离壁沟，离壁沟应做防水，找坡与土建保持一致，保证排水系统通畅，如图 3-88、图 3-89 所示。

5）广告灯箱。公共区广告灯箱尺寸与墙面材料成倍数关系，安装高度根据空间高度确定，且上口高度与消火栓暗门等公共区暗门上口保持一致。安装应牢固，轨行区广告灯箱应抗风压，如图 3-90 所示。

图 3-87 给水排水检修暗门

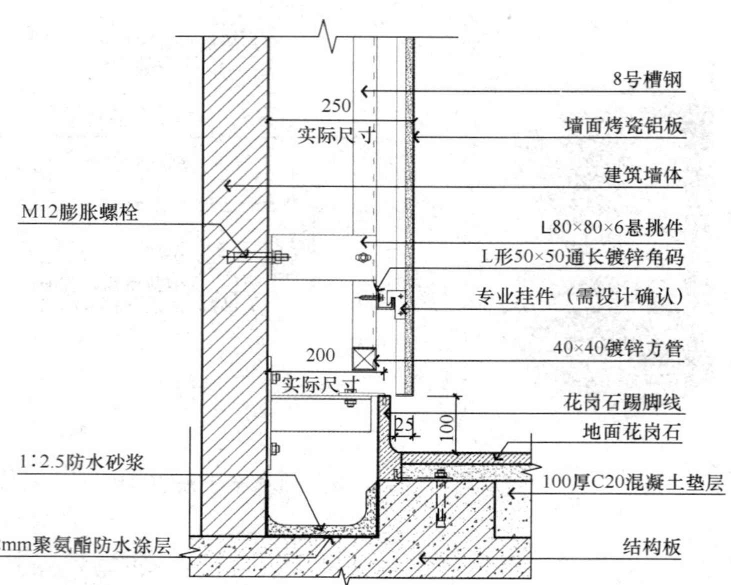

图 3-88　离壁沟接口设计（一）

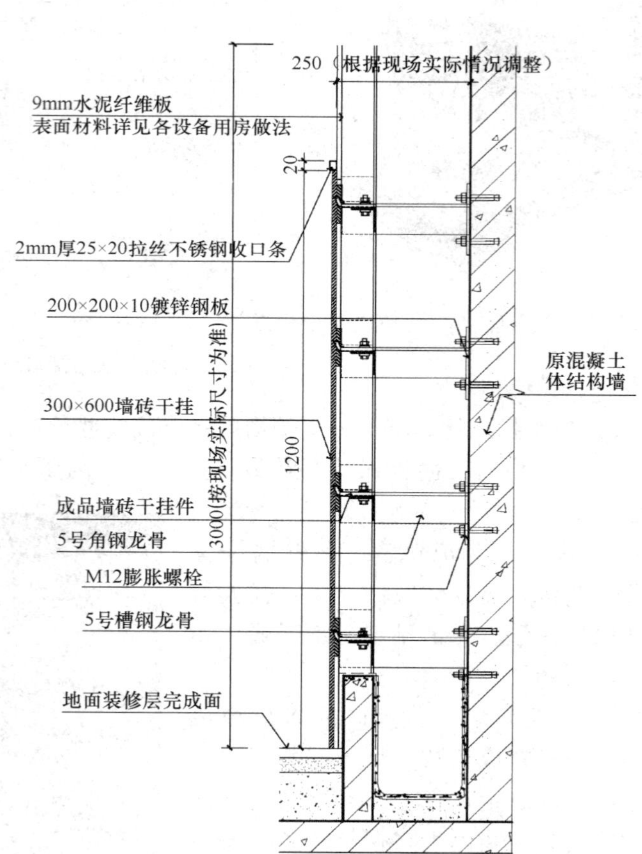

图 3-89　离壁沟接口设计（二）

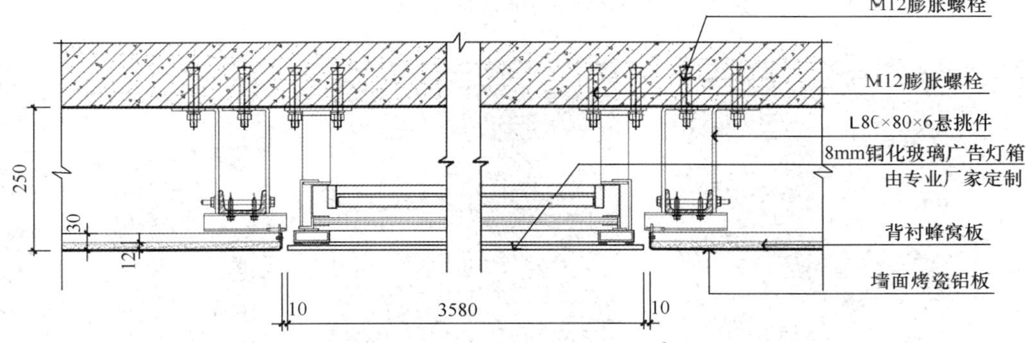

图 3-90　广告灯箱接口设计

6）模块箱暗门。主要包括 FAS、BAS 模块箱，暗门尺寸与墙面分模一致或成倍数关系，材料与墙面一致，高度宜与消火栓暗门一致，如图 3-91 所示。

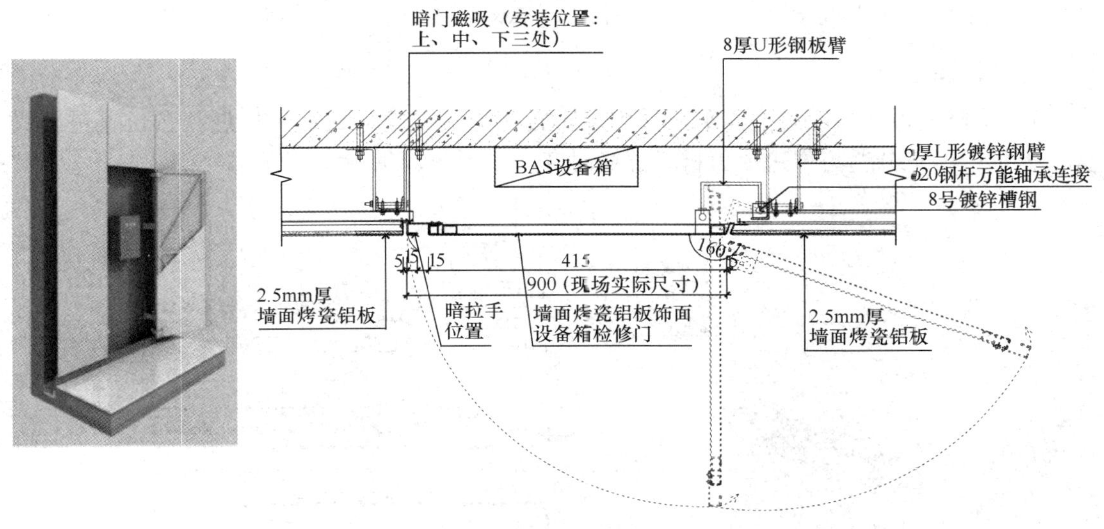

图 3-91　BAS 模块箱暗门接口设计

7）配电箱暗门。暗门大小与墙面板保持一致，或倍数关系，材料与墙面一致，高度宜与消火栓暗门一致。

8）强弱电插座。下口距地面 300mm，水平居墙面板中位置。

9）声光报警。高度根据专业要求确定，水平居墙面板中位置。

10）墙面疏散指示。高度根据专业要求确定，水平居墙面板中位置，疏散指示之间距离按照专业要求确定，如图 3-92 所示。

11）手动报警按钮。一般位于消火栓门开启的一侧，当位于另一侧时，暗门开启后应不妨碍按钮使用。下口距地 1.3m，水平居墙面板中位置，如图 3-93 所示。

12）通信信号专业末端。人员防护开关、自动折返按钮、发车计时器、站台操作车门按钮、紧急停车按钮、清客确认按钮等，高度按专业要求，居墙面、柱面板中开孔固定，如图 3-94 所示。

13）门禁等其他。高度按专业要求，距左右板中设置。

图 3-92　疏散指示

图 3-93　手动报警按钮

图 3-94　通信信号末端

（3）地面接口

1）检修盖板。高度与地面平，采用金属底托上部配地面材料，根据孔洞位置进行设置，盖板中材料分缝与周边地面材料分缝对齐，如图 3-95 所示。

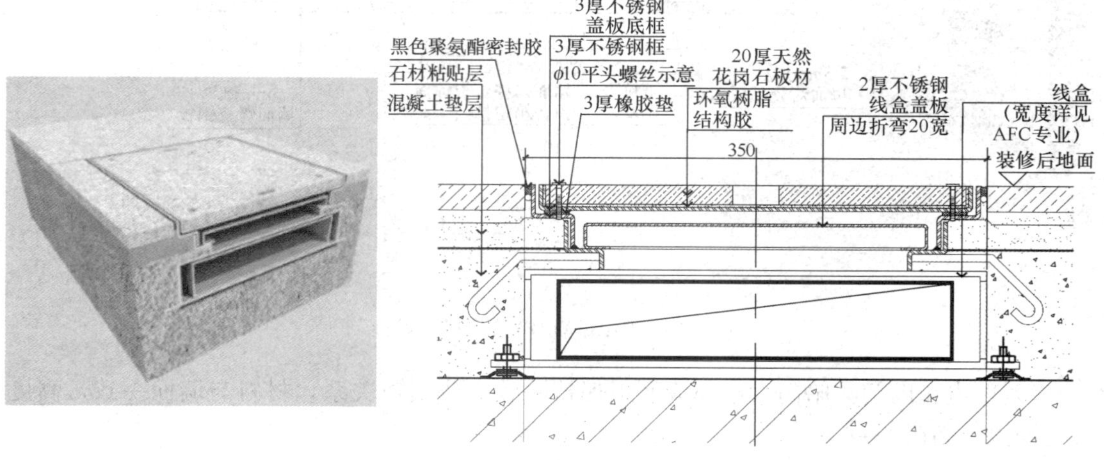

图 3-95　AFC 线槽盒检修盖板接口设计

2）截水沟。石材盖板、或金属盖板，应保证排水通畅，开孔尺寸符合要求。四周向截水沟位置找坡，如图 3-96 所示。

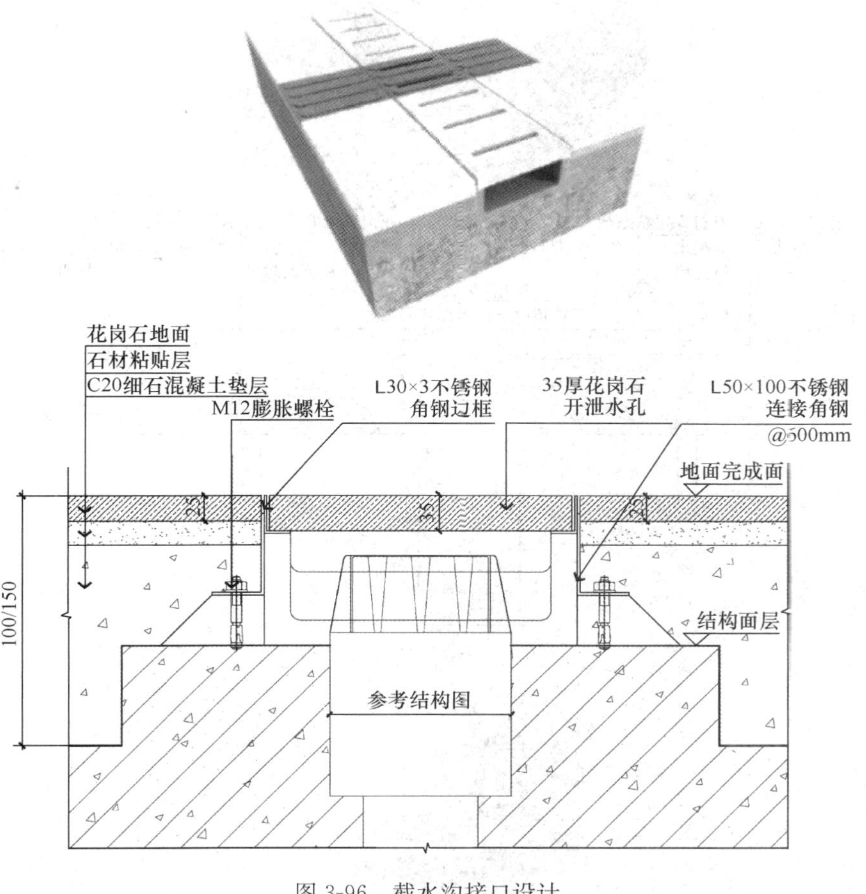

图 3-96　截水沟接口设计

3）伸缩缝、变形缝。采用成品变形缝装置或按装修设计，位置与建筑结构保持一致，墙、顶装修龙骨应断开，如图 3-97 所示。

4）去水花格、地漏。位于地面材料板中，四周向中间找坡处理，如图 3-98 所示。

5）清扫口。位于地面材料板中。

6）出线口。定制不锈钢盖板，高度与四周地面相同。

7）地面插座。位于地面材料板中，高度与四周地面相同。

8）盲道。盲道应连续，按照盲道设置原则进行布置。

9）地面辅助疏散指示。位于地面材料板中，高度与四周地面相同。按照线路统一设置原则进行设置，包括踏步侧边疏散指示，如图 3-99 所示。

10）自动扶梯、电梯。装修与电梯侧边收口应牢固、美观，如图 3-100、图 3-101 所示。

11）栏杆。与地面结构层连接，安装牢固，接口美观，如图 3-102、图 3-103 所示。

12）绝缘带。符合站台门绝缘带设置要求，位置合理，接口美观，如图 3-104 所示。

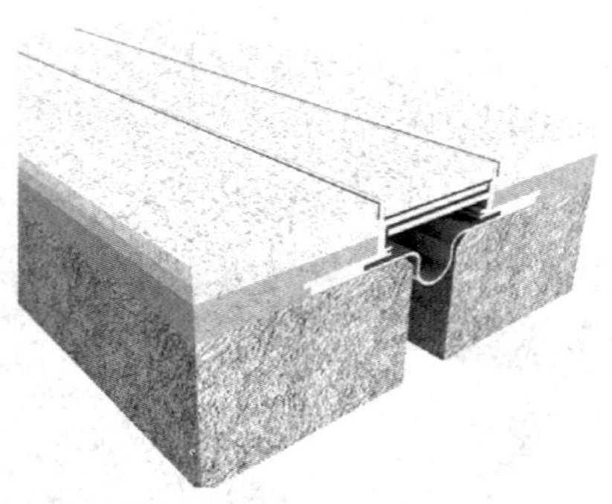

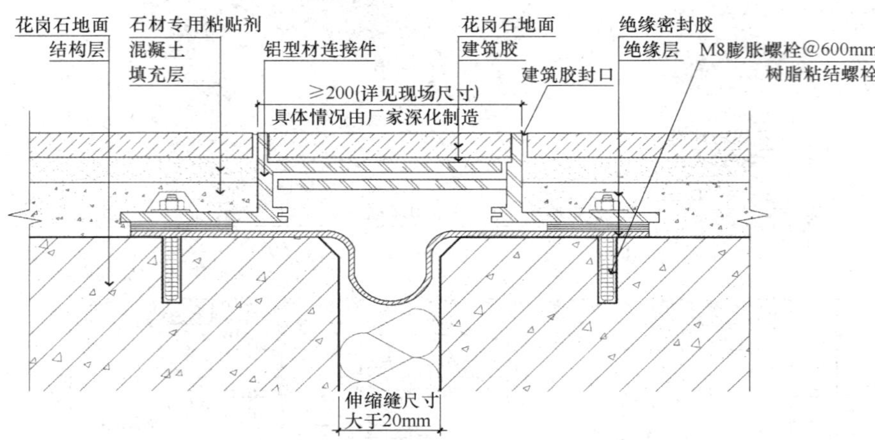

图 3-97 建筑伸缩缝接口设计

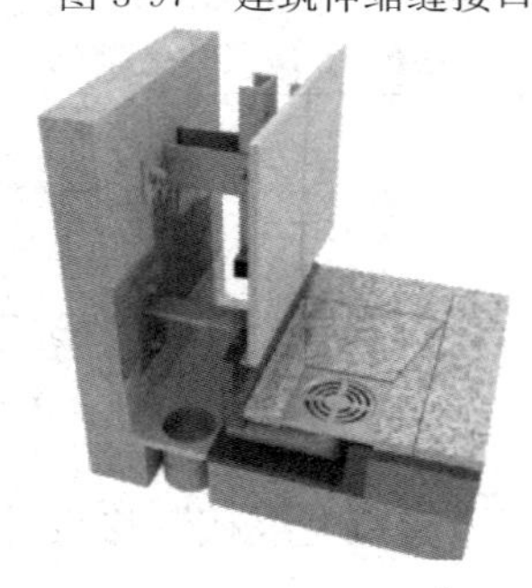

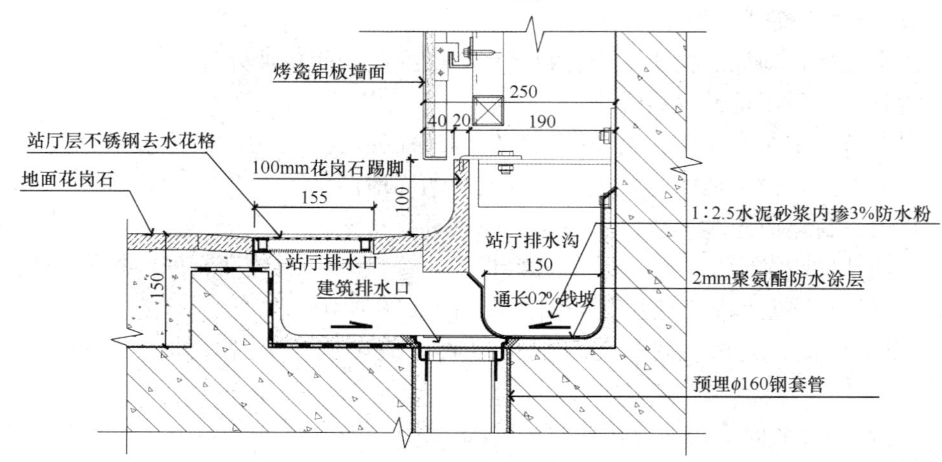

图 3-98 站厅公共区去水花格接口设计

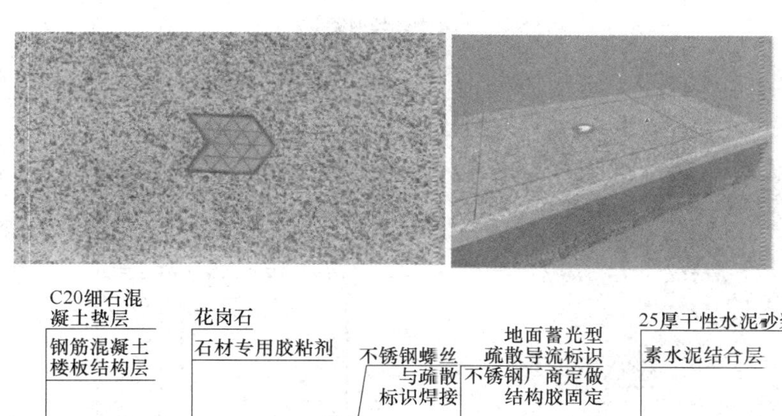

图 3-99　地面辅助疏散指示接口设计

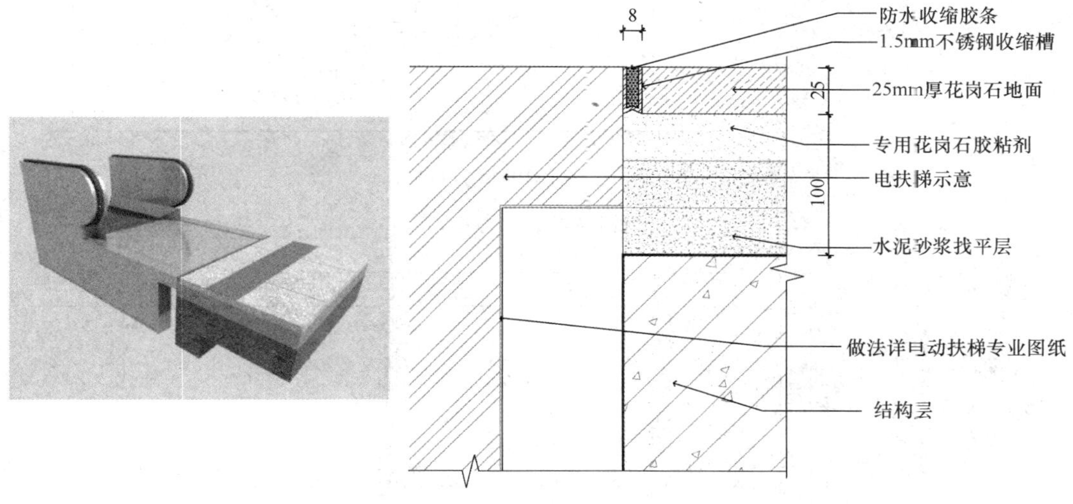

图 3-100　地面石材与自动扶梯接口设计

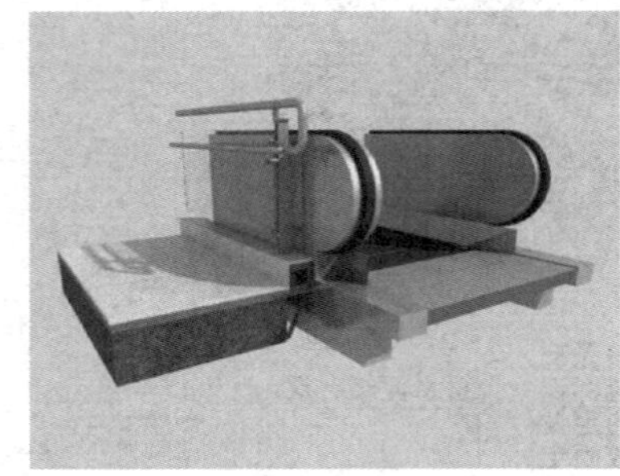

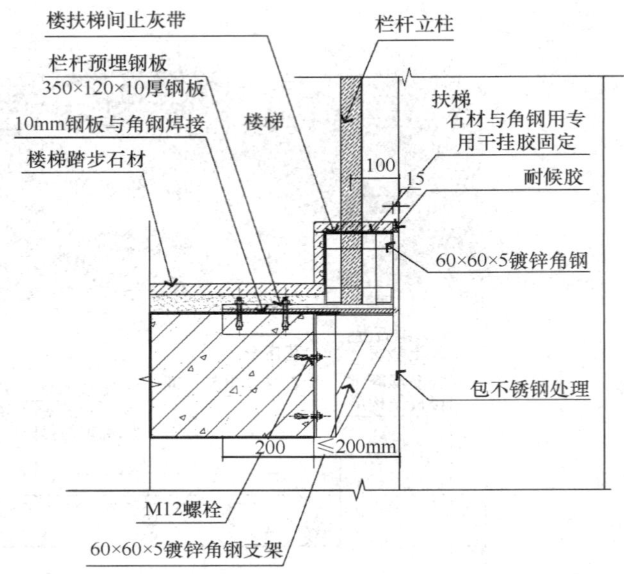

图 3-101　楼梯与自动扶梯接口设计

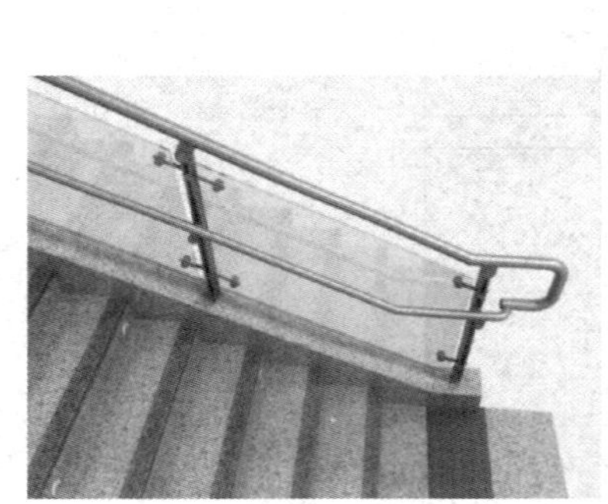

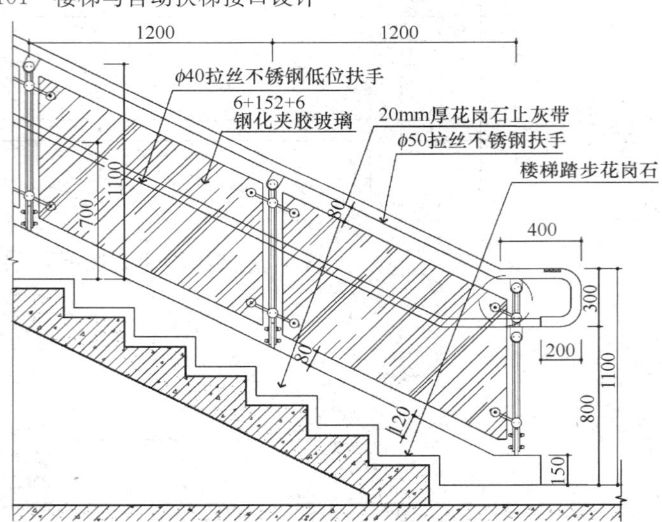

图 3-102　楼梯栏杆接口设计

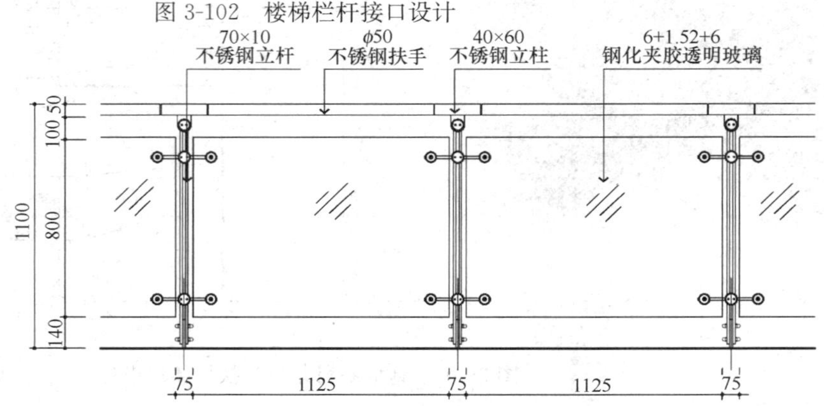

图 3-103　分区栏杆接口设计

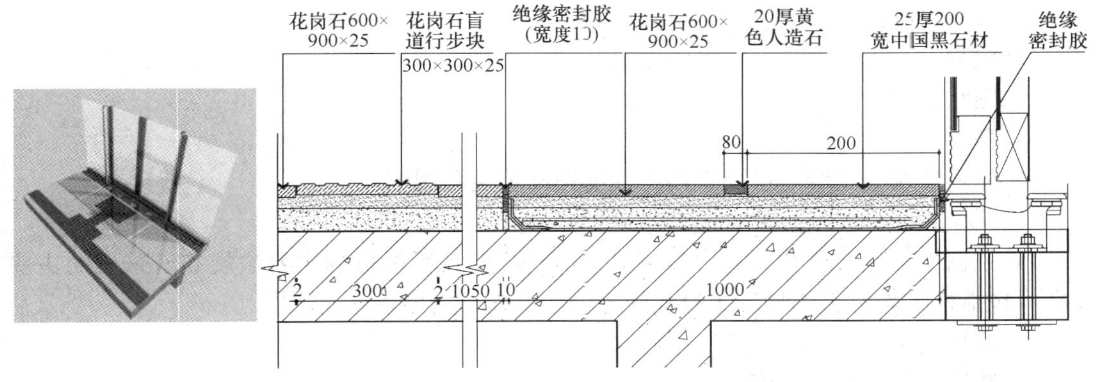

图 3-104　站台地面绝缘带接口设计

3.9　施工图设计质量控制

3.9.1　施工图文件组成

1. 施工图文件组成

（1）合同要求所涉及的所有专业的设计图纸，包含图纸封面、图纸目录、设计说明、设计图纸、必要的设备、材料表等。

（2）合同要求的工程预算书或概算书。合同未要求编制工程预算书的，施工图设计文件应包括工程概算书。

（3）各专业计算书。计算书不属于必须交付的设计文件，但应按规定进行编制并归档保存。

2. 施工图文件内容

城市轨道交通装饰装修范围主要包括：车站的站厅和站台公共区、设备区用房、出入口、地面附属建筑及导向设计，与既有运营车站的接口区域、楼梯、栏杆、车站内外导向、商业广告、乘客服务设施等装修设计。装饰装修专业施工图图纸分册包括：车站地面建筑、车站装修、车站导向系统，车站装修分册又分为公共区图册和设备区图册两部分。

（1）图纸封面：

1）项目名称。

2）设计单位名称。

3）项目的设计编号。

4）设计阶段。

5）设计日期（即设计文件交付日期）。

6）相关签章。

（2）图纸目录：

1）图纸序号。

2）图纸名称。

3）图号。

4）图纸规格。

5）备注。

6）先列绘制的图纸，后列选用的标准图和重复利用图。

（3）设计说明：

1）依据性文件名称和文号，如批文、本专业设计所执行的主要法规和所采用的主要标准（包括标准名称、编号、年号和版本号）及设计合同等。

2）项目概况。

3）装修设计范围、内容。

4）主要技术经济指标。

（4）设计图纸。平面图、顶面图、地面铺装图、立面图、剖面图、大样及节点详图等。全面、详尽表达工程设计要求。

（5）设备、材料表。以设备、材料表或用户需求书形式提交，详细阐述设备及材料的性能、技术参数要求。

（6）预算书或概算书。限额设计，装修设计需在造价控制要求内进行。

（7）计算书。对需要以专业计算结果为依据的设计内容，编制计算书并归档，如吊顶转换层钢结构计算、照度计算等。

3.9.2 施工图设计文件深度

城市轨道交通装修施工图应符合现行国家标准《房屋建筑制图统一标准》GB/T 50001、《建筑制图标准》GB/T 50104 和《建筑工程设计文件编制深度规定》的要求。

1. 图纸封面

（1）封面上应写明工程名称、车站名、设计阶段、册号、册名、分册号、分册名、图册编号、设计单位名称、设计资质等级及证书号（如是联合体则应有联合体各家的名称及证书号）、出图时间等内容。

（2）当文件送总体设计审查、咨询审查、强审审查时，需在项目名称后面加上“送××审图”，以送审次数确定，第一次送审为“送××审图Ⅰ”，第二次送审为“送××审图Ⅱ”……依此类推，××为总体、咨询、强审。

（3）封面册号、册名、分册号、分册名应按总体设计单位下发的相关规定执行。

2. 图纸目录

（1）图纸目录是图册的索引，可用于检查图纸的完整性，每册图纸必须有图纸目录，文件装订时图纸目录应放在封面之后、设计说明及设计图纸之前。

（2）目录内容：图纸的序号、图纸名称、图号、图纸规格、备注等。

（3）图纸目录必须有图纸边框、角标。

3. 设计说明

（1）设计说明应放在图纸目录之后、设计图纸之前。图纸说明应有图纸边框、角标、会签栏。

（2）公共区设计说明主要内容：

1）设计依据：依据性文件名称和文号，如设计合同、本车站主体建筑图纸（备注提资时间）、本车站地面附属建筑图纸（备注提资时间）、本线路公示方案、各系统专业需求及相关图纸（备注提资时间）、相关会议纪要、土建消防审核意见书、规划审批意见等。

2）设计执行规范及标准：本专业设计所执行主要法规和所采用的主要标准（包括标准名称、编号、年号和版本号）。主要标准见表 3-34。

城市轨道交通室内装饰装修工程常用标准 **表 3-34**

序号	标准名称	序号	标准名称
1	《地铁设计规范》GB 50157	20	《消防应急照明和疏散指示系统》GB 17945
2	《地铁设计防火标准》GB 51298	21	《城市轨道交通客运服务标志》GB/T 18574
3	《地铁安全疏散规范》GB/T 33668	22	《图形符号　安全色和安全标志》GB/T 2893.1～2893.5
4	《城市轨道交通照明》GB/T 16275		
5	《城市轨道交通技术规范》GB 50490	23	《汉语拼音正词法基本规则》GB/T 16159
6	《建筑设计防火规范》GB 50016	24	《图形符号　术语》GB/T 15565.1、15565.2
7	《工程建设标准强制性条文》	25	《标志用公共信息图形符号》GB/T 10001.2～10001.6、10001.9
8	《民用建筑设计统一标准》GB 50352		
9	《建筑内部装修设计防火规范》GB 50222	26	《公共信息导向系统设置原则与要求》GB/T 15566.1～15566.11
10	《民用建筑工程室内环境污染控制标准》GB 50325		
		27	《公共信息导向系统　要素的设计原则与要求》GB/T 20501.5
11	《建筑装饰装修工程质量验收标准》GB 50210		
12	《建筑玻璃应用技术规程》JGJ 113	28	《公共建筑标识系统技术规范》GB/T 51223
13	《无障碍设计规范》GB 50763	29	《消防安全标志　第 1 部分：标志》GB 13495.1
14	《无障碍设施施工验收及维护规范》GB 50642	30	《消防应急照明和疏散指示系统技术标准》GB 51309
15	《建筑地面设计规范》GB 50037		
16	《建筑地面工程防滑技术规程》JGJ/T 331	31	《消防安全标志设置要求》GB 15630
17	《公共场所母乳哺育设施建设指南》DB32/T 3375	32	《灯具》GB 7000 系列标准
		33	《电气设备安全设计导则》GB/T 25295
18	《公用建筑卫生间》16J914-1	34	《城市夜景照明设计规范》JGJ/T 163
19	《建筑制图标准》GB/T 50104	35	《通用用电设备配电设计规范》GB 50055

3）其他相关规范、规定，江苏省、市级相关行业标准：包括标准名称、编号、年号和版本号。

4）适用范围及使用要求：设计范围、设备区与公共区界面划分、与建筑专业设计界面划分、与机电等专业设计界面划分。

5）车站概况：地理位置、周围环境、车站规模、各层及出入口相关介绍等。

6）技术要求：对顶棚、墙面、地面、门窗、装修材料的要求等。

7）无障碍设计：车站无障碍设施情况、盲道设置路线情况、盲道设置要求、设置无障碍卫生间、无障碍栏杆扶手要求等。

8）防火、防烟分区：车站防火分区、挡烟垂壁、排烟设施、防火门、防火墙、消火栓、饰面材料等情况说明。

9）其他施工要求：图纸尺寸的要求、各部位及部件的安装要求、变形缝设置要求、样板段要求等其他要求。

10）广告灯箱设计：灯箱类型、灯箱安装技术要求等。

11）主要材料做法表：类别、主要材料、规格要求、做法及燃烧性能。

12）火灾自动报警系统设备设置原则：感烟探测器设置要求、感温探测器设置要求、手动火灾报警按钮、消防电话插孔安装要求，镂空吊顶的探测器安装要求等。

13）各专业、系统设备与装修接口关系表：列明专业（系统）名称、图例、设备名称、规格、安装位置、安装方式、接口安装要求、相关设计单位等。

14）其他需说明内容。

（3）设备区设计说明主要内容：

1）设计依据：依据性文件名称和文号，如设计合同，本站点主体建筑图纸（备注提资时间），本车站地面附属建筑图纸（备注提资时间），各系统专业需求及相关图纸（备注提资时间），相关会议纪要，本专业设计所执行的主要法规和所采用的主要标准（包括标准名称、编号、年号和版本号），其他相关规范和规定及江苏省、项目对应市级相关行业标准，消防审核意见书，规划审批意见等。

2）项目概况：建设单位、车站地理位置及周围环境、装修设计范围、设备区与公共区界面划分、与地面附属界面划分、与建筑专业设计界面划分、与机电等专业设计界面划分等。

3）装修说明：顶棚、墙面、地面、门窗等要求。

4）装修材料要求：所选用材料的要求、所有金属构件及配件的要求、各种吊杆件要求等。

5）施工注意事项：注明施工中需要明确的要求。

6）图例说明。

7）防火设计专篇：标明建筑危险性分类、结构形式、层数、建筑耐火等级、设计阶段、防火设计依据、顶棚材料、墙柱面材料、地面材料、材料燃烧性能等级等。

8）设备区工程做法表：楼地面做法、墙柱面做法、踢脚做法、顶面做法等。

9）设备与管理用房面积及材料做法表：注明房间名称、房间面积、房间墙顶地做法、装修高度（相对公共区高差）、最小净高要求等。

10）各专业图例对照表：名称、图例、型号、规格、相关专业。

11）其他需说明内容。

（4）导向系统设计说明主要内容：

1）设计范围：写明车站内外导向设计的内容、是否涉及换乘线路的牌体等。

2）设计依据：执行主要法规和所采用的主要标准（包括标准名称、编号、年号和版本号）。

3）导向标识各要素设计原则及要求：导向标识系统组成要素、图形标志、箭头符号、文字标志、色彩、平面示意图和区域功能图。

4）导向标识牌分类及编号原则：导向标识牌分类、标识牌编号原则、标识牌类型编号（车站牌体数量统计表）。

5）站厅、站台标识系统的位置设置原则：各类导向标识安装高度要求，相同信息导向间距要求、标识设置优先原则等。

6）标识制作工艺：吊挂式标识制作要求、挂墙式标识制作要求、落地式标识制作要求、粘贴式标识、墙面嵌入式制作要求等。

7）导向照明要求。

8）标识的安装和维修要求。

9）施工安装注意事项。

10）导向标识主要材料性能要求说明：标识牌所用材料要求、光源及驱动电源装置及附件要求。

11）其他需说明内容。

4. 设计图纸

(1) 图纸必须有图纸边框（双边框）、角标、会签栏，文件装订时图纸放在设计说明之后。

(2) 图纸图幅：图幅（含加长）标准必须参照现行国家标准《房屋建筑制图统一标准》GB/T 50001 图纸幅面要求。

(3) 施工图设计图纸深度见表 3-35。

轨道交通工程室内装饰装修施工图设计图纸深度要求　　表 3-35

图纸	深度要求
平面布置及立面索引图	1. 建筑墙、柱，楼梯、电梯、电扶梯。 2. 装饰面轮廓线。 3. 平面图例表，图纸名称、比例。 4. 墙、柱、轴线及编号，轴线总尺寸，轴线间尺寸，房间尺寸，车站里程线。 5. 非付费区、付费区及安检区的位置及名称，进站、出站位置名称，出入口名称（含预留出入口）。房间名称，设备设施名称或编号，门窗编号及开启方向。 6. 楼梯、电梯、扶梯上下行方向及名称。 7. 室内外标高，各楼层标高，排水坡度。 8. 立面索引符号，不需绘制立面图的需在平面图上注明墙面做法及有关平面节点详图或详图索引号，如变形缝等。 9. 底层平面标注剖切线位置、编号、指北针。 10. 根据需要绘制分区平面（局部放大平面图），分区平面需在各分区平面图上绘出分区组合示意图，并明显表示本分区部位编号。 11. 防火分区宜单独成图，标明每层建筑平面中防火分区面积和防火分区分隔位置及安全出口位置示意，或以示意图形式在各层平面中标示。 12. 主要结构和建筑构造部位的位置、尺寸及做法索引，如离壁沟、截水沟、独立栏、广告灯箱、疏散指示、插座等。 13. 主要设备和固定家具的位置、尺寸及做法索引，如：防护栏杆、分区栏杆、防撞栏杆、闸机、各类自助设备、客服中心等。 14. 图面完整表达疏散指示灯、广告灯箱，消火栓暗门（注明开启角度），冲洗栓暗门，排水沟检修暗门，安装在墙面的导向，主要设备及家具（含各类自助设备、安检区设备、客服中心、闸机、垃圾桶、文件柜等办公家具、其他相关专业墙面设备等），分区栏杆、防护栏杆、防撞栏杆等

续表

图纸	深度要求
平面设备定位图	1. 建筑墙、柱，楼梯、电梯、电扶梯。 2. 装饰面轮廓线。 3. 平面图例表，图纸名称、比例。 4. 墙、柱、轴线及编号，轴线总尺寸，轴线间尺寸，房间主要尺寸，车站里程线。 5. 非付费区、付费区及安检区的位置及名称，进站、出站位置名称，出入口名称（含预留出入口）。房间名称，设备设施名称或编号，门窗编号及开启方向。 6. 楼梯、电梯、扶梯上下行方向及名称。 7. 室内外标高，各楼层标高，排水坡度。 8. 平面设备定位，包括：广告灯箱、商业 LED 屏、自助银行、自助售货机、市民卡机器、闸机、客服中心、分区栏杆、防护栏杆、防撞栏杆、插座、疏散指示、消火栓暗门、冲洗栓暗门、排水沟检修暗门、配电箱暗门、FAS 模块箱暗门、BAS 模块箱暗门等
地面铺装图	1. 建筑墙、柱，楼梯、电梯、电扶梯。 2. 装饰面轮廓线。 3. 地坪图例表，图纸名称、比例。 4. 墙、柱、轴线及编号，轴线总尺寸，轴线间尺寸，房间尺寸，车站里程线。 5. 非付费区、付费区及安检区的位置及名称，进站、出站位置名称，出入口名称（含预留出入口）。 6. 楼梯、电梯、扶梯上下行方向及名称。 7. 房间名称，设备设施名称或编号，门窗编号。 8. 地面标高，排水坡度，坡度起坡线，起铺点，离壁沟内坡度等。 9. 地面材料名称、颜色、规格、尺寸、分缝（含盲道），地面材料分缝宜与墙面装饰板对缝设计或形成模块化对缝。 10. 地面末端接口材料、规格、尺寸、做法索引，如截水沟盖板（排水箅子）、检修盖板、绝缘带、人防门槛不锈钢盖板、AFC 出线口、上下车指示块、排队线等。 11. 图面完整表达：地面材料分缝、地面疏散指示及辅助疏散指示、变形缝、离壁沟内变坡线、出入口通道内地面变坡线、盲道、闸机位置（虚线表示）、截水沟盖板（排水箅子）、地面检修盖板、检修人孔详图、人防门槛不锈钢盖板、AFC 出线口、AFC 检修口、去水花格、地漏、清扫口、离壁沟内排水孔、站台绝缘带、排队线、上下车指示块等。 12. 为便于核对地面与墙面模数对应关系，墙面需同时体现：人防门检修暗门、配电箱暗门、疏散指示、广告灯箱、消火栓暗门、冲洗栓暗门、排水沟检修暗门、墙面嵌入式导向等能传递墙面分缝的元素
顶面图	1. 建筑墙体、柱。 2. 与顶面接触部位装饰轮廓线。 3. 顶面图例表，图纸名称及比例。 4. 墙、柱、轴线及编号，轴线总尺寸，轴线间尺寸，房间尺寸、车站里程线。 5. 顶面标高，造型起坡线。 6. 顶面造型，材料名称、颜色、规格、尺寸、分缝。 7. 灯具名称、规格、尺寸、分缝。 8. 顶面做法索引。 9. 设备定位图中应表达：设备末端定位尺寸，主要包含出风口、回风口、排烟口、挡烟垂壁、烟感、温感、检修口、吸顶式扬声器、天线、摄像头、PIS 屏（LED 显示屏、LCD 显示屏）等。 10. 吊顶转换层图应表达：转换层材料、规格、尺寸、高度，做法索引。 11. 图面完整表达：造型线，变坡线，灯具，导向，出风口、回风口、排烟口、挡烟垂壁、烟感、温感、喷淋、检修口、吸顶式扬声器、天线、摄像头、PIS 屏（LED 显示屏、LCD 显示屏）等所有顶面末端设备点位

续表

图纸	深度要求
立面图	1. 两端轴线编号，立面转折较复杂时可用展开立面表示，但应准确注明转角处的轴线编号。 2. 装饰立面外轮廓及主要结构和建筑构造部件的位置，如梁、柱、变形缝、栏杆、台阶、坡道、门窗、幕墙、洞口、门头、雨水管等，以及其他装饰构件、线脚和粉刷分格线等。 3. 建筑的总高度、楼层位置辅助线、楼层数和标高以及关键控制标高的标注，如檐口标高等；留洞应标注造型尺寸和定位尺寸。 4. 平、剖面未能表示出来的构造，如窗台等，以及其他装饰件、线脚等的标高或尺寸。 5. 在平面图上表达不清的窗编号。 6. 图纸名称、比例。 7. 立面造型、材料、颜色、规格、尺寸（含长宽高、材料分缝及饰面凹凸关系尺寸）。 8. 立面材料标注、做法索引。 9. 图面完整表达：墙面造型线，墙面材料分缝线，顶面造型投影线，地面装饰线，墙面填充，门开启线，洞口折线，墙面凹凸关系标识线，侧墙面装饰造型完成线，墙面设备末端接口，包括：消火栓暗门、人防门检修暗门、配电箱暗门、（FAS、BAS）模块箱暗门、冲洗栓暗门、排水沟检修暗门、广告灯箱、导向、墙面疏散指示、配电箱暗门、墙面插座、墙面弱电接口、墙面声光报警器、墙面手动报警按钮等各类开关按钮
剖面图	1. 建筑墙体、柱、楼板等围和结构。 2. 装饰立面轮廓线，墙面与吊顶接触部位轮廓线，吊顶投影线。 3. 墙、柱、轴线及编号，轴线总尺寸，轴线间尺寸，造型尺寸。 4. 图纸名称、比例。 5. 剖解到或可见的主要结构和建筑构造部件，如截水沟、离壁沟、楼梯、地面、吊顶等。 6. 内、外部尺寸。 7. 标高。主要结构和建筑构造部件的标高，如地面、平台、吊顶等。 8. 材料做法标注。 9. 节点构造详图索引号。 10. 剖面图应按正投影法绘制。 11. 图面完整表达：站厅与站台上下楼板线（楼板填充），两侧墙体线（墙体填充），独立柱造型线，顶面顶棚造型线，适当材质填充，吊顶内管线截面及位置
详图	1. 墙、柱、轴线及编号。 2. 图纸名称、比例。 3. 绘制出不同构造层次，表达与主体结构的连接构造、具体技术要求。 4. 注明细部和厚度等尺寸。 5. 标注材料名称、颜色、规格、尺寸。 6. 局部平面放大和构造详图，注明相关轴线和轴线编号以及细部尺寸、设施布置和定位、相互的构造关系及具体技术要求等。 7. 节点主要内容； （1）地面节点：站台板绝缘带详图，地面材料做法详图，变形缝详图，盲道详图，疏散指示大样图，地面检修盖板详图，截水沟盖板节点，AFC 线盒检修口详图，地漏、清扫口，检修人孔详图，检修爬梯详图等。 （2）顶面节点：顶面材料放线及安装节点图，顶面材料与设备末端接口图，挡烟垂壁，吊顶转换层详图，吊顶检修口详图等。 （3）墙、柱面节点：墙面材料节点，独立柱详图；墙面末端接口：与消火栓设备箱接口、与疏散指示灯/插座接口、与广告灯箱接口、与冲洗栓箱接口、与防火门接口、与防火观察窗接口、墙柱面停车按钮等设备接口，垂直电梯与墙面接口等。 （4）其他节点：分区栏杆大样、防护栏杆详图、楼梯扶手栏杆大样、台楼梯侧封板大样、楼梯踏步大样、客服中心详图、定制家具详图、责任铭牌大样、盲文详图、墙面包管大样、洞口防烟封堵大样、导向节点等

3.9.3 施工图审核及审查

设计单位应按照ISO 9001质量管理体系要求开展工作，依照事前指导、过程控制、成果校核的思路开展设计。编制设计文件时，做到设计基础资料齐全，遵守设计工作的原则、程序，正确执行现行规范，选用方案、系统、设备的技术条件与功能要求相匹配，依据可靠，标准合理，结果准确。各阶段设计文件的内容和深度符合国家规定，满足建设需要。

1. 施工图审核

(1) 审核依据。投标文件、设计合同、各专业提资要求、建设单位要求、总体设计要求、装修副总体要求、法律规范要求、经公示的设计方案、相关工艺要求、造价控制要求、以往类似项目经验、其他会议纪要要求等。

(2) 工点设计单位内部审核。

1) 自审。设计师根据设计要求对图纸进行全面审核，发现问题及时调整。

2) 互审。设计师之间相互交叉审核，发现问题形成记录，反馈设计师本人进行整改。

3) 校审。专业校审人员对设计图纸按照审核依据进行校审，发现问题形成记录，反馈设计师进行整改，整改结果反馈校对人员，做到整改封闭。

4) 审核。对设计成果或阶段性成果进行审核，依据合同要求等进行审核，发现问题形成记录，反馈设计师进行整改，整改结果反馈审核人员，做到整改封闭。

5) 验证。设计文件发放前需进行验证，验证通过的设计文件或图纸才可以输出。

(3) 会签审核

1) 装修会签审核单位主要有：装修副总体、总体设计、建筑、通风空调、动照、给水排水、通信信号、自动售检票系统 (AFC)、火灾自动报警系统 (FAS)、综合监控 (ISCS)、环境与设备监控 (BAS)、门禁、站台门、电梯与扶梯。

2) 装修工点设计单位内部审核合格的图纸，送各专业进行会签审核，并形成记录，记录单反馈设计师进行整改，整改完成后继续进行下一轮会签审核，直至问题解决。装修设计与其他专业会签重点审核内容见表3-36。会签次数根据项目情况进行确定，一般不少于两次。

装修设计与其他专业会签重点审核内容　　表3-36

相关专业	主要核对事项
建筑	建筑和结构之间的核对由建筑专业扎口，装修与建筑、结构之间的核对通常以建筑专业为准。主要核对内容：房间名称是否一致；墙体位置是否一致；门窗大小、编号、开启方向是否一致（含卷帘门、防火门、普通门、门洞、防火窗等）；预留孔洞位置、数量是否一致；装修界面是否清晰一致，接口方案是否明确；排水找坡等是否一致；导向信息上下行方向是否一致；变形缝、伸缩缝是否一致；消防是否满足建筑要求；无障碍接口是否与地面附属无障碍出入口保持一致；材料、标高、荷载等是否满足建筑结构要求；末端接口是否美观；建筑对装修其他功能要求是否已经满足
通风空调	风口形式、位置、数量是否一致；标高是否影响装修吊顶；检修口位置和数量是否满足功能要求；吊顶镂空率是否满足要求；挡烟垂壁位置是否一致，功能是否完善；末端接口是否美观；通风空调对装修其他功能要求是否已经满足

续表

相关专业	主要核对事项
动照	吊顶内管线桥架标高、走向是否影响装修吊顶；灯具种类、形式、位置、数量是否一致；照明控制方式是否满足要求；疏散指示形式、位置、数量是否一致；插座形式、位置、数量是否一致；安全出口标志形式、位置、数量是否一致；广告灯箱、商业LED屏及其他形式广告及位置、数量是否一致；导向形式、位置、数量是否一致；配电箱位置、形式是否一致，暗门能否满足功能要求；末端接口是否美观；动照对装修其他功能要求是否满足
给水排水	吊顶内管线标高、走向是否影响装修吊顶；消火栓形式、位置、尺寸、数量是否一致；冲洗栓位置、数量、尺寸是否一致，暗门设置是否合理；地漏（去水花格）位置、数量是否一致，地漏口四周是否找坡；上下水点位置、数量是否一致；立管位置是否一致，包饰是否满足要求；检修口（包含顶、地、墙部位）、检修暗门位置、数量、尺寸是否满足功能要求；喷淋形式、位置、数量是否一致；排水沟、清扫口位置、数量、尺寸是否满足功能要求；末端接口是否美观；给水排水对装修其他功能要求是否已经满足
通信信号	PIS屏（LED显示屏、LCD显示屏）形式、位置、数量、尺寸是否一致；摄像机形式、位置、数量、尺寸是否一致；广播、时钟、天线、紧急停车按钮等末端形式、位置、数量、尺寸是否一致；PIS屏、摄像头与灯具、风口等是否有冲突；PIS屏、摄像头与导向是否遮挡；相关商业点位设置是否一致；接地与防雷是否满足要求；末端接口是否美观；通信信号对装修其他功能要求是否已经满足
自动售检票系统（AFC）	闸机（含预留）位置数量是否一致；售票机（含预留）位置数量是否一致；检修口形式、位置、数量、尺寸是否一致；出线口形式、位置、数量、尺寸是否一致；末端接口是否美观；栏杆等地面固定设施是否避开AFC线槽位置
火灾自动报警系统（FAS）	末端接口形式、位置、数量、尺寸是否一致；末端接口是否美观；末端主要包括：烟感、温感、声光报警、手动报警按钮、消火栓按钮、紧急电话、模块箱等
站台门	装修饰面、导向是否影响站台门检修门开启；地面材料是否影响站台应急门开启；墙、顶、地绝缘设计是否完善；无障碍设施是否与无障碍车厢相对应；末端接口是否美观
商业	广告灯箱、商业LED屏及其他形式广告形式、位置、数量尺寸是否满足开发需求；自助银行、自助售货机、市民卡机等各类自助末端是否满足开发需求；零售（乘客服务用房）装修是否满足开发需求
电梯与扶梯	自动扶梯、垂直电梯形式、位置、数量、尺寸是否一致；电梯与结构之间封堵界面是否清晰，封堵方案是否明确；站内无障碍设施是否与无障碍电梯位置对应；与装修有关尺寸是否满足要求，如：自动扶梯梯级上方垂直净高应不小于2.4m，自动扶梯扶手带外侧边缘至连续性障碍物之间的水平距离应不少于80mm，且该距离保持至梯级上方至少2.4m高度处，自动扶梯垂直三角保护板，其高度应不小于300mm。自动扶梯上下水平部位宜设客流引导栏杆，以利变频调速功能的实现

续表

相关专业	主要核对事项
门禁（ACS）	门禁开门按钮、门禁读卡器等末端接口形式、位置、数量是否一致
综合监控（ISCS）	车站控制室装修是否满足功能要求，机柜合理隐藏，饰面实用、美观；末端接口形式、位置、数量、尺寸是否一致
环境与设备监控（BAS）	温湿度传感器、二氧化碳传感器、BAS模块箱末端接口形式、位置、数量、尺寸是否一致，末端接口是否美观

2. 施工图审查

（1）咨询审查。会签完成后，装修图纸送建设单位委托的咨询单位进行审查，咨询单位依照相关技术标准对装修图纸进行审查，形成书面审查意见并反馈给建设单位，建设单位组织装修设计单位进行回复和调整，调整的图纸经会签后送咨询，直至咨询审查合格。咨询审查是送政府施工图审查前业主组织的审查，咨询审查根据工程建设需要来确定是否设置。

（2）强审审查（政府施工图审查）。

1）车站装修施工图需送工程所在市政府施工图审查机构，或建设单位委托的具有专业审查资质的政府施工图审查机构进行审查。

2）有咨询审查时，将咨询审查合格的图纸送强审审查，强审单位（审查机构）按照相关技术标准对装修图纸进行全面审查，形成书面审查记录反馈给建设单位，建设单位组织装修设计单位进行回复和调整，调整后的图纸经会签、咨询审查后送强审回复，直至强审审查合格。

3）无咨询审查时，将会签完成的图纸送强审审查，强审单位按照相关技术标准对装修图纸进行全面审查，形成书面审查记录反馈给建设单位，建设单位组织装修设计单位进行回复和调整，调整后的图纸经会签后送强审回复，直至强审审查合格。

（3）消防专项审查。车站装修施工图按照行政主管部门文件要求进行资料和图纸准备，送工程所在市级行政消防窗口报审，经审查合格的图纸方可出图。

（4）无障碍专项审查。建设单位组织召开无障碍设计专项审查会议，邀请相关专家出席，形成审查记录，反馈给装修设计。单位整改，经专项审查合格的无障碍专项图纸方可出图。

（5）审查要求。装修施工图应按程序要求报送审查，经审查合格的图纸方可进入下一步审查流程，所有审查合格后的图纸可出图，用于编标、指导施工。

3.9.4 设计变更控制

1. 设计变更一般规定

（1）轨道交通工程装修设计文件一经审查批准成立，任何单位和个人不得随意改变。

（2）凡对已经审定的装修设计文件进行变更、修改的工作，须经变更流程。

（3）范围包括：施工图正式审批下发至工程竣工期间需变更原设计或为完成本工程需

要附加的工作。

（4）变更原则：以优化设计、保证施工进度质量和安全需要；深入调查研究、充分论证；精打细算、节约投资为原则。

2. 设计变更的原因

（1）施工条件发生变化或施工图纸出现不适宜的内容。

（2）建设单位或第三方要求更改。

（3）调整合同内容，增加或更改设计内容。

（4）为了改进产品的功能或更改。

（5）法律、法规、标准已作更改。

（6）加工设备、材料、工艺发生变化。

（7）在生产施工阶段发现设计有失误或疏忽之处。

3. 设计变更分类

为便于建设单位管理，结合审批权限需要，将装修设计变更按照内容的重要性、技术复杂程度和增减投资额度等因素，分为四类：Ⅰ、Ⅱ、Ⅲ、Ⅳ。

（1）Ⅰ类设计变更。装饰装修一次性变更影响投资估算增减额度超过 100 万元的设计变更。

（2）Ⅱ类设计变更。变更设计原则、装饰装修风格、方案、接口、需要补充资料优化设计、因技术标准提高或重大技术方案优化等，一次性设计变更影响投资估算增减在 50 万元（含 50 万元）～100 万元（含 100 万元）。

（3）Ⅲ类设计变更。变更装饰装修工程重要材料、型号、品种等，或一次性设计变更影响投资估算增减在 25 万元（含 25 万元）～50 万元（不含 50 万元）。

（4）Ⅳ类设计变更。不改变或局部改变设计原则，不降低技术标准和使用功能，不影响其他专业技术条件和工程量的变化，为完善所必须进行的工程变更。装饰装修工程一次性变更影响投资估算增减在 25 万元（不含 25 万元）以内。

4. 设计变更流程

（1）确定提议单位。提议单位可以是：建设单位、设计单位、施工单位、监理单位。

（2）填报变更立项申请。设计变更立项申请表根据不同所属单位填写不同类型表单进行上报。设计变更立项申请单一般由工点设计单位填报，对涉及全线总体性或系统性的变更则应由总体设计单位填报。关于设计变更立项填报内容，申请表中要阐明变更理由（变更项目的必要性和技术合理性）、列出变更范围、工程量及预算变化、变更依据等附件资料。各项目变更申请表中均需正面说明是否有连带变更，如有应列出变更所带来的连带变更内容等附件资料。

（3）变更立项批准。设计变更立项实行分级审批制度。

（4）变更备案。

（5）设计变更执行。

1）设计单位进行设计变更。

2）设计单位将设计变更蓝图与建设单位审批的“设计变更立项审批单”一并送至涉及专业设计人员会签后送总体设计单位，经总体设计单位、咨询单位（若有）、强审单位审查后转送建设单位下发执行，变更涉及消防等需专项变更备案或变更报审时，变更图纸应送相应行政职能部门进行设计变更备案或审查。

3）设计单位送交变更蓝图时，应附有设计变更立项依据，各专业设计人员图纸会签资料，总体设计单位、咨询单位（若有）、专项审查意见（若有）、强审单位审图意见单及电子文件。

4）对变更图进行设计交底。

5. 不同单位提出的变更立项程序

(1) 施工单位提出的工程变更立项程序。施工单位提出工程变更申请，监理单位组织建设单位代表、设计单位、承包商进行变更的初步审查，并将同意变更的初审意见上报建设单位施工主管部门。建设单位施工主管部门组织建设单位设计、资金、合同等相应主管部门以及设计单位、监理单位、施工单位等召开审查会议，建设单位相应审批领导应参会。会议形成专题会议纪要，作为变更项目立项及变更备案的依据性附件。由建设单位完成相关变更政府审批手续。建设单位主管设计部门对需要出设计变更图的工程变更，根据变更依据，组织设计单位进行工程变更设计（含工程数量表），并提供变更设计图纸。

(2) 监理单位提出的工程变更立项程序。监理单位提出工程变更申请，提交建设单位施工主管部门。建设单位施工主管部门组织建设单位设计、资金、合同等相应主管部门以及设计单位、监理单位、施工单位等召开审查会议，建设单位相应审批领导应参会。会议形成专题会议纪要，作为变更项目立项及变更备案的依据性附件。由建设单位完成相关变更政府审批手续。建设单位主管设计部门对需要出设计变更图的工程变更，根据变更依据，组织设计单位进行工程变更设计（含工程数量表），并提供变更设计图纸。

(3) 装修设计单位提出的工程变更程序。装修设计单位提出工程变更申请，总体设计单位根据变更的具体情况进行初步审核，并将同意变更的初审意见及相关附件报建设单位主管设计部门。建设单位主管设计部门组织建设单位施工、资金、合同等相应主管部门以及设计单位、监理单位、施工单位等召开审查会议，建设单位相应审批领导应参会。会议形成专题会议纪要，作为变更项目立项及变更备案的依据性附件。由建设单位完成相关变更政府审批手续。建设单位主管设计部门对需要出设计变更图的工程变更，根据变更依据，组织设计单位进行工程变更设计（含工程数量表），并提供变更设计图纸。

(4) 建设单位提出的工程变更程序。建设单位提出变更，由发起部门组织各相关部门、单位召开审查会议，建设单位相应审批领导应参会。形成专题会议纪要，作为工程变更项目立项及变更备案的依据性附件。由建设单位完成相关变更政府审批手续。建设单位主管设计部门对需要出设计变更图的工程变更，根据变更依据，组织设计单位进行工程变更设计（含工程数量表），并提供变更设计图纸。由建设单位相关决策领导发起的变更，直接签发相关文件，作为工程变更项目立项及变更备案的依据性附件。

(5) 流程图。以专题变更会议纪要审查的施工、监理单位提出工程变更立项审查流程如图 3-105 所示。以专题变更会议纪要审查的设计、建设单位提出工程变更立项审查流程如图 3-106 所示。以建设单位工作联系单为依据的施工、监理单位提出工程变更立项审查流程如图 3-107 所示。

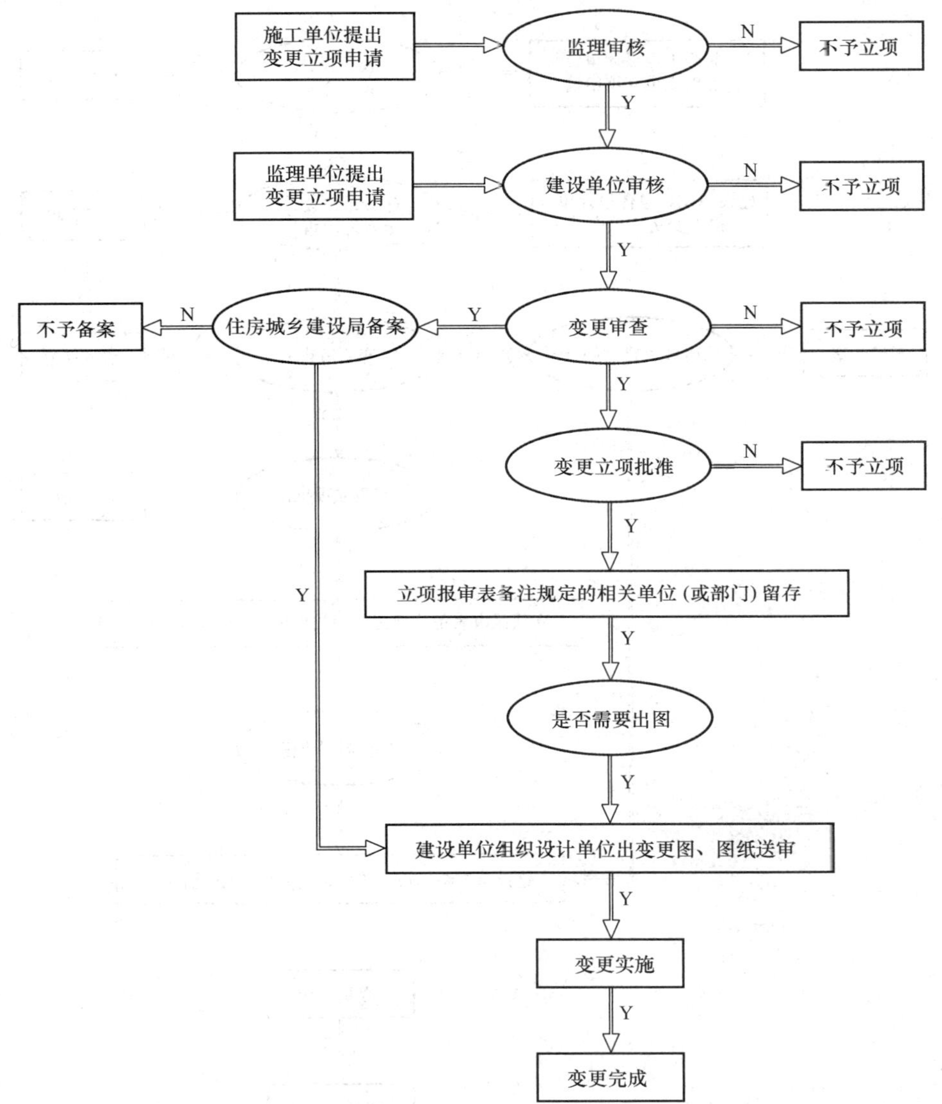

图 3-105　以专题变更会议纪要审查的施工、监理单位提出工程变更立项审查流程图

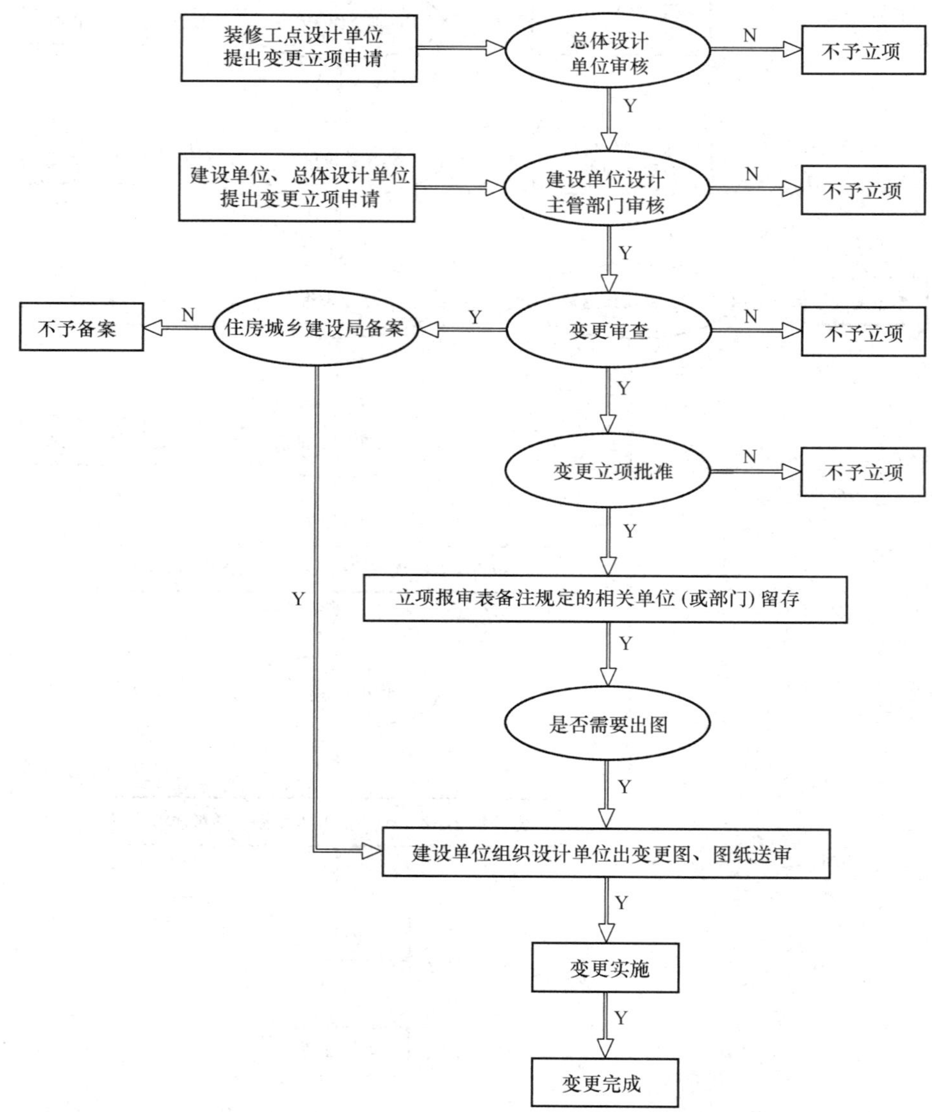

图 3-106　以专题变更会议纪要审查的设计、建设单位提出工程变更立项审查流程图

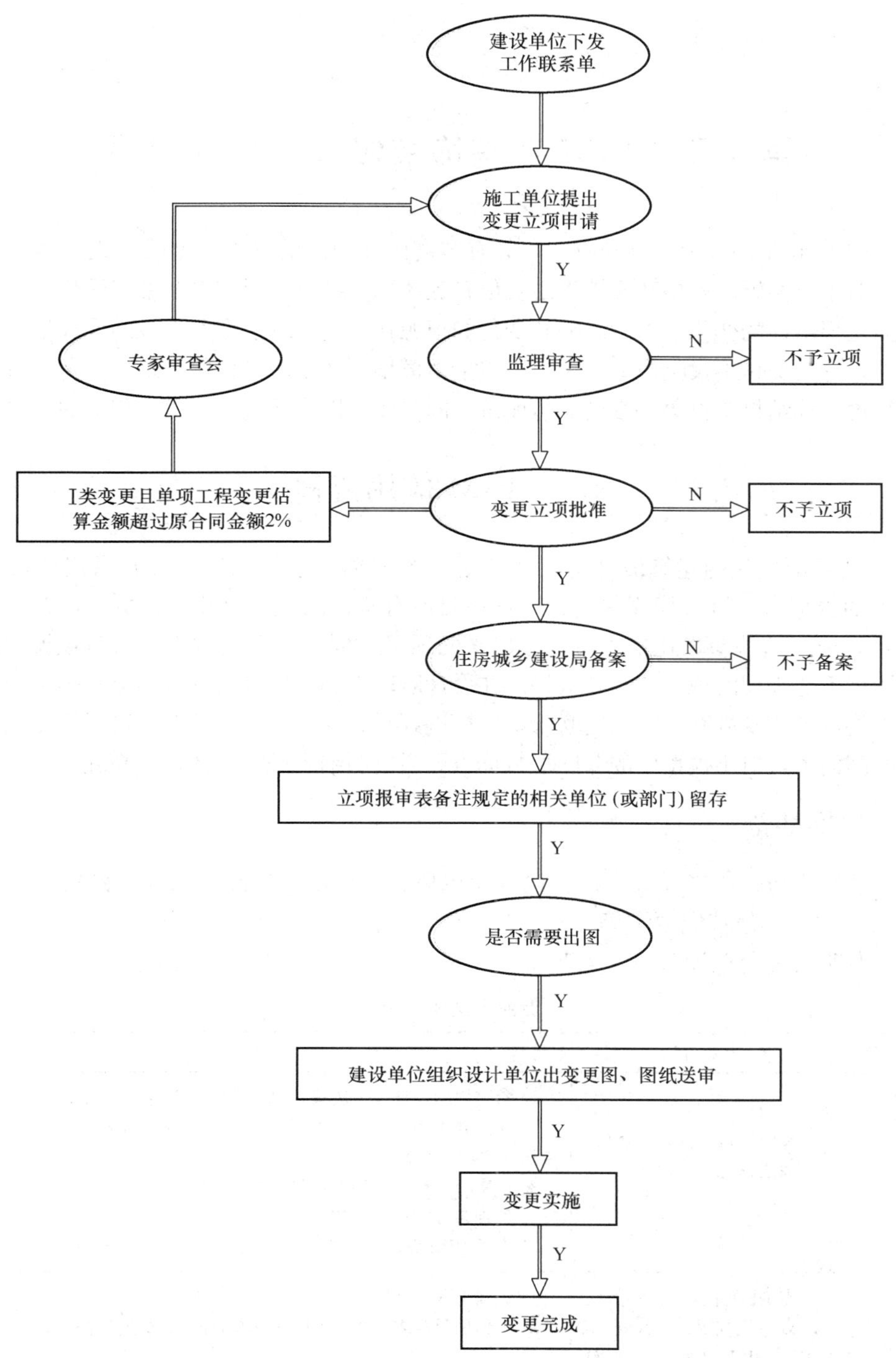

图 3-107　以建设单位工作联系单为依据的施工、监理单位提出工程变更立项审查流程图

第 4 章　BIM 在装饰装修设计中的应用

随着 BIM 技术的快速发展和应用，具有丰富语义信息的三维模型成了设计信息的主要载体，这对于以图纸、表格和文档为主要信息载体的二维交付形式将会带来深刻的影响和变革，甚至是根本性的变化。这种影响和变化的根源在于，三维模型所承载的设计信息是统一和关联的，它的交付不仅是模型交付，还包括由模型所产生的模拟仿真结果交付、分析结果交付和量价计算结果交付等一系列交付成果，同时还可以直接生成与模型相关的二维视图。

4.1　BIM 应用流程

BIM 技术所创建的建筑信息模型并不是一个图形，它是一个包含着指定项目相关信息的完整的数据库。该数据库中包含建设项目所有构件的大小尺寸、数量、位置关系等一系列信息，通过这些参数化信息所表达出来的项目建成后的真实效果，通过该模型能够看到二维图纸不能表现的视觉角度和效果。在设计阶段创建的建筑信息模型上做施工图优化设计，可以将数据库及视图进行双向联系，轻松得到平、立、剖面的图形，可根据需求选择不同位置的剖面图，对于模型中的非图形数据也可通过明细表进行统计，提高施工效率。

4.1.1　建模准备

（1）基础资料：装修设计图纸、设计变更单、变更设计文件、工程洽商资料、国家及行业相关标准、其他特定要求等。

（2）专业人员角色配备见表 4-1。

专业人员角色配备　　　　**表 4-1**

专业角色	专业资质	工作职责
项目经理	专职岗位，具有 BIM 项目管理经验，工程师及以上职称	1. 参与模型设计方案决策，总体规划 BIM 项目方案； 2. 建立并管理本单位 BIM 项目小组，确定各职责人员，并定期进行考核、评价和奖惩； 3. 负责管理设计模型的质量及进度； 4. 处理各方的协调工作； 5. 审核 BIM 设计模型成果
专业设计人员	专职岗位，具有一定 BIM 应用实践经验，熟练掌握 BIM 建模及应用软件，助理工程师及以上职称	1. 创建 BIM 模型； 2. 根据项目需求，负责 BIM 模型的分析、检查工作（节能分析、模型碰撞检测、工程量统计等）； 3. 根据项目需求，负责 BIM 模型的组织展示工作（施工动画、室内外渲染、虚拟漫游等）
专业校对人员	具有相关专业工程经验，工程师及以上职称	1. 校对 BIM 模型，提出模型修改意见； 2. 协助完成模型检查、优化等工作

4.1.2 建模流程

1. 轨道交通工程装修专业 BIM 目标与权责划分

（1）BIM 咨询单位：创建并及时更新项目 BIM 模型，完成各项 BIM 应用，辅助总体设计单位及装修设计单位完成各自的设计任务。

（2）装修设计单位：基于 BIM 技术发现并解决装饰设计中出现的问题，优化装饰设计方案，提供其他基于 BIM 的增值服务。

（3）装饰施工单位：基于 BIM 技术发现并解决施工中出现的问题，优化施工方案，提供其他基于 BIM 的增值服务。

2. 建模范围

（1）建模范围：BIM 装修建模及基于 BIM 的增值服务。

（2）装修建模在目前大部分应用于施工图阶段和施工阶段，在这两阶段的工作内容如下：

1）施工图阶段

建模：提供车站装修模型（精度达到装修施工图设计精度）、车站各系统模型，包括（不限于）装修、AFC、EMCS、FAS、屏蔽门、电扶梯、标识、广告、自助终端等。

服务：包括（不限于）管线综合与碰撞检查、工程量复核、装修效果仿真、节点大样优化、大型设备运输路径检查。

2）施工阶段

建模：提供车站装修模型（精度达到装修施工图设计精度）、车站各系统模型，包括（不限于）装修、AFC、EMCS、FAS、屏蔽门、电扶梯、标识、广告、自助终端等。

服务：施工进度模拟、复杂工序模拟、材料统计下单、工程量复核。

3. 装修专业操作流程

装修专业操作流程如图 4-1 所示。

4. 模型检查

针对轨道交通设施设备的多样性与复杂性，为保证轨道交通工程模型的交付质量，保证 BIM 模型的统一性与准确性，对 BIM 模型的检查审核过程应包括内部校对、外部复核、交付验证。

（1）内部校对。装修设计单位内部需配备相应专业的 BIM 模型校对人员，校对 BIM 模型，并协助 BIM 模型设计人员完成模型优化工作。

（2）外部复核。总体设计单位、分项设计单位（如有）与 BIM 模型咨询方应积极参与到装修专业 BIM 模型检查过程中。总体设计单位、分项设计单位须复核装修专业 BIM 模型的准确性，提出装修专业 BIM 模型完善意见，协助优化 BIM 模型方案。BIM 咨询方需保留 BIM 模型的校对及内部评审的相关记录。

（3）成果交付。最终形成的成果（BIM 模型等）交付至总体设计单位或 BIM 咨询方。

5. 协同建模与数据管理

建模过程中使用协同建模与数据管理时应遵循以下规定：

（1）协同建模采用中心文件和工作集的方式。

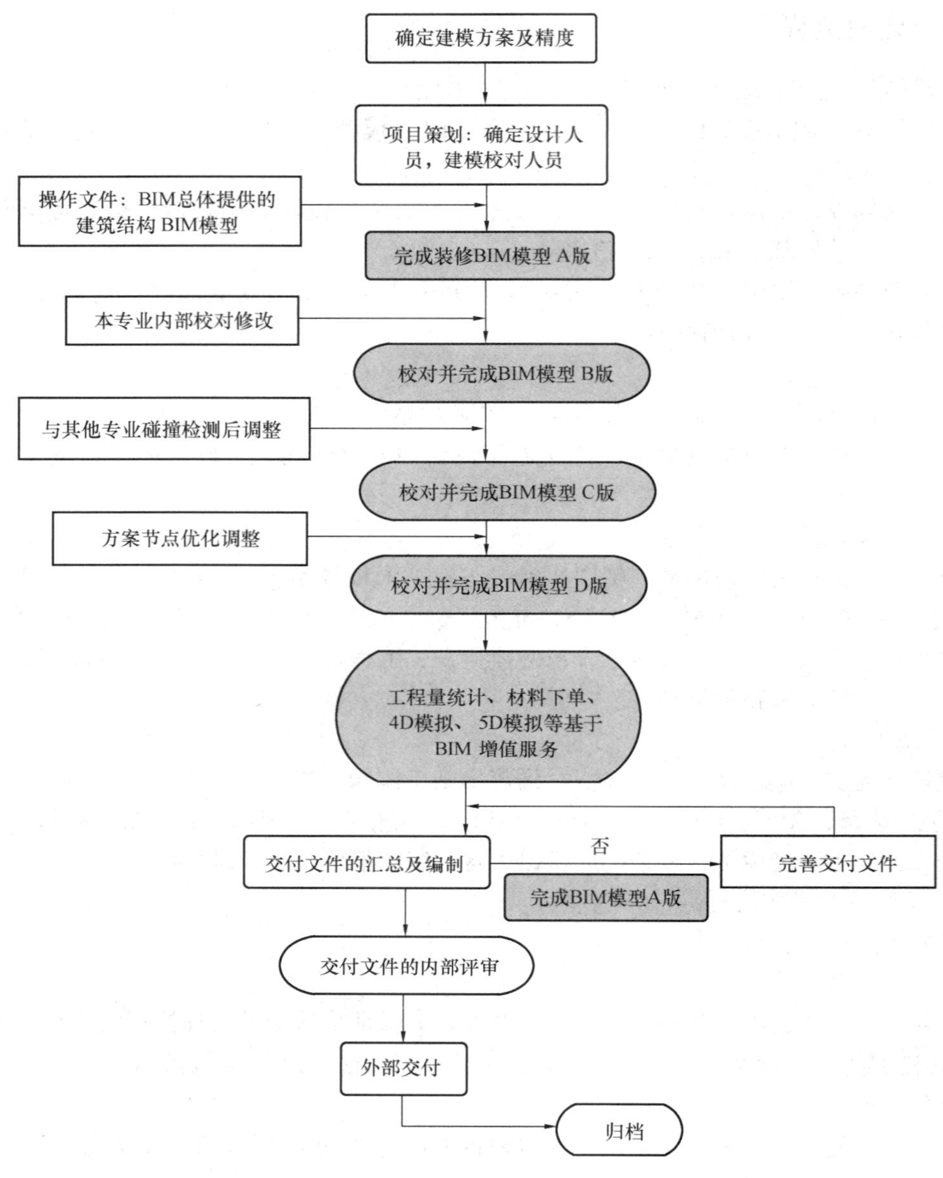

图 4-1　装修专业操作流程

（2）中心文件由土建 BIM 设计人员创建并保存，建筑信息模型建模中的模型文件应根据协调商定标准或参照相关标准进行命名。装修专业工作集应按设计进展情况及时与中心文件进行同步，同时记录同步说明，实现版本管理。

（3）装修 BIM 设计人员在命名本专业工作集时应根据协调商定标准或参照相关标准进行命名。

（4）装修 BIM 设计人员在命名本专业视图时应根据协调商定标准或参照相关标准进行命名，不得操作非本专业的视图。

4.2 BIM应用目标

利用BIM技术可以对建筑工程项目进行虚拟模拟，设计师可以对建筑工程项目有一个直观了解，不需要再进行凭空想象。同时，BIM技术不仅能展示建筑空间结构，还能显示建筑工程项目使用的材料特性等具体内容，设计师可以根据自己的需要进行数据库访问，这样可以让设计人员对建筑工程项目有一个更加全面的了解。

装饰BIM模型不同阶段应用目标如下：

利用二维图纸进行建筑设计，对设计师的空间想象能力要求比较高，设计师需要根据二维图纸想象建筑内部的结构特征。但是即使设计师能想象出建筑内部的结构也无法将其以一种连续的方式展现在二维图纸上。但三维设计方式可以实现建筑工程项目三维立体展示的目标。各阶段目标见表4-2。

各阶段目标 **表4-2**

阶段		应用点
设计阶段	方案设计阶段	初设模型：主要为体量模型，体现装饰初步效果及装饰风格
		3D漫游及三维可视化交流：基于初设模型，进行三维可视化浏览
		利用可视化对设计方案进行比对和优化。利用参数化进行性能分析和方案分析。利用BIM模型编制设计概算
	施工图设计阶段	施工图模型所包含的内容为：装饰基层、面层模型，以设计单位所提交的终版施工图为准，或由主设计单位建立相关模型后进行装饰模型深化
		施工图模型碰撞检测：基于施工图模型内的所有内容，进行碰撞检测服务。通过三维方式发现图纸中的错漏碰缺和与其他专业间的冲突
		机电管线综合：基于上述终版施工图和施工模型，对所有空间进行机电管线综合，装修专业在满足机电专业管道路由走向的同时，满足本专业设计要求及装饰美观要求
		工程变更预先评估：施工过程中对施工图的设计变更、洽商在拟定阶段利用BIM模型进行预先评估
		模型的协同更新：施工图模型在施工阶段，应依据工程变更文件和图纸、专业深化设计文件和图纸，进行同步更新；同时，应随着工程的实际进展，完善施工图模型中尚未精确完善的信息。更新频率应根据工作实际情况进行调整，以保证模型在使用时为更新后的最新模型
		变更工程量计量：依照前述“模型的协同更新”和“工程变更预先评估”，在设计变更、洽商事前和事后，对所涉及的工程量变更进行计量
		基于施工图模型，可进行3D漫游及三维可视化交流

续表

阶段		应用点
实施阶段	施工准备阶段	专业深化设计模型及复核：装饰施工方对模型进行深化设计，通过与施工图模型迭代整合的方式进行复核，以三维方式发现专业深化设计中的错漏碰缺和与其他专业间的冲突
		三维大样安装模拟：通过设计施工图纸，对装饰复杂造型部位、重点难点部位进行三维大样安装模拟，确保满足装饰设计要求
		施工交底：通过模型进行多方交互，通过参数化进行数据交底：重点难点部位进行施工模拟，并与相关专业进行协调，确保实际施工方案可行
	施工阶段	施工进度管理：通过参数化关联施工进度数据；通过模型准确表达施工进度状况
		施工变更管理：通过模型实现变更内容的直观表达；通过参数化实现变更的数据统计；强化施工变更的规范化管理
		施工工艺指导：通过参数化实现精确定位；通过模拟进行施工指导；提高施工效率与品质
		施工成本管理：通过模型实现变更内容的直观表达；结合材料价格，实现施工成本管理
		装饰材料下单管理的BIM应用：通过参数化，实现材料精确下单，并进行模拟安装，提高材料下单的精确性与及时性，做到装配化施工、绿色施工
	竣工阶段	可视化阶段竣工成果交付：通过参数化实现交付成果比对；完成阶段性交付成果，为最终综合竣工交付做好准备

4.3 BIM成果表达

BIM最直观的特点在于三维可视化，降低识图误差，利用BIM的三维技术在前期进行碰撞检查，直观解决空间关系冲突，优化工程设计，减少在建筑施工阶段可能存在的错误和返工，节省工程成本和工期时间，提升工程效率。

4.3.1 方案设计阶段的BIM模型内容

(1) BIM方案设计模型：应提供经建筑分析及方案优化后的BIM方案设计模型，也可同时提供用于多方案比选的各BIM方案设计模型，如图4-2所示。

(2) 建筑分析模型及报告：应提供必要的初步能量分析模型及生成的分析报告。对大型公共建筑，特别是复杂造型项目，还应进行空间分析、结构力学分析、声学分析、能耗分析及采光分析等，并提供分析报告。

(3) BIM浏览模型：应提供由BIM设计模型创建的带有必要工程数据信息的BIM浏览模型。此模型文件体量小，对计算机配置要求不高，可以用于模型审查、批注、浏览漫游、测量打印等，但不能修改。BIM浏览模型不仅可以满足项目设计校对审核过程和项目协调的需要，同时还可以保证原始设计模型的数据安全。查看浏览模型一般只需安装对应的BIM模型浏览器即可，并可以在平板计算机、手机等移动设备上快速预览，实现高效、实时的协同。

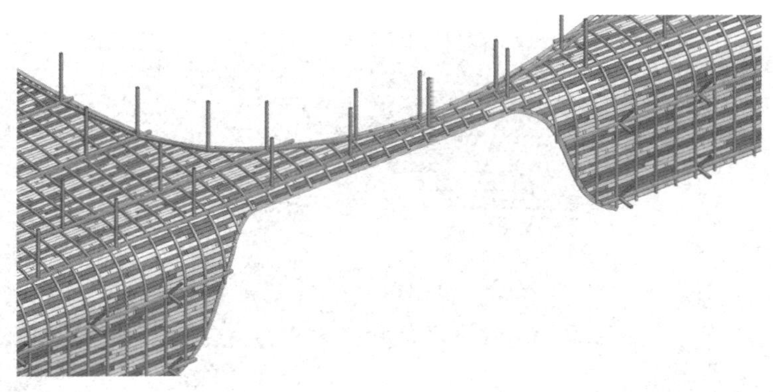

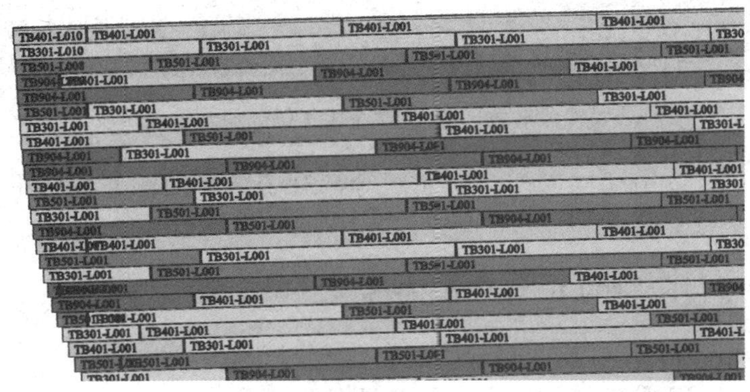

图 4-2　某车站装饰装修 BIM 方案设计模型

（4）可视化模型及生成的文件：应提交基于 BIM 模型表示的真实尺寸的可视化展示模型，及其生成的室内外效果图、场景漫游、交互式实时漫游虚拟现实系统和对应的展示视频文件等可视化成果。

（5）由 BIM 模型生成的二维视图：由 BIM 模型生成的二维视图可直接用于方案评审，包括总平面图、各层平面图、主要立面图、主要剖面图、透视图等。

4.3.2　初步设计阶段的 BIM 模型内容

（1）BIM 各专业设计模型：应提供各专业 BIM 初步设计模型。

（2）BIM 综合协调模型：应提供综合协调模型，重点应进行专业间的综合协调及完成优化分析工作。

（3）BIM 浏览模型：与方案设计阶段类似，应提供由 BIM 设计模型创建的带有必要工程数据信息的 BIM 浏览模型。

（4）建筑分析模型及报告：应提供能量分析模型、照明分析模型及生成的分析报告，并根据需要及业主要求提供其他分析模型及分析报告。

（5）可视化模型及生成文件：应提交基于 BIM 设计模型表示的真实尺寸的可视化展示模型，及其创建的室内外效果图、场景漫游、交互式实时漫游虚拟现实系统和对应的展示视频文件等可视化成果，如图 4-3 所示。

（6）由 BIM 模型生成的二维视图：该阶段由 BIM 模型生成的二维视图的重点应是通

图 4-3　某车站装饰装修 BIM 应用实例（初步设计阶段）

过二维方式绘制比较复杂的剖面图、立面图等，对于总平面图、各层平面图等建议由 BIM 模型直接生成。

4.3.3　施工图交付阶段的 BIM 模型内容

（1）BIM 专业设计模型：应提供最终各专业 BIM 设计模型。

（2）BIM 综合协调模型：应提供综合协调模型，重点应用于各专业间的综合协调，检查是否有因为设计错误造成无法施工等情况。

（3）BIM 浏览模型：与方案设计阶段类似，应提供由 BIM 设计模型创建的带有必要工程数据信息的 BIM 浏览模型。

（4）BIM 分析模型及报告：应提供最终的能量分析模型、最终照明分析模型、成本分析计算模型及生成的分析报告，并依据需要及业主要求提供其他分析模型及分析报告等。

（5）可视化模型及生成文件：应提交基于 BIM 设计模型表示的真实尺寸的可视化展示模型，及其生成的室内外效果图、场景漫游、交互式实时漫游虚拟现实系统和对应的展示视频文件等可视化成果，如图 4-4 所示。

图 4-4　某车站装饰装修 BIM 应用实例（施工图交付阶段）

（6）由 BIM 模型生成的二维视图：在经过碰撞和设计修改，消除了相应错误以后，可根据需要通过 BIM 模型生成或更新所需的二维视图，如剖面图、综合管线图、综合结构留洞图等。对于最终的交付图纸，本阶段可将视图导出到二维环境中再次进行图面处理。

4.4　BIM模型设计深度

BIM模型设计深度规范应遵循“适度”的原则，包括三个方面的内容：模型造型精度、模型信息含量、模型构件范围，同时，在能够满足BIM应用需求的基础上尽量简化模型。适度创建模型非常重要，模型过于简单，将不能支持BIM的相关应用需求；模型构建得过于精细，超出应用需求，不仅带来无效劳动，还会出现因模型庞大而造成软件运行效率下降等问题。

BIM模型深度及等级介绍如下：

（1）BIM模型深度应按不同专业划分，包括建筑、结构、机电专业的BIM模型深度，如图4-5所示。

图4-5　某车站装饰装修BIM不同模型深度示例

（2）BIM模型深度应分为几何和非几何两个信息维度，每个信息维度分为5个等级区间。

（3）BIM模型深度等级可按需要选择不同专业和信息维度的深度等级进行组合。

（4）BIM模型深度等级可按需要选择专业BIM模型深度等级进行组合。其表达方式为：BIM模型深度等级＝｛专业BIM模型深度等级｝。

（5）专业BIM模型深度等级见表4-3。

专业BIM模型深度等级　　**表4-3**

建筑信息		LOD100	LOD200	LOD300	LOD400	LOD500	备注
幕墙	支撑体系		△	√	√	√	
	嵌板体系		△	√	√	√	
	安装构件		△	√	√	√	
楼/地面	基层/面层		△	√	√	√	
	防水层		△	√	√	√	
	安装构件		△	√	√	√	
楼梯	基层/面层		△	√	√	√	
	栏杆/栏板		△	√	√	√	
	防滑条		△	√	√	√	
	安装构件		△	√	√	√	

续表

建筑信息		LOD100	LOD200	LOD300	LOD400	LOD500	备注
内墙/柱	基层/面层		△	√	√	√	
	安装构件		△	√	√	√	
门窗	框材/嵌板		△	√	√	√	
	填充构造		△	√	√	√	
	安装构件		△	√	√	√	
吊顶	基层/面层		△	√	√	√	
	安装构件		△	√	√	√	
	照明灯具		△	√	√	√	
卫生间	卫生器具		△	√	√	√	
	地漏		△	√	√	√	
	无障碍设施		△	√	√	√	
机电设备系统	喷淋		△	√	√	√	
	地漏		△	√	√	√	
	消火栓箱		△	√	√	√	
	消防报警装置		△	√	√	√	
	开关箱		△	√	√	√	
	开关插座		△	√	√	√	
	疏散标志		△	√	√	√	
	安防终端设备		△	√	√	√	
	通信终端设备		△	√	√	√	
	信号终端设备		△	√	√	√	
	风口		△	√	√	√	
	标识标牌		△	√	√	√	

注：表中“√”表示应具备的信息，“△”表示宜具备的信息。

（6）总结。BIM 技术是建筑业的一场革命，使得建筑产业愈发的信息化和数字化，BIM 技术的广泛应用是建筑业发展的趋势。

从 BIM 技术在地铁车站装修工程的应用中不难发现，BIM 技术在狭小空间的管线优化与排布、装饰装修排版、材料下料加工、工程量统计等方面具有得天独厚的优势，但不可否认，现阶段 BIM 技术在应用过程中还存在较多问题：硬件配置要求过高，价格昂贵；BIM 专业技术人员缺乏；设计周期及现场工期紧迫，而 BIM 模型通常需要较长的时间建模细化等。

新技术在发展过程中必然会遇到各种问题和困难，只有解决这些问题，克服这些困难，才会不断进步，相信未来的地铁建设在 BIM 技术的指导下将更加精益求精。

第5章 装饰材料性能

城市轨道交通装饰工程承载着一条轨道交通线路的主题形象和一个城市的文化底蕴。每条城市轨道线路都会通过车站、线路装饰装修来体现独特的风格和形象，形成一道美丽的风景线。装饰材料的选用是最主要的手段，它不仅要达到整体美观的效果，同时还要考虑安全、经济、便捷、实用等性能。地铁车站的功能多样性和特殊性使其区别于其他公共空间，需要通过选用特定功能、效果的装饰材料来实现。

装饰材料的选择是城市轨道交通室内设计的重要组成部分。材料的选用不仅代表着一种功能需求，更重要的是表达了建设者的情感寓意，起到传达空间特性的作用。地铁装饰材料是以室内设计方案为依据而选择的，符合概念设计的指导原则，同时满足地铁的功能性要求、环保技术要求、防火技术要求和经济指标要求。

目前市场上装饰材料种类繁多，现代材料科学的发展以及文化理念的转变促使新型装饰材料不断呈现。如何评估、选用适合地铁空间特性和功能需求的装饰材料，是地铁建设者考虑的一个重要命题。本章节对各类装饰材料按照功能区域和种类进行划分，并介绍各类材料的特性、应用概况及参考指标等，旨在为城市轨道交通装饰工程的选材提供参考。

5.1 装饰装修材料的分类及基本要求

5.1.1 城市轨道交通装饰装修材料的分类

车站装饰装修材料按照区域可划分：公共区装修材料、设备和管理用房区装修材料等。装饰装修主要材料品种有涂料、石材、瓷砖、金属装饰板材、无机装饰板材、装饰玻璃、防水涂料、装饰用胶等。

按涂料分，主要有：外墙涂料、内墙涂料、地面涂料等。

按石材分，主要有：天然石材、人造石、水磨石等。

按瓷砖分，主要有：釉面砖、抛光砖、通体砖、玻化砖、陶瓷锦砖、陶土砖等。

按金属装饰板材分，主要有：搪瓷钢板、烤瓷铝板、氧化铝板、铝合金金属顶棚、不锈钢材料等。

按无机装饰板材分，主要有：纤维增强硅酸钙板、抗倍特板、无机预涂板等。

按装饰玻璃分，主要有：钢化玻璃、夹层玻璃、镀膜玻璃、中空玻璃、彩釉玻璃、防火玻璃等。

按防水涂料分，主要有：聚氨酯防水涂料、聚合物水泥防水涂料、水泥基渗透结晶防水涂料等。

按装饰用胶分，主要有：干挂胶、硅酮结构胶、中性耐候胶等。

5.1.2 城市轨道交通对装饰装修材料的基本要求

城市轨道工程对装饰装修材料有防潮、防蚀、防火、耐久、耐污、无毒、无异味、便于施工、易清洁、易维护、吸声、资源可再生循环的基本要求，这和城市轨道交通的一些特点密切相关。城市轨道交通车站大部分在地下，部分位于地面以上，湿度较大，受潮后不易干；城市轨道交通车站属于交通公共区域，人流量大，部分时间段人流密度高，防火和环保要求高；城市轨道装修材料的品质和耐久性不仅涉及外观，更与安全密切相关；城市轨道车辆运营期间车辆、设备及人员产生的噪声大，为创造舒适的环境需要具有一定吸声性能的材料或构造措施；城市轨道车站公共区域面积大，人流大，清洁维护工作量大，成本高。

车站装饰装修材料除了符合基本的要求外，还应注意以下方面：

(1) 品种、规格和质量，应符合设计要求和现行国家有关标准的规定，不得使用国家明令淘汰的材料；

(2) 不得采用易碎裂伤人的材料和石棉、玻璃纤维等材料；

(3) 单块面积大于 $1.5m^2$ 的玻璃，应采用安全玻璃，并应符合现行行业标准《建筑玻璃应用技术规程》JGJ 113 的相关规定；

(4) 外露的金属、玻璃等切割、焊接加工件，应采用倒角、磨光和抛光处理工艺；

(5) 除不锈钢外，其他金属龙骨、构配件、预埋件，应在装饰装修施工前除锈、开孔后进行热镀锌处理，镀锌层厚度应符合现行国家标准的相关规定；

(6) 车站内宜采用不锈钢 304 系列，车站外宜采用不锈钢 316 系列；

(7) 装饰装修材料有害物质限量应符合现行国家标准《民用建筑工程室内环境污染控制标准》GB 50325 的规定；

(8) 装饰装修材料燃烧性能等级，应符合现行国家标准《地铁设计规范》GB 50157 和《建筑内部装修设计防火规范》GB 50222 的相关规定；

(9) 材料放射防护性能，应符合现行国家标准《建筑材料放射性核素限量》GB 6566 中 A 类装饰装修材料的规定。

5.2 涂　　料

涂料在城市轨道交通工程装饰装修中多用于车站内、外墙，对地铁车站的墙体起到保护和装饰作用。以地铁车站施工中常见的外墙涂料、内墙涂料及地面涂料为例，介绍各类材料的材料特性、应用概况及主要技术指标等。

5.2.1 外墙涂料

外墙涂料是以化学合成高分子树脂水乳液为成膜物质，加上颜料、体质颜料（填充料）、多种助剂而制成，直接在现场涂装，对以水泥基及其他非金属材料为基材的建筑物外表面进行装饰和防护。近几年来，用于城市轨道交通工程装饰装修工程外墙施工的弹性涂料和真石漆越来越受到人们关注。部分外墙涂料还要求有抗水性、自清洁性等功能。

合成树脂乳液砂壁状建筑涂料俗称真石漆，是常见的外墙涂料。它是以合成树脂乳液为主要粘结剂，以砂粒、石材微粒、特种岩片或石粉为骨料，在建筑物和构筑物表面形成具有石材、砂岩等质感效果的饰面涂料，如图 5-1 所示。真石漆装修后的建筑物，具有天然真实的自然色泽，给人以高雅、和谐、庄重之美感，特别是在曲面建筑物上装饰，生动逼真，有一种回归自然的效果。真石漆具有防火、防水、耐酸碱、耐污染、无毒、无味、粘结力强、永不褪色等特点，能有效地阻止外界恶劣环境对建筑物侵蚀，延长建筑物的寿命。

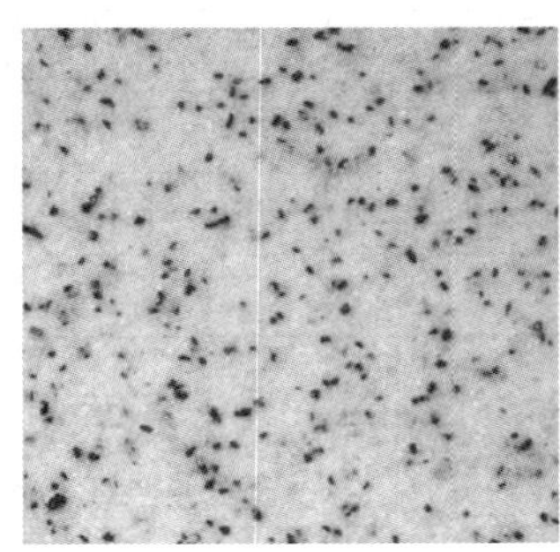
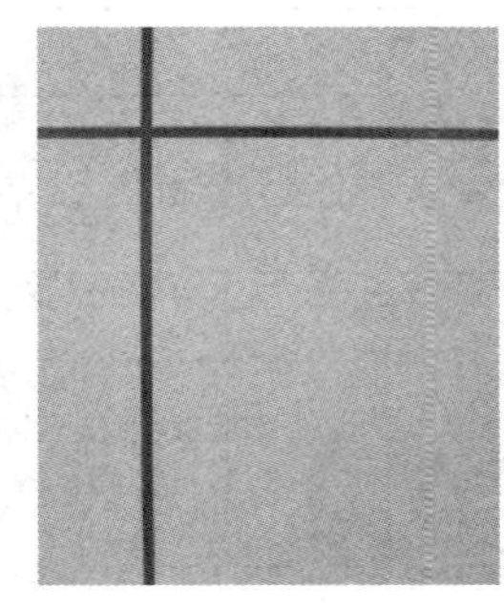
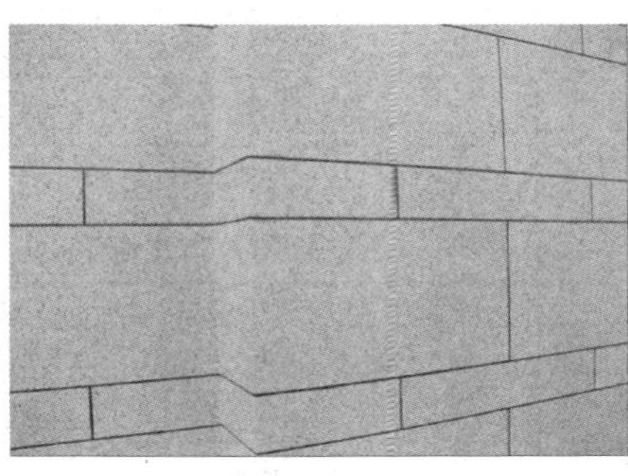

图 5-1　合成树脂乳液砂壁状建筑涂料

合成树脂乳液砂壁状建筑涂料的优点：

(1) 装饰性强。该涂料是具有仿天然石材、大理石、花岗石效果的厚浆型涂料，色泽自然，具有天然石材的质感，适用于各种线格设计，能提供各种立体形状的花纹结构，可从视觉上彰显整个建筑的高雅与庄重之美，是外墙干挂石材最佳替代品。

(2) 适用面广。可用于水泥砖墙、泡沫、石膏、铝板、玻璃等多种基面，且可以随建筑物的造型任意涂装。

(3) 水性环保。真石漆采用水性乳液，无毒环保，符合人们对环保的要求。

(4) 耐污性好。90%污物难以附着，雨水冲刷过后，亮丽如新，人工清洁更容易。

(5) 使用寿命长。高品质的真石漆使用寿命可长达 15 年。

合成树脂乳液砂壁状建筑涂料工艺不足之处主要表现在两个方面：

(1) 平面面积大时容易出现裂缝；

(2) 阴阳角裂缝。真石漆喷涂过程中在阴阳角处易出现裂缝。

合成树脂乳液砂壁状建筑涂料常规检测参数及参考指标见表 5-1、表 5-2。

主涂料及涂层体系的常规检测参数及参考指标　　表 5-1

项　目		参考指标	
		内墙型	外墙型
主涂料	容器中状态	搅拌后无结块，呈均匀状态	
	施工性	施涂无障碍	
	干燥时间（表干，h）	≤4	
	初期干燥抗裂性	3h 无裂纹	
	低温稳定性（3 次循环）	不变质	
	热贮存稳定性（15d）	无结块、霉变、凝聚及组成物的变化	
	2h 吸水量（g）	—	≤2.0

续表

项　目			参考指标	
			内墙型	外墙型
涂层体系	耐水性		—	96h 无异常
	耐碱性		48h 无异常	96h 无异常
	涂层耐温变性（5 次循环）		—	无异常
	耐沾污性（级）		—	≤2
	粘结强度（MPa）	标准状态	≥0.60	
		冻融循环（5 次循环后）	—	≥0.40
	耐人工气候老化性		—	600h 涂层不开裂、不起皱、不剥落，粉化 0 级，变色≤1 级
	柔韧性		直径 50mm 无裂纹	

透明型面涂料的常规检测参数及参考指标　　表 5-2

项　目	参考指标
容器中状态	搅拌后无结块，呈均匀状态
施工性	施涂无障碍
干燥时间（表干，h）	≤2
涂膜外观	正常
低温稳定性（3 次循环）	不变质
耐碱性	96h 无异常
涂层耐温变性（5 次循环）	无异常
耐沾污性（%）	≤15
耐水泛碱性（24h，$\Delta\omega$）	≤5.0
自洁性能（最小水接触角）	＜40°

5.2.2　内墙涂料

内墙涂料在城市轨道交通工程装饰装修中主要用于车站设备用房等室内工程。合成树脂乳液内墙涂料俗称内墙乳胶漆，以合成树脂乳液为基料，加上颜料、体质颜料及各种助剂配制而成，施涂后能形成表面平整的薄质涂层。内墙涂料通常以水性涂料为主，它具有色泽柔和、适用于水泥混凝土墙面、施工方便、易于翻新、质轻、价廉、花色品种多等优势，在室内装饰装修材料中占有举足轻重的地位，如图 5-2 所示。

内墙涂料常规检测参数及参考指标见表 5-3 及表 5-4。

图 5-2 内墙涂料

内墙底漆的常规检测参数及参考指标 表 5-3

项目	参考指标
在容器中状态	无硬块，搅拌后呈均匀状态
施工性	刷涂无障碍
低温稳定性（3 次循环）	不变质
低温成膜性	5℃成膜无异常
涂膜外观	正常
干燥时间（表干，h）	≤2
耐碱性（24h）	无异常
抗泛碱性（48h）	无异常

内墙面漆的常规检测参数及参考指标 表 5-4

项 目	参考指标		
	合格品	一等品	优等品
在容器中状态	无硬块，搅拌后呈均匀状态		
施工性	刷涂 2 道无障碍		
低温稳定性（3 次循环）	不变质		
低温成膜性	5℃成膜无异常		
涂膜外观	正常		
干燥时间（表干，h）	≤2		
对比率（白色和浅色）	≥0.90	≥0.93	≥0.95
耐碱性（24h）	无异常		
耐洗刷性（次）	≥350	≥1500	≥6000

5.2.3 地面涂料

环氧地坪漆在城市轨道交通工程装饰装修中主要用于厂区或设备房地面的铺设，如

图 5-3所示。

图 5-3 环氧地坪漆

环氧地坪漆通常由环氧树脂、溶剂和固化剂及颜料、助剂构成，这类涂料中包含众多的地坪漆品种，如无溶剂自流平地坪漆、防腐蚀地坪漆、耐磨地坪漆、防静电地坪漆和水性地坪漆等，其主要特征是与水泥基层的黏结力强，能够耐水和其他腐蚀性介质作用以及具有非常良好的涂膜物理力学性能等。由环氧树脂、改性固化剂、溶剂等组成的双组分环氧封闭清漆常规检测参数及参考指标见表 5-5～表 5-7。

地坪涂装材料底涂的常规检测参数及参考指标　　表 5-5

序号	项目		参考指标		
			S 型	R 型	W 型
1	容器中状态		搅拌混合后均匀，无硬块		
2	干燥时间（h）	表干，≤	8	4	6
		实干，≤	48	24	
3	耐碱性［饱和 $Ca(OH)_2$，48h］		漆膜完整，不起泡，不剥落，允许轻微变色		
4	拉伸粘结强度（MPa），≥		2.0		

地坪涂装材料中涂的常规检测参数及参考指标　　表 5-6

序号	项目		参考指标		
			S 型	R 型	W 型
1	容器中状态		搅拌混合后均匀，无硬块		
2	干燥时间（h）	表干，≤	8	4	6
		实干，≤	48	24	
3	耐碱性［饱和 $Ca(OH)_2$，48h］		漆膜完整，不起泡，不剥落，允许轻微变色		
4	抗压强度（MPa），≥		—		45

地坪涂装材料面涂及涂层体系的常规检测参数及参考指标　　表 5-7

序号	项目		参考指标		
			S 型	R 型	W 型
1	容器中状态		搅拌混合后均匀，无硬块		
2	涂膜外观		表面平整、无明显可见的缩孔、浮色、发花、起皱、针孔、开裂等现象		
3	干燥时间（h）	表干，≤	8		
		实干，≤	48		
4	初始流动度（mm），≥		140		
5	硬度	铅笔硬度（擦伤）	商定		—
		邵氏硬度（D 型）	—		商定

续表

序号	项目		参考指标		
			S型	R型	W型
6	耐磨性（750/500r，g），≤		0.050	0.030	
7	抗压强度（MPa），≥		—		45
8	拉伸粘结强度（MPa）	标准条件，≥	2.0		
		浸水后，≥	2.0		
9	耐冲击性	轻载（500g 钢球）	涂膜无裂纹、无剥落		
		重载（1000g 钢球）			
10	防滑性（干摩擦系数），≥		0.50		
11	耐水性（168h）		不起泡，不剥落，允许轻微变色，2h 后恢复		
12	耐化学性	耐碱性（20%NaOH，72h）	不起泡，不剥落，允许轻微变色		
		耐酸性（10%H_2SO_4，48h）	不起泡，不剥落，允许轻微变色		
		耐油性（120 号溶剂汽油，72h）	不起泡，不剥落，允许轻微变色		
13	耐人工气候老化性		时间商定（不低于 400h）不起泡、不剥落、无裂纹，粉化≤1 级，变色≤2 级		

5.3 石　　材

石材作为一种高档建筑装饰材料广泛应用于室内外装饰设计、幕墙装饰和公共设施建设等领域中，特别是城市轨道交通工程车站内外墙面、墙围、地面、楼梯等部位有着大量的应用，单个工程项目使用面积可达上万平方米。以地铁车站施工中常见的天然石材、人造石及水磨石为例，介绍各类材料的材料特性、应用概况及主要技术指标等。

5.3.1 天然石材

天然石材是指从天然岩体中开采出来的，并经加工成块状或板状材料的总称。天然石材相较人造石价格便宜，花纹自然，硬度大、密度高、不易吸水、耐磨损，适用于人流量大且使用年限要求高的地方。广泛应用在地铁车站的墙面和地面。

建筑装饰用的天然石材主要有花岗石和大理石两种。

花岗石是一种由火山爆发的熔岩在受到相当压力的熔融状态下隆起至地壳表层，岩浆不喷出地面，而在地底下慢慢冷却凝固后形成的构造岩，属于岩浆岩，如图 5-4 所示。花岗石以石英、长石和云母为主要成分。其中长石含量为 40%～60%，石英含量为 20%～40%，其颜色取决于所含成分的种类和数量。花岗石岩质坚硬密实，不易风化变质，外观色泽可保持百年以上，因此多用于墙基础和外墙饰面。由于花岗石硬度较高、耐磨，所以也常用于高级建筑装修工程中。

大理石是地壳中原有岩石经过地壳内高温高压作用形成的变质岩，属于中硬石材，主要由方解石、石灰石、蛇纹石和白云石组成，如图 5-5 所示，其主要成分以碳酸钙为主。大理石质地致密但比花岗石软，容易加工、雕琢、磨平、抛光等。大理石抛光后光洁细腻，纹理自然流畅，有很高的装饰性。大理石吸水率小，耐久性高，可以使用 40～100 年。

图 5-4　天然花岗石（芝麻灰）

图 5-5　天然大理石（爵士白）

地铁车站装饰工程以使用花岗石为主，主要用于站厅、站台、出入口通道楼梯踏步及踢脚及其他特殊部位设计的用材，颜色以灰色居多（灰麻石材），白麻和锈石是大公共空间的地面经常用的石材，站内地面多用晶白玉，外墙多用黄金麻。某市地铁 1 号线工程共 31 座车站铺装花岗石，在车站站厅、站台公共区地面，踢脚线，楼梯踏步，盲道，出入口及通道地面和墙面等区域铺设。共采购地面、墙面、踏步、盲道石材约 187580m^2，墙面、方柱、圆柱踢脚 L 型石材约 24820m^{2}以及其他少量非标板等。某市 1 号线一期工程地下车站公共区域装修施工Ⅱ标段工程中，在出站大厅、候车大厅、售票厅、客服大厅等公共空间采用了大量的花岗石进行施工，其中墙、地面石材铺设约 23000m^2，如图 5-6及图 5-7 所示。

图 5-6　地铁站中的石材（站台层）

图 5-7　地铁站中的石材（站台及楼梯）

然而，天然石材施工对接的时候缝隙较大，很难做到无缝拼接，有较为明显的缝隙。因此加工石材时加工的精度很重要，要控制好表面平整度，也要控制好尺寸误差，铺贴施工时控制好平整度。天然石材渗透率也较高，沾染污渍后很难清理，影响美观。因此要选择相对致密的石材，石材加工时要采用六面防护，施工时进行基层的防水施工和检查，防止渗漏水对铺贴石材的侵蚀。天然石材有辐射性，使用时必须进行材料测试，防止使用辐射超标的石材影响公众健康。

天然石材常规检测参数及参考指标见表 5-8。

天然石材常规检测参数及参考指标　　**表 5-8**

<table>
<tr><th rowspan="3">序号</th><th rowspan="3">检测参数</th><th colspan="5">参考指标</th><th rowspan="3">试验方法</th></tr>
<tr><th colspan="2">花岗石</th><th colspan="3">大理石</th></tr>
<tr><th>一般用途</th><th>功能用途</th><th>方解石类</th><th>白云石类</th><th>蛇纹石类</th></tr>
<tr><td>1</td><td>干燥压缩强度</td><td rowspan="2">≥100MPa</td><td rowspan="2">≥131MPa</td><td colspan="2" rowspan="2">≥52MPa</td><td rowspan="2">≥70MPa</td><td rowspan="2">GB/T 9966.1</td></tr>
<tr><td>2</td><td>水饱和压缩强度</td></tr>
<tr><td>3</td><td>干燥弯曲强度</td><td rowspan="2">≥8.0MPa</td><td rowspan="2">≥8.3MPa</td><td colspan="3" rowspan="2">≥7.0MPa</td><td rowspan="2">GB/T 9966.2</td></tr>
<tr><td>4</td><td>水饱和弯曲强度</td></tr>
<tr><td>5</td><td>体积密度</td><td colspan="2">≥2.56g/cm^3</td><td>≥2.60g/cm^3</td><td>≥2.80g/cm^3</td><td>≥2.56g/cm^3</td><td rowspan="2">GB/T 9966.3</td></tr>
<tr><td>6</td><td>吸水率</td><td>≤0.60%</td><td>≤0.40%</td><td colspan="2">≤0.5%</td><td>≤0.6%</td></tr>
</table>

5.3.2　人造石

人造石通常指人造石英石、人造岗石、人造实体面材等。人造石类型不同，其成分也不尽相同。人造石成分主要是树脂、铝粉、颜料和固化剂。室内装饰工程中采用的人造石材主要是树脂型人造石，是以不饱和聚酯树脂为胶结剂，与天然大理石碎石、石英砂、方解石、石粉或其他无机填料按一定的比例配合，再加入催化剂、固化剂、颜料等外加剂，经混合搅拌、固化成型、脱模烘干、表面抛光等工序加工而成，如图 5-8 所示。这种人造石光泽好、颜色鲜艳丰富、可加工性强、装饰效果好。

人造石英石是由90%左右的天然石英和10%左右的色料、树脂和其他起调节、粘结、固化等作用的添加剂组成。是经过负压真空、高频振动成型，加温固化的生产方法加工而成的板材。其质地坚硬、结构致密，具有一定的耐磨、耐压、耐高温、抗腐蚀、防渗透等特性。广泛应用于电梯口、地面、墙面等装饰。

图 5-8 人造石

人造岗石，又称合成石、再造石、工程石。它是以天然大理石碎料、石粉为主要原材料，也可添加马赛克、贝壳、玻璃等材料作为点缀，以有机树脂为胶结剂，经真空搅拌、高压震荡成型，再经过室温固化等工序而制成的合成石。人造岗石耐磨性好，色彩酷似天然石，体积密度高，主要应用于地面、墙面。相较于天然大理石，人造岗石有色差小、无辐射、品种齐全、色泽艳丽、品质稳定、重量轻、易裁切、安装方法简单等优点。

实体面材是以聚甲基丙烯酸甲酯（PMMA，俗称亚克力）、不饱和聚酯树脂（UPR）等有机高分子材料为基体，以天然矿石粉、颗粒为填料，加入颜料及其他辅助剂，经真空浇铸或模压成型的高分子复合材料。实体面材用于制作各种台面，如卫生间洗面台、窗台、商业台、接待柜台等。人造石还可以用于建筑装饰，如墙面、柱子、楼梯、栏杆等。

但是与天然石材相比，人造石硬度较差，质地较软，容易刮伤；收缩性能差，容易开裂损坏。在城市轨道交通工程领域中，人造石除了少量应用于地面之外，多应用于人工服务窗口台面、站内厕所洗手台、洗手盆等。例如某市地铁曾对1、2、3、5号线共82个车站公共区卫生间进行升级改造，将原来独立的洗手盆改为人造石一体化洗手台。基于人造石光泽好、颜色鲜艳丰富、可加工性强、装饰效果好的优点，人造石在站内人文艺术领域也有大量的应用。某市地铁站里使用了大量人造石艺术石凳，在石凳上画着当地的一些风景名胜以及美景，映衬本站的艺术设计主题，如图5-9所示。

图 5-9 某地铁站内人造石艺术石凳

人造石材常规检测参数及参考指标见表5-9。

人造石材常规检测参数及参考指标　　表 5-9

序号	检测参数	参考指标			试验方法
		石英石	岗石	实体面材	
1	线性热膨胀系数	$3.5\times10^{-5}℃^{-1}$	$4.0\times10^{-5}℃^{-1}$	$5.0\times10^{-5}℃^{-1}$	JC/T 908
2	耐磨性	≤300mm³	≤500mm³	≤0.6g	
3	莫氏硬度	≥5	≥3	—	
4	落球冲击	用于台面时，450g 钢球，A 级品冲击高度不低于 1200mm，B 级品冲击高度不低于 800mm，样品不破损。用于墙、地面时，225g 钢球，1200mm 自由落下，样品不破损	225g 钢球，800mm 自由落下，样品不破损	450g 钢球，A 级品冲击高度不低于 2000mm，B 级品冲击高度不低于 1200mm，样品不破损	
5	耐污染性	用于台面材料，耐污值总和不大于 64，最大污迹深度不大于 0.12mm 用于台面材料，耐污染性由供求双方商定	—	耐污值总和不大于 64，最大污迹深度不大于 0.12mm	
6	光泽度	高光板大于 70，其他由供需双方商定	高光板>70，40<光板≤70，20<低光板≤40，其他由供需双方商定	—	
7	压缩强度	≥150MPa	≥80MPa	—	

5.3.3 人造水磨石

人造水磨石是将碎石拌入水泥制成混凝土后表面磨光的制品，主要应用于地面。水磨石跟水泥花砖类似，都是水泥的衍生产品。水磨石地面，一般是在灰色水泥中加白色的颗粒状云石后打磨。造价相对低廉，使用性能良好，相较水泥地面，防滑性能更好，视觉效果也更高级，如图 5-10 及图 5-11 所示。

在城市轨道交通工程领域，水磨石也被用于地面。近年来，国内部分城市的地铁站也在使用水磨石装饰地面，如苏州地铁 3 号线、常州地铁 1 号线沿线多个站台都使用了水磨石地面。随着水磨石制造工艺的不断发展进步，多彩美观的新型水磨石在地铁站内外墙面等区域以及站内艺术景观上都有着潜在的应用前景。

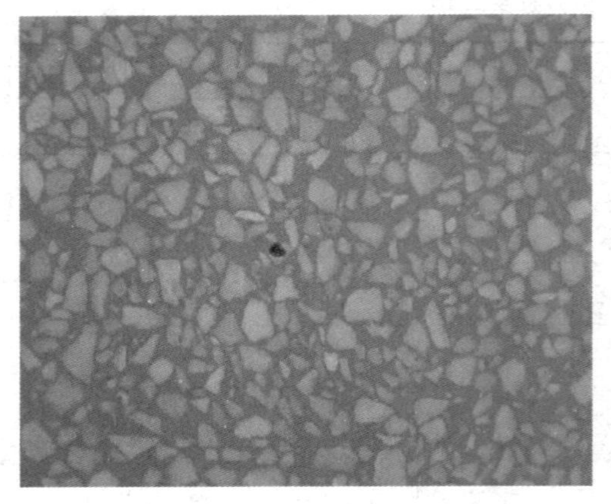

图 5-10　传统水磨石

图 5-11　新型水磨石

水磨石常规检测参数及参考指标见表 5-10。

水磨石常规检测参数及参考指标　　表 5-10

序号	检测参数	参考指标		试验方法
		普通水磨石	水泥人造石	
1	抗折强度	平均值≥5.0MPa 最小值≥4.0MPa	平均值≥10.0MPa 最小值≥8.0MPa	JC/T 507
2	吸水率	≤8.0%	≤4.0%	
3	光泽度	≥25	≥60	
4	耐污染性能	应符合设计要求		
5	摩擦系数	≥0.50		
6	防静电性能	达到 GJB 3007A 防静电工作区技术要求 （仅针对防静电型水磨石）		

5.4　陶　瓷　砖

陶瓷砖是一种历史悠久的建筑装饰材料，由黏土或其他无机非金属原料经成型、煅烧等工艺处理而成，广泛应用于各类建筑物墙面及地面装饰。目前，陶瓷砖在城市轨道工程的装饰中主要用在设备与管理用房和车辆基地的墙面、踢脚、地面等部位。陶瓷砖根据使用部位不同可以分为内墙砖、外墙砖、室内地砖、室外地砖及广场地砖等。本节以地铁车站施工中常见的釉面砖、抛光砖、通体砖、玻化砖、陶瓷锦砖及陶土板为例，介绍各类材料的材料特性、主要技术指标及使用中的注意事项。

5.4.1　釉面砖

釉面砖是指吸水率大于 10%且小于 20%的正面施釉的陶瓷砖，是装饰装修中比较常见的砖种，釉面砖表面色彩和图案丰富，可以做成各种图案和花纹，使得建筑物内空间具有独特的整洁和美观效果，如图 5-12 所示。

图 5-12　釉面砖

根据原材料的不同，釉面砖可以分为陶制釉面砖和瓷制釉面砖。陶制釉面砖，由陶土烧制而成，吸水率较高，强度相对较低，其主要特征是背面颜色为红色；瓷制釉面砖，由高岭土烧制而成，吸水率较低，强度相对较高，其主要特征是背面颜色为灰白色。根据表面光泽不同，釉面砖又可以分为光面釉面砖和哑光釉面砖。

由于釉面砖具有色彩图案丰富、色泽鲜明、耐久性好、耐污能力强、易清洁的特点，在地铁车站装饰工程中，釉面砖主要用于地铁站厅层的内墙面装饰及设备管理用房、洗手间的墙面装饰等。

但是釉面砖吸水率较大，不宜用于室外。这是由于釉面砖为多孔精陶坯体，吸水后将产生湿胀，而其表面釉层的湿胀性很小，如果用于室外，受到温、湿度影响及日晒雨淋作用，当砖坯体产生湿胀应力超过了釉层本身的抗拉强度时，就会导致釉层发生裂纹或剥落，严重影响建筑物的饰面效果。同时釉面砖表面是釉料，耐磨性较差。

釉面砖粘贴时若施工不当，极易出现空鼓、脱落等质量问题，具体问题及原因如下：

（1）釉面砖质地疏松，粘贴时砂浆中的浆水容易从釉面砖背面渗进砖坯内，并从透明釉面上反映出来，致使釉面砖变色、污染、白度降低；

（2）釉面砖浸水不足，造成砂浆早期脱水或浸泡后未晾干就粘贴，产生浮动自坠；基层未处理好，墙面湿润不透，砂浆失水过快，影响粘贴强度；粘结砂浆不饱满、厚度不匀，操作时用力不均等导致出现空鼓、脱落现象；

（3）施工前对釉面砖挑选不严格，挂线排砖不规则，平尺板安装不平、操作技术低或基层抹灰底面不平整易造成接缝不平直、缝宽不均匀；

（4）釉面砖的材质松脆、吸水率大，湿膨胀较大，易产生内应力而开裂，造成表面裂缝。

釉面砖常规检测参数及参考指标见表 5-11。

釉面砖常规检测参数及参考指标 **表 5-11**

序号	检测参数		参考指标	试验方法
1	吸水率		平均值>10%，单个最小值>9% 当平均值>20%时，制造商应说明	GB/T 3810.3
2	破坏强度	厚度≥7.5mm	≥600N	GB/T 3810.4
		厚度<7.5mm	≥350N	
3	断裂模数		平均值≥15MPa，单个值≥12MPa	GB/T 3810.4
4	抗热震性		经试验不出现裂纹或炸裂	GB/T 3810.9
5	有釉砖抗釉裂性		经试验应无釉裂	GB/T 3810.11
6	抗冻性		经试验应无裂纹或剥落	GB/T 3810.12

5.4.2 抛光砖

抛光砖由黏土和石材的粉末经压机压制，然后烧制后打磨而成的一种光亮的砖，属于通体砖的一种。抛光砖表面光洁，坚硬耐磨，在采用渗花技术的基础上，抛光砖可以做出各种仿石、仿木效果。抛光砖主要用于地铁车站的设备用管理用房区走道、内部楼梯间、消防专用通道的墙面装饰及车辆基地的墙面、地面装饰，如图 5-13 所示。

图 5-13 抛光砖

抛光砖的色差较小，强度较大，耐磨性好，砖体轻薄，适合室内外大面积铺贴，具有以下优缺点：

（1）抛光砖的优点

1）抛光砖砖体薄、重量轻，不会增加构筑物的负荷重量，且易于铺贴；

2）抛光砖高温烧制前经原材料调配，同批产品的花色都一致，基本无色差；

3）抛光砖压制后再经 1200℃以上高温烧结，抗弯曲强度大。

（2）抛光砖的缺点

1）抛光砖在制作时留下的凹凸气孔，使其表面容易渗入污染物；

2）抛光砖的色泽种类及花纹图案相对其他的砖种较为单一；

3）防滑性一般。

抛光砖常规检测参数及参考指标见表 5-12。

抛光砖常规检测参数及参考指标 **表 5-12**

序号	检测参数		参考指标	试验方法
1	吸水率		平均值≤0.5%，单个值≤0.6%	GB/T 3810.3
2	破坏强度	厚度≥7.5mm	≥1300N	GB/T 3810.4
		厚度<7.5mm	≥600N	
3	断裂模数		平均值≥28MPa，单个值≥21MPa	GB/T 3810.4
4	抗热震性		经试验不出现裂纹或炸裂	GB/T 3810.9
5	抗冻性		经试验应无裂纹或剥落	GB/T 3810.12
6	地砖摩擦系数		单个值≥0.50	GB/T 4100

5.4.3 通体砖

通体砖是将岩石碎屑经过高压压制而成，抛光后表面坚硬，吸水率更低，耐磨性好。通体砖的表面不上釉，正面和反面的材质、色泽一致。虽然现在还有渗花通体砖等品种，但其花色比不上釉面砖，如图 5-14 所示。

图 5-14 通体砖

通体砖是一种耐磨砖，多数的防滑砖都属于通体砖。通体砖常用的规格有 300mm×300mm、400mm×400mm、500mm×500mm、600mm×600mm、800mm×800mm 等。

由于花色比较单一，通体砖通常被用于装饰走廊及过道等美观要求比较低的区域。地铁车站装饰工程中，通体砖主要用在设备用管理用房区走道、内部楼梯间、消防专用通道、洗手间、清扫工具室、消防泵房等处的地面装饰。

通体砖常规检测参数及参考指标与抛光砖相同，见表 5-12。

5.4.4 玻化砖

玻化砖是由石英砂、泥烧制而成，然后用磨具打磨抛光，表面如镜面般透亮光滑，是所有瓷砖中硬度最高的一种。在吸水率、边直度、弯曲强度、耐酸碱性等方面都优于普通釉面砖，如图 5-15 所示。常用规格有 400mm×400mm、500mm×500mm、600mm×600mm、800mm×800mm、900mm×900mm、1000mm×1000mm。玻化砖吸水率小于等于 0.5%，属于全瓷砖。

图 5-15　玻化砖

玻化砖可广泛用于各种装饰工程的室内或室外地面。地铁车站装饰工程中，玻化砖主要用在设备用管理用房区办公区域、过道、内部楼梯间、消防专用通道等处的地面装饰及车辆基地的墙面、地面装饰。因表面光滑，防滑性能较差，很少用于洗手间、清扫工具室、消防泵房等多水的地方。

随着陶瓷技术的日益发展，近年来，大规格的玻化砖已经发展成为工程装饰的主流。玻化砖具有天然石材的质感，而且具有色差小、性能稳定、强度高、耐磨、吸水率低、耐酸碱等优点，各种理化性能比较稳定，符合环境保护发展的要求，是替代天然石材较好的瓷制产品。

但玻化砖存在色泽、纹理较单一，不够防滑等缺点。

玻化砖常规检测参数及参考指标见表 5-13。

玻化砖常规检测参数及参考指标　　表 5-13

序号	检测参数		参考指标	试验方法
1	吸水率		平均值≤0.5%，单个值≤0.6%	GB/T 3810.3
2	破坏强度	厚度≥7.5mm	≥1300N	GB/T 3810.4
		厚度<7.5mm	≥700N	
3	断裂模数		平均值≥35MPa，单个值≥32MPa	GB/T 3810.4
4	抗热震性		经试验不出现裂纹或炸裂	GB/T 3810.9
5	抗冻性		经试验应无裂纹或剥落	GB/T 3810.12
6	地砖摩擦系数		单个值≥0.50	GB/T 4100

5.4.5 陶瓷锦砖

陶瓷锦砖又名马赛克，以瓷化好、吸水率小、抗冻性强等特点而成为外墙装饰的重要材料。它用优质瓷土烧成，一般做成 18.5mm×18.5mm×5mm、39mm×39mm×5mm 的小方块，或边长为 25mm 的六角形等。这种制品出厂前已按各种图案反贴在牛皮纸上，如图 5-16 所示。

图 5-16 陶瓷锦砖

陶瓷锦砖具有色泽多样、质地坚实、经久耐用、吸水率极小（小于 0.2%）、耐酸、耐碱、耐火、耐磨、不渗水、易清洗、抗急冷急热等特点。可用于地铁车站站厅层墙面装饰，也可用于门厅、走廊、洗手间等处的内墙面和地面，与外墙面砖相比具有面层薄、自重轻、造价低、坚固耐用、色泽稳定的特点。

陶瓷锦砖施工要求较高，铺贴时操作不当，容易产生表面不平整、分格缝不均匀、砖缝不平直、空鼓、脱落等质量问题。

陶瓷锦砖常规检测参数及参考指标见表 5-14。

陶瓷锦砖常规检测参数及参考指标　　表 5-14

序号	检测参数	参考指标	试验方法
1	色差	同色砖色差目测基本一致	JC/T 456
2	铺贴衬材的粘结性	经粘结试验后，不允许有脱落	
3	铺贴衬材的剥离性	表贴剥离时间不大于 20min	
4	铺贴衬材的露出	不允许有铺贴衬材露出	
5	抗热震性	试验后，应无裂纹、无破损	GB/T 3810.9
6	抗釉裂性	试验后，应无釉裂、无破损	GB/T 3810.11
7	抗冻性	试验后，应无裂纹、无剥落、无破损	GB/T 3810.12

注：K—重量变化率。

5.4.6 陶土板

陶土板为天然陶土通过真空高压挤压成型，高温煅烧而成。它具有绿色环保、无辐射、色彩雅致、美观自然、质感淳厚、无光污染、坚固耐用、抗震性佳、随意切割、安装方便、耐火阻燃、保温节能、隔声降噪等特点，如图 5-17 所示。

近几年来陶土板在地铁工程中开始运用，江苏竣工的地铁车站中，已有一些车站的墙面和柱面开始使用陶土板。

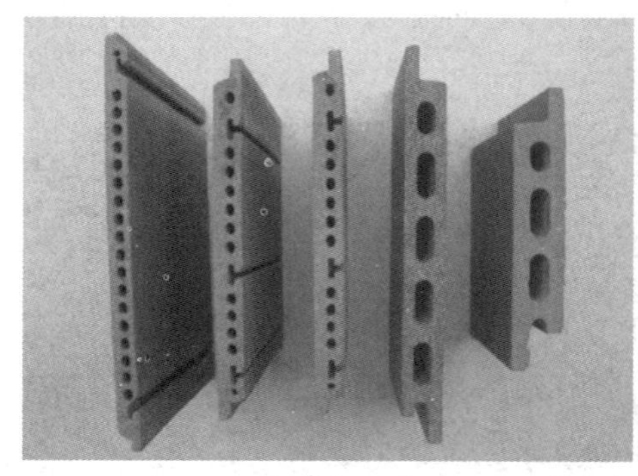

图 5-17　陶土板

陶土板按照板型分为平面板、槽面板和各种陶棍、百叶系列，在设计中互相搭配衬托，体现不同的形式美感。按照表面颜色，可分为自然面和釉面系列。

陶土板常规宽度为 200mm、250mm、300mm、450mm、500mm，常规长度为 300mm、600mm、900mm、1200mm，常规厚度为 15～30mm 不等，最大规格可以达到 500mm×1200mm。陶土板可以根据要求切割成不同的形状和定制不同的颜色，以满足各类建筑装修风格的需要。

陶土板作为一种新型建筑装修装饰材料，因产品具有耐久性能好，颜色日久砺新，陶土板幕墙又具有庄重而强烈的艺术感等优势，而被广泛应用。干挂陶土板，安装简便、安全可靠，施工进度较快；通过陶土板之间的缝隙实现背面通气，防止背面结露；环保、无辐射、色泽稳定、自洁能力强；板块可随意切割、布置灵活，可单块安拆。

陶土板的主要优点如下：

（1）由于原料品种、烧制方式不同，陶土板能展示出丰富多彩的颜色。根据不同的烧制方法，以及陶器特有的“窑变”可以烧制出具有独特的烧斑和色斑，极富韵味。这种天然材料的完美色调，通过表面形状、铺贴方式和光线阴影将赋予建筑物丰富的表情，使之永久亮丽。

（2）陶土板为无机质材料，具有优越的耐酸、耐碱等性能，也可以用于外墙来阻隔酸雨等。陶土板为烧制而成，所以具有很好的耐火性，是一种耐燃材料。

（3）抗紫外线、不易刮伤、耐候性能好。作为建筑外墙，就要经得起太阳和无数风雨的洗礼，陶土板不会因紫外线的长期照射而变色或褪色，能长时间保持建筑物的美丽外观和性能。陶土板经通过真空高压挤压成型，高温煅烧而成，硬度高。

（4）耐寒、抗冻性能较好。寒冷低温是影响外墙的一大因素，特别是在寒冷地区，由于建筑材料吸入水分，水分冻结后可能会导致外墙开裂。高温烧制而成的陶土板因为密度非常高，不易吸水、开裂，因此即使在寒冷地区也可以使用。

（5）陶土板由金属零件固定在金属架上，需要更换修补时可以随时取下。

陶土板在使用中存在的问题如下：

（1）使用过程中会存在色差。因陶土板由各色不同的陶土配比而成，其颜色与陶土的配比、产地、烧制温度、外界温度、烧制时间等因素有关；陶土产地受自然成因所限，烧制过程中火候、时间、温度不可能绝对相同，因此不可能保证绝对无色差，只能通过完善的工艺和技术减小色差；且不同厂家的颜色不可能绝对相同。

（2）个别板材在成型过程中没有掌握好时间就开始切割，纵向线条端头都有 2～6mm 不等的偏差、翘曲，在安装过程中造成线条在两块板连接处明显不直，影响整体形象。

（3）由于板面材质孔隙率大的缘故，被油漆、涂料等污染，处理起来比较困难，容易造成色差现象。建议在施工中加强半成品及成品的保护，以免造成不必要的污染。

（4）陶土板本身自重较大，对骨架、横梁的质量（包括防腐）要求较高。

陶土板常规检测参数及参考指标见表 5-15。

陶土板常规检测参数及参考指标　　表 5-15

序号	检测参数		参考指标			试验方法
			AⅠ	AⅡ	AⅢ	
1	吸水率平均值		$E \leqslant 3\%$	$3\% < E \leqslant 6\%$	$6\% < E \leqslant 10\%$	JG/T 324
2	弯曲强度（MPa）	平均值	≥23	≥13	≥9	
		最小值	≥18	≥11	≥8	
3	抗冻性		无破坏			
4	抗热震性		无破坏			

5.5 金属装饰板材

金属装饰板材是一种以金属为表面材料复合而成的新型室内装饰材料，由金属装饰材料通过镶贴或构造连接安装等工艺与墙体表面形成装饰层面。装饰层面能直接体现建筑物的装饰效果，对墙面起较好的遮掩和保护作用。以地铁车站施工中常见的搪瓷钢板、烤瓷铝板、氧化铝板、铝合金金属顶棚、不锈钢等为例，介绍各类材料的材料特性、主要技术指标及使用中的注意事项。

5.5.1 搪瓷钢板

搪瓷钢板采用零碳钢板为基材，经过 850℃以上的高温烧制而成，是金属与无机材料的完美结合体。如图 5-18 所示。搪瓷钢板既有钢板的柔韧性，又有无机搪瓷层安全、环保等特点。它不但具有金属的柔韧牢固性和瓷釉的耐用装饰性，还具有超强耐酸耐碱、无毒、无味、不燃、安全环保、光滑耐磨、易清洁等优点。

此外，搪瓷钢板施工工艺以预制安装为主，通常采用可拆卸式干挂安装，自下而上挂在钢架龙骨上，安装简单、拆卸方便，有利于日后对装饰面后的管线、设备设施、离壁沟等进行维护及对侧墙主体结构的渗漏水进行整治。正由于搪瓷钢板具有上述优点，使其适用于地铁车站公共区墙面、柱面的干挂装修。但由于搪瓷钢板为新型材料，国内生产厂家较少，而且搪瓷钢板不能在施工现场进行切割加工，因此，车站设备区、管理区及出入口

图 5-18 搪瓷钢板

等区域的墙面装修使用较少。

搪瓷钢板除了应用于地铁装饰，还应用于隧道用装饰墙板、人行地下通道墙面等。

搪瓷钢板的主要优点如下：

（1）耐刮擦、易于清洁、耐磨性强；

（2）使用寿命长，理化性能稳定；

（3）安装方便，采用干挂系统，机械式安装更加牢固；

（4）形状多种多样，色彩缤纷，可根据客户的要求绘制各种图案。

搪瓷钢板常规检测参数及参考指标见表 5-16。

搪瓷钢板常规检测参数及参考指标 **表 5-16**

序号	检测参数	参考指标	试验方法
1	耐盐水性	不生锈	JG/T 234
2	耐酸性	2 级及以上	
3	光泽度	高光≥85，亚光 60～85	
4	耐硬物冲击性	瓷面无裂纹、无掉瓷	

5.5.2 烤瓷铝板

烤瓷铝板是采用铝合金板为基材的表面涂装水性陶瓷涂料（纳米无机树脂），通过加热方式固化，形成性能与陶瓷相似的漆膜（涂层），故也称为纳米陶瓷铝板。具有防火、环保、抗静电、高度自洁、高硬度、高耐磨、防腐蚀、耐候性佳、使用寿命长等优点，如图 5-19 所示。

图 5-19 烤瓷铝板

烤瓷铝板结构主要由面板、加强筋、挂耳等部件组成，为了确保铝合金基材板在长期使用中的平整度和强度，可在板背面安装加强筋，通过螺栓把加强筋和面板连接成一个整体，从而增加其强度和刚性。烤瓷铝板主要用于城市轨道交通的站台层或公共区域墙面装饰。

烤瓷铝板的主要优点如下：

(1) 不产生任何有毒气味、气体，对环境和人体无害、无毒、无污染、安全性能高；

(2) 采用纳米无机树脂为主要基料，选用高硬度及耐磨性强的纳米金属氧化物、二氧化硅、高耐候无机颜料，经过特殊工艺加工配制而成，在铝质基材表面涂装之后，形成一种无机陶瓷涂层，达到纳米材料级别；

(3) 高硬度（常温硬度 6～9H）、高耐磨（耐磨性＞20000 次）；

(4) 耐酸、耐碱、耐盐、耐溶剂、耐化学腐蚀；

(5) 具有超久保色度、耐老化、耐候性、耐污染；

(6) 消除静电、不沾性、不容易产生静电吸尘，通过雨水自然洗涤净化，保持装饰立面清洁，具有高度自洁性；

(7) 具备 A1 级防火性能，耐高温大于 600℃。

烤瓷铝板常规检测参数及参考指标见表 5-17。

烤瓷铝板常规检测参数及参考指标　　表 5-17

序号	检测参数	参考指标	试验方法
1	铅笔硬度	≥4H	JC/T 2439
2	涂层附着力	划格法 1 级	
3	耐盐酸	无变化	
4	耐硝酸	无气泡等变化，色差 $\Delta E \leqslant 5.0$NBS	
5	耐碱性	无变化	
6	耐溶剂性	无露底	
7	燃烧性能等级	A（A1）级	

5.5.3　氧化铝板

氧化铝板，也称阳极氧化铝板，是将铝单板置于相应电解液中作为阳极，在特定条件和外加电流作用下，进行电解，使阳极的铝板氧化，表面上形成氧化铝薄层，其厚度为 5～20μm，硬质阳极氧化膜可达 60～200μm，如图 5-20 所示。

图 5-20　氧化铝板

地铁车站装饰工程中，氧化铝板一般用在站台层或公共区域的墙面或柱面的装饰中。部分车站外墙面的铝材幕墙也会用到氧化铝板。

氧化铝板的主要优点如下：

(1) 阳级氧化铝板装饰性强，硬度适中，可轻易折弯成型，进行连续性高速冲压，方便直接加工成产品，无需再进行复杂的表面处理，大大缩短产品生产周期和降低产品生产成本，加工性好。

(2) 标准厚度氧化膜（3μm）的阳极氧化铝板室内长期使用不变色、不腐蚀、不氧化、不生锈。加厚氧化膜（10μm）的阳极氧化铝板可用于室外，可长期暴露于太阳光线下不变色。

(3) 氧化铝板表面无油漆和任何化工物质，600℃高温不燃烧，不产生有毒气体，符合消防环保要求。

(4) 氧化铝板抗污性强，容易清洗，不产生腐蚀斑点。

(5) 经阳极氧化的氧化铝板表面硬度高，表面无油漆覆盖，保留铝板金属色泽，提高产品档次和附加值。

氧化铝板常规检测参数及参考指标见表 5-18。

氧化铝板常规检测参数及参考指标　　表 5-18

序号	检测参数		参考指标	试验方法
1	光泽度偏差	光泽度<30	±5	
		30≤光泽度<70	±7	
		光泽度≥70	±10	
2	附着力		划格法 0 级	GB/T 23443
3	铅笔硬度		≥1H	
4	耐盐酸		无变化	
5	耐硝酸		无气泡等变化，$\Delta E \leq 5.0$	

5.5.4 铝合金金属顶棚

铝合金金属顶棚是金属吊顶中最常见的一种。铝顶棚主要以 1001H24，3003H24 国际标准铝材热轧优质铝合金板为基材，面板采用专业的平整拉伸和模压成型等加工工艺处理，具有加工精度高，外形稳定，表面平整度高等特点，如图 5-21 所示。

图 5-21　铝合金金属顶棚

铝合金金属顶棚常用规格有 600mm×600mm，500mm×500mm，400mm×400mm，300mm×300mm，300mm×600mm，300mm×1200mm，600mm×1200mm 等。冲孔规格有 ϕ1.8cm，ϕ2.3cm，ϕ2.5cm，ϕ3.0cm 等。

铝合金金属顶棚板型多，线条流畅，颜色丰富，外观效果良好，更具有防火、防潮、易安装、易清洗等特点，在地铁车站装饰工程中，铝合金金属顶棚广泛用在地铁车站各种空间的顶棚部位。铝合金金属顶棚的表面处理工艺主要有覆膜、滚涂、喷涂三种。根据形状不同，铝合金金属顶棚产品主要有方形吊顶、条状吊顶、垂片吊顶、栅格吊顶及蜂窝状构造和瓦楞构造的特殊造型吊顶等，如图 5-22 所示。

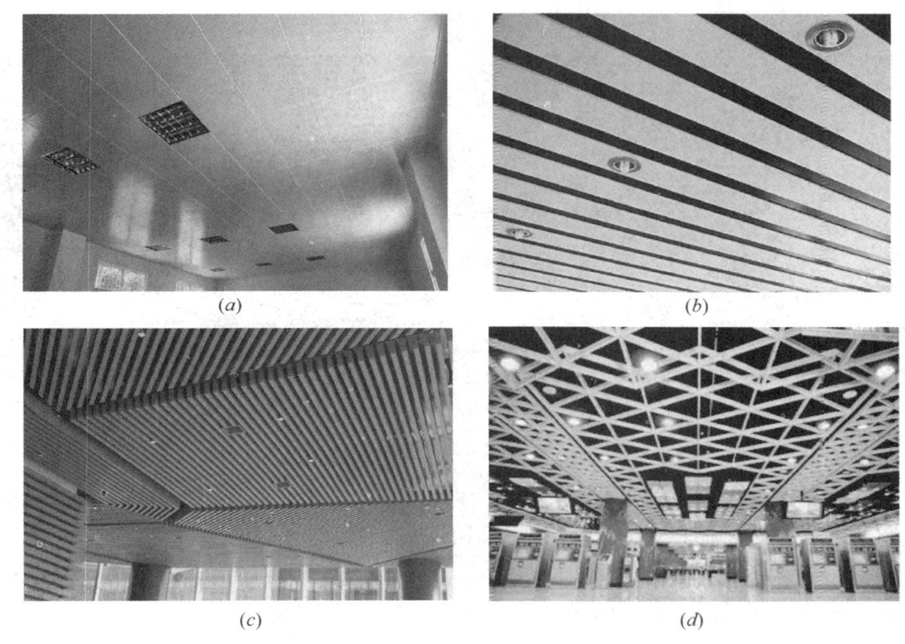

(*a*) (*b*) (*c*) (*d*)

图 5-22 各种造型的铝合金金属顶棚

(*a*) 方形吊顶；(*b*) 条状吊顶；(*c*) 垂片吊顶；(*d*) 栅格吊顶

铝合金金属顶棚常规检测参数及参考指标见表 5-19。

铝合金金属顶棚常规检测参数及参考指标 **表 5-19**

序号	检测参数		参考指标	试验方法
1	光泽度偏差	光泽度＜30	±4	GB/T 23444
		30≤光泽度＜70	±5	
		光泽度≥70	±6	
2	附着力	铝及铝合金基材	0 级	
3	漆膜硬度		≥HB	
4	耐冲击性（N·m）	铝及铝合金基材	≥4	

5.5.5 不锈钢

不锈钢具有较好的力学性能和耐腐蚀性能，用于装饰上的不锈钢主要是板材，不锈钢板是借助于其表面特征达到装饰目的，如表面的平滑性和光泽性等。不锈钢还可以通过着色处理，得到多重颜色，具有良好的装饰性。不锈钢以其特有的光泽、质感和现代化气息，既可作为装饰材料，也可作为承重构件，被广泛用于地铁车站的室内外墙柱装饰面（不锈钢包柱）、幕墙、电梯间护壁，地铁车站站台不锈钢立柱，地铁轨道车站不锈钢导向牌标识、座椅、进出站刷卡机、售票机、岗亭、门口包镶及室内外楼梯扶手、护栏等处，如图 5-23 和图 5-24 所示。

图 5-23　不锈钢护栏及立柱

图 5-24　不锈钢刷卡机

彩色不锈钢不仅保持了原色不锈钢的物理、化学、机械性能，而且比原色不锈钢具有更强的耐腐蚀性能，既具有金属特有的光泽和强度，又具有色彩纷呈、经久不变的颜色。彩色不锈钢板的彩色面层能耐 200℃的高温，而且面层还具有较好的耐磨耐刻划性能，彩色不锈钢板一般用于装饰地铁车站的厅堂墙板、顶棚、电梯厢板等。

常用的不锈钢材质按牌号可分为 201、304、316 三类。其中 201 不锈钢的防腐、防锈等特性较弱，多使用在空气干燥地区；304 不锈钢护栏的应用范围比较广泛，可以使用在空气干燥的室内外多种场所，性价比较高；316 不锈钢防腐、防锈及承重能力强于其他牌号的不锈钢，多被使用在沿海地区，但价格较为昂贵。车站内扶手、护壁多采用 316 不锈钢弯管；地铁不锈钢导向牌多采用 304 或 201 不锈钢，对其表面进行镜面、拉丝、蚀刻、镀铜、冲压等多重工艺处理。

5.6 无机装饰板材

无机装饰板材质量轻盈、易于加工，广泛应用于地铁、隧道等场合的墙面装饰装修。以地铁车站施工中常见的纤维增强硅酸钙板、酚醛树脂高压板、无机预涂板为例，介绍各类材料的材料特性、主要技术指标及使用中的注意事项。

5.6.1 纤维增强硅酸钙板

纤维硅酸钙板是以无机矿物纤维或纤维素纤维等松散短纤维为增强材料，以硅质-钙质材料为主要胶结材料，经制浆、成型、蒸压养护形成硅酸钙胶凝体而制成的板材，如图 5-25所示。

图 5-25 纤维增强硅酸钙板

纤维增强硅酸钙板主要用于隔墙、吊顶、顶棚、潮湿的房间（卫生间）隔墙及吊顶和地铁隧道防火板。

纤维增强硅酸钙板的优点主要有：高强度、防火、耐水、防潮、耐污及较好的尺寸稳定性。

纤维增强硅酸钙板常规检测参数及参考指标见表 5-20。

纤维增强硅酸钙板常规检测参数及参考指标 **表 5-20**

序号	检测参数	参考指标	试验方法
1	湿胀率	≤0.25%	JC/T 564.1、564.2
2	不透水性	24h 后检验板的底面，允许出现潮湿的痕迹，但不应出现水滴	
3	抗冻性	经 25 次冻融循环，不得出现裂纹、分层	
4	燃烧性能	不燃性 A 级	GB 8624

5.6.2 酚醛树脂高压板（抗倍特板）

抗倍特板是酚醛树脂高压板的俗称。抗倍特板是一种抗酸碱、防火阻燃、防潮、耐冲击的新型环保材料。其组成是由装饰色纸浸渍三聚氰胺树脂后，再加上多层浸渍过酚醛树脂的牛皮纸，在高温高压的环境下压制而成，厚度由 0.7mm 到 25mm，表面可满足多种花色的选择，如图 5-26 所示。抗倍特板具有较好的机械加工性能和物理性能，以及良好的耐化学腐蚀及耐沾污能力，在地铁施工中多应用在控制室控制台面、公共办公桌与办公隔间、卫生间隔断、洗手台等处。

酚醛树脂高压板具有以下特点：

（1）抗强酸、强碱，耐化学腐蚀；

（2）耐撞击，耐磨损；

（3）易清洁，有自洁功能；

图 5-26 酚醛树脂高压板

（4）防火（可达到 A 级防火要求），耐热，耐香烟灼烧；

（5）防水、防潮湿、防霉变；

（6）防静电，防辐射；

（7）耐候性好，抗紫外线；

（8）稳定性强，平整不变形；

（9）表面花纹丰富。

酚醛树脂高压板常规检测参数及参考指标见表 5-21。

酚醛树脂高压板常规检测参数及参考指标 **表 5-21**

序号	检测参数	参考指标	试验方法
1	表面耐磨性	公共场所≥9000 转	GB/T 17657
2	表面耐冲击性能	表面无裂纹、破损	GB/T 17657
3	甲醛释放量	E1 级	GB 18580
4	燃烧性能	不燃性 A 级	GB 8624

5.6.3 无机预涂板

无机预涂板，全称“无机预涂装饰板”，又称“洁净板”、“无机轻质饰面板”，是一种新型绿色建筑装饰材料。以不含石棉、不含甲醛的压蒸硅酸钙板为基材，经表面处理、氟碳涂装等精细深加工而成的一种可直接安装使用不需表面处理的装饰板材。通常用在地铁车站公共空间的内部装饰。可根据使用要求裁切加工成其他规格的成品板，可定制个性化图案。安装方式有胶粘法、粘挂法、干挂法，如图 5-27 所示。

无机预涂板具有以下优点：

（1）无机预涂板不会腐坏或产生霉菌，不会引起固定件和龙骨的腐蚀，周边不会膨胀或变形，不会褪色，板面没有裂纹。

（2）无机材质的外饰面使用的氟碳涂料和耐磨树脂，使得无机预涂板有超长的使用寿命。

（3）无机预涂板稳定性高，不会因风压、温湿度的变化引起变形。

（4）具有良好的机械性能和加工性能。经高温高压和表面处理的板材，具有硬度高、

图 5-27　无机预涂板

抗折强度高、耐撞击、耐划伤等性能，能使用普通的切割、铣边、开槽等工具进行加工，板材表面不易吸附灰尘，极易清洗。

无机预涂板的涂层和基材常规检测参数及参考指标分别见表 5-22、表 5-23。

无机预涂板涂层常规检测参数及参考指标　　表 5-22

序号	检测参数	参考指标	试验方法
1	光泽度	低、中、高光泽	GB/T 9754
2	硬度	≥HB	GB/T 6739
3	耐温差性	无变化	GB/T 17748
4	耐溶剂性	丁酮>100 次不漏底	GB/T 17748
5	耐酸性	无影响	GB/T 17748
6	耐碱性	无影响	GB/T 17748
7	耐候性	3000h 光泽度损失小于 30%，色差 $\Delta E \leqslant 5.0$NBS	GB/T 16259

无机预涂板基材常规检测参数及参考指标　　表 5-23

序号	检测参数		参考指标	试验方法
1	吸水率		≤45%	JC/T 564.1
2	抗折强度		≥16MPa	
3	抗冲击强度		$\geqslant 2.2\text{kJ/m}^2$	
4	湿涨率		≤0.25%	
5	不透水性		24h 后板的底面允许出现潮湿的痕迹，但不应出现水滴	
6	抗冻性		25 次冻融循环不得出现破裂、分层	
7	燃烧性能		不燃性 A 级	GB 8624
8	放射性	内照射指数（IRa）	≤1.0	GB 6566
		外照射指数（Ir）	≤1.3	

5.7 装饰玻璃

装饰玻璃是装饰工程上所用玻璃的统称。玻璃是非晶无机非金属材料，一般是用多种无机矿物，如石英砂、硼砂、硼酸、重晶石等为主要原料，另外加入少量辅助原料制成的。它的化学组成是二氧化硅和其他氧化物，主要成分是硅酸盐复盐，是一种无规则结构的非晶态固体。目前，在城市轨道工程的装饰工程中，装饰玻璃主要用于幕墙工程、门窗工程、屏蔽门工程、玻璃护栏等。装饰玻璃根据不同工艺可以分为钢化玻璃、夹层玻璃、镀膜玻璃、中空玻璃、彩釉玻璃、防火玻璃等。以地铁车站施工中常见的装饰玻璃为例，介绍各类玻璃的材料特性、主要技术指标及使用中的注意事项。

5.7.1 钢化玻璃

钢化玻璃属于安全玻璃。钢化玻璃其实是一种预应力玻璃，为提高玻璃的强度，通常使用化学或物理的方法，在玻璃表面形成压应力，玻璃承受外力时首先抵消表层应力，从而提高了承载能力，增强玻璃自身抗风压性、寒暑性和冲击性等。地铁车站装饰工程中，钢化玻璃经常用在门窗、幕墙、采光顶、玻璃护栏等工程上，如图 5-28 所示。

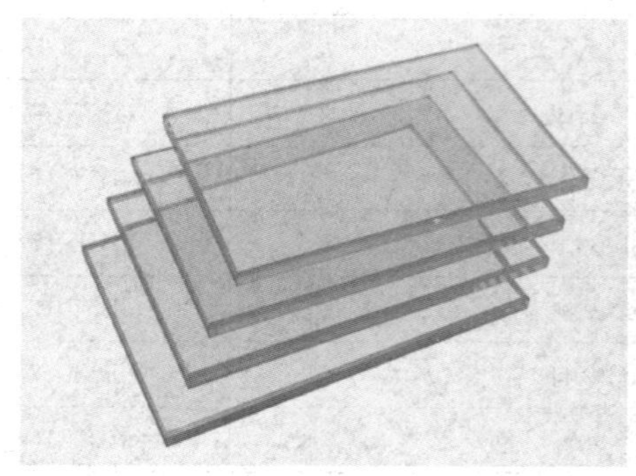

图 5-28 钢化玻璃

钢化玻璃按钢化度分为钢化玻璃、半钢化玻璃、超强钢化玻璃。钢化玻璃按形状分为平面钢化玻璃和曲面钢化玻璃，其中曲面钢化玻璃对每种厚度都有个最大的弧度限制。

钢化玻璃按钢化工艺分为物理钢化和化学钢化。物理钢化玻璃又称为淬火钢化玻璃，它是将普通平板玻璃在加热炉中加热到接近玻璃的软化温度（600℃）时，通过自身的形变消除内部应力，然后将玻璃移出加热炉，再用多头喷嘴将高压冷空气吹向玻璃的两面，使其迅速且均匀地冷却至室温，即可制得钢化玻璃。这种玻璃处于内部受拉，外部受压的应力状态，一旦局部发生破损，便会发生应力释放，玻璃被破碎成无数小块，这些小的碎片没有尖锐棱角，不易伤人。化学钢化玻璃是通过改变玻璃的表面的化学组成来提高玻璃的强度，一般是应用离子交换法进行钢化。其方法是将含有碱金属离子的硅酸盐玻璃，浸入到熔融状态的锂盐中，使玻璃表层的 Na^+ 或 K^+ 离子与 Li^+ 离子发生交换，表面形成 Li^+ 离子交换层，由于 Li^+ 的膨胀系数小于 Na^+、K^+ 离子，从而在冷却过程中造成外层收缩较小而内层收缩较大，当冷却到常温后，玻璃便同样处于内层受拉、外层受压的状态，其效果类似于物理钢化玻璃。

钢化玻璃主要优点如下：

（1）钢化玻璃具有机械强度高、弹性好、热稳定性好的优点。

（2）安全性高，碎后不易伤人等优点。由于钢化玻璃破碎后，碎片会破成均匀的小颗粒并且没有普遍玻璃刀状的尖角，从而被称为安全玻璃而广泛用于地铁装饰工程之中。

地铁装饰装修过程中使用钢化玻璃时的注意事项：

（1）宜采用超白钢化玻璃或均质钢化玻璃，减低钢化玻璃自爆概率，减少安全隐患。

（2）严格按照相关标准规范进行玻璃安装．减少因安装不规范导致玻璃边部应力集中，引发玻璃破裂。

（3）钢化玻璃虽然机械强度高，但是边角部非常脆弱，在施工过程中要轻拿轻放。

钢化玻璃常规检测参数及参考指标见表5-24。

钢化玻璃常规检测参数及参考指标 **表5-24**

序号	检测参数	参考指标	试验方法
1	弯曲度	弓形时：≤0.3%，波形时：≤0.2%	GB 15763.2
2	抗冲击性	6块试样用直径为63.5mm（质量约1040g）的钢球距试样表面1000mm的高度自由落下。试样破坏数不超过1块为合格，多于或等于3块为不合格；破坏数为2块时，再另取6块进行试验，试样必须全部不被破坏为合格	GB 15763.2
3	碎片状态	平面钢化玻璃：a. 公称厚度3mm或者≥15mm：每块试样在50mm×50mm区域内的最少碎片数≥30片，且允许有少量长条形碎片，其长度不超过75mm；b. 玻璃公称厚度4～12mm：每块试样在50mm×50mm区域内的最少碎片数≥40片，且允许有少量长条形碎片，其长度不超过75mm。 曲面钢化玻璃：每块试样在50mm×50mm区域内的最少碎片数≥30片，且允许有少量长条形碎片，其长度不超过75mm	GB 15763.2
4	霰弹袋冲击性能	玻璃破碎时，试样的最大10块碎片质量的总和不得超过相当于试样65cm²面积的质量。保留在框内的任何无贯穿裂纹的玻璃碎片的长度不能超过120mm；或者满足霰弹袋下落高度为1200mm时，试样不破坏	GB 15763.2
5	表面应力	表面应力不应小于90MPa	GB 15763.2

5.7.2 夹层玻璃

夹层玻璃是由两片或多片玻璃之间夹了一层或多层有机聚合物中间膜，经过特殊的高温预压、抽真空及高温高压工艺处理后，使玻璃和中间膜永久粘合为一体的复合玻璃产品。常用的夹层玻璃中间膜有：PVB、SGP、EVA、PU等。地铁车站装饰工程中，夹层玻璃同样经常用在门窗、采光顶、玻璃护栏等工程上，如图5-29所示。

夹层玻璃的主要优点：安全性高，即使玻璃碎裂，碎片也会被粘在薄膜上，破碎的玻璃表面仍保持整洁光滑，有效防止了碎片扎伤和穿透坠落事件的发生，确保了人身安全。

地铁装饰装修过程中使用夹层玻璃的注意事项如下：

（1）当采光顶采用夹层玻璃时，应对其面板荷载、强度进行验算复核；

图 5-29 夹层玻璃

（2）严格按照相关标准规范进行玻璃安装，减少因安装不规范导致的玻璃破裂；

（3）样品到场验收时，观察夹层有无出现气泡、脱胶等缺陷；

（4）玻璃属于脆性材料，施工过程中要轻拿轻放。

夹层玻璃常规检测参数及参考指标见表 5-25。

夹层玻璃常规检测参数及参考指标 **表 5-25**

序号	检测参数	参考指标	试验方法
1	弯曲度	弓形时：≤0.3%，波形时：≤0.2%	GB 15763.3
2	可见光透射比	供需双方商定	GB 15763.3
3	可见光反射比	供需双方商定	GB 15763.3
4	耐热性	允许试样存在裂口，但超出边部或裂口 13mm 部分不能产生气泡或其他缺陷	GB 15763.3
5	耐湿性	试样超出原始边 15mm、新切边 25mm、裂口 10mm 部分不能产生气泡或其他缺陷	GB 15763.3
6	耐辐照	试样不可产生显著变色、气泡及浑浊现象，可见光透射比相对减少率≤3%	GB 15763.3
7	落球冲击剥离性能	中间层不得断裂或不得因碎片的剥落而暴露	GB 15763.3
8	霰弹袋冲击性能	试样在冲击高度分别为 300mm、750mm 和 1200mm 时冲击后，全部试样未破坏和/或安全破坏	GB 15763.3

5.7.3 镀膜玻璃

镀膜玻璃也称反射玻璃。镀膜玻璃是在玻璃表面涂镀一层或多层金属、合金或金属化合物薄膜，以改变玻璃的光学性能，满足某种特定要求。通常地铁车站装饰工程上所用的镀膜玻璃按产品的不同特性，主要可分为热反射镀膜玻璃、低辐射镀膜玻璃（Low-E）等，如图 5-30 所示。

热反射镀膜玻璃一般是指在玻璃表面镀一层或多层诸如铬、钛或不锈钢等金属或其化合物组成的薄膜玻璃。这种处理方式使产品呈丰富的色彩，对于可见光有适当的透射率，对红外线有较高的反射率，对紫外线有较高吸收率，因此，也称为阳光控制镀膜玻璃，主

图 5-30　镀膜玻璃

要用于玻璃幕墙。

低辐射镀膜玻璃一般是指在玻璃表面镀由多层银、铜或锡等金属或其化合物组成的薄膜系玻璃。这种处理方式使产品对可见光有较高的透射率，对红外线有很高的反射率，由于膜层强度较差，一般都制成中空玻璃使用。低辐射镀膜玻璃又称 Low-E 玻璃，与普通玻璃及传统的建筑用镀膜玻璃相比，具有优异的隔热效果和良好的透光性。

镀膜玻璃的主要优点是可适应特殊的功能要求，具备光学、隔热、温控等特性。

阳光控制镀膜玻璃和低辐射镀膜玻璃的常规检测参数及参考指标分别见表 5-26、表 5-27。

阳光控制镀膜玻璃常规检测参数及参考指标　　表 5-26

序号	检测参数	参考指标		试验方法
1	光学性能	允许偏差最大值（明示标称值）	允许偏差最大值（未明示标称值）	GB/T 2680
		±1.5%	±3.0%	
2	颜色均匀性	≤2.5		GB/T 11942
3	耐磨性能	试验前后试样的可见光透射比差值的绝对值应不大于 4%		GB/T 5137.1
4	耐酸性能	试验前后试样的可见光透射比差值的绝对值应不大于 4%，且膜层变化应均匀，不允许出现局部膜层脱落		GB/T 18915.1
5	耐碱性能	试验前后试样的可见光透射比差值的绝对值应不大于 4%，且膜层变化应均匀，不允许出现局部膜层脱落		GB/T 18915.1

低辐射镀膜玻璃常规检测参数及参考指标　　表 5-27

序号	检测参数	参考指标		试验方法
1	光学性能	允许偏差最大值（明示标称值）	允许偏差最大值（未明示标称值）	GB/T 2680
		±1.5%	±3.0%	
2	颜色均匀性	≤2.5		GB/T 18915.1
3	辐射率	离线低辐射镀膜玻璃	在线低辐射镀膜玻璃	GB/T 2680
		辐射率≤0.15	辐射率≤0.25	
4	耐磨性能	试验前后试样的可见光透射比差值的绝对值应不大于 4%		GB/T 5137.1
5	耐酸性能	试验前后试样的可见光透射比差值的绝对值应不大于 4%		GB/T 18915.2
6	耐碱性能	试验前后试样的可见光透射比差值的绝对值应不大于 4%		GB/T 18915.2

5.7.4 中空玻璃

中空玻璃是将两片或多片玻璃以有效支撑均匀隔开，并对周边进行粘结密封，使玻璃层间形成有干燥气体空间的玻璃制品。其主要材料是玻璃、暖边间隔条、弯角栓、丁基橡胶、聚硫胶、干燥剂。中空玻璃多种性能优越于普通双层玻璃，因此得到了世界各国的认可，如图 5-31 所示。

图 5-31　中空玻璃

中空玻璃可以根据要求选用各种不同性能的玻璃原片，如无色透明浮法玻璃、压花玻璃、吸热玻璃、热反射玻璃、夹丝玻璃、钢化玻璃等与边框（铝框架或玻璃条等），经胶结、焊接或熔接而制成。虽然玻璃的热传导率是空气的 27 倍，但由于中空玻璃的内部空腔是密封的，所以中空玻璃具有较好的隔热效果。玻璃框内填充了干燥剂，以保证玻璃片间空气的干燥度，使隔热效果能长久保持。高性能中空玻璃与一般普通中空玻璃不同，除在两层玻璃中间封入干燥空气之外，还要在外侧玻璃中间空气层侧，涂上一层热性能好的特殊金属膜。它可以阻止由太阳射到室内的相当的能量，起到更好的隔热效果。

中空玻璃的主要优点：具有良好的节能和隔声性能。

地铁装饰装修过程中使用中空玻璃的注意事项：

（1）严格按照相关标准规范进行玻璃安装，当采用镀膜中空玻璃时，要注意膜面位置是否与设计一致，减少因膜面位置不同造成的色差及其他视觉差异；

（2）样品到场验收时，观察中空玻璃是否采用双道密封；

（3）玻璃属于脆性材料，施工过程中要轻拿轻放。

中空玻璃常规检测参数及参考指标见表 5-28。

中空玻璃常规检测参数及参考指标　　**表 5-28**

序号	检测参数	参考指标		试验方法
		普通中空玻璃	充气中空玻璃	
1	露点	＜－40℃		GB/T 11944
2	耐紫外线辐照性能	试验后，试样内表面无结雾、水汽凝结或污染的痕迹且密封胶无明显变形		GB/T 11944
3	水气密封耐久性能	$I \leqslant 0.25$，$I_{av} \leqslant 0.20$		GB/T 11944

续表

序号	检测参数	参考指标		试验方法
		普通中空玻璃	充气中空玻璃	
4	初始体积含量	—	≥85%（V/V）	GB/T 11944
5	气体密封性能	—	≥80%（V/V）	GB/T 11944
6	U值	由双方协商		GB/T 11944

5.7.5 彩釉玻璃

彩釉玻璃是将无机釉料，印刷到玻璃表面，然后经烘干、钢化或热化加工处理，将釉料永久烧结于玻璃表面而得到一种耐磨、耐酸碱的装饰性玻璃产品。这种产品具有很强的功能性和装饰性。它有许多不同的颜色和花纹，如条状、网状和点状图案等，也可以根据客户的不同需要另行设计花纹。玻璃彩釉的烧结也称烤花，一般在烤花炉中进行。玻璃彩釉的烧结，关键是控制好烧结温度。彩釉印墨是用油性溶剂和醇酸树脂调配而成的，如图 5-32所示。

图 5-32　彩釉玻璃

彩釉玻璃的主要优点如下：

（1）彩釉玻璃相对于其他材料如砖、石或木材便宜且容易安装。市场上彩釉玻璃的色彩、图案多样，一般可根据客户要求订做，选择面广。

（2）彩釉玻璃具有无吸收、无渗透的特性，并且易于清洁，釉面能吸收并反射部分太阳热能，具有节能的功效。

（3）彩釉玻璃同样可以进行镀膜、夹层、合成中空等复合加工，获得其他用途的特殊性能，经钢化处理，最终的产品具有良好的机械性能、抗打击性能和抗热冲击性能，安全性能更高。

地铁装饰装修过程中使用彩釉玻璃的注意事项：

（1）不要使用酸性玻璃胶、劣质胶以及其他不符合安装要求的化学试剂进行安装，防止彩釉产生化学反应，涂层变色或脱落；

（2）样品到场验收时，要观察彩釉玻璃是否有较大色差以及图案不一致的现象；样品要在干燥的环境中保存；

（3）玻璃属于脆性材料，施工过程中要注意保护。

彩釉玻璃常规检测参数及参考指标见表5-29。

彩釉玻璃常规检测参数及参考指标 **表5-29**

序号	检测参数		参考指标		试验方法
			釉面钢化玻璃	釉面半钢化玻璃	
1	弯曲度		弓形时：≤0.3%，波形时：≤0.2%		GB 15763.2
2	霰弹袋冲击性		玻璃破碎时，试样的最大10块碎片质量的总和不得超过相当于试样 $65cm^2$ 面积的质量。保留在框内的任何无贯穿裂纹的玻璃碎片的长度不能超过120mm；或者霰弹袋下落高度为1200mm时，试样不破坏	—	GB 15763.2
3	碎片状态		平面钢化玻璃：a. 玻璃公称厚度3mm或者≥15mm：每块试样在50mm×50mm区域内的最少碎片数≥30片，且允许有少量长条形碎片，其长度不超过75mm；b. 玻璃公称厚度4～12mm：每块试样在50mm×50mm区域内的最少碎片数≥40片，且允许有少量长条形碎片，其长度不超过75mm。 曲面钢化玻璃：每块试样在50mm×50mm区域内的最少碎片数≥30片，且允许有少量长条形碎片，其长度不超过75mm	详见JC/T 1006	GB 15763.2
4	耐热冲击性		耐200℃温差不破坏	耐100℃温差不破坏	JC/T 1006
5	耐酸性	耐盐酸性	试样允许有颜色的改变和粉化现象，但不应存在明显的脱落		JC/T 1006
		耐柠檬酸性	试样允许有颜色改变，但不允许有粉化和脱落现象		
6	耐碱性		试样应无明显变化		JC/T 1006

5.7.6 防火玻璃

防火玻璃的防火作用主要是抑制火势的蔓延和隔烟，是一种措施型的防火材料，其防火的效果以耐火性能进行评价。它是经过特殊工艺加工和处理，在规定的耐火试验中能保持其完整性和隔热性的特种玻璃。防火玻璃的原片玻璃可选用浮法平面玻璃、钢化玻璃、复合防火玻璃，还可选用单片防火玻璃制造。防火玻璃主要有五种，其一是夹层复合防火玻璃，其二是夹丝防火玻璃，其三是特种防火玻璃，其四是中空防火玻璃，其五是高强度单层铯钾防火玻璃。地铁车站综合控制室甲级防火玻璃观察窗应用于地铁车站内的行车值班室或车站控制室、变电所、配电室、通信及信号机房、通风和空调机房、消防水泵房、灭火剂钢瓶室等重要设备用房甲级观察窗、隔墙上的门及窗需采用甲级防火门窗的防火分区，如图5-33所示。

防火玻璃是一种在规定的耐火试验中能够保持其完整性的特种玻璃，按产品种类分为

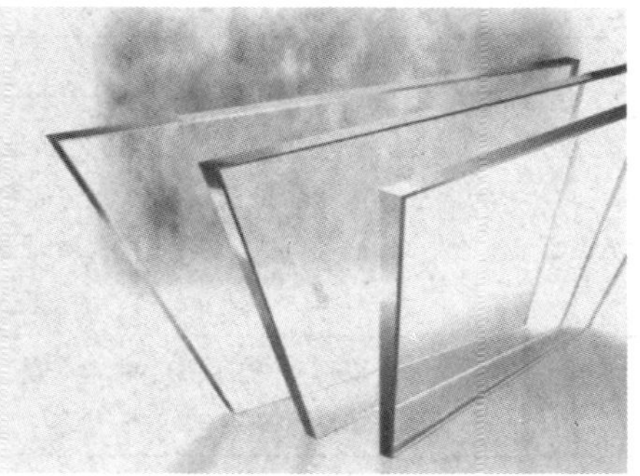

图 5-33 防火玻璃图

三类：

A 类：同时满足耐火完整性、耐火隔热性要求的防火玻璃。包括复合型防火玻璃和灌注型防火玻璃两种。此类玻璃具有透光、防火（隔烟、隔火、遮挡热辐射）、隔声、抗冲击性能，适用于建筑装饰钢木防火门、窗、上亮、隔断墙、采光顶、挡烟垂壁、透视地板及其他需要既透明又防火的建筑组件。

B 类：同时满足耐火完整性、热辐射强度要求的防火玻璃。此类防火玻璃多为复合防火玻璃，具有透光、防火、隔烟特点。

C 类：只满足耐火完整性要求的单片防火玻璃。此类玻璃具有透光、防火、隔烟、强度高等特点。适用于无隔热要求的防火玻璃隔断墙、防火窗、室外幕墙等。

防火玻璃按耐火极限分 5 个等级：0.5h、1.00h、1.50h、2.00h、3.00h。

防火玻璃作为一种新的建筑防火产品被越来越多的建筑所采用，在设计时要注意如下三个方面：

（1）防火玻璃运用到幕墙与隔断的设计并不是简单地将幕墙或隔断所使用的非耐火性能的材料改用耐火的材料就可以，更不是将普通玻璃换成防火玻璃就万事大吉，而是要将它作为一个防火系统来全面考虑；

（2）防火玻璃幕墙与隔断所能达到的耐火性能等级，需要综合考虑整个系统各因素的耐火等级才能确定，主观地推测可能会犯错误，必要时需做检测试验来确定；

（3）设计选用防火玻璃时，需注意玻璃板块的尺寸与耐火性能等级的对应关系。

防火玻璃常规检测参数及参考指标见表 5-30。

防火玻璃常规检测参数及参考指标 **表 5-30**

序号	检测参数	参考指标		试验方法
		复合防火玻璃	单片防火玻璃	
1	耐火性能	详见 GB 15763.1—2009 第 6.3 节要求		GB/T 12513
2	弯曲度	弓形时：≤0.3%，波形时：≤0.2%		GB 15763.2
3	可见光透射比	允许偏差最大值（明示标称值）	允许偏差最大值（未明示标称值）	GB/T 2680
		±3%	≤5%	
4	耐热性	试验后满足外观质量要求	—	GB 15763.1
5	耐寒性	试验后满足外观质量要求	—	GB 15763.1

续表

序号	检测参数	参考指标		试验方法
		复合防火玻璃	单片防火玻璃	
6	耐紫外线辐照性	试验后试样不可产生显著变色、气泡及浑浊现象，可见光透射比相对减少率≤10%	—	GB/T 5137.3
7	抗冲击性	钢球冲击后，玻璃未破坏，或者钢球未穿透试样	钢球冲击后，玻璃不得破碎'	GB 15763.2

5.8 防　水　涂　料

防水涂料是指涂料形成的涂膜能够防止雨水或地下水渗漏的一种涂料。市场上的防水涂料主要有三大类：一是聚氨酯类防水涂料，它具有较好的延伸性及较大适应基层变形能力，目前城市轨道建设中使用较多的是单组分聚氨酯防水涂料；二是聚合物水泥基防水涂料，它由多种水性聚合物合成的乳液与掺有各种添加剂的优质水泥组成，聚合物（树脂）的柔性与水泥的刚性结为一体，使得它在抗渗性与稳定性方面表现优异；三是水泥基渗透结晶防水材料，材料中含有的活化物质以水为载体在混凝土中渗透，与水泥水化产物生成不溶于水的针状结晶体，填塞毛细孔道和微细缝隙。以地铁车站施工常见的聚氨酯防水涂料、聚合物水泥防水涂料、水泥基渗透结晶型防水涂料为例，介绍各类材料的材料特性、主要技术指标及使用中的注意事项。

5.8.1 聚氨酯防水涂料

聚氨酯防水涂料是由异氰酸酯、聚醚等经加成聚合反应而成的含异氰酸酯基的预聚体，配以催化剂、无水助剂、无水填充剂、溶剂等，经混合等工序加工制成，如图 5-34 所示。

图 5-34　聚氨酯防水涂料

聚氨酯防水涂料按组分分为单组分（S）和多组分（M），按基本性能分为Ⅰ型、Ⅱ型和Ⅲ型，根据是否暴露使用分为外露（E）和非外露（N），按有害物质限量分为A类和B

类（室内、隧道等密闭空间宜选用有害物质限量A类的产品）。

聚氨酯防水涂料优点如下：

（1）具有良好的延伸性和柔韧性，低温不脆裂，高温不流淌，抗撕裂性能好；

（2）适合任何形状复杂的基层施工，对于地基下沉、墙体裂缝等建筑物变形具有很好的适应性；

（3）具有耐候性、耐油、耐酸碱性能，与水泥等基材有优异的粘结性能；

（4）涂膜密实，防水层完整，无裂缝、无针孔、无气泡，水蒸气渗透系数小，既具有防水功能又有隔汽功能。

聚氨酯防水涂料在使用中存在的问题如下：

（1）聚氨酯防水涂料本身黏度大，施工费力，一般现场采用辊涂或刷涂方式，建议采用现场喷涂，易于施工，保证涂膜厚度均匀；

（2）基层潮湿或雨天施工对质量影响大；

（3）基层多孔疏松或单次涂膜太厚，容易导致聚氨酯涂膜出现大量气泡或小孔；

（4）需在室温5℃以上施工，温度越低涂膜干燥时间越长；

（5）基层未清除干净，有浮灰或油性物质，或未选择合适的基层处理剂，成膜后会出现起鼓或与基层脱落情况。

聚氨酯防水涂料主要用于地铁装饰装修工程中卫生间、离壁沟、设备区等部位防水工程，其常规检测参数及参考指标见表5-31。

聚氨酯防水涂料常规检测参数及参考指标 **表5-31**

检测参数		参考指标			检测方法
		Ⅰ	Ⅱ	Ⅲ	
拉伸强度（MPa），≥		2.0	6.00	12.00	GB/T 19250
断裂伸长率（%），≥		500	450	250	
撕裂强度（N/mm），≥		15	30	40	
低温弯折性		−35℃，无裂纹			
不透水性		0.3MPa，120min，不透水			
固体含量（%），≥		85.0			
表干时间（h），≤		12			
实干时间（h），≤		24			
粘结强度（MPa），≥		1.0			
吸水性（%），≤		5.0			
耐水性（168h）	拉伸强度保持率（%），≥	80			GB/T 16777
	断裂伸长率保持率（%），≥	80			
	粘结强度保持率（%），≥	80			

5.8.2 聚合物水泥防水涂料

聚合物水泥防水涂料以丙烯酸酯、乙烯-乙酸乙烯酯等聚合物乳液和水泥为主要原料，加入填料及其他助剂配制而成，是一种经水分挥发固化成膜的双组分水性防水涂料。产品的两组分别搅拌后，其液体组分应为无杂质、无凝胶的均匀乳液；固体组分应为无杂质、无结块的粉末，如图 5-35 所示。

图 5-35　聚合物水泥防水涂料

聚合物水泥防水涂料按物理力学性能分为Ⅰ型、Ⅱ型和Ⅲ型。Ⅰ型适用于活动量较大的基层，Ⅱ型和Ⅲ型适用于活动量较小的基层。

聚合物水泥防水涂料Ⅰ型，聚合物乳液有效成分高，弹性好，适于非长期浸水环境、较干燥、活动量较大的基层。Ⅱ型聚合物含量相对降低，材料延伸率随之大幅降低，刚性增加，粘结强度提高，涂膜抗穿刺、干燥快，但低温柔性较差，适用于长期浸水环境或潮湿、活动量较小的基层。Ⅲ型为水泥中加入少量聚合物配成的弹性水泥砂浆，粘结强度高，有一定的延伸率和抗裂性，主要适用于地下室、外墙等，作为背水面防水效果更好，特别是作为饰面瓷砖的粘结材料，可以有效地解决外墙饰面瓷砖脱落而造成墙体渗漏问题。在地铁装饰工程中，聚合物水泥防水涂料主要用于地铁车站外墙及隧道的防水工程。

聚合物水泥防水涂料在使用中存在的问题如下：

（1）聚合物水泥防水涂料一般为双组分（包含液料和粉料），需搅拌均匀，静置一段时间消除搅拌引入的气泡后再施工；

（2）基层表面未处理，有浮灰、起砂等，会导致聚合物水泥防水层出现起皮或脱落现象；

（3）如果基层干燥未润湿，会将涂层中水分吸走，造成材料胶凝不完全，出现气孔、砂眼、泛碱等现象。

聚合物水泥防水涂料常规检测参数及参考指标见表 5-32。

聚合物水泥防水涂料常规检测参数及参考指标　　表 5-32

检测参数		参考指标			检测方法
		Ⅰ型	Ⅱ型	Ⅲ型	
拉伸强度	无处理（MPa），≥	2.0	6.00	12.00	GB/T 23445
	浸水处理后保持率（%），≥	60	70	70	
断裂伸长率	无处理（%），≥	200	80	30	
	浸水处理（%），≥	500	450	250	
低温柔性（ϕ10mm 棒）		−10℃ 无裂纹	—	—	

续表

检测参数		参考指标			检测方法
		Ⅰ型	Ⅱ型	Ⅲ型	
粘结强度	无处理（MPa），≥	0.5	0.7	1.0	GB/T 23445
	潮湿基层（MPa），≥	0.5	0.7	1.0	
	浸水处理（MPa），≥	0.5	0.7	1.0	
不透水性（0.3MPa，30min）		不透水	不透水	不透水	
固体含量（%），≥		70	70	70	
抗渗性（砂浆背水面，MPa），≥		—	0.6	10.8	

5.8.3 水泥基渗透结晶型防水涂料

水泥基渗透结晶型防水涂料是一种用于水泥混凝土表面的刚性防水材料。其与水作用下，材料中含有的活性化学物质以水为载体渗透到混凝土中，与水泥水化产物生成不溶于水的针状结晶，填塞毛细孔和微细裂缝，从而提高混凝土的致密性和防水性，如图 5-36 所示。

图 5-36　水泥基渗透结晶型防水涂料

水泥基渗透结晶型防水材料按使用方法分为水泥基渗透结晶型防水涂料（C）和水泥基渗透结晶防水剂（A）。

水泥基渗透结晶型防水涂料是以硅酸盐水泥和石英砂为主要成分，掺入一定量的活性化学物质制成的粉状材料，经与水拌和后调配成可刷涂或喷涂在水泥混凝土表面的浆料，亦可采用干撒方式压入未完全凝固的水泥混凝土表面。

水泥基渗透结晶防水剂是以硅酸盐水泥和活性化学为主要成分制成的粉状材料，掺入水泥混凝土拌合物中使用。

城市轨道工程装饰装修主要涉及的种类以水泥基渗透结晶型防水涂料为主，水泥基渗透结晶型防水涂料优点如下：

（1）水泥基渗透结晶型防水涂料活性化学物质由碱金属盐或碱土金属盐、络合化合物等复配而成，具有较强的渗透性，能与水泥的水化产物发生反应生成针状晶体的化学物质。

（2）具有永不失效的防水系统，可长期耐受高达300m水头的高水压；可以自愈合0.4mm混凝土裂缝；背水面施工性能卓越，能解决大量地下室渗漏问题；无毒、环保，防腐，耐酸碱。

（3）具有渗透功能，能通过化学反应渗透到混凝土内部产生结晶体堵住混凝土的毛细孔。

（4）无需找平层和保护层，节省工期，加快工程进度，施工综合成本大大降低。

水泥基渗透结晶型防水涂料主要用于城市轨道工程中车站、地下连续墙、区间隧道防水施工。

水泥基渗透结晶型防水涂料在使用中存在的问题如下：

（1）施工前应按产品提供比例搅拌均匀，不能在下雨天及结冰的天气中使用。

（2）涂刷料浆拌制后30min内要用完，并在使用过程中不断搅拌，严禁另外加水，未硬化之前禁止浇水养护。

（3）涂层需涂布均匀，如基层表面未处理，有浮灰、起砂或油污等，易出现起皮或脱落现象。

水泥基渗透结晶型防水涂料常规检测参数及参考指标见表5-33。

水泥基渗透结晶型防水涂料常规检测参数及参考指标 **表5-33**

检测参数		参考指标	检测方法
抗折强度（28d，MPa）		≥2.8	GB 18445
抗压强度（28d，MPa）		≥15.0	
基湿面粘结强度（28d，MPa）		≥1.0	
砂浆抗渗性能	带涂层砂浆的抗渗压力[1]（28d）	报告实测值	
	抗渗压力比（带涂层）（28d，%）	≥250	
	去除涂层砂浆的抗渗压力[1]（28d）	报告实测值	
	抗渗压力比（去除涂层）（28d，%）	≥175	

[1] 基准砂浆28d抗渗压力应为0.4MPa，并在产品质量检测报告中列出。

5.9 装饰常用胶

装饰常用胶是指通过物理或化学作用，能使被粘物结合在一起的材料，应用于装饰装修行业。目前，在城市轨道交通领域，装饰常用胶主要用于车站站房的装饰装修工程中玻璃、石材、铝型材等材料间的粘结与密封，根据使用部位和使用要求的不同分为干挂胶、结构胶、耐候胶等，以城市轨道交通车站站房的装饰装修施工中常见的干挂胶、硅酮结构密封胶及中性耐候胶为例，介绍装饰常用胶的材料特性、主要技术指标及使用过程中的注意事项。

5.9.1 干挂胶

干挂胶是一种用于天然石材、人造石材、混凝土、木材、金属、砖、瓦、玻璃钢等常用硬质建筑材料中任何两种之间粘结安装的专用胶粘剂，适用于干挂工程施工，基本成分是由环氧树脂、胺类固化剂、有机填充料、石英粉等制成的改性环氧树脂聚合物。其特点是双组分、室温固化、耐高温、耐老化、使用方便、不流淌，对石材、水泥、瓷砖、金属等材料粘结强度高，有一定的韧性。

干挂胶广泛应用于背景墙干挂、石材幕墙干挂等，随着城市轨道交通的迅猛发展，大理石、花岗石等在城市轨道交通装饰装修工程中被广泛运用，干挂胶在干挂石材施工中凸显出了重要地位，其可以避免传统湿贴工艺出现的板材空鼓开裂现象以及板面出现的泛碱变色现象，有效、显著地提高了建筑物的安全性和耐久性，如图 5-37 所示。

图 5-37　干挂胶施工图

干挂胶产品分为 A、B 两个组分，A 组分通常是以环氧树脂为主，配以适当的助剂和填料；B 组分以胺类固化剂为主，辅以适当的助剂和填料，使用时依照生产方提供的比例混合，目前常见干挂胶的配比一般为 1∶1（A>B），A、B 组分在常温下混合后，其适用期一般在 30～60min，近几年改性干挂胶或快固型干挂胶产品日益增多，此类胶的 A、B 组分的混合配比多为 10∶1，其适用期一般在 5～8min。

石材干挂胶在幕墙干挂工程中起到重要的粘结作用，它的好坏也直接影响了工程的整体质量。由于干挂胶的选材不合理，施工方法不当等因素造成的安全隐患不容忽视，因此在干挂胶的选择和施工过程中需严格按照施工工艺及规范要求操作，确保工程质量，现将工程施工中常见问题分析如下：

（1）施工时粘结部位必须清理干净，粘结物表面应干爽不湿、无尘无油、牢固不松散。金属表面的油漆、混凝土表层的浮松物等有碍充分粘贴的物质必须清除干净。石板或金属表面过于光滑的，应进行适当打磨处理。

（2）根据产品配比，分别取适量的 A 组分和 B 组分干挂胶迅速翻拌，至混合均匀、色泽一致，方可使用，固化初期不能负重载荷。

（3）尽量避免在过低温度下施工，如必须施工，可在粘贴部位加热，但不可高于 65℃。

（4）已调合的胶超过施工有效时间绝对不能使用，超过施工有效时间的粘合件不得再作移动，如需移动，则要重新调胶粘贴。

干挂胶常规检测参数及参考指标见表 5-34。

干挂胶常规检测参数及参考指标　　表 5-34

<table>
<tr><th rowspan="2">序号</th><th colspan="3" rowspan="2">检测参数</th><th colspan="2">参考指标</th><th rowspan="2">试验方法</th></tr>
<tr><th>快固</th><th>普通</th></tr>
<tr><td>1</td><td colspan="3">适用期[1]（min）</td><td>5～30</td><td>>30～90</td><td>JC 887</td></tr>
<tr><td>2</td><td colspan="3">弯曲弹性模量（MPa）</td><td colspan="2">≥2000</td><td>GB/T 2567</td></tr>
<tr><td>3</td><td colspan="3">冲击强度（kJ/m^2）</td><td colspan="2">≥3.0</td><td>GB/T 2567</td></tr>
<tr><td>4</td><td colspan="3">拉剪强度（MPa）
不锈钢—不锈钢</td><td colspan="2">≥8.0</td><td>GB/T 7124</td></tr>
<tr><td rowspan="5">5</td><td rowspan="5">压剪
强度
（MPa）</td><td rowspan="4">石材—石材</td><td>标准条件，48h</td><td colspan="2">≥10.0</td><td rowspan="5">JC 887</td></tr>
<tr><td>浸水，168h</td><td colspan="2">≥7.0</td></tr>
<tr><td>热处理 80℃，168h</td><td colspan="2">≥7.0</td></tr>
<tr><td>冻融循环，48h</td><td colspan="2">≥7.0</td></tr>
<tr><td>石材—不锈钢</td><td>标准条件，48h</td><td colspan="2">≥10.0</td></tr>
</table>

[1] 适用期指标也可由供需双方商定。

5.9.2 硅酮结构密封胶

硅酮结构密封胶是以聚硅氧烷为主要原料，添加交联剂、偶联剂、催化剂等助剂和填料而生产的一种密封胶，也称有机硅密封胶。硅酮结构密封胶在建筑幕墙中是能够传递动态和静态荷载的粘结密封材料，主要用于隐框、半隐框玻璃幕墙中空玻璃内片与外片，玻璃与铝合金附框的粘结密封。硅酮结构密封胶分单组分和双组分，其主要区别在于：单组分胶与空气中的水反应固化，需要足够与空气接触的界面，太深较难固化，固化速度较慢且不可调，易受到环境温湿度的影响，但单独包装、施工方便；而双组分硅酮结构胶不需要与空气中的水反应即可固化，可以在密闭环境下固化，可深度固化，固化速度快并且可调，受环境影响小，但是需要专门的施工设备，如设备使用不当时易出问题，如图 5-38 所示。

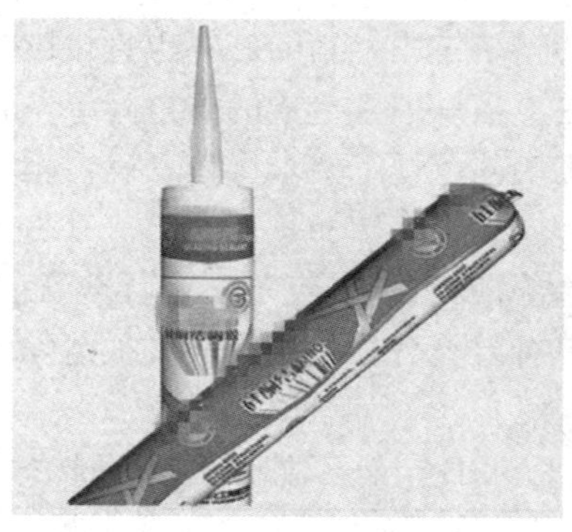

图 5-38　硅酮结构密封胶

硅酮结构密封胶会因长期经受紫外线照射而老化，并且由于长期承受风荷载、地震荷载、重力荷载以及由于主体结构变形或温差导致的内应力，因此对强度、粘结性、耐老化性、高低温条件下的性能都要求较高，对弹性也有一定要求。

在玻璃幕墙体系中，硅酮结构密封胶起结构粘结作用，传递并承载结构应力，一旦结构粘结失效，会导致整个幕墙系统的失效，从而引起漏气漏水、玻璃脱落等质量安全问题。具体注意事项如下：

（1）除全玻幕墙外，硅酮结构密封胶不应在现场打注，注胶施工现场应清洁、平整、无粉尘，环境温度为5～40℃，相对湿度40%～80%，否则会影响硅酮结构密封胶的固化与粘结；

（2）硅酮结构密封胶施工时必须使用专用工具，单组分注胶时如打胶速度过快或不密实，胶体易出现气泡或空穴影响粘结；双组分胶注胶需使用专用混胶注胶机并应在注胶前进行蝴蝶试验以确认混合均匀，混合不匀会影响硅酮结构密封胶与基材的粘结与固化；

（3）注胶前应用规定的清洗剂彻底清洗基材表面，基材表面的清洁，直接影响硅酮结构密封胶的粘结效果，对工程质量的优劣起到决定性作用；

（4）注胶施工前需进行粘结性试验，如果粘结性试验报告中注明需使用底涂，则在实际施工中必须根据要求规范使用底涂；

（5）注胶后，单元件必须在静止和不受力的情况下养护足够的时间才能运输和安装，养护时间单组分21d，双组分14d，以使结构胶产生足够的粘合力，否则易造成胶体脱开，粘结失效。

硅酮结构密封胶常规检测参数及参考指标见表5-35。

硅酮结构密封胶常规检测参数及参考指标　　表5-35

<table>
<tr><th>序号</th><th colspan="3">检测参数</th><th>参考指标</th><th>试验方法</th></tr>
<tr><td rowspan="2">1</td><td colspan="2" rowspan="2">下垂度</td><td>垂直放置（mm）</td><td>≤3</td><td rowspan="2">GB/T 13477.6</td></tr>
<tr><td>水平放置</td><td>不变形</td></tr>
<tr><td>2</td><td colspan="3">挤出性[1]（s）</td><td>≤10</td><td>GB 16776</td></tr>
<tr><td>3</td><td colspan="3">适用期[2]（min）</td><td>≥20</td><td>GB 16776</td></tr>
<tr><td>4</td><td colspan="3">表干时间（h）</td><td>≤3</td><td>GB/T 13477.5</td></tr>
<tr><td>5</td><td colspan="3">硬度（ShoreA）</td><td>20～60</td><td>GB/T 531</td></tr>
<tr><td rowspan="7">6</td><td rowspan="7">拉伸粘结性</td><td rowspan="5">拉伸粘结强度（MPa）</td><td>23℃</td><td>≥0.60</td><td rowspan="7">GB/T 13477.8</td></tr>
<tr><td>90℃</td><td>≥0.45</td></tr>
<tr><td>−30℃</td><td>≥0.45</td></tr>
<tr><td>浸水后</td><td>≥0.45</td></tr>
<tr><td>水-紫外线光照后</td><td>≥0.45</td></tr>
<tr><td colspan="2">粘结破坏面积（%）</td><td>≤5</td></tr>
<tr><td colspan="2">23℃时最大拉伸强度时伸长率（%）</td><td>≥100</td></tr>
<tr><td rowspan="3">7</td><td rowspan="3">热老化</td><td colspan="2">热失重（%）</td><td>≤10</td><td rowspan="3">GB 16776</td></tr>
<tr><td colspan="2">龟裂</td><td>无</td></tr>
<tr><td colspan="2">粉化</td><td>无</td></tr>
<tr><td rowspan="2">8</td><td colspan="2" rowspan="2">结构装配系统用附件与密封胶相容性</td><td>颜色变化</td><td>试验试件与对比试件颜色变化一致</td><td rowspan="2">GB 16776</td></tr>
<tr><td>玻璃与密封胶</td><td>试验试件、对比试件与玻璃粘结破坏面积的差值≤5%</td></tr>
<tr><td>9</td><td colspan="3">实际工程用基材与密封胶粘结性</td><td>粘结破坏面积的算术平均值≤20%</td><td>GB 16776</td></tr>
</table>

1　仅适用于单组分产品；

2　仅适用于双组分产品。

5.9.3 中性耐候胶

中性耐候胶是指经过人工加速气候老化测试，各项理化性能无明显变化的中性密封胶，具有优异的耐气候老化性能和耐紫外辐照性能，耐高低温性能卓越，具有优良的粘结性。主要成分是聚硅氧烷或端硅烷基聚醚，室温固化，如图5-39所示。

图5-39 中性耐候胶

根据原材料的不同，中性耐候胶可以分为中性硅酮耐候密封胶和改性硅酮耐候密封胶。中性硅酮耐候密封胶是一种以聚硅氧烷为主要成分的密封胶，具有粘结性好、操作性好、弹性好、耐候性好等优点；改性硅酮耐候密封胶是一种以端硅烷基聚醚（以聚醚为主链，两端用硅氧烷封端）为主要成分的密封胶，兼有中性硅酮耐候密封胶和聚氨酯密封胶的优点和长处，表现出优异的粘结性，以及对基材粘结的广泛性，优良的耐候性和耐久性，可涂饰性等。

在地铁车站装饰工程中，玻璃幕墙、铝合金幕墙或石材幕墙建议使用相对应的中性硅酮耐候密封胶；装配式建筑接缝用胶以及需要涂饰的耐候胶建议使用改性硅酮耐候密封胶。

中性耐候胶的施工质量直接影响到工程的质量，若施工不当，极易出现粘结不牢、固化不完全、空腔、气泡等质量问题，甚至造成漏水。具体问题及原因如下：

（1）施工前应清理影响粘结的尘沙、污物和夹杂，擦净接缝基材表面。金属等无孔基材应采用清洁剂擦除影响粘结密封的污垢和油渍，否则会导致密封胶与基材粘结不牢，甚至脱落。

（2）建筑接缝密封施工应在风力不超过5级、基材及环境空气温度不低于5℃（溶剂型密封胶除外）的条件下进行，否则会出现中性耐候胶固化不完全，耐候性及力学性能得不到保障。

（3）注胶枪的注胶嘴切口应与接缝宽度和深度尺寸相适应。嵌缝密封胶时枪嘴应抵至接缝底部均匀移动，注胶枪的倾角应使挤出的密封胶处于被枪嘴推动状态，而不是用枪嘴拖拉密封胶，以保证密封胶对接缝内有挤压力，以形成连续、光滑的胶缝，防止出现空腔或气泡。宽接缝密封宜分两次注胶或多道密封完成，每次挤注的密封胶层应确保密实。中性和改性硅酮耐候密封胶常规检测参数及参考指标见表5-36、表5-37。

中性硅酮耐候密封胶常规检测参数及参考指标 **表5-36**

序号	检测参数	参考指标								试验方法
		50LM	50HM	35LM	35HM	25LM	25HM	20LM	20HM	
1	密度（g/cm³）	规定值±0.1								GB/T 13477.2
2	下垂度（mm）	≤3								GB/T 13477.6
3	表干时间[1]（h）	≤3								GB/T 13477.5
4	挤出性（mL/min）	≥150								GB/T 13477.3

续表

序号	检测参数		参考指标								试验方法
			50LM	50HM	35LM	35HM	25LM	25HM	20LM	20HM	
5	适用期[2]		供需双方商定								GB/T 13477.3
6	弹性恢复率（%）		≥80								GB/T 13477.17
7	拉伸模量 （MPa）	+23℃ −20℃	≤0.4 和 ≤0.6	>0.4 或 >0.6	≤0.4 和 ≤0.6	>0.4 或 >0.6	≤0.4 和 ≤0.6	>0.4 或 >0.6	≤0.4 和 ≤0.6	>0.4 或 >0.6	GB/T 13477.8
8	定伸粘结性		无破坏								GB/T 13477.10
9	浸水后定伸粘结性		无破坏								GB/T 13477.11
10	冷拉-热压后粘结性		无破坏								GB/T 13477.13
11	紫外线辐照后粘结性[3]		无破坏								JC/T 485、 GB/T 13477.10
12	浸水光照后粘结性[4]		无破坏								JC/T 485
13	质量损失率（%）		≤8								GB/T 13477.19
14	烷烃增塑剂[4]		不得检出								GB/T 31851

[1] 允许采用供需双方商定的其他指标值；

[2] 仅适用于多组分产品；

[3] 仅适用于普通装饰装修镶装玻璃用产品，不适合用于中空玻璃；

[4] 仅适用于建筑幕墙非结构性装配用产品，不适合用于中空玻璃。

改性硅酮耐候密封胶常规检测参数及参考指标　　表 5-37

序号	检测参数		参考指标					试验方法
			25LM	25HM	20LM	20HM	20LM-R	
1	密度（g/cm^3）		规定值±0.1					GB/T 13477.2
2	下垂度（mm）		≤3					GB/T 13477.6
3	表干时间（h）		≤24					GB/T 13477.5
4	挤出性[1]（mL/min）		≥150					GB/T 13477.3
5	适用期[2]（min）		≥30					GB/T 13477.3
6	弹性恢复率（%）		≥70	≥70	≥60	≥60	—	GB/T 13477.17
7	定伸永久变形（%）		—	—	—	—	>50	GB/T 14683
8	拉伸模量 （MPa）	+23℃ −20℃	≤0.4 和 ≤0.6	>0.4 或 >0.6	≤0.4 和 ≤0.6	>0.4 或 >0.6	≤0.4 和 ≤0.6	GB/T 13477.8
9	定伸粘结性		无破坏					GB/T 13477.10
10	浸水后定伸粘结性		无破坏					GB/T 13477.11
11	冷拉-热压后粘结性		无破坏					GB/T 13477.13
12	质量损失（%）		≤5					GB/T 13477.19

[1] 仅适用于单组分产品；

[2] 仅适用于多组分产品；允许采用供需双方商定的其他指标值。

第6章 施工技术准备

“施工技术准备”是建设工程施工程序的一个重要阶段。根据施工顺序的先后，有计划、有步骤、分阶段进行。城市轨道交通装饰装修工程施工是十分复杂的生产活动，其专业技术基本规律要求装饰装修施工必须严格按专业工程先后穿插的施工程序进行。只有认真做好施工技术准备工作，才能取得良好的装饰装修效果。

6.1 图纸会审

图纸会审是工程开工前的一项重要的技术准备工作。图纸会审对施工单位的重要性表现在：一是合理制订施工组织设计的基础；二是准确编制施工预算的依据；三是施工技术交底的前提；四是确保工程施工质量的关键；五是工程变更的最佳时机和加快进度的有利环节。图纸会审对实现建设目标、规范工程施工、保证工程质量、加快工程进度、降低工程成本等都起到重要的作用，是施工单位不可或缺的一项工作。

6.1.1 组织及程序

建设单位主持图纸会审会议，组织监理单位、施工单位等相关人员进行图纸会审，并整理成会审问题清单，由建设单位在设计交底前约定的时间提交设计单位。

图纸会审的一般程序：业主或监理方主持人发言→施工方、监理方代表提问题→设计方逐条研究回复→形成会审记录文件→签字、盖章后生效。

6.1.2 会审主要内容

（1）专业图纸之间，平、立、剖面图之间有无矛盾；标注有无遗漏。

（2）总平面与施工图的几何尺寸、平面位置、标高等是否一致。

（3）防火、消防是否满足要求。

（4）建筑结构与各专业图纸本身是否有差错及矛盾。

（5）施工图中所列各种标准图册，施工单位是否具备。

（6）图纸中所要求的条件能否满足；新材料、新技术的应用有无问题。

6.1.3 图纸会审要点

（1）熟悉拟建工程的基本情况。图纸到手后，首先了解本工程的一些基本尺寸和使用的装修材料，仔细阅读设计说明，熟悉工程装修基本情况，了解是否涉及“四新”工程。

（2）熟悉、审查工程平面尺寸。施工平面图一般有三道尺寸，第一道尺寸是细部尺寸，第二道尺寸是轴线间尺寸，第三道尺寸是总尺寸。首先检查三道尺寸之间的关系是否正确；其次仔细研究装饰造型、不同材料之间接口位置关系；最后核查设备终端安装位是否存在互相影响及破坏装饰效果的情况。

(3) 熟悉、审查工程立面尺寸。装修施工图一般有正立面图、剖面图、楼梯剖面图，这些图有工程立面尺寸信息。正立面图一般有三道尺寸，通过这些施工图，可掌握工程的立面尺寸。熟悉立面图后，主要检查楼梯踏步的水平尺寸和标高是否有错，检查电扶梯下竖向净空尺寸是否大于2.4m；立面不同材料之间的接口关系及处理办法；核查设备终端安装位置与立面装饰材料排版是否协调。

(4) 施工图中容易出现错、漏的问题。

1) 材料安装构造节点是否已淘汰；

2) 装修材料材质无标注；

3) 剖面图位置关系与标注的标高不相符；

4) 无构造做法；

5) 详图索引、详图编号不对应。

(5) 审查原施工图有无可改进的地方。主要从有利于工程施工的角度、有利于保证工程质量、有利于增强装饰效果等方面对原施工图提出改进意见。

6.2 设 计 交 底

为了使参与工程建设各方充分理解设计意图；了解设计内容和技术要求；明确质量控制的重点与难点，主要建筑材料、构配件和设备的要求，所采用的新技术、新工艺、新材料、新设备的要求以及施工中应特别注意的事项，设计单位依据国家设计技术管理的有关规定，对提交的施工图纸，进行系统的设计技术交底。同时也为了减少图纸中的差错、遗漏、矛盾，将图纸中的质量隐患与问题消灭在施工之前，使设计施工图纸更符合施工现场的具体要求，避免返工浪费。

6.2.1 组织及程序

设计交底，是由建设单位组织施工总承包单位、监理单位参加，由勘察、设计单位对施工图纸内容进行交底的一项技术活动，或由施工总承包单位组织分包单位、劳务班组，由总承包单位对施工图纸施工内容进行交底的一项技术活动。

(1) 时间。设计交底与图纸会审在项目开工之前进行，开会时间由监理部决定并发通知。参加人员应包括监理、建设、设计、施工等单位的有关人员。

(2) 会议组织。按现行国家标准《建设工程监理规范》GB/T 50319要求，项目监理人员应参加由建设单位组织的设计技术交底会，一般情况下，设计交底会议由总监理工程师主持，监理部和各专业施工单位（含分包单位）分别编写会审记录，由监理部汇总和起草会议纪要，总监理工程师应对设计技术交底会议纪要进行签认，并提交建设、设计和施工单位会签。

(3) 设计交底与图纸会审工作的程序。

1) 首先由设计单位介绍设计意图、结构设计特点、工艺布置与工艺要求、施工中应注意事项等。

2) 各有关单位对图纸中存在的问题进行提问。

3）设计单位对各方提出的问题进行答疑。

4）各单位针对问题进行研究与协调，制订解决办法。写出会审纪要，并经各方签字认可。

6.2.2 设计交底内容

在建设单位组织下，设计单位向施工单位、监理单位以及建设单位进行交底，主要交代建筑物的功能与特点、设计意图与施工过程控制要求等。

设计交底内容：

（1）设计主导思想、建设要求与构思，使用的规范；

（2）基础设计、主体结构设计装修设计、设备设计（设备选型）等；

（3）对材料的要求，对使用新材料、新技术、新工艺的要求；

（4）施工中应特别注意的事项等；

（5）设计单位对监理单位和承包单位提出的施工图纸中的问题的答复；

（6）施工图纸的解说；

（7）工艺质量标准和评定办法；

（8）其他施工注意事项。

6.2.3 重点注意事项

（1）设计图纸与说明书是否齐全、明确，坐标、标高、尺寸、管线等是否相符：图纸内容、表达深度是否满足施工需要，施工中所列各种标准图册是否已经具备。

（2）施工图与设备、特殊材料的技术要求是否一致，主要材料来源有无保证，能否代换；新技术、新材料的应用是否落实。

（3）材料、设备说明书是否详细，与规范、规程是否一致。

（4）土建结构布置与装饰装修设计是否一致。

（5）各专业设计单位设计的图纸之间有无相互矛盾；各专业之间、平立剖面之间、总图与分图之间有无矛盾；建筑图与装修图的平面尺寸及标高是否一致，表示方法是否清楚；预埋件、预留孔洞等设置是否正确；材料节点构造图是否表示清楚；钢构件安装的连接节点图是否齐全；各类管线、支吊架等专业间是否协调统一；是否有综合管线图；通风管、消防管、电缆桥架是否相碰。

（6）设计是否满足生产要求和检修需要。

（7）是否存在不能施工或不便施工的技术问题，或导致质量、安全及工程费用增加等问题。

（8）防火、消防设计是否满足有关规程要求。

6.2.4 纪要与实施

（1）项目监理部应将施工图会审记录整理汇总并负责形成会审纪要。经与会各方签字同意后，该纪要即被视为设计文件的组成部分（施工过程中应严格执行），发送建设单位和施工单位，抄送有关单位，并予以存档。

（2）如有不同意见通过协商仍不能取得统一时，应报请建设单位定夺。

（3）对会审会议上决定必须进行设计修改的，由原设计单位按设计变更管理程序提出修改设计，一般性问题经监理工程师和建设单位审定后，交施工单位执行：重大问题报建设单位与设计单位共同研究解决。施工单位拟施工的一切工程项目设计图纸，必须经过设计交底与图纸会审，否则不得开工，已经交底和会审的施工图以下达会审纪要的形式作为确认。

6.3 深化设计

由于施工图设计节点选用不符合施工习惯或加工工艺要求，不能反映不同专业工序之间交叉协调部位的做法或者空间关系；建筑结构、机电、装饰预留预埋部位不明确等，需施工单位对图纸进行细化、补充和完善，即深化设计。专业的深化设计，不是单纯的绘制指导施工的各种材料的节点做法，更多的是倾向于装饰装修效果的整体把握，即综合设计（要充分考虑到暖通及电气等专业末端与装饰装修之间接口处理）。

6.3.1 材料安装节点深化设计

在做好平面尺寸定位和立面装饰定位的基础上，对一些不同材质的收口或有造型的部位进行接口深化设计，尤其是一些艺术造型的安装结构，由于设计图上一般都不会十分详细，所以施工方、材料供应方要积极主动地进行材料节点深化设计工作。一方面有助于设计的不断优化，促使装饰材料的构造做法及装饰的效果，均可以得到提升优化，保证设计的意图与技术实施性；另一方面可以指导工人施工，不会出错。对于需要预留的收口位置，通过分析施工的先后顺序确定，确保施工工艺的合理化。

深化设计的图纸均需经过设计方的确认方可生效，方可作为施工依据。当图纸中出现修改变更，应当明确修改的时间、原因及依据，这样可以明确主体设计与深化设计双方之间的责任关系，不会出现深化设计擅自修改图纸后，不知会主体设计方，而图纸得以确认的情况。

常见材料安装节点深化设计如图 6-1 所示。

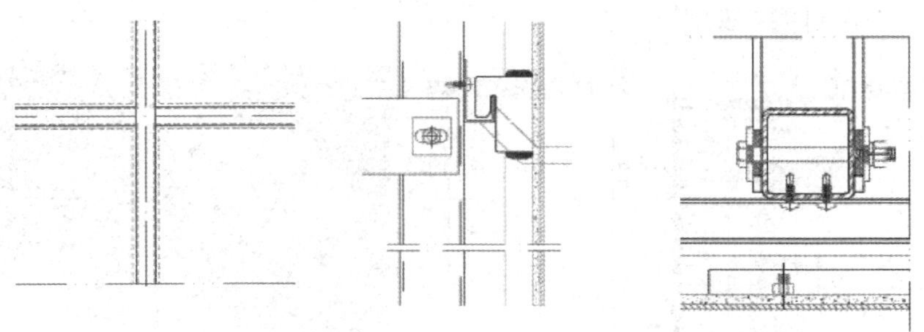

图 6-1 烤瓷铝板安装节点深化设计图

6.3.2 平面深化设计

1. 吊顶深化设计

现场的深化设计技术人员进行实地测量，将现场实际建筑空间情况，真实地反映到图纸上。根据装修吊顶及平面分格图进行平面定位，并且标注清楚所有平面装饰细部尺寸，考虑灯具、风口等定位尺寸避开吊顶龙骨，同时与吊顶的造型相结合，检查设备终端是否影响装饰效果，分析是否满足功能要求，如图 6-2 所示。

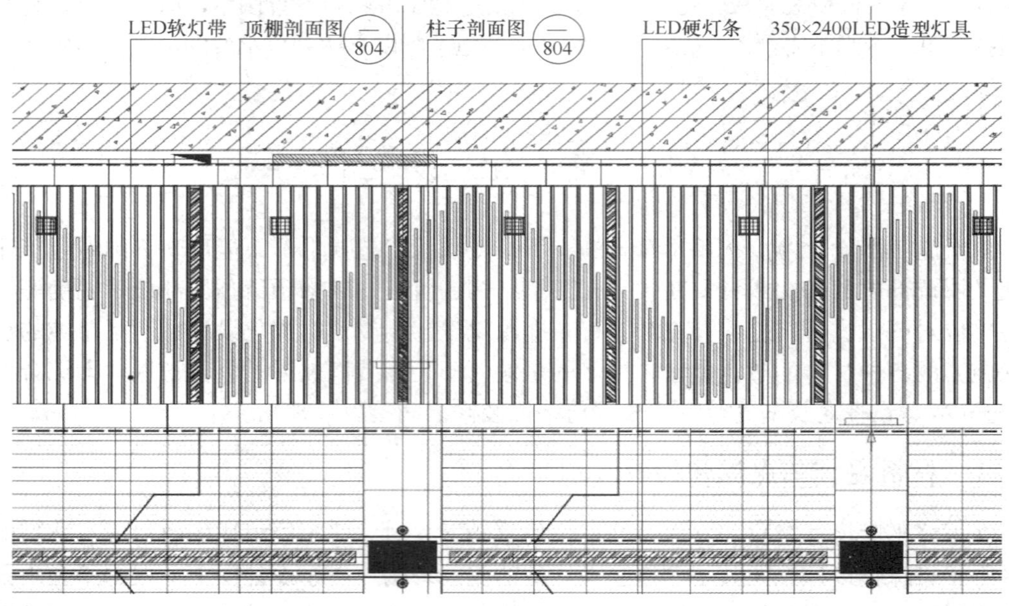

图 6-2　吊顶深化设计排版图

2. 地面铺装深化设计

（1）排版原则，地面铺装材料规格相同时，墙、地面的缝隙应贯通；地砖预排时，尽量避免出现非整块现象，如确实无法避免，应将非整块面砖排在比较隐蔽部位；如果地面出现无法避免小于 1/4 的小砖时，应将一块小条砖加一块整砖的尺寸平均后切成两块，寻找对称位置排列铺装，如图 6-3 所示。

（2）交货排版，查看整体效果，发现颜色有差异的进行调整、更换，保证颜色由浅入深、由近入远慢慢过渡，如图 6-4 所示。

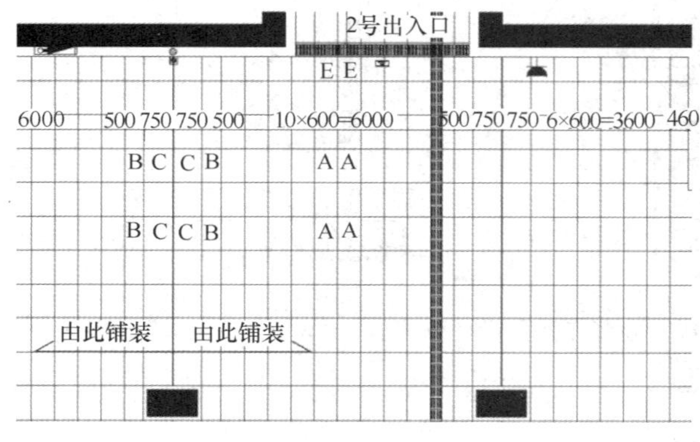

图 6-3　地面铺装深化设计排版图

图 6-4　地面铺装实例

在这里有个建议：深化设计人员一定要在现场跟踪放线工作，按照现场实际情况进行排版深化，如果脱离了现场实际放线情况，装修材料的下料尺寸就会有偏差，统计的数据也不正确，那么深化设计的所有工作都只能是纸上谈兵了。

6.3.3 立面深化设计

在平面尺寸定位的基础上把立面上的装饰材料模数、设备终端如实地反映到墙面上，如广告灯箱、导向标志、消防箱、机电控制箱、开关插座。并标明墙面上不同材料的接口位置。离壁墙宽度是否满足给水排水管线安装。这样方便施工交底，不容易出错，而且发现尺寸或比例有问题时可以及时调整，如图 6-5 所示。

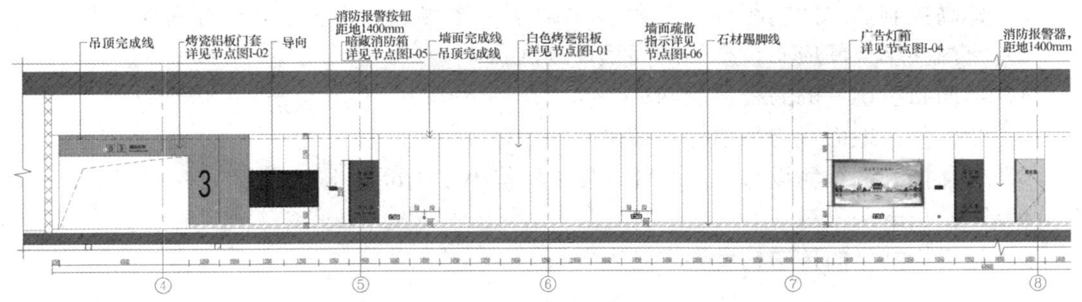

图 6-5 立面深化设计排版图

6.4 测 量 放 线

施工测量作为工程项目施工活动得以顺利进行的基础条件，直接影响着施工质量和效率。建筑物经过装饰装修阶段将成为成品交付使用，前期主体所遗留的质量缺陷问题必须通过这一阶段进行整改、处理、隐蔽。装饰工程作为整体施工的重要环节，必须树立全面观点，主动与其他专业配合才能减少和弥补“先天不足”的影响。所以这个阶段测量工作的精度，直接影响到装饰装修效果。

6.4.1 施工测量技术要求

装饰装修施工放线，按不同适用范围和精度的要求，放线精度分为一级和二级，放线精度应符合现行国家标准《工程测量规范》GB 50026 的相关规定，满足表 6-1 的要求。

装饰装修施工放线精度的要求 **表 6-1**

等级	适用范围	测距		测角	
一级	控制网测设	边长（m）	测距相对中误差	边长（m）	测角中误差
	装饰装修工程中不规则形体	5～50	≤1/10000	≤50	≤5′
二级	装饰装修工程中规则形体	≤25	≤1/2500	—	

（1）平面测设施工定位测量要求

1）装饰装修施工平面控制网的轴线系统与建筑轴网要一致；

2）难以在现场放线标识的复杂形体的装饰装修，应满足测量精度的要求，以建筑轴网为控制基准，并便于三维控制点的换算；

3）轴线网按照一级放线精度技术要求测设；

4）轴线网布设成十字轴线控制网形式，轴线的定位点不少于 3 个；

5）加密方格网按照一级放线精度技术要求测设；

6）方格网定位点以轴线网为基准，采用内分法测定，同一条方格网线的定位点不少于 3 个；

7）方格网的对角线误差不大于方格网线误差的 $\sqrt{2}$ 倍。

（2）标高测设施工定位测量要求

1）标高控制网由统一的高程基准点或标高控制点作为控制点；

2）标高控制点之间的距离不宜大于 5m，且一个测设区不少于 3 个标高控制点；

3）室内共享空间应布设统一的高程控制网；

4）墙面布设统一的高程控制网；

5）装饰装修地面或与吊顶标高衔接要一致；

6）标高控制网线测设每 3m 距离的两端高差小于 1mm，同一条标高控制网线标高的允许偏差为±2mm；

7）施工标高竖向传递精度要求见表 6-2。

施工标高竖向传递精度要求 **表 6-2**

项目	允许误差（mm）
层间	±2
$0<H\leqslant 30$m	±8
30m$<H$	±12

6.4.2 施工测量控制标准

（1）一般规定：建筑装饰装修施工放线按一级精度等级控制。

（2）装饰装修施工放线符号标识图例及说明见表 6-3。

装饰装修施工放线符号标识图例及说明 **表 6-3**

序号	类别	标识图例	说明
1	平面轴线标识	轴线	字体：50mm 高，红色； 标识：40mm 等边三角形，红色
2	标高控制线标识	1.000	字体：50mm 高，红色； 标识：40mm 等边三角形，红色
3	空间中心基准点标识	中心基准点	字体：50mm 高，红色； 标识：40mm 等边三角形，红色； 十字轴线长 100～200mm
4	造型中心线标识	中心线	字体：50mm 高，红色； 标识：十字轴线长 100～200mm
5	完成面定位线标识	结构基底 基层空间 装饰完成面	字体：50mm 高，红色； 标识：40mm 等边三角形，红色
6	灯具标识	灯具名称	字体：50mm 高，红色； 标识：圆形直径根据实际开孔尺寸确定，红色
7	喷淋头标识	喷淋	字体：50mm 高，红色； 标识：圆形直径根据实际开孔尺寸确定，红色

续表

序号	类别	标识图例	说明
8	烟感标识	烟感	字体：50mm高，红色； 标识：圆形直径根据实际开孔尺寸确定，红色
9	喇叭标识	喇叭	字体：50mm高，红色； 标识：圆形直径根据实际开孔尺寸确定，红色
10	出风口标识	出风口	字体：50mm高，红色； 标识：尺寸根据实际开孔尺寸确定，红色
11	回风口标识	回风口	字体：50mm高，红色； 标识：尺寸根据实际开孔尺寸确定，红色
12	开关插座标识	开关（插座）	字体：50mm高，红色； 标识：尺寸根据实际开孔尺寸确定，红色
13	消防箱标识		字体：50mm高，红色； 标识：尺寸根据实际开孔尺寸确定，红色
14	灯箱标识		字体：50mm高，红色； 标识：尺寸根据实际开孔尺寸确定，红色

（3）吊顶施工放线：

1）吊顶平面中心线是吊顶平面定位、施工直角方正控制的依据。

2）吊顶造型中心线作为吊顶造型定位的控制线，吊顶造型中心线可从吊顶平面中心线引测。

3）根据吊顶综合布置图，结合使用功能和装修效果，统一优化后确定机电末端安装位置。

（4）地面面层施工放线：

1）地面拼图定位线是在深化设计施工图和块材模数的基础上细化出来的，指导地面铺贴施工定位线。

2）根据地面综合布置图，结合使用功能和装修效果，统一优化后确定机电末端安装位置。

（5）墙面饰面板施工放线：

1）饰面板施工，指采用干挂方式的饰面板安装。

2）饰面板施工放线，先测设完成面定位线，对施工平面的定位进行整体控制，由轴线或控制网测设空间中心线。

3）空间定位测量的基准线由轴线或控制网引测，布设于地面上。

（6）数字化放线。采用数字化放线，不但可以精准测定放线控制点，而且可与设计软件协调工作，高效完成放线。可制作精准的材料、构配件加工图，具有可视化技术交底、指导施工的作用。

6.4.3 施工测量成果的检查和校核

在工程施工过程中，精确度是所有施工工序的标准。无论是建筑的整体结构和框架设置还是各部分施工工序都要保证精确度符合标准规范，否则极易产生工程质量问题。而工程测量的目的之一即为工程施工提供精确化指导，通过仔细、精确的测量，为整体工程施工提供精确化数据，指导施工人员按照该测量结果进行施工，从而更好地确保工程施工的准确性和精确性，最大程度上减小施工误差，提高建筑工程精确化程度，从而保证工程质量。

（1）施工放线方案设计，应满足沿线的要求；

（2）验线要采用表格记录成果并由相关人员签字确认，验线表格包括放线范围、放线依据、放线精度等级、评判标准，验线内容、成果评价等；

（3）验线使用的测量仪器精度等级，不低于放线所使用的测量仪器精度等级。

6.5 综合布置图深化

施工前优化施工做法，进一步推行排版标准化，风、水、电等设备末端点位精准，定位标准化、收口标准化等，降低施工难度，减少后期整改，提升施工效率。通过精装修图纸深化，为后期材料集中加工、尺寸定制加工，提供必要条件。集中加工可有效减少材料损耗，降低施工成本。精细化施工，装修、机电设备各专业协同，一次成活，进一步提升整体观感质量。

6.5.1 深化流程

深化设计先行，各方会签确认，深化流程如图 6-6 所示。

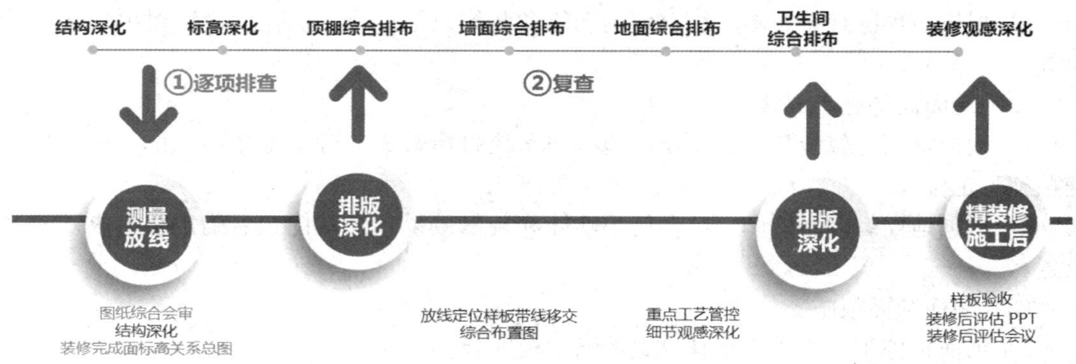

图 6-6 深化设计流程

首先要树立大局意识、服务意识，致力于从全局出发，不分专业，主动出击，及时协调，扫清影响装饰装修的一切障碍。深化设计工作由装饰装修牵头，安装单位应用 BIM 技术进行综合管线的深化设计，并交各系统承包商进行位置、空间的确认，避免施工过程中管线位置冲突，导致返工。深化图纸出来后，先给各系统单位认真审阅，装饰设计单位审查装修排版图。排版图是施工能否顺利开展的关键，施工单位进场后，须根据施工图进行放线，并作出天、地、墙的装饰材料模数排版图，排版图直接反映出现场装修与各专业系统间的接口是否合理。排版图必须要经过相关专业工程师审核，对设备接口的位置、开孔大小等确认无误后，进行签字确认。

6.5.2 吊顶排版

（1）基准线。站厅站台吊顶以有效车站中心线和车站建筑轴线为基准向两侧布置，公共区楼扶梯段吊顶吊挂采用顺坡吊挂。

（2）标高高度。站厅站台公共区吊顶高度在满足功能要求与城市轨道交通规范下尽量提升标高高度。

（3）吊顶与周边的关系。吊顶与墙面之间宜保持 50～100mm 的空隙且不产生结构关系，如装修方案需要可根据现场实际情况调整；吊顶与站台门之间须保持 80mm 的空隙且不与站台门产生结构关系。

（4）吊顶灯具、风口、喷淋、烟感、监控等系统末端设备，在满足功能的前提下要本着等分、均衡、对称的原则布置。吊顶排版实例如图 6-7 所示。

图 6-7　吊顶排版实例

（5）挡烟垂壁：

1）布置内容：防烟分区之间设挡烟垂壁。

2）材质与要求：

①吊顶以上挡烟垂壁材料为 10mm 防火板底部铝合金收口，通过角钢架、膨胀螺栓固定于结构板底面，挡烟垂壁吊挂距离为吊顶龙骨以上 100mm（若有管线穿过挡烟垂壁应采用防火材料进行孔洞封堵）。

②站台楼梯井、站台透明垂直电梯井四周，挡烟垂壁下垂至吊顶完成面 500mm，吊顶以下挡烟垂壁材料为 8mm 厚防火玻璃，底部不锈钢收口。

6.5.3 地面排版

（1）排版基本要求：

1）以车站建筑轴线为基准放线铺贴，并间隔一根轴线在轴线位置设置 10mm 宽伸缩缝。

2）地面装饰材料排版在保证墙面板整体美观性前提下尽量对缝。

3）站厅、站台、出入口通道垫层及面层与结构保持相同坡向和相同坡度；地面装饰材料在地面沉降缝处断开，并做相应处理。

4）地面非标装饰材料宽度如小于标准规格的1/3，则与旁边的合并做整块非标材料。

5）地面装饰材料需做防水、防油、防污等防护措施。

6）所有地面分缝线与墙面分割线对中、对齐或成倍数关系。

7）所有地面材料的分缝线与门中心线对中、对齐或成倍数关系。

8）地面材料的分缝线与洁具的中线对齐或对中。

9）地面规格板不得小于1/2的碎块，不出现刀把型砖。

（2）盲道布置基本原则：

1）从设置垂直电梯的出入口通道（包括电梯和人行步梯的）和对角出入口通道（如是远期预留出入口不设置盲道，应选择对边出入口通道）及有过街通道功能的出入口通道引入盲道，在通道中引至无障碍卫生间。

2）满足相关条件的情况下，出入口盲道要与市政盲道连接。

3）在楼梯前方、楼梯平台处距高踏步起点或终点250～300mm处设置止步块及电（扶）梯不锈钢踏板前250～300mm处设置止步块。

4）站台层盲道采用定点上车布置原则，根据各线路选用的列车型号，选择无障碍车厢所对应的站台门设置盲道（应先核实车型与无障碍车厢位置无误后再按原则布置）。

5）盲道边沿线与墙、柱、栏杆等障碍物的距离应大于300mm，且站厅盲道需避开安检机安装位置。

6）盲道应引向双向闸机。

（3）人防门槛，如图6-8所示。人防门门槛区域地面尽量做平，并分别从两边放缓坡，分别向站厅层、出入口扶梯口进行找坡；坡度较大时，地面材料应拉槽防滑处理。同时，注意通道与站厅交接处地面材料收口要合理顺接。

图6-8　不锈钢人防门门槛实例

（4）楼梯踏步，如图6-9所示。

图6-9　出入口楼梯踏步实例

1）楼梯踏步宽度小于1500mm时采用整块材料，1500～3000mm时可采用两块材料（均分），3000mm以上时可采用三块材料（均分），3600mm以上时可采用四块材料（均分）。

2）站厅下站台楼梯踏步材料为光面，做防滑槽。

3）出入口楼梯踏步及平台材料表面做防滑处理，并做防滑槽。

（5）站台绝缘层，如图6-10所示。

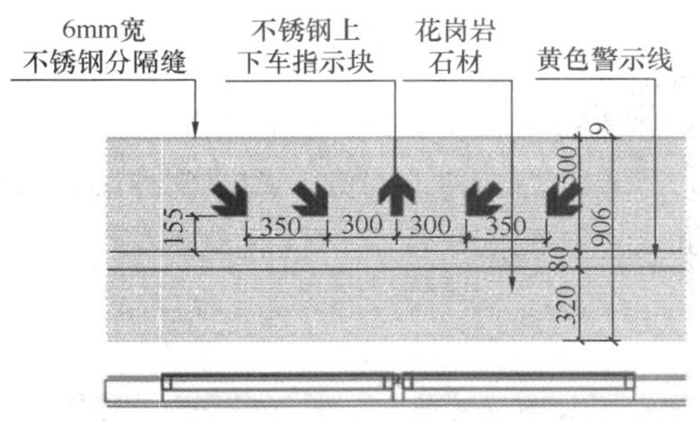

图6-10 上下车指示标识实例

1）站台距站台板边缘不小于1000mm范围内需设置绝缘层，在满足规范前提下，具体尺寸根据地面模数进行调整。

2）站台门前上下车指示标识为嵌入式，地面材料需在生产商处开槽后到现场安装，不得现场开槽。

（6）地面检修盖板、地面疏散指示、地漏、横截排水沟盖板如图6-11所示。

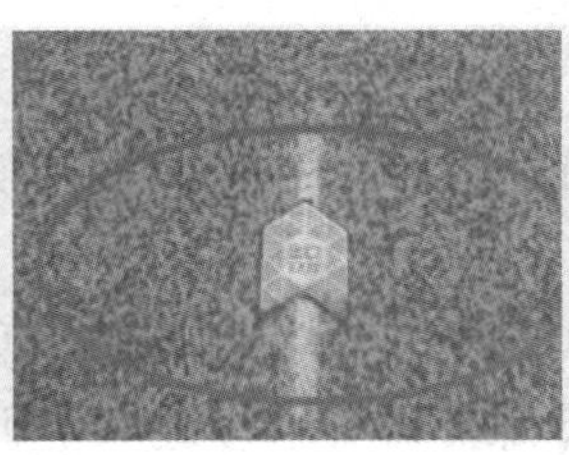

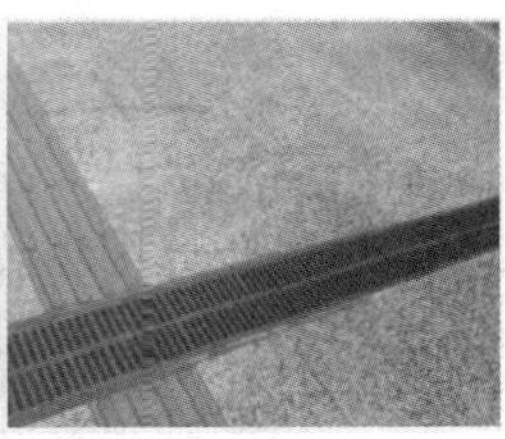

图6-11 地面检修盖板、地面疏散指示、地漏、横截排水沟盖板实例

1）检修盖板为同地面材料（整板材料），对角设置拉孔。

2）AFC线槽检修孔为同地面材料，检修孔调整至齐石材边，AFC检修盖板为450mm×450mm不锈钢包边盖板，AFC设备预留口设置200mm×200mm不锈钢包边盖板。

3）横截排水沟盖板支架及五金件采用防锈材料，所有出入口平台均设置横截排水沟。

4）地面疏散指示标识指向车站出入口方向且与地面齐平，线槽或穿线管端头需做好封堵与防水，间距需满足城市轨道交通规范要求。

5）楼梯梯步的蓄光疏散指示标识嵌入梯步立面，间隔一个梯步安装。楼梯宽度≤1800mm居中设置一块蓄光疏散指示标识，楼梯宽度大于1800mm均匀设置两块蓄光疏散指示标识。

6）闸机范围内不设置疏散指示标识。

7）盲道与地面疏散指示标识冲突时，调整疏散指示标识位置至邻近板中。

8）不锈钢地漏壁厚应大于 2mm，防止变形，冲洗栓箱对应地面需设置地漏，地砖贴成直线的形状，只需要将瓷砖中间预留出地漏的位置就可以了，地漏要保证能够正常的开合，密封性一定要好。

6.5.4 墙面排版

排版基本要求如下：

（1）墙面横缝与门套上口对齐或尽可能对中线。

（2）墙面横缝与其他台面、装饰面横缝对齐或对中，严禁两条缝隙相近。

（3）在满足墙面整体装饰美观的前提下，尽量墙面、地面对缝。端墙部分墙面板应根据各站情况从中线或墙边进行排版。非标版面大小不能低于标准材料的 1/3。

（4）墙面装饰门实例，如图 6-12 所示。

图 6-12 墙面暗装、明装设备装饰门实例

1）墙面上设置的各类设备控制箱的装饰门，均应与墙面装饰材料同材质，门轴的安装方式尽可能选用暗装形式。

2）消火栓箱门的开启角度不应小于 120°。箱门开启应轻便灵活，无卡阻现象。

3）所有墙面装饰门边应平齐或对称于墙面装饰材料竖缝，上下应平齐于墙面装饰材料横缝。

4）明装设备设计要求。墙面和柱面的安全疏散指示灯、插座等需在立面图上标注出来，由电气专业提供开孔墙尺寸并在图纸上标识清楚。

（5）站厅端墙墙面装饰材料应与防火观察玻璃尽量对缝，防火观察玻璃周边宜采用与

图 6-13 防火观察窗实例

本站墙面装饰材料相匹配且装饰效果美观的材料进行收口，如图 6-13 所示。

（6）三角房墙面，如图 6-14 所示。三角房用钢架龙骨，外侧干挂与本站相同的墙面装饰材料，内侧安装水泥纤维板，并刷白色乳胶漆。干挂墙面完成面与扶梯外侧钢板平齐。三角房墙体高度不得低于 2000mm 或高于 2200mm，如现场结构不满足根据现场实际情况尽量降低墙体高度。站名标高、版面需表达中英文信息，需根据方案结合三角房体量综合考虑排版。

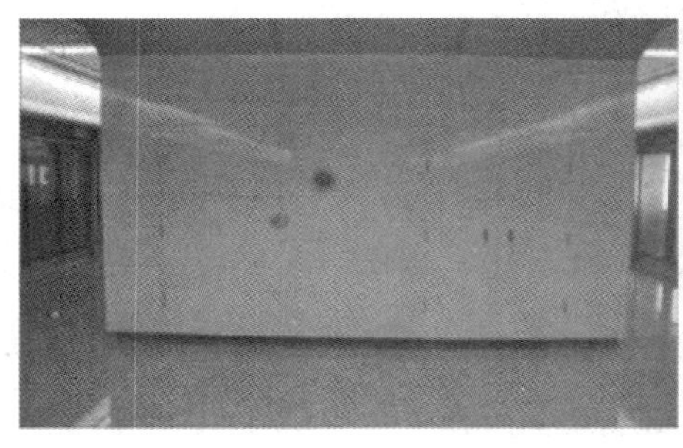

图 6-14　三角房正立面、站名墙实例

（7）艺术墙，如图 6-15 所示。

1）如本站有艺术墙，预留安装位置，艺术墙长度根据排版模数确定。

2）艺术墙与墙面收边收口，根据现场情况采用合理方式达到安全、美观。

图 6-15　艺术墙实例

（8）广告灯箱，如图 6-16 所示。

图 6-16　广告灯箱实例

1）广告灯箱应遵循运营优先、安全第一、兼顾其他设备设施墙面排版的基本原则。

2）墙面板模数与广告灯箱模数相匹配，广告灯箱间距≥3200mm。

3）墙面广告灯箱的设置，应综合考虑临墙位置的自动售货机、售票机、查询机等设备，错位设置，避免互相遮挡。

4）闸机与远期预留通道接口的位置不能设置广告灯箱。

5）有广告灯箱墙面，墙面应预留出位置不做任何装饰处理。

6）广告灯箱下边缘距站厅或通道地面完成面600～700mm。

第7章 车站装饰装修施工

随着城轨交通事业的迅速发展，车站装饰装修也随之日趋成熟，相对于普通公共装饰装修工程而言，它既要满足装饰装修的一般规范和要求，又有其独特的施工难点和专业性。车站装饰装修施工内容一般包括：地面工程、门窗工程、吊顶工程、墙柱面工程、涂饰工程、细部工程、地面附属工程、装饰机电安装工程等。车站装饰装修的施工质量和效果如“穿衣”，将最直接地展现在社会大众的面前，代表着轨道交通线路的形象，承载着一个城市的文化，其重要性不言而喻。

7.1 地 面 工 程

车站装饰装修施工地面工程按材料分为石材铺贴，地砖铺贴，防静电地板铺设，防静电环氧树脂地坪，水磨石、人造石预制板块面层铺贴以及广场砖铺贴。

7.1.1 石材铺贴

1. 施工准备

(1) 主要材料

1) 石材的选择按照设计有关要求，厚度为20mm，进场前先在加工厂内进行挑选、磨光、切割、编号等工作，再运至现场安装。石材要求色彩均匀、色泽一致，并且棱角方正，边角顺直，无破损、毛刺、开裂等现象。

2) 水泥：采用42.5级以上的普通硅酸盐水泥，并备用适量擦缝用白水泥。

3) 砂：中砂或粗砂，要求砂的含泥量小于5%。

4) 石材防护剂、矿物颜料（擦缝用）、蜡等。

(2) 常用机具

手推车、铁锹、靠尺、浆壶、水桶、铁抹子、木抹子、墨斗、钢卷尺、尼龙线、橡皮锤（或木锤）、铁水平尺、弯角方尺、钢斧子、台钻、扫帚、砂轮、磨石机、钢丝刷、切割机、角向磨光机、小型电钻等。

(3) 作业条件

1) 石材进场后应侧立堆放在室内，并在其下加垫木方，按照石材的规格、使用部位分别标识放置；检查石材的质量是否符合设计要求。有损坏的石材提前将其挑选出来单独存放。

2) 在现场指定的位置设立加工棚，安装好台钻及砂锯，并接通水、电源。需要切割钻孔的板，在安装前加工好。

3) 室内抹灰、地面垫层、水电设备管线等施工完毕并办理完相关专业的交接手续。施工部位地面杂物等全部清理干净，完成相关施工部位的围挡，避免施工过程中交叉影响。

4）在房间内四周墙上弹好50cm水平线，作为石材与其他部位的标高交圈控制线，地面进行大致排版，控制十字分格线。

5）施工前必须熟悉施工大样图和加工计划单，清楚各部位的尺寸和做法，各部位的石材节点和收边。

2. 工艺流程

基层处理→弹线→排砖→现场预拼→涂刷石材防护剂→铺贴→擦缝→饰面清理→打蜡处理。

3. 施工要点

（1）基层处理。石材施工前将地面基层上的落地灰、浮灰等杂物细致地清理干净，并用钢丝刷或钢扁铲清理，但不要破坏结构的保护层。基层处理应注意达到施工条件的要求，考虑到装饰厚度的需要，在正式施工前用少许清水湿润地面。

（2）弹线。在施工的地面弹互相垂直的十字控制线，用以检查和控制石材板块的位置，十字线可以弹在地面上并引至墙面底部。在墙四周弹出标高控制线，注意检查与楼梯或有其他不同面层材料部位的标高交圈和过渡。在地面弹出十字线后，并根据石材规格在地面弹出石材分格线。

（3）排砖。按照设计图纸结合地面现场尺寸进行块材设计，排列布置图需经设计、业主认可后方可加工、施工，地面不得出现少半块的情况，图案要居中合理，色调基本一致并严格按国家规范标准验收进场。

（4）现场预拼。按照经认可的设计图纸进行预铺。对于预铺中可能出现的误差进行调整、交换，直至达到最佳效果（调整后的石材编号画在石材分格图上，按铺贴顺序堆放整齐备用）。同时注意采用浅色石材时，其质地密度较小的应在石材的背面和所有侧面涂刷隔离剂，以防止石材铺装时吸水影响石材的表面美观。

（5）涂刷石材防护剂。铺石材前三天刷石材防护剂，以防石材出现析盐、水渍现象。对石材的六个面进行防护，其方法是：先将其界面清理干净，然后涂刷两遍氧化硅密封防护剂，涂刷要求所涂面干燥，涂刷均匀，涂刷后要求阴干，第一遍阴干后方可涂刷第二遍；石材防护剂最好由石材厂家涂刷。

（6）铺贴。

1）结合层：在铺装砂浆前对基层清扫干净后用喷壶洒水湿润，刷素水泥浆（水灰比为0.5左右，做到随刷随铺）。

2）铺砂浆层：在地面上按照水平控制线确定找平层厚度，并用十字线纵横控制，石材镶贴应采用1∶3干硬性砂浆经充分搅拌均匀后进行施工（要求砂浆的干硬度以手捏成团不松散为宜），把已搅拌好的干硬性砂浆铺到地面，用灰板拍实，应注意砂浆铺设宽度应超过石材宽度1/3以上，并且砂浆厚度约高出水平标高3～4mm，砂浆厚度控制在30mm。

3）铺装石材：把已编号的石材从两根柱子的中间部位开始向两端铺贴，将不规则砖赶至柱子不锈钢伸缩缝处。铺装前将板预先浸湿后阴干备用，先进行试铺，对好纵横缝，用橡皮敲击垫木板（不得用橡皮锤直接敲击石材板面），振实砂浆至铺设高度后，将板移至一旁，检查砂浆上表面与板块之间是否吻合，如有空虚之处应填补干硬性砂浆，然后正式铺装。在砂浆层上满浇一层水灰比为0.5的素水泥浆结合层，安放时要四角同时往下落，用橡皮锤或木锤轻击垫木板，用水平尺控制铺装标高，然后按照安装顺序镶铺。

(7) 擦缝。地面三天初凝后进行擦缝，用相同颜色的水泥对地面缝用白棉丝擦拭。

(8) 饰面清理。石材铺设完毕，对面层涂刷石材防护剂。施工完毕进行现场验收。

(9) 打蜡处理。石材施工完成后需请专业石材护理公司进行石材清洁及打蜡护理。

4. 质量验收标准

(1) 石材的规格尺寸、色泽、光泽符合设计要求。

(2) 石材表面外观质量要求见表7-1。

石材表面外观质量要求 **表7-1**

序号	质量问题	不允许出现情况
1	缺棱	长度超过10mm
2	缺角	面积超过2mm×2mm/每块
3	裂纹	长度超过两端顺延纸板边总长度的1/10（每块）
4	色斑	面积超过20mm×30mm/每块
5	色线	长度超过两端顺延纸板边总长度的1/10（每块）
6	坑窝	粗面板材的正面出现

(3) 石材地面面层的允许偏差和检验方法见表7-2。

石材地面面层的允许偏差和检验方法 **表7-2**

项次	项目	允许偏差（mm）	检验方法
1	表面平整度	2	用2m靠尺、楔形塞尺检查
2	缝格平直	2	拉5m线，不足5m拉通线和尺量检查
3	接缝高低差	0.5	用靠尺和塞尺检查
4	踢脚线上口平直	2	拉5m线，不足5m拉通线和尺量检查
5	板块间隙宽度	1	用钢直尺检查

5. 成品保护

(1) 施工时应注意对定位定高的标准杆、尺、线的保护，不得触动、移位。

(2) 对所覆盖的隐蔽工程要有可靠保护措施，不得因浇筑砂浆造成漏水、堵塞、破坏或降低等级。

(3) 面层完工后在养护过程中应进行遮盖、拦挡和湿润，不应少于7d。

(4) 后续工程在大理石和花岗石面层上施工时，必须进行遮盖、支垫，严禁直接在大理石和花岗石面层上动火、焊接、和灰、调漆、支铁梯、搭脚手架等。

6. 常见质量问题及控制

(1) 铺贴随意、排版不精细

防控措施：

1) 施工前应画出大理石、花岗石地面的施工排版图，碎拼大理石、花岗石应提前按图预拼编号。

2) 施工前，应做好水平、轴线标识，拉十字控制线，以控制铺设的高度、厚度和位置，并在施工时注意对控制线的保护。

3）施工时，按编号和排版图进行试拼、试排，核对板块与墙面、柱、洞口等部位的相对位置，以检查板块之间的缝隙关系，避免铺设随意，最终观感差。

4）站厅层地面石材铺贴宜最终实现墙顶地“三缝合一”，现场需精确测量、放线、排版，考虑地面石材与柱网关系、墙顶面材料模数关系及与设备设施关系。如图 7-1 所示，进行整体策划精细排版，板块避免 1/3 小块出现。地面以柱中轴线为单元分段放线控制，如图 7-2 所示，墙顶延展跟通，可通过设置非标块过渡，如图 7-3 所示，实现“三缝合一”，如图 7-4 所示。

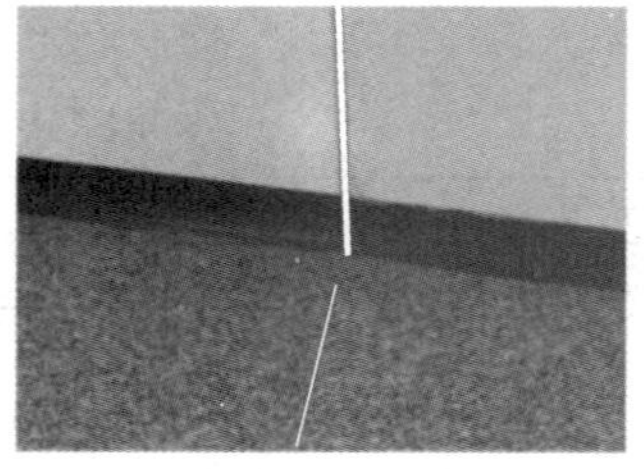

图 7-1　地、墙材料模数关系

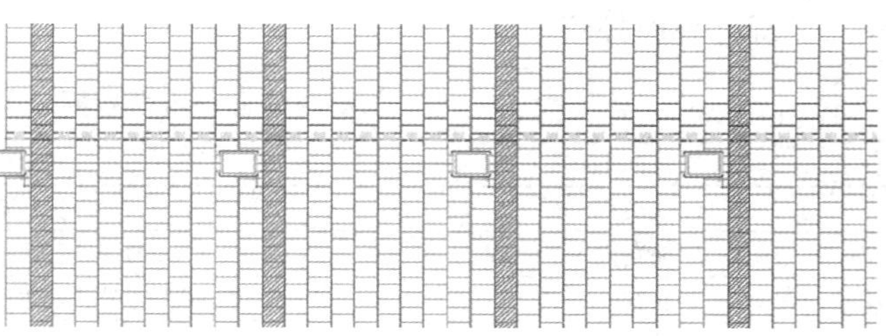

图 7-2　石材铺贴排版

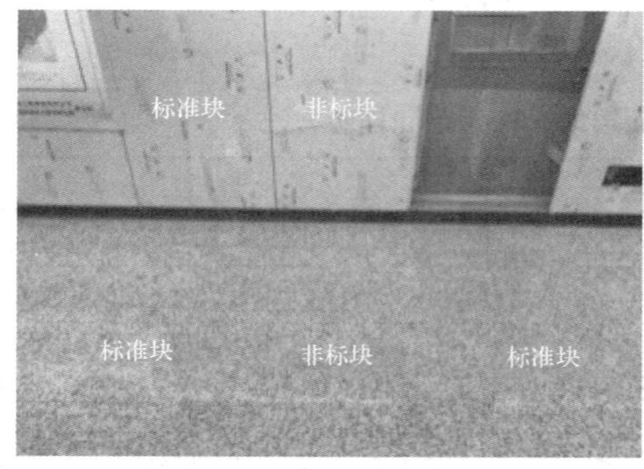

图 7-3　设置非标块过渡、转角通缝拼贴

5）站台层石材铺贴宜通缝设置，考虑墙顶面材料模数关系及与设备设施关系，找通缝放线铺贴规律，站台地面可考虑以柱中为单元分段或以屏蔽门为分段放线控制，如图 7-5、图 7-6 所示，延展跟通，通过设置非标块过渡缓冲实现通缝。

图 7-4　墙顶地三缝合一

图 7-5　站台屏蔽门前通缝

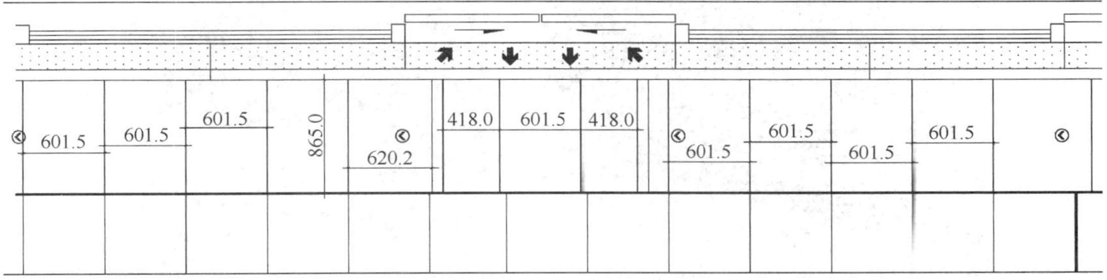

图 7-6　站台屏蔽门前排版图

6）楼梯踏步施工应符合规范。楼梯、台阶踏步的宽度、高度应符合设计要求，室内外台阶踏步宽度不宜小于 0.30m，踏步高度不宜大于 0.15m，每个梯段的踏步数应≤18 级、≥3 级楼梯，台阶的踏步板上及坡道上面均应设防滑条（槽），踏步板块的缝隙宽度应一致；楼层梯段相邻踏步高度差不应大于 10mm；每踏步两端宽度差不应大于 10mm；平台深度不应小于楼梯梯段的宽度，并不应小于 1.2m。

7）楼梯踏步施工宜墙地对缝，排版时应综合考虑土建楼梯原始尺寸，通过设置非标版来缓冲实现墙地对缝，石材开孔尺寸需准确预留，铺贴宜实现踏步与止灰带通缝，有条件的踏步立板、踏面可减少分缝整板铺贴，提升统一观感质量，如图 7-7～图 7-12 所示。

图 7-7　踏步未通缝

图 7-8　通缝铺贴

图 7-9　踏步与止灰带通缝

图 7-10　踏步分块铺贴

图 7-11　踏步整块铺贴

图 7-12　踏步导向位置需预留准确

（2）石材地面起拱、空鼓

防控措施：

1）作业环境如天气、温度、湿度等状况应满足施工要求。

2）地面基层应平整、有足够的强度，在铺砂浆之前将基层清扫干净，在垫层或基层上刷水泥素浆，如图 7-13 所示，避免垫层或基层过于干燥，吸水过快。

3）避免基层过于潮湿，表面积水。在基层表面有积水部位，水泥砂浆的水灰比增大，影响上下层之间的粘结，容易使面层凸鼓。

4）随刷随铺砂浆，补实再继续铺砂浆。铺结合层水泥砂浆，结合层一般采用 1∶3 的干硬性水泥砂浆，如图 7-14 所示，干硬程度以手捏成团不松散为宜，如砂浆过稀，不仅板块铺贴不易平整，当砂浆中水分蒸发后还会导致板块空鼓。

5）铺设大理石、花岗石面层前，板材应浸湿、晾干，结合层与板材应分段同时铺设。

6）粘结层宜采用石材专用粘合剂进行粘贴，如图 7-15 所示。

图 7-13　基层刷水泥素浆

图 7-14　1∶3 干硬性水泥砂浆

图 7-15　石材粘合剂

7）粘贴时用橡皮锤敲击，使石材粘结牢固，如声音发现有缺浆空鼓，应揭下补浆重铺。

8）大理石或花岗石板块间，接缝要严，一般不留缝隙。大面积铺贴时应该设置伸缩缝，如图 7-16 所示。

9）板、块背面如粘有塑料网格，铺贴时应撕掉，其板块必须用清水湿润、晾干后使用，避免地面整体打磨后产生空鼓。

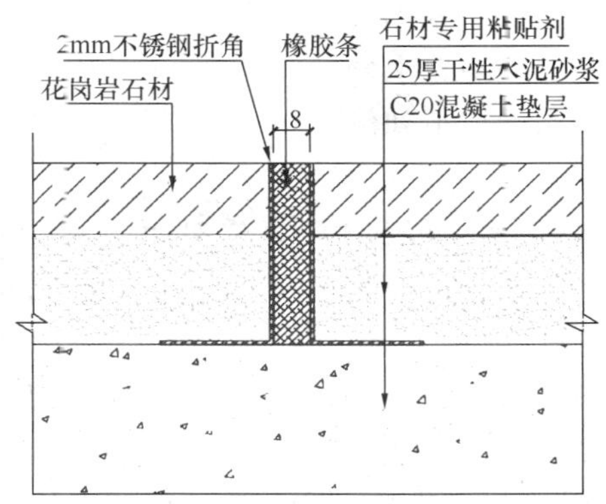

图 7-16　大面积铺贴时应该设置伸缩缝

10）大理石或花岗石地面完工后，进行封闭，严禁踩踏、堆放物品. 粘贴层上强度后，应在其表面覆盖并养护。

11）面层施工完毕后，派专人洒水养护不少于 7d。

（3）色差、泛碱

防控措施：

1）铺贴前易受潮部位，地坪要做好防水施工，如图 7-17 所示。

2）不同的板材不得混杂使用，在铺设前，应根据石材的颜色、花纹、图案、纹理等，按设计要求试拼编号。

3）白色大理石浸水、晾干后，其背面宜刷一层白水泥浆，以免露底显暗色，为防止面层出现泛碱污染，天然石材应进行防碱背涂处理。

4）加强工厂跟踪力度，石材出厂前做好六面防护，检查防护液使用及质量，就效果而言：有机氟防护剂＞油性防护剂＞水性防护剂。采用饰面型石材防护剂（TS）和底面型石材防护剂（DPS），按照规定方法涂刷，全覆盖、无死角、用量足。石材出厂前及进场后做好验收工作，应现场浸泡进行防护验收，如图 7-18 所示，防护完毕及时充分放置、通风、晾干后再铺装。

5）石材应按排版图在厂家切割防护到位，如需现场切割、嵌缝，如图 7-19 所示，冷却液要用防护剂进行冷却，冷却的同时又起到防护的作用。

图 7-17　地面色差、水渍、泛碱

图 7-18　石材六面防护

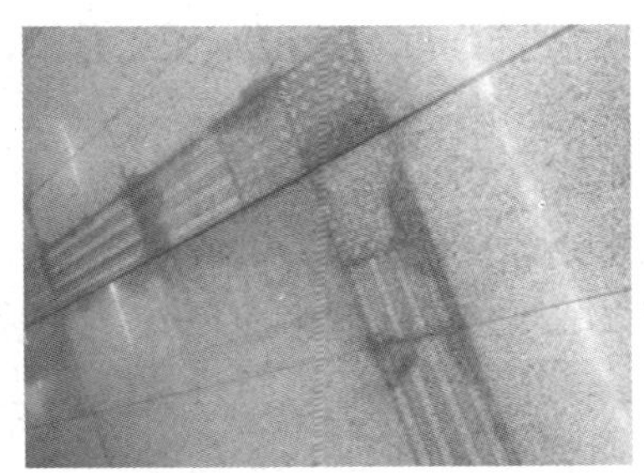

图 7-19　现场切割、嵌缝处泛碱

6）铺贴后不能立即严密覆盖表面，须待水气挥发后进行保护。安装后应先保持石材缝空畅，让水分充分挥发，一周后再进行嵌缝及镜面打磨处理，湿度较大或通风不良部位可采用强制通风挥发水分。

（4）成品保护不到位

防控措施：

1）石材地面工程完工后，应对面层采取保护措施。

2）严禁直接在大理石和花岗石面层上动火、焊接、和灰、调漆、支铁梯、搭脚手架等。

3）应避免机械设备加工区设置在铺贴好的石材表面，产生油渍、铁锈污染，如图7-20所示。

4）后续工程在大理石和花岗石面层上施工时，必须进行遮盖、支垫。

5）搬运石材时宜轻拿轻放，注意保护石材边角避免磕碰。另外施工时需戴手套保护双手。施工材料堆码整齐，严禁乱扔废料，如图7-21所示。

6）毛面石材污染后不易清洗，故要防止其受到污染。

图7-20 铁锈污染

图7-21 石材堆码整齐

7.1.2 地砖铺贴

1. 施工准备

（1）主要材料

1）水泥：采用硅酸盐水泥或普通硅酸盐水泥，其强度等级应在42.5级以上；不同品种、不同强度等级的水泥严禁混用。

2）砂：选用中砂或粗砂，含泥量不得大于3%。

3）地砖：材料有出厂合格证及性能检测报告，抗压、抗折及规格品种均符合设计要求，外观颜色一致、表面平整，图案花纹正确，边角齐整，无翘曲、裂纹等缺陷。瓷砖规格尺寸一般为：600mm×600mm×9mm、300mm×300mm×8mm，待业主及设计单位确定样品。

4）盲道地砖：行进地砖及止步盲道砖采用深灰色哑光瓷砖。

（2）常用机具

一般使用小水桶、半截桶、扫帚、平锹、铁抹子、大杠、小杠、筛子、窗纱筛子、窄手推车、钢丝刷、喷壶、锤子、橡皮锤、凿子、方尺、小包、溜子、地砖切割机等必要的工具。

（3）作业条件

1）墙面装饰（抹灰或贴砖）已完；地面的管线施工完，并办理完移交手续；地面的落地灰及浮灰清理干净；如卫生间等有防水要求的房间应完成地面防水及防水保护层施工并完成一次闭水试验合格后可进行本道工序施工。

2）内墙和房间的＋50cm标高控制线弹好并校核无误，清楚各房间及走道等相关部位的标高情况和关系。

3）釉面地砖要求提前一天放在水中浸泡后阴干，保证其湿润。

4）地砖应按照颜色和花型及使用部位进行分类，如有裂缝、掉角和表面上有缺陷的、规格有差异的砖块应筛选出来。

5）地砖的材质均要求有出厂证明、产品合格证和相关的检查报告。尽量选用同一批砖，保证表面光滑、图案正确、颜色一致。地砖的长宽厚允许偏差不得超过1mm；平整度用直尺检查，空隙不得超过±0.5mm。

6）在施工面积较大或者与其他相关部位交接多的情况下，要求必须先绘制出施工大样图进行现场放线，施工完样板合格方可进行施工。

7）对所有作业人员已进行了技术交底。

2. 工艺流程

基层处理→找标高→排砖→铺设结合层砂浆→铺砖→养护→勾缝。

3. 施工要点

（1）基层处理。把沾在基层上的浮浆、落地灰等用錾子或钢丝刷清理掉，再用扫帚将浮土清扫干净。

（2）找标高。根据水平标准线和设计厚度，在四周墙、柱上弹出面层的水平标高控制线。

（3）排砖。将房间依照砖的尺寸留缝大小，排出砖的放置位置，并在基层地面弹出十字控制线和分格线。排砖应符合设计要求，当设计无要求时，宜避免出现板块小于1/4边长的边角料。

（4）铺设结合层砂浆。铺设前应将基底湿润，并在基底上刷一道素水泥浆或界面结合剂，随刷随铺设搅拌均匀的干硬性水泥砂浆。

（5）铺砖。将砖放置在干拌料上，用橡皮锤找平，之后将砖拿起，在干拌料上浇适量素水泥浆，同时在砖背面涂厚度约1mm的素水泥膏，再将砖放置在找过平的干拌料上，用橡皮锤按标高控制线和方正控制线坐平坐正。铺砖时应先在房间中间按照十字线铺贴十字控制砖，之后按照十字控制砖向四周铺贴，并随时用2m靠尺和水平尺检查平整度。大面积铺贴时应分段、分部位铺贴。盲道砖应先进行不锈钢收条口的安装后再铺贴。

（6）养护。当砖面层铺贴完24h内应开始浇水养护，养护时间不得小于7d。

（7）勾缝。当砖面层的强度达到可上人的标准时，用同种、同强度等级、同色的水泥膏或1∶1水泥砂浆进行勾缝，要求缝清晰、顺直、平整、光滑、深浅一致，缝应低于砖面0.5～1mm。

4. 质量验收标准

（1）砖面层表面应洁净、图案清晰，色泽一致，接缝平整，深浅一致，周边顺直。板块无裂纹、缺楞、掉角等缺陷。

（2）面层邻接处的镶边用料及尺寸应符合设计要求，边角整齐光滑。踢脚线表面应洁净，高度一致，结合牢固，出墙厚度一致。

（3）楼梯踏步和台阶板块的缝隙宽度应一致、齿角整齐；楼层梯段相邻踏步高度差不应大于 10mm；防滑条应顺直。

（4）砖面层的允许偏差应符合表 7-3 的要求。

砖面层的允许偏差 **表 7-3**

项次	项目	允许偏差（mm）	检验方法
1	表面平整度	2	用 2m 靠尺和楔形塞尺检查
2	缝格平直	3	拉 5m 线尺量检查
3	接槎高低差	0.5	用钢尺和楔形塞尺检查
4	踢脚线上口平直	3	拉 5m 线尺量检查
5	板块间隙宽度	2	用钢尺检查

5. 成品保护

（1）施工时应注意对定位定高的标准杆、尺、线的保护，不得触动、移位。

（2）对所覆盖的隐蔽工程要有可靠保护措施，不得因浇筑砂浆造成漏水、堵塞、破坏或降低等级。

（3）砖面层完工后在养护过程中应进行遮盖和拦挡，保持湿润，避免受侵害。当水泥砂浆结合层强度达到设计要求后，方可正常使用。

（4）后续工程在砖面上施工时，必须进行遮盖、支垫，严禁直接在砖面上动火、焊接、和灰、调漆、支铁梯、搭脚手架等。

6. 常见质量问题及控制

（1）地砖板块出现空鼓

防控措施：

1）地砖铺贴前基层应彻底清扫干净。

2）铺砂浆前先浇水湿润，采用 1∶1 水泥砂浆(中、粗砂)扫浆均匀后，随即铺设结合层。

3）采用干硬性水泥砂浆，砂浆应搅拌均匀。

4）地砖铺贴前，砖背面用钢丝刷把晶粉去除，并将板块浸泡后晾干，浇素水泥浆或批纯水泥浆铺贴定位后，将板块均匀轻击压实。

5）地砖铺贴时，应留缝处理，缝隙宽度为 1～2mm。

6）养护期内围挡保护，并应进行洒水养护，养护时间不应少于 7d，且不得上人和堆放材料。

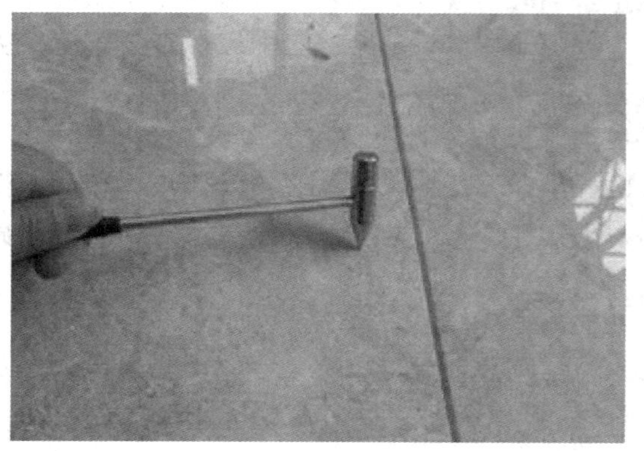

图 7-22 空鼓检查

7）大面积地砖铺贴时，应设置伸缩缝，伸缩缝设置在楼面结构伸缩缝部位。

8）铺贴完成后需组织进行现场空鼓检查，如图 7-22 所示。

（2）铺贴随意、不通缝、没有经过策划

防控措施：

墙面、地面测量尺寸，统一进行深化排版，深化排版考虑墙面、地面与墙面砖通缝，如图 7-23、图 7-24 所示。

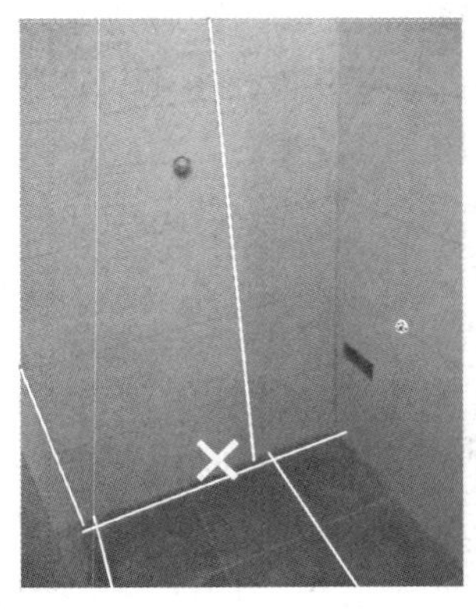

图 7-23　墙地未通缝

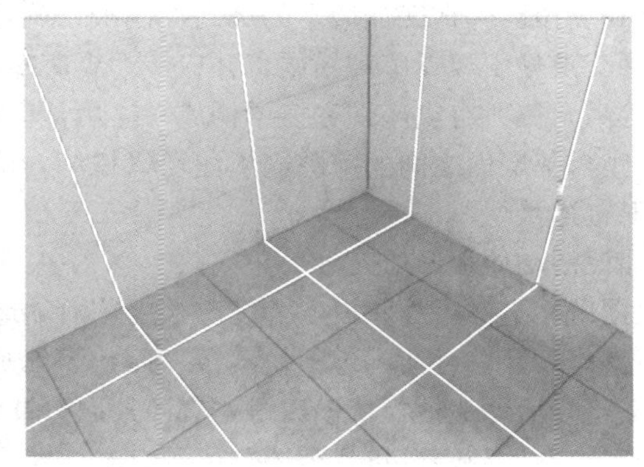

图 7-24　墙地通缝铺贴

7.1.3　防静电地板铺设

1. 施工准备

（1）熟悉设计施工图并勘察施工现场。

（2）制订施工方案，绘制防静电地面接地系统图、接地端子图和地网布置图。

（3）根据施工工艺要求备齐各种施工材料、设备、工具，并摆放整齐。

（4）地面面积大于 140m^2时，在正式施工前应做示范性铺贴。

（5）施工基层强度应符合要求，不起砂，基层地面应整洁、平整、干燥。

2. 工艺流程

基层处理→找中、套方、分格、弹线→安装支座和横梁组件→铺设活动地板面层→清擦、打蜡。

3. 施工要点

（1）基层处理

1）活动地板面层的金属支架应支承在现浇混凝土基层上或规制小磨石地面上，基层表面应平整、光洁、不起灰。

2）含水率不大于 8%，安装前应认真清擦干净，必要时根据设计要求，在基层表面上涂刷绝缘漆三道。

（2）找中、套方、分格、弹线

1）首先量测房间的长、宽尺寸，找出纵横线中心交点。

2）当房间是矩形时，用方尺量测相邻的墙体是否垂直，如互相不垂直，应预先对墙面进行处理，避免在安装活动板块时，在靠墙处出现畸形板块。

3）根据已量测好的平面长、宽尺寸进行计算，如果不符合活动板块模数时，依据已找好的纵横中线交点，进行对称分格，考虑将非整块板放在室内靠墙处，在基层表面上就按板块尺寸弹线并形成方格网，标出地板块安装位置和高度（标在四周墙上），并标明设备预留部位。

4）此项工作必须认真细致，做到方格控制线尺寸准确（此时应插入铺设活动地板下的管线，操作时要注意避开已弹好支架底座的位置）。

（3）安装支座和横梁组件

1）检查复核已弹在四周墙上的标高控制线，确定安装基准点，然后按基层面上已弹好的方格网交点处安放支座和横梁，并应转动支座螺杆，先用小线和水平尺调整支座面高度至全室等高，待所有支座柱和横梁构成一体后，应用水平仪抄平。

2）支座与基层面之间的空隙应灌注环氧树脂，应连接牢固，亦可根据设计要求用膨胀螺栓或射钉连接。

（4）铺设活动地板面层

1）根据房间平面尺寸和设备等情况，应按活动地板模数选择板块的铺设方向。

2）当平面尺寸符合活动地板块模数，而室内无控制柜设备时，宜由里向外铺设；当平面尺寸不符合活动地板板块模数时，宜由外向里铺设。

3）当室内有控制柜设备且需要预留洞口时，铺设方向和先后顺序应综合考虑选定。

4）铺设前活动地板面层下铺设的电缆、管线已经过检查验收，并办完隐检手续。

5）先在横梁上铺设缓冲胶条，并用胶液与横梁粘合。铺设活动地板块时，应调整水平度，保证四角接触处平整、严密，不得采用加垫的方法。

6）铺设活动地板块不符合模数时，不足部分可根据实际尺寸将板面切割后镶嵌，并配装相应的可调支撑和横梁。

7）切割的边应采用清漆或环氧树脂胶加滑石粉按比例调成腻子封边，或用防潮腻子封边，也可采用铝型材镶嵌。

8）在与墙边的接缝处，应根据接缝分别采用活动地板或木条刷高强胶镶嵌，窄缝宜用泡沫塑料镶嵌，随后立即检查调整板块水平度及缝隙。

9）活动地板面层铺设后，面层承载力不应小 7.5MPa，其体积电阻率值 105～109Ω。

（5）清擦、打蜡

1）当活动地板面层全部完成，经检查平整度及缝隙均符合质量要求后，即可进行清擦。

2）当局部沾污时，可用清洁剂或皂水用布擦净晾干后，用棉丝抹蜡，满擦，然后将门封闭。

3）如果还有其他专业工序操作时，在打蜡前先用塑料布满铺后，再用 3mm 以上的橡胶板盖上，等全部工序完成后，再清擦打蜡交活。

4. 质量验收标准

（1）保证项目

1）活动地板的品种、规格和技术性能必须符合设计要求、施工规范和现行国家标准的规定。

2）活动地板安装完毕后，行走必须无声音、无摆动，牢固性好。

（2）基本项目

1）表面洁净、图案清晰，色泽一致，接缝均匀，周边顺直，板块无裂纹、掉角和缺楞等现象。

2）各种面层邻接处的镶嵌用料及尺寸符合设计要求和施工规范的规定，边角整齐、光滑。

（3）允许偏差项目。活动地板允许偏差见表 7-4。

活动地板允许偏差　　表 7-4

序号	项　目	允许偏差（mm）	检验方法
1	表面平整	2	用 2m 靠尺和楔形塞尺检查
2	缝格平直	3	拉 5m 小线检查（不足 5m 拉通线）尺量
3	接缝高低差	0.4	用钢板短尺和楔形塞尺检查
4	板块间隙宽度	不大于 0.3	用楔形塞尺检查

5. 常见质量问题及控制

(1) 支架安装不牢固，走动时静电地板有响声

防控措施：房间内四角安装四副定位支架，如图 7-25 所示，铺好第一块板，拧紧面板与支架的固定螺丝，按第一块板双向拉线控制，成行成排顺序铺设，四周应无小于 1/3 板块地板。铺完后，四周及边角收边，与墙面接触处应预留约 3mm 收缩缝，打玻璃胶收口。防静电地板应符合设计荷载的要求，安装实例如图 7-26 所示。

图 7-25　防静电地板基层及面板图

图 7-26　防静电地板实例

(2) 无体积电阻率测试报告

防控措施：竣工后要做体积电阻率测试，活动地板安装完成后，进行接地连接，并符合国家现行有关标准的要求。

7.1.4　防静电环氧树脂地坪

1. 施工准备

(1) 材料准备

1) 主要材料。环氧树脂底漆、环氧树脂中涂、环氧树脂面漆、固化剂、填平修补腻子，填料如石英砂、石英粉。环氧树脂底漆目前多为双组分，应按一定配比充分混匀。

2) 储运与贮存。密闭储运，避免包装破损和雨淋。置于干燥通风处，避免高温，严禁冷冻及在阳光下暴晒。在 5～40℃时贮存期为 6～12 个月。

(2) 机具准备

1) 漆刷或滚筒、盛水桶、低转速搅拌器（400 转/min）或电动搅拌枪、专用钉鞋、镘刀、专用齿针刮刀、专用滚筒。

2) 施工机具在使用前需清洗干净。用完后的工具要在干固时间内用水清理，以免影响下次使用。

（3）基层处理

1）施工基层应平整、粗糙，清除浮尘、旧涂层等，达到 C25 以上强度，并作断水处理，不得有积水，干净、密实。不能是疏松土、松散颗粒、石膏板，无涂料、塑料、乙烯树脂、环氧树脂及胶粘剂残余物、油污、石蜡、养护剂等污染物附着。

2）新浇混凝土养护不得少于 4 周，起壳处需修补平整，密实基面需机械方法打磨，并用水洗及吸尘器吸净表面疏松颗粒，待其干燥。有坑洞或凹槽处应于 1d 前以砂浆或腻子先行刮涂整平，超高或凸出点应予铲除或磨平，以节省用料，并提升施工质量。

3）基层基面。自流平砂浆较刚性，因而须留伸缩缝，可降低收缩影响。

4）含水率测定。含水率的测定有以下几种方法：塑料薄膜法、无线电频率测试法、氯化钙测定法，混凝土含水率应小于 9％，否则应排除水分后方可进行涂装。

5）基层表面处理方法。对于平整地面，常用下列方法处理：

① 酸洗法（适用于油污较多的地面）：用质量分数为 10％～15％的盐酸清洗混凝土表面，待反应完全后（不再产生气泡），再用清水冲洗，并配合毛刷刷洗，此法可清除泥浆层并得到较细的粗糙度。

② 机械法（适用于大面积场地）：用喷砂或电磨机清除表面凸出物，松动颗粒，破坏毛细孔，增加附着面积，以吸尘器吸除砂粒、杂质、灰尘。对于有较多凹陷、坑洞地面，应用环氧树脂树脂砂浆或环氧树脂腻子填平修补后再进行下步操作。

③ 经处理后的基层性能应符合规范指标要求。

2. 工艺流程

清理基面→涂刷底涂→配制自流平浆料→浇筑→刮涂面层→专用滚筒消泡→自流平面完成→养护→成品保护。

3. 施工要点

（1）基面清理。用机动打磨机磨粗基面的同时，再用手动打磨机清除需要彻底清理的基面。

（2）清洁、检查基底。对基面吸尘干净后，检查基底有无裂缝、空壳，如有，则须深层切割清理后用环氧树脂砂浆填补，由于环氧树脂不溶于水，所以在处理过程中只能进行干处理，清理时不可野蛮敲打，以免敲松边上的基层。

（3）环氧树脂底漆涂装。在进行基底处理的同时，可进行环氧树脂底漆涂装，施工配料时要注意施工进度与用料的平衡，不可一次开料过多，保证材料在涂装时仍在可使用时间内，在胶化前被涂刷完，让材料保持良好的渗透性，保证粘结性能。

（4）在底涂固化后，首先用环氧树脂中涂配石英砂镘刮环氧石英砂浆 N 遍，以增加整个漆膜的厚度，加强漆膜的抗压、抗冲击等物理性能。

（5）环氧树脂批土中涂。砂浆层固化后，再刮环氧批土 2 道，封闭砂眼和气孔，打磨腻子并吸尘干净。

（6）环氧树脂面涂涂装。打磨中涂层，在确保基面被完全封闭的情况下，按设计要求施工环氧树脂平涂面涂 2 道，施工时将面涂材料搅拌均匀后滚涂施工。涂装施工的环境要求：施工基面应保持干净、干燥，无其他工程施工交叉作业，室内空气相对湿度宜小于 85％，当湿度过大时应停止施工；如图 7-27～图 7-29 所示。

（7）现场清理维护、地坪养护。面涂完成后将有关施工材料、工具搬离现场，严密封闭保护完成饰面，至少 48h 后才可允许人进入行走。漆膜完全固化一般需 7d 时间，期间应避免带进泥沙。

图 7-27　环氧树脂面层的楼梯　　　图 7-28　环氧树脂机房

（8）养护。温度 20℃时，6～8h 可行走，温度低于 5℃，则需 1～2d。固化后，对其表面采用蜡封或刷表面处理剂进行养护，2 周后即可使用。养护期最低不得小于 1 周。

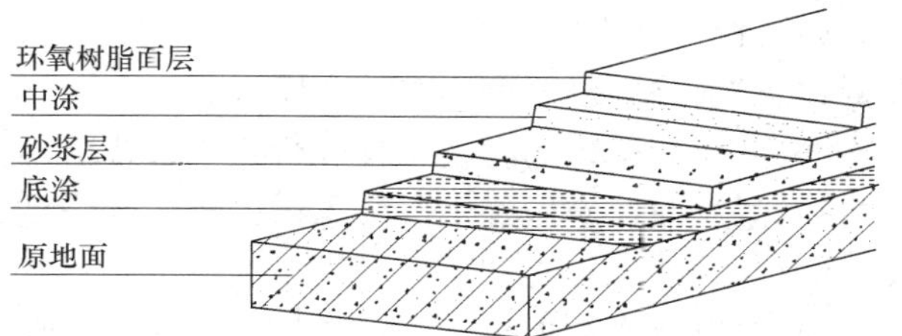

图 7-29　自流平结构

4. 质量验收标准

（1）铺涂材料应符合设计要求和国家现行有关标准的规定；

（2）基层的湿度、强度、平整度、pH 值、表面状况应符合规范要求；

（3）材料进入施工现场时，应有有害物质限量合格的检测报告；

（4）基层的强度等级不应低于 C20；

（5）各构造层之间应粘结牢固，层与层之间不应出现分离、空鼓现象；

（6）表面不应有开裂、漏涂和倒泛水、积水等现象；

（7）应分层施工，面层找平施工时不应留有抹痕；

（8）环表面应光洁，色泽应均匀、一致，不应有起泡泛砂等现象。

5. 常见质量问题及控制

基层未彻底处理干净，出现鼓包、脱层、破裂现象，防控措施：

（1）将原涂层彻底去除，使用防潮型底漆，或施工水性环氧地面涂料；也可使用刚性防水砂浆施工后再施工环氧涂层；

（2）去除破损部位涂层，通过打磨或有机溶剂清洗将污物清除，再按设计工艺修补；

（3）去除破损部位，以高渗透性底漆滚涂多遍，以增强基层强度，再按设计工艺修补；

（4）去除原有涂层，待地面自然干燥后重新施工；

（5）将裂缝清理，以弹性聚氨酯填充。

7.1.5　水磨石、人造石预制板块面层铺贴

1. 施工准备

（1）技术准备。预制板块面层下的各层做法应已按设计要求施工并验收合格，样板间

或样板块已经得到认可。

(2) 材料要求

1) 水泥：宜采用硅酸盐水泥、普通硅酸盐水泥或矿渣硅酸盐水泥，其强度等级应在42.5级以上；不同品种、不同强度等级的水泥严禁混用。

2) 砂：应选用中砂或粗砂，含泥量不得大于3%。

3) 预制板块：强度等级、规格、质量、色泽、图案均应符合设计要求；水磨石板块尚应符合国家现行行业标准《建筑装饰用水磨石》JC/T 507的规定。

(3) 主要机具设备

1) 根据施工条件，应合理选用适当的机具设备和辅助用具，以能达到设计要求为基本原则，兼顾进度、经济要求。

2) 常用机具设备有：云石机、手推车、计量器、筛子、木耙、铁锹、大桶、小桶、钢尺、水平尺、小线、胶皮锤、木抹子、铁抹子等。

(4) 作业条件

1) 材料检验已经完毕并符合要求。

2) 应对所覆盖的隐蔽工程进行验收且合格，并进行隐检会签。

3) 施工前，应做好水平标志，以控制铺设的高度和厚度，可采用竖尺、拉线、弹线等方法。

4) 对所有作业人员已进行了技术交底，特殊工种必须持证上岗。

5) 竖向穿过地面的立管已安装完，并装有套管。如有防水层，基层和构造层已找坡，管根已做防水处理。

6) 门口框已安装到位，并通过验收。

7) 基层清洁，缺陷已处理完，并已隐蔽验收。

8) 作业时的环境如天气、温度、湿度等状况应满足施工质量可达到标准的要求。

2. 工艺流程

找标高→基层处理→排预制板块→铺设结合层砂浆→铺预制版块→养护→勾缝→成品保护。

3. 施工要点

(1) 作业时的环境如天气、温度、湿度等状况应满足施工质量可达到标准的要求。

(2) 找标高：根据水平标准线和设计厚度，在四周墙、柱上弹出面层的水平标高控制线。

(3) 基层处理：把沾在基层上的浮浆、落地灰等用錾子或钢丝刷清理掉，再用扫帚将浮土清扫干净。

(4) 排预制板块：将房间依照预制板块的尺寸，排出预制板块的放置位置，并在地面弹出十字控制线和分格线。

(5) 铺设结合层砂浆：铺设前应将基底湿润，并在基底上刷一道素水泥浆或界面结合剂，随刷随铺设搅拌均匀的干硬性水泥砂浆，人造石宜使用与其材料性能匹配的人造石专用胶粘剂铺贴，铺贴时必须使用齿形镘刀。

(6) 铺预制板块：将预制板块放置在干拌料上，用橡皮锤找平，之后将预制板块拿起，在干料上浇适量素水泥浆，同时在预制板块背面涂厚度约1mm的素水泥膏，再将预制板块放置在找过平的干拌料上，用橡皮锤按标高控制线和方正控制线坐平坐正，人造石板块间留缝严禁小于 2mm；长宽大于 10m 时必须留不小于 10mm 宽的伸缩缝，缝内必须使用柔性材料填充；原结构变形缝处必须留置伸缩缝，如图 7-30、图 7-31 所示。

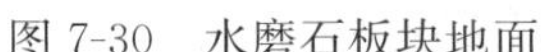

图 7-30 水磨石板块地面

图 7-31 人造石板块地面

（7）勾缝：当预制板块结合层的强度达到可上人的标准时（结合层抗压强度达到 1.2N/mm^2），进行勾缝。颜料应使用矿物颜料，严禁使用酸性颜料。缝要求清晰、顺直、平整、光滑、深浅一致，缝色与板材颜色一致，板块间的缝隙宽度应符合设计要求。当设计无要求时，混凝土板块面层缝宽不宜大于 6mm，水磨石板块、人造石板块间的缝宽不应大于 2mm。预制板块面层铺完 24h 后，应用水泥砂浆灌缝至 2/3 高度，再用同色水泥浆擦（勾）缝。

（8）预制板块面层完工后在养护过程中应进行遮盖、拦挡和湿润，不应少于 7d，当水泥砂浆结合层的抗压强度达到设计要求后方可正常使用。

4. 质量验收标准

（1）预制板块面层所用板块产品进入施工现场时，应有放射性限量合格的检测报告。

（2）面层与下一层应结合牢固，无空鼓。

（3）预制板块表面无裂纹、缺楞、掉角、翘曲等明显缺陷。

（4）预制板块面层应平整洁净，图案清晰，色泽一致，接缝平整，周边顺直，镶嵌正确。

（5）踢脚线表面应洁净、高度一致、结合牢固，出墙厚度一致。

（6）楼梯踏步和台阶板块的缝隙宽度应一致、齿角整齐；楼层梯段相邻踏步高度差不应大于 10mm；防滑条应顺直。

（7）面层表面的坡度应符合设计要求，不允许倒泛水，无积水，与地漏、管边结合严密。

（8）水磨石、人造石预制板块面层的允许偏差应符合规范规定。

5. 成品保护

（1）施工时应注意对定位定高的标准杆、尺、线的保护，不得触动、移位。

（2）对所覆盖的隐蔽工程要有可靠保护措施，不得因浇筑砂浆造成漏水、堵塞、破坏或降低等级。

（3）预制板块面层完工后在养护过程中应进行遮盖、拦挡和湿润，不应少于7d，当水泥砂浆结合层的抗压强度达到设计要求后方可正常使用。

（4）后续工程在预制板块面层上施工时，必须进行遮盖、支垫，严禁直接在预制板块面层上动火、焊接、和灰、调漆、支铁梯、搭脚手架等。

6. 常见质量问题及控制

预制板块面层空鼓的原因：

1）底层未清理干净，洒水湿润透，影响面层与下一层的粘结力，造成空鼓。

2）刷素水泥浆不到位或未能随刷随抹灰，造成砂浆与素水泥浆结合层之间的粘结力不够，形成空鼓。

3）养护不及时，水泥收缩过大，形成空鼓。

防控措施：

1）预制板块需使用与其材料性能匹配的专用胶粘剂铺贴，铺贴时必须使用齿形镘刀。

2）养护期内围挡保护，并应进行洒水养护，养护时间不应少于7d，且不得上人和堆放材料。

7.1.6 广场砖铺贴

1. 工艺流程

测量放线→场地平整→基层铺垫→路侧石安装→广场砖铺贴→花坛恢复。

2. 施工要点

（1）测量放线。施工放线，控制场地标高。

（2）场地平整。包括挖土或回填土。回填土不得含有机杂质，且粒径不大于50mm。地面进行压实，回填土要分层压实，分层厚度不大于20cm。

（3）基层铺垫。铺4%水泥石粉，基层150mm厚，进行压实。如果石粉太干，应洒水预湿，若太湿，应晾干，石粉应能握成团，以不冒浆、不粘手为佳。分段施工应按施工缝处理。

（4）路侧石安装。路侧石采用600mm×250mm×100mm的预制件，基底土层要夯实，并填20mm厚水泥砂浆，槽坑两侧用水泥砂浆填平至基层面，背侧用C20混凝土夯实，厚度不小于150mm，宽度不小于500mm，然后进行勾缝、养护，养护7d。

（5）广场砖铺贴。先挂线，排砖，间缝10mm。铺贴时砖背面抹上7mm砂浆。铺完后，用干细砂掺和1/10水泥进行填缝，并洒水使砂灰混合料沉实。

（6）花坛恢复。根据原有花坛式样，予以还原。

3. 常见质量问题及控制

（1）地面恢复根据现场周边的情况进行，要与周边市政道路进行顺接，与盲道线进行接通。

（2）土基层夯实应符合要求，需要进行土工密实度试验。

（3）4%水泥石粉基层配合比符合要求，拌和均匀，振压密实，用水准器控制标高，达到放坡要求。压实后进行养护，严禁用水管直接冲洒。

（4）路侧石稳固，接缝平整，转角圆顺。

（5）道路砖完成面标高、放坡符合要求，平整度好，偏差在2mm以内，间缝平直。

7.2 门 窗 工 程

车站装饰装修工程采用防火门、防火卷帘门、密闭门、防护门、管理卷帘门、区间联络门以及防火观察窗等特种门窗。

特种门窗安装如下所述：

1. 施工准备

1）结构工程已完，经过验收达到合格标准，已办理了工种之间交接。

2）按图纸尺寸弹好窗中线及50cm的标高线，核对门窗口预留尺寸及标高是否正确，如不符，应提前进行处理。

3）检查原始结构施工时门窗两侧预留铁件的位置是否正确，是否满足安装需要，如有问题应及时调整。

4）开包检查核对门窗规格、尺寸和开启方向是否符合图纸要求；检查门窗框扇角梃有无变形，玻璃及零附件是否损坏，如有破损，应及时修复或更换后方可安装。

5）提前准备好安装脚手架，并做好安全防范。

2. 工艺流程

弹线找规矩→门窗洞口处理→门窗洞口预埋铁件的核查→涂色镀锌钢板门窗安装→门窗四周嵌缝、填保温材→清理→成品保护。

3. 施工要点

（1）弹线找规矩：

1）在最高层找出门窗口边线，用大线坠将门窗口边线引到各层，并在每层门窗口处画线、标注，对个别不直的口边应进行处理。

2）可用经纬仪打垂直线。

3）门窗洞口的标高尺寸应以楼层+50cm水平线为准往上返，这样可分别找出窗下皮安装标高及门口安装标高位置。

（2）墙厚方向的安装位置。根据外墙大样及窗台板的宽度，确定涂色镀锌钢板门窗安装位置，安装时应以同一房间窗台板外露宽度相同来掌握。

（3）与墙体固定的方法：

1）带副框的门窗安装

① 按门窗图纸尺寸在工厂组装好副框，运到施工现场，用M5×12的自攻螺丝将连接件铆固在副框上。

② 按图纸要求的规格、型号运送到安装现场。

③ 将副框装入洞口，并与安装位置线齐平，用木楔临时固定，校正副框的正、侧面垂直度及对角线的长度无误后，用木楔牢固固定。

④ 将副框的连接件，逐件用电焊焊牢在洞口的预埋铁件上。

⑤ 嵌塞门窗副框四周的缝隙，并及时将副框清理干净。

⑥ 在副框与门窗的外框接触的顶、侧面贴上密封胶条，将门窗装入副框内，适当调整，用 M5×20 自攻螺钉将门窗外框与副框连接牢固，扣上孔盖；安装推拉窗时，还应调整好滑块。

⑦ 副框与外框、外框与门窗之间的缝隙，应填充密封胶。

⑧ 做好门窗的防护，防止碰撞、损坏。

2）不带副框的门窗安装

① 按设置图的位置在洞口处弹好门窗安装位置线，并明确门窗安装的标高尺寸。

② 按门窗外框上膨胀螺栓的位置，在洞口相应位置的墙体上钻膨胀螺栓孔。

③ 将门窗装入洞口安装线上，调整门窗的垂直度、标高及对角线长度，合格后用木楔固定。

④ 门窗与洞口均用膨胀螺栓固定好，盖上螺钉盖。

⑤ 门窗与洞口之间的缝隙按设计要求的材料嵌塞密实，表面用建筑密封胶封闭。

4. 质量验收标准

（1）主控项目

1）特种门的质量和各项性能应符合设计要求。

检验方法：检查生产许可证、产品合格证和性能检测报告，进口产品的商检证。

2）特种门的品种、类型、规格、尺寸、性能、开启方向、安装位置及防腐处理应符合设计要求。

检验方法：观察；尺量检查；检查材料进场检验记录和隐蔽工程检查记录。

3）带有机械装置、自动装置或智能化装置的特种门，其机械装置、自动装置或智能化装置的功能应符合设计要求和有关标准的规定。

检验方法：启动机械装置、自动装置或智能化装置，观察。

4）特种门的安装必须牢固。预埋件的数量、位置、埋设方式、与门框和墙体的连接方式必须符合设计要求。

检验方法：观察；手扳检查；检查隐蔽工程检查记录。

5）特种门的配件应齐全，安装应牢固，位置应正确，功能应满足使用要求和特种门的各项性能要求。

检验方法：观察；手扳检查；检查产品合格证、性能检测报告和材料进场检验记录。

6）特种门安装工程主控项目质量指标控制，见表 7-5。

特种门的表面装饰应符合设计要求。

检验方法：观察。

特种门的表面应洁净，无划痕、碰伤。

（2）一般项目

检验方法：观察。

特种门安装工程一般项目质量指标控制，见表 7-6。

特种门安装工程主控项目质量指标控制 **表 7-5**

项次	主控项目	质量要求内容	检验方法	检验批划分及检查数量
1	门质量和性能	特种门的质量和各项性能应符合设计要求	检查生产许可证、产品合格证书和性能检测报告	1. 各分项工程的检验批应按下列规定划分： （1）同一品种、类型和规格的木门窗、金属门窗、塑料门窗及门窗玻璃每 100 樘应划分为一个检验批，不足 100 樘也应划分为一个检验批； （2）同一品种、类型和规格的特种门每 50 樘应划分为一个检验批，不足 50 樘也应划分为一个检验批。 2. 检查数量应符合下列规定： （1）木门窗、金属门窗、塑料门窗及门窗玻璃，每个检验批应至少抽查 5%，并不得少于 3 樘，不足 3 樘时应全数检查；高层建筑的外窗，每个检验批应至少抽查 10%，并不得少于 6 樘，不足 6 樘时应全数检查； （2）特种门每个检验批应至少抽查 50%，并不得少于 10 樘，不足 10 樘时应全数检查
2	门品种规格、类型、方向、位置	特种门的品种、类型、规格、尺寸、开启方向、安装位置及防腐处理应符合设计要求	观察；尺量检查；检查进场验收记录和隐蔽工程验收记录	
3	机械、自动、智能化装置	有机械装置、自动装置或智能化装置的特种门，其机械装置、自动装置或智能化装置能应符合设计要求和有关标准的规定	启动机械装置、自动装置或智能化装置，观察	
4	安装及预埋件	特种门的安装必须牢固。预埋件的数量、位置、埋设方式、与框的连接方式必须符合设计要求	观察；手扳检查；检查隐蔽工程验收记录	
5	配件、安装及功能	特种门的配件应齐全，位置应正确，安装应牢固；功能应满足使用要求和特种门的各项性能要求	观察；手扳检查；检查产品合格证书、性能检测报告和进场验收记录	

特种门安装工程一般项目质量指标控制 **表 7-6**

项次	一般项目	质量要求内容	检验方法	检验批划分及检查数量
1	表面装饰	特种门的表面装饰应符合设计要求	观　察	1. 各分项工程的检验批应按下列规定划分： （1）同一品种、类型和规格的木、金属、塑料门窗及门窗玻璃每 100 樘应划分为一个检验批，不足 100 樘也应划分为一个检验批； （2）同一品种、类型和规格的特种门每 50 樘应划分为一个检验批，不足 50 樘也应划分为一个检验批。 2. 检查数量应符合下列规定： （1）木、金属、塑料门窗及门窗玻璃，每个检验批应至少抽查 5%，并不得少于 3 樘，不足 3 樘时应全数检查；高层建筑的外窗，每个检验批应至少抽查 10%，并不得少于 6 樘，不足 6 樘时应全数检查； （2）特种门每个检验批应至少抽查 50%，并不得少于 10 樘，不足 10 樘时应全数检查
2	表面质量	特种门的表面应洁净，无划痕、碰伤	观　察	
3	推拉自动门安装留缝限值、允许偏差	推拉自动门安装的留缝限值、允许偏差和检验方法应符合表 7-7 的规定		
4	推拉自动门感应时间限值	推拉自动门的感应时间限值和检验方法应符合表 7-8 的规定		

(3) 允许偏差项目及检验方法

1) 推拉自动门安装的留缝限值、允许偏差和检验方法，见表7-7。

推拉自动门安装的留缝限值、允许偏差和检验方法　　表7-7

项次	项目		留缝限值（mm）	允许偏差（mm）	检验方法
1	门窗槽口宽度、高度	≤1500mm	—	1.5	用钢尺检查
		>1500mm	—	2	
2	门窗槽口对角线长度差	≤2000mm	—	2	用钢尺检查
		>2000mm	—	2.5	
3	门框的正、侧面垂直度		—	1	用垂直检测尺检查
4	门构件装配间隙		—	0.3	用1m水平尺和塞尺检查
5	门梁导轨水平度		—	1	用钢尺检查
6	下导轨与门梁导轨平行度		—	1.5	用钢尺检查
7	门扇与侧框间留缝		1.2～1.8	—	用钢尺检查
8	门扇对口缝		1.2～1.8	—	用钢直尺检查

2) 推拉自动门的感应时间限值和检验方法，见表7-8。

推拉自动门的感应时间限值和检验方法　　表7-8

项次	项目	感应时间限值（s）	检验方法
1	开门响应时间	≤0.5	用秒表检查
2	堵门保护延时	16～20	用秒表检查
3	门扇全开启后保持时间	13～17	用秒表检查

3) 涂色镀锌钢板门窗安装的允许偏差和检验方法，见表7-9。

涂色镀锌钢板门窗安装的允许偏差和检验方法　　表7-9

项次	项　目	允许偏差（mm）		检验方法
1	门窗槽口宽度	≤2000	±1.5	用3m钢卷尺检查
		>2000	±2	
2	门窗槽口角线尺寸差	≤2000	≤2	用3m钢卷尺检查
		>2000	≤3	
3	门窗框（含拼樘料）垂直度	≤2000	≤2	用1m托线板检查
		>2000	≤3	
4	门窗框（含拼樘料）水平度	≤2000	≤1.5	用水平靠尺检查
		>2000	≤2	
5	门窗横框标高		≤5	用钢板尺检查
6	门窗竖向偏离中心		≤4	用钢板尺检查
7	双层门窗外框（含拼樘料）中心距		≤4	用线坠、钢板尺检查

5. 成品保护

(1) 特种门装入洞口临时固定后，应检查四周边框和中间框架是否用规定的保护胶纸和塑料薄膜封贴包扎好，再进行门框与墙体之间缝隙的填嵌和洞口墙体表面装饰施工，以防止水泥砂浆、灰水、喷涂材料等污染损坏铝合金门表面。在室内外湿作业完成之前，不能破坏门窗表面的保护材料。

（2）应采取措施，防止焊接作业时电焊火花损坏周围的铝合金门型材、玻璃等材料。

（3）严禁在安装好的特种门上安放脚手架，悬挂重物。经常出入的门洞口，应及时保护好门框，严禁施工人员踩踏铝合金门，严禁施工人员碰擦特种门。不能再作为施工运料通道。如必须使用时，应采取防护措施。

（4）各类门窗在运输、保管过程中，要按规定要求装卸堆放，门窗不得受污染，保持洁净。

（5）交工前撕去保护胶纸时，要轻轻剥离，不得划破、剥花铝合金表面氧化膜。

6. 常见质量问题及控制

（1）防火门安装常见问题及控制

1）门窗框安装不牢固、门框的后部填塞未密实、安装后与抹灰面不平。

防控措施：门安装应与基层牢固连接，门窗框安装固定后，用水泥砂浆把门框的后部填塞密实。立口时掌握好抹灰层的厚度。

2）门扇开关不灵、自行开关。

防控措施：验扇前应检查框边是否垂直；检查门框立梃是否垂直，如有问题应及时调整；保证合页的进出、深浅一致，使上、下合页轴保持在一个垂直线上；选用五金要配套，螺栓安装要平直。

3）门扇下坠。

防控措施：选用合适的合页，并将固定合页的螺栓全部拧上，并使其牢固，避免合页松动。

4）门上口高低不一。

防控措施：安装门前，先弹线、找规矩、吊垂直，同一层门上口应拉通线检查标高，防止高低不一。

5）配套五金安装不齐全，固定不牢固，如图 7-32 所示。

防控措施：配套五金应安装齐全，位置适宜，固定可靠，防火门铭牌和身份标识应齐全。

（2）防火卷帘常见问题及控制：

1）确定安装水平线及垂直线，确保槽口尺寸准确，上下一致，对应槽口在同平面内。

2）卷轴、支架板必须牢固地装在混凝土结构上，边框用连接件与洞口内胀栓焊牢。

3）卷筒轴保持水平位置，与导轨之间的距离应两端一致，调整、校正无误后再与支架预埋件焊接牢固。

4）门体叶片插入滑道不得少于 50mm，门体宽度偏差±3mm。

5）卷帘导轨应与地面应垂直。按钮盒距地面高度为 1.3m。控制箱应安装在卷帘门机附近以便维修，连接导线不得外露，接地要可靠。

6）吊顶与卷帘箱间应预留 50mm 宽、80mm 深的凹槽。防火卷帘装饰面可采用石材、不锈钢等材料，应与吊顶和墙面装饰协调，如图 7-33 所示。

图 7-32　防火门五金

图 7-33　防火卷帘门

7）吊顶卷帘箱处装饰面平整、不得歪斜，两侧的缝隙均匀一致，开启灵活。

8）收口不美观。收口节点一般如图 7-34 所示。

9）防火卷帘门侧未做防火包裹。应用防火材质进行包裹，如图 7-35 所示。

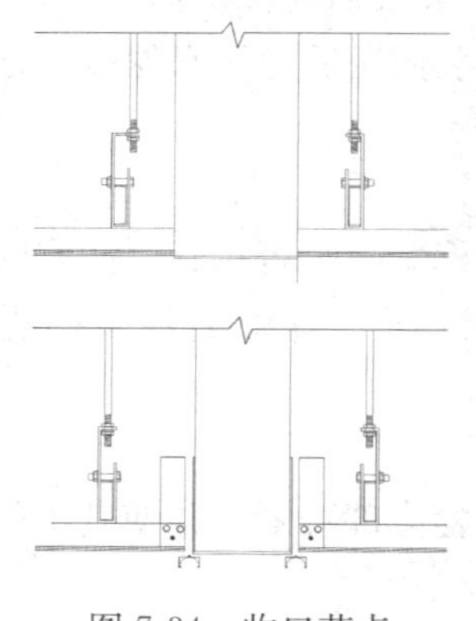
图 7-34　收口节点

图 7-35　防火包裹

（3）管理卷帘常见问题及控制

管理卷帘门门体出现变形损坏，如图 7-36 所示。

防控措施：

1）用具有门体自重轻、受风力影响小等优点的不锈钢格栅式轻质卷帘门，卷轴厚度不小于 2mm。

2）不锈钢外圆管厚度不小于 0.8mm，镀锌内管厚度不小于 1mm，不锈钢管连接片厚度不小于 2mm，避免门体出现变形损坏的问题。

3）不锈钢底梁厚度不小于 2.0mm。

4）管理卷帘的制造工艺、防腐工艺、材质、型号、规格和颜色等应符合国家现行有关标准的规定。

5）管理卷帘的机箱和门框的不锈钢材料厚度应满足设计要求。

6）管理卷帘的卷轴盖板应位于车站内侧，便于拆卸和检修。

7）门体下部横梁加装可与控制按钮联动的地锁装置，如图 7-37 所示。增加门体可靠性，防止外部人员侵入。

8）门体下方不小于 1m 范围内的格栅中间应设置不锈钢金属挡片（或者门体下方不

小于 1m 范围内的格栅采用水晶式卷帘），防止小动物侵入，如图 7-38 所示。

图 7-36　门体变形损坏

图 7-37　管理卷帘地锁装置

9）所有卷帘门应安装防坠落装置，防止门体意外坠落造成乘客受伤或者设备损坏。

（4）防火观察窗常见质量问题及控制

防火观察窗防火玻璃不符合要求。

防控措施：防火玻璃应根据设计的防火强度等级要求确定；耐火极限应符合消防要求，如图 7-39 所示。

图 7-38　管理卷帘不锈钢挡板

图 7-39　防火观察窗

（5）区间联络门常见质量问题及控制

由于隧道内机车驶入驶出时产生的风压非常大（接近 3500Pa），所以经过一段时间后，门扇的上下两边会因为受风压的不断作用而产生扭曲，同时，锁栓也会被风压破坏，导致门扇在风压作用下自动开启，门扇和机车之间存在碰撞危险，如图 7-40 所示。

防控措施：门框固定在隔离墙中，门扇的一侧通过铰链与门框连接，门扇的另一侧的中部通过一个锁栓与门框连接，门框与门扇之间设置有闭门器，可自动将防火门保持在关闭状态。

图 7-40　区间联络门

7.3 吊 顶 工 程

车站装饰装修吊顶工程主要是指使用在公共区和设备区的铝方通、铝圆通、铝平板、铝扣板等金属材料吊顶板的安装及吊顶内隐蔽加强部分钢制转换层施工。

7.3.1 钢制转换层施工

1. 工艺流程

测量放线→打孔埋设胀栓→安装角钢吊杆→转换层钢架→涂刷防锈漆。

2. 施工要点

1）当吊杆长度大于1500mm时，应设置反支撑。当吊杆与设备相遇时，应调整并增设或采用型钢支架。吊杆上部为网架、钢屋架或吊杆长度大于2500mm时，应设有钢结构转换层。

2）钢制转换层一般用镀锌角钢，角钢末端用角码与墙体固定；没有条件设置角钢吊杆时，直接在墙面设置支撑点。

3）焊接部位必须做好防腐防锈处理。

4）焊接必须牢固，满足设计要求及焊接标准。

5）转换层材料、做法及吊点间距符合设计及标准要求，如图7-41、图7-42所示。

图7-41 转换层实例

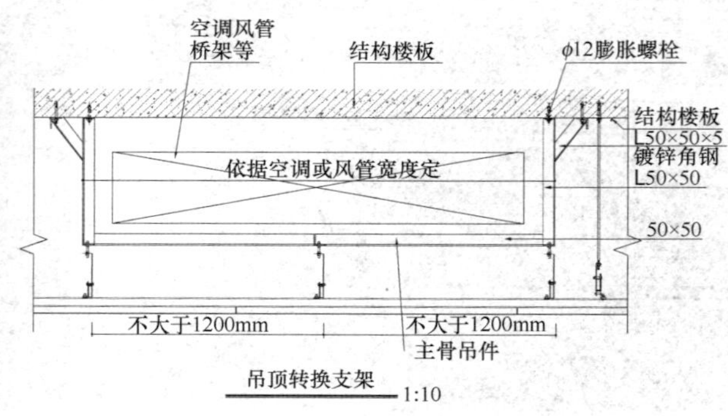

图7-42 转换层节点

6）吊顶转换层结构荷载符合设计施工规范要求。

7）吊顶转换层宜采用装配化加工和栓接连接方式，减少现场焊接的污染及安全隐患。

3. 成品保护

焊接完成的部位及时涂刷防锈漆，以免生锈。

4. 钢制转换层常见质量问题及控制

1）焊缝表面不得有裂纹、焊瘤、烧穿、孔穴等缺陷。

2）焊缝外形均匀，焊道与焊道、焊道与基本金属之间过渡平滑，焊渣和飞溅物清除干净。

7.3.2 金属材料吊顶板安装

1. 施工准备

（1）主要机具

电动机具：电锯、无齿锯、射钉枪、手电钻、冲击电锤、电焊机。

手动工具：拉铆枪、手锯、钳子、螺丝刀、扳子、钢尺、钢水平尺、线坠等。

（2）作业条件

1）吊顶工程在施工前应熟悉施工图纸及设计说明。

2）施工前按设计要求对房间的净高、洞口标高和吊顶内的管道、设备及其支架的标高进行交接检验。

3）吊顶以上部分及管线等部位防潮、防霉涂料应涂刷完毕，且经过验收。

4）对吊顶内的管道、设备的安装及水管试压进行验收。

5）所用金属材料和金属配件除不锈钢、铝合金外，均应采取有效的表面防腐蚀处理措施，有防火要求的应进行防火处理。

6）所用材料的品种、规格和质量应符合设计要求，符合国家现行有关标准，符合国家有关建筑装饰装修材料有害物质限量标准的规定；检查材料进场验收记录和复验报告、技术交底记录。

2. 工艺流程

现场放线→吊杆（筋）安装→钢制转换层施工→龙骨安装→饰面板材安装→细部接口处理→成品保护。

3. 施工要点

（1）现场放线

1）放线的仪器及工具

① 一般项目，可采用水平仪、经纬仪、钢卷尺、墨斗等进行放线。

② 精确度较高的项目，应采用全站仪等先进测绘仪器，并配备专业绘图软件的计算机进行。

③ 放线用仪器应校验合格。

2）放线顺序

① 依据设计标高放出吊顶标高控制线。

② 按吊顶排版图，放出配套龙骨位置线。

③ 在配套龙骨位置线上用小“十”字线标出吊杆的固定位置。

④ 标出设备管道完成定位线等控制线（点）。

（2）吊杆（筋）安装

1）吊杆（筋）材料

① 吊杆材料应符合设计要求，金属吊杆（筋）直径不宜小于 $\phi8$。

② 吊杆（筋）、角码等金属件和焊接处应做防腐处理。

2）吊杆（筋）钻孔

① 膨胀螺栓钻孔遇到结构钢筋时，应沿主龙骨方向前后移动 50～100mm。

② 膨胀螺栓嵌入结构的深度应根据该螺栓产品使用说明、规格和型号确定；孔径宜

≥埋植螺杆直径 2mm。

③ 膨胀螺栓钻孔时，严禁打孔时打穿结构板、屋面板或破坏屋面防水层。

3）吊杆（筋）安装

① 吊杆应通直并有足够的承载力。

② 吊顶上的照明灯具（筒灯除外）、风口、广播喇叭、检修口等，应设独立吊杆安装，不得固定在龙骨系统上。

4）注意事项

① 吊杆的吊挂点与结构连接可采用预埋件或膨胀螺栓，位置应正确并固定牢固。

② 吊杆应根据荷载情况进行分布，间距宜 800～1100mm，且≤1200mm，吊杆应垂直。

③ 吊杆与管道等设备相遇，吊杆间距＞1200mm 时，宜设置转换横担。横担吊点最大间距宜≤2500mm 且同步增强型材的规格型号及韧性，吊杆不应直接吊挂和接触在设备或其支架上共同受力。

④ 吊杆垂直距离＞1500mm，应按设计要求设置反支撑。当用角钢、方管等型钢作吊杆时，不需再单独设反支撑，当大面积的装饰吊顶与结构面间距＞1500mm 时宜采用型材类作为转换支架再行吊顶施工。

（3）钢制转换层施工见第 7.3.1 小节。

（4）龙骨安装

1）龙骨安装内容

① 配套龙骨安装时宜采用螺栓连接，吊杆中心应在主龙骨中心线上。

② 配套龙骨的间距应符合设计和规范要求。

③ 配套龙骨安装必须牢固。

④ 配套龙骨接长时，必须对接，不得有搭接，应采取专用连接件连接固定，相邻两根配套龙骨的接头要相互错开，不得放在同一吊杆档内。

⑤ 配套龙骨安装完毕，应拉通线进行整体调平、调直，并调好起拱度。

2）注意事项

① 主、副龙骨需要加长延伸连接时，宜采用配套连接件或重叠式栓接连接，重叠长度宜大于龙骨自身受力立面宽度的 3 倍。主龙骨宜平行于建筑空间长方向安装，安装后应及时校正其标高。

② 副龙骨与主龙骨垂直方向连接时，应采用配套专用挂件或螺丝连接，每个连接点的挂件应双向互扣成对，相邻挂件应相向安装。副龙骨安装方向应与面板长向相垂直；体系内所有的螺栓进行连接、固定时均需有配套平垫、弹垫等金属垫圈，不得缺少。

③ 龙骨需要连接时，相邻两根龙骨的两个连接点不应在同一条线上，应错位安装，且错位差间距应≥300mm。

④ 与墙体相平行的首根龙骨，距墙间距应≤400mm，龙骨悬臂端距最近龙骨吊点应≤300mm，金属、方通类饰面材料悬臂应≤300mm。

⑤ 吊顶主龙骨放线定位时应尽量避开灯具、通风口、检修口等部位，当不能避免时应另按设计要求采取加强措施。

⑥ 车站站厅、站台吊顶中间应起拱，起拱高度按设计要求确定或为顶棚短边长度的 1/500～1/400。

⑦ 吊顶工程施工中应根据结构变形缝位置留装饰材料变形缝，变形缝处饰面及主、副龙骨两侧应断开自成系统。

⑧ 吊顶工程后置式锚栓和膨胀螺栓按检验批划分必须做拉拔试验，试验检测合格方可进行后序施工。

（5）饰面板材安装

1）饰面板材安装前，吊顶内给水排水、电气、通风、视频监控、通信等专业桥架、管线安装、调试及隐蔽验收工作完成并验收合格。

2）饰面板材上留设的设备检修口、上人检修孔的收边宜采用成品；开洞位置应避开主龙骨，无法避开时应采取加固措施。

3）饰面板材的开洞和切割应采用专用工具并保证饰面板材的完整、美观。

4）饰面板材的规格、型号、材质、喷涂质量及厚度应符合设计要求。

5）同一区域内饰面板材应保证色泽一致。

（6）细部接口处理

1）吊顶铝合金板材上接口处理原则：导向、通信、信号、PIS、FAS、BAS 等专业设备安装前，配合进行孔洞预留，根据设备厂家提供的开孔尺寸预留。

2）筒灯安装预留的孔洞按顶棚模数预留灯带安装，龙骨距灯具两边留缝 95mm。

3）LED 显示屏吊杆固定在顶板上，并穿过吊顶，依龙骨空档间布置，避免开孔。

4. 铝方通、圆通吊顶安装要点

1）铝方通、圆通安装前，吊顶范围内其他专业施工内容已施工完毕，且已经过隐蔽验收并验收合格。

2）铝方通、圆通安装前应对龙骨平整度及起拱度进行校验。

3）已确定灯位、通风口及各种设备和检修口等位置。

4）施工时应从空间一端开始，按一个方向依次进行，并拉通线进行调整。

5）铝方通、圆通两端堵头应安装牢固，站台层靠轨行区侧吊顶采用铝方通时应采取加固措施。

6）各设备吊杆需穿过方通时，应从方通空隙穿过，不宜切断方通。

7）铝方通、圆通安装过程中宜增加平整度、直线度检查，并按照检测结果进行针对性调整，如图 7-43 所示。

5. 铝平板吊顶安装要点

图 7-43　铝方通、圆通安装实例

1）铝平板安装时不能用铁锤等硬物直接敲击。

2）铝平板安装时宜戴洁净手套操作，避免污染。

3）铝平板挂式安装时必须安装防风卡件，保证安装牢固。

4）铝平板安装前应先将龙骨调平，安装时随时检查铝平板的平整度和相邻板块的高低差；如图 7-44 所示。

5）铝平板面层上安装设备开孔宜在铝平板居中位置，图纸确认及会签后进行。

6. 铝条板吊顶安装要点

1）铝条板安装时不能用铁锤等硬物直接敲击。

2）铝条板安装过程中要拉水平通线控制其吊顶高度及保证吊顶铝条板的平整、顺直度，如图 7-45 所示。

图 7-44　铝平板实例图

图 7-45　铝条板实例图

3）铝条板面层上安装设备开孔宜在铝平板居中位置，图纸确认及会签后进行。

4）铝条板切割时，除了控制好切割的角度外，同时应对切口部位用锉刀修平，将毛边及不平处修整好，并用同颜色的胶粘剂对接口部位进行修补。

5）在风口、检查孔或与墙面、柱面交接部位，面板要做好封口处理，不得露白槎。

7. 铝扣板吊顶安装要点

1）铝扣板安装时应注意防止磕碰，避免损坏铝扣板。

2）铝扣板安装过程中要拉水平通线控制其吊顶高度并保证吊顶铝扣板的平整、顺直度。

3）铝扣板切割时，除了控制好切割的角度外，同时应对切口部位用锉刀修平，将毛边及不平处，修整好，并用同颜色的胶粘剂对接口部位进行修补。如图 7-46 所示。

4）铝扣板上的灯具、烟感器、喷淋头、风口箅子等设备与饰面板的交接要吻合、严密。

8. 质量验收标准和规定

（1）一般规定

1）吊顶工程验收标准

① 承包合同有明确验收标准要求的，应按承包合同要求的标准验收。

② 设计文件有整体或局部验收标准高于国家或团体标准要求的，应按设计标准

图 7-46　铝扣板实例图

验收。

③ 承包合同、设计文件没有明确规定验收标准的，应按国家或团体标准有关规定进行验收。

2）吊顶工程的检验批划分

① 同一品种的吊顶工程同类楼层每 50 间应划分为一个检验批，不足 50 间也应划分为一个检验批。

② 公共区和走廊吊顶按面积 $30m^2$ 为一间。

③ 每个检验批应至少抽查 10%，并不得少于 3 间；不足 3 间时应全数检查。

3）检验批合格判定

① 抽查样本应符合国家或团体标准主控项目的规定。

② 抽查样本的 80%以上应符合国家或团体标准一般项目的规定，其余样本不得有影响使用功能或明显影响装饰效果的缺陷。

③ 有允许偏差的检验项目，其最大偏差不得超过国家或团体标准一般项目的规定允许偏差的 1.5 倍。

4）吊顶工程验收时应检查的文件和记录

① 吊顶工程的施工图、设计说明及其他设计文件。

② 材料的产品合格证书、性能检验报告、进场验收记录和复验报告。

③ 隐蔽工程验收记录，应附影像记录，并应按相关格式记录。

④ 施工记录。

⑤ 后置式锚栓、膨胀螺栓的拉拔试验报告。

5）吊顶工程应验收的隐蔽工程项目

① 吊顶内管道、设备的安装及水管试压、风管严密性检验。

② 吊杆与承重结构的连接。

③ 吊杆安装。

④ 钢制转换层及反支撑的设置及构造。

⑤ 龙骨安装。

⑥ 龙骨骨架完成后的起拱尺寸及平整度。

（2）吊顶龙骨安装质量要求

① 吊杆、龙骨的材质、规格、安装间距及连接方式应符合设计要求。

② 吊杆、龙骨安装应牢固。

③ 明、暗龙骨安装允许偏差和检验方法应符合表 7-10 和表 7-11 的规定。

明龙骨吊顶工程龙骨安装允许偏差和检验方法 **表 7-10**

序号	项　目	允许偏差（mm）	检验方法
1	龙骨间距	2.0	用钢直尺
2	龙骨平直	2.0	拉线、2m 靠尺或塞尺
3	龙骨搭接间隙	1.0	用钢直尺
4	龙骨四周水平	3.0	用尺量或水准仪

暗龙骨吊顶工程龙骨安装允许偏差和检验方法 **表 7-11**

序号	项　目	允许偏差（mm）	检验方法
1	龙骨间距	3.0	用钢直尺
2	龙骨平直	3.0	拉线、2m 靠尺或塞尺
3	龙骨四周水平	2.0	用尺量或水准仪

（3）暗龙骨吊顶工程质量要求及验收标准

1）主控项目

① 吊顶标高、尺寸、起拱和造型应符合设计要求。

检验方法：观察；尺量检查。

② 饰面材料的材质、品种、规格、图案和颜色应符合设计要求。

检验方法：观察；检查产品合格证书、性能检测报告、进场验收记录和复验报告。

③ 暗龙骨吊顶工程的吊杆、龙骨和饰面材料的安装必须牢固。

检验方法：观察；手扳检查；检查隐蔽工程验收记录和施工记录。

④ 吊杆、龙骨的材质、规格、安装间距及连接方式应符合设计要求。金属吊杆、龙骨应经过表面防腐处理。

检验方法：观察；尺量检查；检查产品合格证书、性能检测报告、进场验收记录和隐蔽工程验收记录。

2）一般项目

① 饰面材料表面应洁净、色泽一致，不得有翘曲、裂缝及缺损。压条应平直、宽窄一致。

检验方法：观察；尺量检查。

② 饰面板上的灯具、烟感器、喷淋头、风口箅子等设备的位置应合理、美观，与饰面板的交接应吻合、严密。

检验方法：观察。

③ 金属吊杆、龙平的接缝应均匀一致，角缝应吻合，表面应平整，无翘曲、锤印。

木质吊杆、龙平应顺直，无劈裂、变形。

检验方法：检查隐蔽工程验收记录和施工记录。

④ 吊顶内填充吸声材料的品种和铺设厚度应符合设计要求，并应有防散落措施。

检验方法：检查隐蔽工程验收记录和施工记录。

⑤ 暗龙骨吊顶工程安装的允许偏差和检验方法应符合表 7-12 的规定。

暗龙骨吊顶工程安装的允许偏差和检验方法　　表 7-12

项次	项目	允许偏差（mm）				检验方法
		铝平板	铝条板	铝扣板	矿棉板	
1	表面平整度	2	2	2	2	用 2m 靠尺和塞尺检查
2	接缝直线度	1.5	1.5	1.5	3	拉 5m 线，不足 5m 拉通线，用钢直尺检查
3	接缝高低差	1	1	1	1.5	用钢直尺和塞尺检查

（4）明龙骨吊顶工程质量要求及验收标准

1）主控项目

① 吊顶标高、尺寸、起拱和造型应符合设计要求。

检验方法：观察；尺量检查。

② 饰面材料的材质、品种、规格、图案和颜色应符合设计要求。当饰面材料为玻璃板时，应使用安全玻璃或采取可靠的安全措施。

检验方法：观察；检查产品合格证书、性能检测报告和进场验收记录。

③ 饰面材料的安装应稳固严密。饰面材料与龙骨的搭接宽度应大于龙骨受力面宽度的 2/3。

检验方法：观察；手扳检查；尺量检查。

④ 吊杆、龙骨的材质、规格、安装间距及连接方式应符合设计要求。金属吊杆、龙骨应进行表面防腐处理。

检验方法：观察；尺量检查；检查产品合格证书、进场验收记录和隐蔽工程验收记录。

⑤ 明龙骨吊顶工程的吊杆和龙骨安装必须牢固。

检验方法：手扳检查；检查隐蔽工程验收记录和施工记录。

2）一般项目

① 饰面材料表面应洁净、色泽一致，不得有翘曲、裂缝及缺损。饰面板与明龙骨的搭接应平整、吻合，压条应平直、宽窄一致。

检验方法：观察；尺量检查。

② 饰面板上的灯具、烟感器、喷淋头、风口箅子等设备的位置应合理、美观，与饰面板的交接应吻合、严密。

检验方法：观察。

③ 金属龙骨的接缝应平整、吻合、颜色一致，不得有划伤、擦伤等表面缺陷。

检验方法：观察。

④ 吊顶内填充吸声材料的品种和铺设厚度应符合设计要求，并应有防散落措施。

检验方法：检查隐蔽工程验收记录和施工记录。

⑤ 明龙骨吊顶工程安装的允许偏差和检验方法应符合表 7-13 的规定。

明龙骨吊顶工程安装的允许偏差和检验方法　　表 7-13

项次	项目	允许偏差（mm）		检验方法
		铝方通	矿棉板	
1	表面平整度	2	3	用 2m 靠尺和塞尺检查
2	接缝直线度	2	3	拉 5m 线，不足 5m 拉通线，用钢直尺检查
3	接缝高低差	1	2	用钢直尺和塞尺检查

9. 成品保护

（1）其他工种的吊挂件和重物严禁吊于轻钢龙骨上。

（2）顶棚施工过程中，注意保护顶棚内装好的各种管线，轻钢龙骨的吊杆及龙骨严禁固定在通风管道及其他设备上。

（3）已安装好的顶棚严禁碰撞和污染。

（4）金属板安装必须在棚内管道、试水、保温等一切工序全部验收后进行。

（5）整个施工过程中，饰面材料的保护膜应在规定时间内撕掉。

10. 常见质量问题及控制

（1）吊顶不平

原因分析：

1）水平线控制不好，是吊顶不平的主要原因，主要有两方面：一是放线时控制不好；二是龙骨未拉线调平。

2）安装铝扣板的方法不妥，也容易使吊顶不平，严重的还会产生波浪形状。如龙骨未调平就急于安装条板，再进行调平时，由于其受力不均产生波浪形状。

3）轻质条板吊顶，在龙骨上直接悬挂重物，承受不住发生局部变形。

4）吊杆不牢，引起局部下沉。由于吊杆本身固定不妥，导致自行松动或脱落。

5）板自身变形。未加校正而安装产生不平，或者在运输过程中挤压变形。

6）安装扣板没插紧，下掉造成顶面不平。

防控措施：

1）对于吊顶四周的标高线，应准确地弹在墙面上，其误差不能大于±0.5mm，如果跨度较大，还应在中间适当位置加设标高控制点，在一个断面要拉通线控制，且拉线时不能下垂。

2）待龙骨调直调平后方能安装条板。

3）应同设备配合考虑，不能直接悬吊的设备，应另设吊杆直接与结构固定。

4）如果采用膨胀螺栓固定吊杆，应做好隐检记录。关键部位要做螺栓的拉拔试验。

5）在安装前，先要检查板条平、直情况，发现不妥者，应进行调整。

（2）接缝明显、间隙不均匀、收口粗糙

原因分析：板条接长部位的接缝处接口白槎和接缝不平，在接缝处产生错台。

防控措施：

1）做好下料工作，对接口部位再用锉刀将其修平，并将毛边修整好。

2）用同颜色的胶粘剂对接口部位进行修补。用胶的目的：一方面是密合，另一方面是对切口的白边进行遮掩。

3）圆管、方通管材连接处可使用插芯、限位孔、均匀留缝、加收边条等方式做好接缝处理和收边收口，如图 7-47～图 7-50 所示。

图 7-47　接口处插芯连接

图 7-48　接口处插芯连接实例图

图 7-49　收口粗糙、不齐

图 7-50　限位孔方式收口整齐、均匀

（3）吊顶器具排布混乱

防控措施：

1）吊顶工程施工前，使用软件对顶面顶棚各终端设备进行综合布点排版。

2）各点位进行挂牌标识。

3）各点位确定设备尺寸。

4）各安装单位按设备确定点位、尺寸安装。

5）成排成线，间距合理，与装饰面衔接严密平顺。

7.4　墙柱面工程

车站装饰装修墙柱面工程主要指干挂石材工程、干挂瓷砖工程、金属板安装、墙面瓷砖镶贴、彩釉夹胶玻璃安装、埃特板离壁墙。

7.4.1 干挂石材工程

1. 施工准备

（1）材料要求：

1）石材定货加工：按照设计确定的石材及石材样品对石材进行翻样、定货加工。尤其注意通道转角部位及与通道口、楼梯口交接部位的石材的楔形处理及异形处理。石材加工的质量直接关系到现场的施工质量。

2）石材进场检查：石材进场时必须按照设计要求的饰面石材规格、品种、颜色、花纹进行检查，石材质量必须满足设计要求，石材具有合格证和检验报告，检查合格后按照石材排版图对石材进行编号保存备用。

3）钢挂件及配件：干挂石材使用的不锈钢挂件、膨胀螺栓（M12）、填缝胶等材料，按照设计要求规格准备齐全，且必须有合格证、检验报告，材质符合设计要求。

（2）主要机具：冲击钻、手枪钻、云石机、磨光机、活动扳手、水平尺、铝合金靠尺、白线、钢卷尺、铁锤、笤帚、凿子、胶枪、壁纸刀、棉纱、小桶、铁锹、灰盆、钳子等。

（3）作业条件：

1）结构经验收合格，水电、通风、设备安装等应提前完成，并准备好加工石材的场地、水和电源等前提条件。

2）室内施工脚手架等作业条件，以及运输设备已备好。

3）所有施工完成，检查各部分节点连接，若现场与设计图纸有出入，及时纠正。对墙面的垂直度、平整度进行检查，需要处理的必须完成后才能进行下道工序。

对石材要保存好，避免日晒雨淋，在石材下垫木方，核对数量、规格，并预铺、配花、编号等备用。

4）对现场的石材必须进行挑选，色差较大的不能施工，现场要对每一块石材的质量进行检查。

2. 工艺流程

基层处理→测量放线定位→石材试排、编号→角码安装→主龙骨安装→次龙骨安装→隐蔽验收→安装挂件→石材开孔→石材试装、调校→嵌缝打胶。

3. 施工要点

（1）基层处理。

1）墙面基层表面用笤帚清理干净，局部有影响骨架安装的凸出部分要剔凿干净。

2）饰面基层、构造层的强度、密实度符合设计规范要求。

3）根据装饰墙面的位置检查墙体是否有局部剔凿，保证装饰厚度。

（2）测量放线定位。

1）石材干挂施工前必须按照设计标高要求在墙体上弹出 50cm 水平控制线和每层石材标高线，并在墙上做上控制桩，拉白线控制墙体水平位置，控制和找房间、墙面的规矩和方正。

2）注意各通道不同坡度的控制。

3）根据石材分隔图弹线，确定膨胀螺栓的安装位置。

（3）石材试排、编号。

1）挑选石材：石材进货到现场必须对其材质、加工质量、花纹、尺寸等要求进行检查，并将色差较大、缺楞掉角、崩边等有缺陷的石材挑出、更换。

2）预排石材：将挑选出来的石材选择较为平整的场地做预排，检查拼接出来的板块是否有色差，是否满足现场尺寸的要求。

3）按照使用的部位和安装顺序进行编号，存放好备用。

（4）角码安装。

1）根据已弹出的主龙骨位置线，画出角码位置并标注角码洞孔位置。

2）根据角码洞孔位置，用油压冲击钻钻洞。

3）角码安装纵向可由下往上施工，也可以由上往下施工。横向可成排施工。

4）用 M12 膨胀螺栓安装在混凝土墙面、墙梁及地面。

5）角码必须错开安装于主龙骨两侧。每根主龙骨上不小于四个角码，主龙骨上每排（横向）不少于两个。

（5）主龙骨安装。

1）主龙骨用 8 号槽钢，主龙骨间距不大于 1200mm。

2）先将主龙骨点焊在角码上，确认牢固后，用托线板检查垂直度，拉通线检查平整度，校正后进行焊接；所有主龙骨安装完毕后进行检查，达到要求后进行除渣。

3）所有焊接处均须重新刷涂防锈漆两遍。

（6）次龙骨安装。

1）次龙骨用 L40 角钢，其间距根据设计要求确定。

2）将墙面上次龙骨线引到主龙骨上。在安装次龙骨之前，根据施工图，定出不锈钢挂件连接位置，并用台钻钻洞，再将次龙骨点焊在主龙骨上，检查（按主龙骨检查的方法）校正后，进行焊接。

3）所有次龙骨安装完后要进行检查，达到要求后再进行防锈处理（同主龙骨要求）。

（7）隐蔽验收。钢骨架经自检、互检和专检工程质量合格后，及时办理隐蔽工程验收。

（8）安装挂件。在次龙骨上预先钻好的孔内插入 M8×25 镀锌六角螺栓，将挂件固定在次龙骨上。用柱锥式钻头和专用钻机，在顶部、底部扩长型孔，以便保证准确的钻孔深度和尺寸。

（9）石材开孔。根据挂件的位置，在石材上开孔，应在距离板边 15cm 处开孔，孔深不大于 10mm。

（10）石材试装、调校。

1）25mm 厚花岗石石材安装从下至上进行，根据石材的水平缝的标高，拉通线安装石材，将挂件的螺母完全拧紧，调整就位，检查平整度、垂直度、接缝宽度等。

2）经检查合格后，用云石胶将挂件与石材板固定。

（11）嵌缝打胶。经自检、互检、专检合格后，进行缝隙清理、打胶。

4. 质量验收标准

（1）保证项目。

1）饰面石板的品种、防腐、规格、形状、平整度、几何尺寸、光洁度、颜色和图案必须符合设计要求，并有产品合格证。

2）面层与基层应安装牢固，粘贴料、干挂配件必须符合设计要求和国家现行有关标准的规定，钢配件需做好防锈、防腐处理。

（2）基本项目。

1）表面洁净、平整；拼花正确、纹理清晰、通顺，颜色均匀一致；非整板部位安装适宜，阴阳角处的石板压向正确。

2）缝格均匀，板缝通顺，接缝嵌填密实、宽窄一致，无错台、错位等缺陷。

3）凸出物周围的板，采取整板套割，尺寸准确，边缘吻合整齐、平顺，墙裙、贴脸等上口平直。

（3）允许偏差见表 7-14。

允 许 偏 差 **表 7-14**

项次	项 目	允许偏差（mm）	检验方法
1	立面垂直	2	用 2m 托线板和尺量检查
2	表面平整	2	用 2m 托线板和楔形塞尺检查
3	阴阳角方正	2	用 20cm 方尺和楔形塞尺检查
4	接缝平直	2	拉 5m 线（不足拉通线）和尺量检查
5	相邻板材边角错位	2	拉 5m 线（不足拉通线）和尺量检查
6	接缝高低	0.5	用 1m 钢板尺和楔形塞尺检查
7	接缝宽度偏差	0.5	用尺检查

5. 注意事项

（1）运输石材时应特别小心，避免磕碰边角，必要时用地毯与软物等包住边角。

（2）堆放石材要整齐牢固，堆放位置要在房间选好，避免来回搬运及雨淋，石材堆放要 75°立着堆放，下面用木方固定，且石材要光面对光面放置。

（3）施工完后，应做好警示牌或设置防护栏杆，特别是柱、墙阳角等处避免来回运输磕碰石材。

（4）在施工过程中垃圾应随时清理，做到工完场清，责任到人，奖罚分明。

（5）应设专职成品保护人员，制订成品保护制度并严格执行。

（6）吊顶、梁下部、门套上部等部位的干挂石材必须采取加固措施（背栓），安装隐蔽图以及竣工图内必须体现。

6. 常见质量问题及控制

（1）安装牢固问题。

防控措施：

1）挂件与插槽的间隙等所有受力部分只可用环氧类双组分专用的干挂结构胶，普通云石胶只可作临时定位的作用，如图 7-51 所示。

2）过顶石材干挂必须安装牢固，且必须采用加强背筋、背栓干挂或铝蜂窝复合等方式安装。

3）石材加厚背条严禁采用米黄类等疏松材质的石材，宽度 50mm，加厚块的粘贴应平整牢固，并应做剥离试验且试验结果符合设计和相关标准要求。

4）大理石、花岗石等面层所用板块及基层钢架及配件的品种、质量等应符合设计要求和国家环保规定。

5）石材干挂应考虑主体结构沉降对饰面结构的影响和破坏。

6）石材的插槽开切应准确，不锈钢挂件的上口同石材切口的下口应有效接触，而不可有太大的间隙。饰面板安装必须牢固，干挂石材脱落如图 7-52 所示。

图 7-51　石材与基层连接实例

图 7-52　干挂石材脱落

7）空心砖墙、轻质加气块墙上未经处理不能直接用膨胀螺栓固定干挂钢架，应用穿墙螺丝并在反面加夹钢板。主受力钢架应与混凝土大梁、圈梁、构造柱等有效连接。

8）后置钢架预埋件完成后要进行后置埋件拉拔试验，合格后才可进行石材干挂。

（2）缝不平、板面纹理不顺、色泽不匀，如图 7-53、图 7-54 所示。

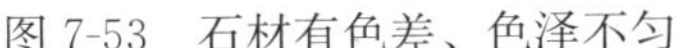

图 7-53　石材有色差、色泽不匀

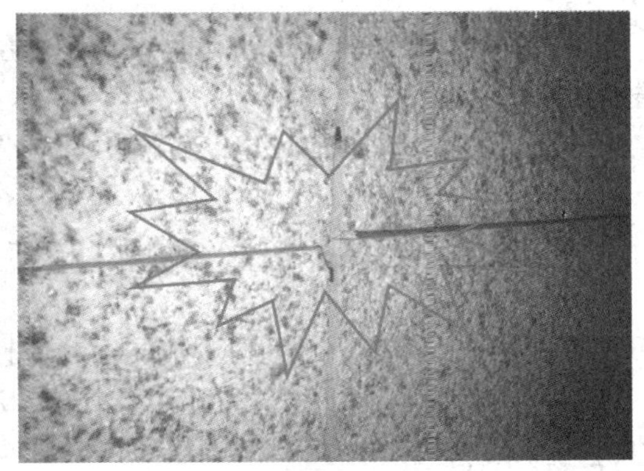

图 7-54　干挂石材出现错缝现象

原因分析：对石材的检验不严格、镶贴前试拼不认真。

防治措施：

1）镶贴前先检查墙柱面的骨架的垂直度和平整度，超过规定的必须整改，操作时严格按照工序施工。

2）挂石材前对墙柱面找好规矩，弹出中心线和水平通线，地面上弹出墙柱的饰面控制线。

3）事先将缺边掉角、有裂纹和局部污染变色的石材挑出，进行套方检查，规格尺寸超过偏差，应磨边修正，同一区域的石材应采用同一批次加工的石材。

4）墙柱面上进行试拼，对好颜色，调整花纹，板与板之间纹理通顺，按照编号挂贴。

5）调整好骨架的牢固和稳定，挂件调整准确，如图 7-55、图 7-56 所示。

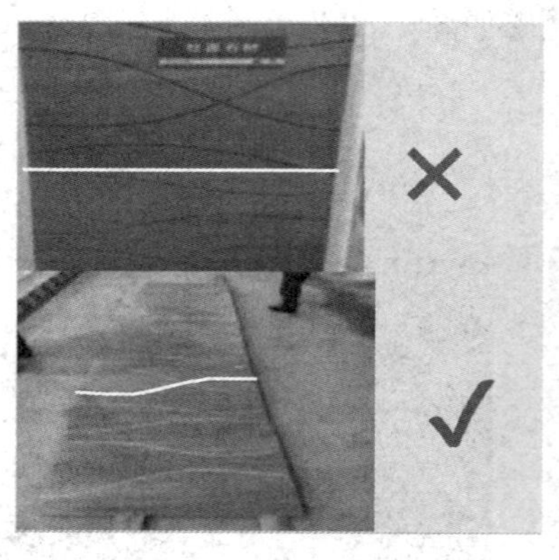

图 7-55　板面拼缝纹理通顺

图 7-56　整体排版通缝、胶缝顺直

（3）开裂。

原因分析：石材本身的材质较差，纹理多，存放不正确，受外力作用在色纹和暗缝或其他暗伤等薄弱处，易产生不规则裂缝。

防治措施：

1）施工前对石材本身的材质质量进行全面的检查，将容易产生裂缝的石材挑选出来。

2）安装应严格按照施工程序，待第一层的固定胶达到强度后进行第二层安装，同时缝与缝之间结合紧密。

3）注意钢骨架的牢固和稳定性，防止骨架不稳造成拉裂。

（4）打胶出现接头，胶缝不直，厚度不够。

原因分析：操作时没有认真作业，方法不对，泡沫棒填得太浅。

防治措施：

1）施工时打胶要一气呵成不要停顿，打胶时控制边缘的界限，保证胶边成一条直线。

2）打胶厚度不能少于 6mm，主要控制泡沫棒的嵌入度。

7.4.2　干挂瓷砖工程

1. 施工准备

（1）材料要求：

1）瓷砖：需根据设计图纸及进度计划制订材料进场计划，并参与到场瓷砖及其附件的验收。注意站厅两侧端部及三角房转角部位瓷砖的楔形处理。

2）干挂瓷砖的龙骨、连接件、固定件等材料的质量应符合设计及规范要求。

（2）主要机具：台钻、无齿锯、冲击钻、扳手、卷尺、靠尺、水平尺、墨斗、粉线等。

（3）作业条件：

1）到货瓷砖及其附件已完成验收。

2）处理好墙面基层，用碰撞螺栓固定基础件。

3）准备好施工用架子，以满足施工及材料运输的需要。

4）对施工人员进行技术交底时，应强调技术措施、质量要求和成品保护，尤其是架子拆除时，不得碰撞已完成的成品。大面积施工前应先做样板，经质检部门鉴定合格后，方可组织班组施工。

2. 工艺流程

放基准线→工艺排版→定位放线→固墙件安装→主龙骨安装→副龙骨安装→挂底层瓷砖→挂瓷砖。

3. 施工要点

（1）放基准线：达到可以放位置线、分块线和固定基础件的条件。

（2）工艺排版：放出瓷砖的位置线和分块线。

（3）定位放线：焊接挂线架，在瓷砖挂板前挂瓷砖控制线。

（4）固墙件安装。根据瓷砖的位置线和分块线确定主龙骨的位置，并以膨胀螺栓固定（螺栓连接或焊接），主龙骨固墙件。干挂厚度为 250mm 处首先用螺栓固定 250mm×200mm×12mm 的镀锌钢板，然后焊接 50mm×50mm 的镀锌角钢。干挂厚度为 150mm 处用螺栓固定 63mm×40mm×4mm 的镀锌角钢。

（5）主龙骨安装：主龙骨采用 8 号槽钢竖龙骨，与龙骨固墙件焊接固定连接，以挂线方式检查主龙骨安装的位置。

（6）副龙骨安装：副龙骨采用 40mm×40mm×4mm 镀锌角钢，以焊接连接固定副龙骨。

（7）挂瓷砖：挂最底层瓷砖，检查调整固定合格后，逐次向上安装。安装过程中注意检查基准线。每块调整合格后定位固定，并进入下块瓷砖挂装。瓷砖的位置和水平度、垂直度应满足相关质量标准要求。

瓷砖上墙前，先清除槽内浮尘、石渣；试挂合乎要求后，槽内注胶、安装石板，靠尺校核。

4. 质量验收标准

（1）瓷砖的品种、防腐、规格、形状、平整度、几何尺寸、光洁度、颜色和图案必须符合设计要求，要有产品合格证。

（2）面层与基础应安装牢固，干挂配件必须符合设计要求和国家现行有关标准的规定，龙骨、基础件、连接件等应做好防腐。

（3）表面平整、洁净；拼花正确、纹理清晰通顺，颜色均匀一致；非整板部位安排适宜，阴阳角的拼接符合设计及规范要求。

（4）立面垂直度、表面平整度、阳角方正、接缝平直、墙裙上口平直、接缝高低、接缝宽度应符合设计及规范要求。

（5）干挂饰面允许偏差见表 7-15。

干挂饰面允许偏差　　表 7-15

检查项目	允许偏差（mm）		检测手段
	光面	毛面	
立面垂直	≤3	≤6	2m 托线板
表面平整	≤1	≤3	2m 托线板、楔尺
阳角方正	≤2	≤4	边长 20cm 方尺、楔尺
接缝平直	≤2	≤4	10m 尼龙绳及尺
接缝高低差	≤1	≤2	30cm 钢尺、楔尺
接缝宽度	≤0.5	1	用尺检查

5. 成品保护

（1）注意保持瓷砖的清洁，及时清理其表面的污物，以防止其受到污染和腐蚀。

（2）应合理安排工序，在交叉机电施工结束后再进行干挂瓷砖施工，以最大限度地防止和减少损坏及污染。

（3）拆改架子和上料时，严禁碰撞干挂石材饰面板。

（4）要注意保护瓷砖的棱角，防止其他工种操作时造成破损和划痕。

6. 注意事项

（1）瓷砖上开孔必须开在瓷砖的中间部位。

（2）收货要设专人负责管理，要认真检查材料的规格、型号是否正确，与料单是否相符，发现瓷砖颜色明显不一致的，要单独码放，以便退还给厂家，如有裂纹、缺棱掉角的，要修理后再用，严重的不得使用。

（3）要注意瓷砖堆放场地要坚固，并根据供货商要求码放，以防止产品在现场发生损坏。

7. 常见质量问题及控制

（1）干挂墙砖安装不牢固、有脱落现象。

防控措施：砖的干挂安装应由厂家用环氧类干挂专用结构胶安装好加厚背条后进入施工现场；砖的粘结处应打毛并清理干净，然后用干挂专用结构胶粘贴加厚条，加厚条的粘贴应平整牢固；挂件与插槽的间隙等所有受力部分只可用环氧类双组分及专用的干挂结构胶，普通云石胶只可作临时定位的作用；后道工序安装方法同石材干挂，如图 7-57～图 7-59 所示。

图 7-57　瓷砖加背条

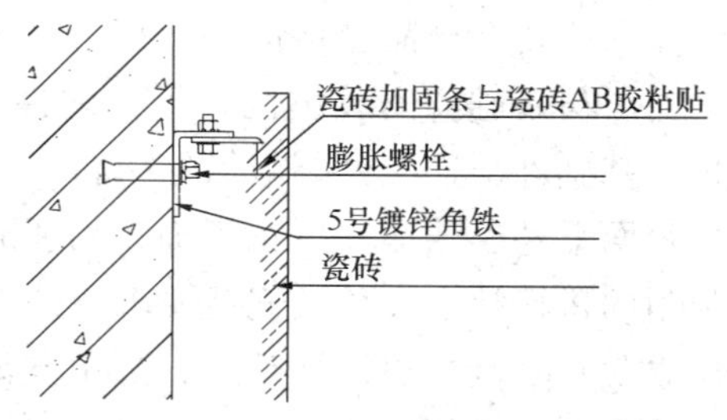

图 7-58　干挂瓷砖节点

图 7-59　干挂瓷砖实例

（2）大面积铺贴时瓷砖存在色差。

防控措施：面层颜色不一，主要是瓷砖质量较差，施工时没有进行试拼和认真的挑选。在同一区域的干挂瓷砖要使用同批次的瓷砖。

（3）开孔后出现瓷砖破裂现象，如图 7-60 所示。

图 7-60　开孔后出现破裂

防控措施：采用台钻配专用钻头，专业钻头可以打出内大外小的孔。先将要打孔的砖位置用记号笔标好位置（最好选择贴实的部位）并贴上封箱胶带。用榔头和样冲（没有可用大号钢钉，记住一定要钢钉，也称水泥钉，而不能用铁钉）在标记处冲出直径 2～3mm 小点，使瓷砖表面釉质去除。选择所需直径冲击钻头装上冲击锤，垂直对准冲点，给予适当压力启动冲击锤，进给量不宜过大，缓慢给力就可以顺利穿透瓷砖。待穿透瓷砖后可以用力进行，直达所需深度。打好孔后，选择合适的膨胀管埋入并将所需安装物件用螺钉固定即可。如果要用膨胀螺栓进行物件固定，要根据所需螺栓大小来选择所需冲击锤钻头。

7.4.3　金属板安装

金属板安装主要指搪瓷钢板、烤瓷铝板金属板安装。

1. 工艺流程

测量放线、深化设计→固定件安装→龙骨安装→挂件安装、盖缝片安装→金属板安装。

2. 施工要点

（1）测量放线。根据装饰施工图的标高、板块的分割及造型按设计要求，吊直、套方、找规矩测量，确定金属角码、立杆的安装位置准确地弹到内墙，为骨架安装提供依据，如图 7-61 所示。

（2）固定件安装。

1）依立杆的位置将连接件牢固安装在内墙、柱面上。

2）固定用的膨胀螺栓应做拉拔试验，遇到多孔砖时，使用穿墙螺栓固定，角码、连接件稳定牢固符合规范及设计承载要求。

3）焊接时，接件焊口做防腐、防火处理。

（3）龙骨安装。

1）按角码、连接件的位置，将立杆骨架临时安置于角码上。

2）依据设计图纸拉通线检查标高、造型及外挑的安装位置，然后将经过防锈处理的型钢骨架焊接在连接件上。

3）焊口、焊件刷防腐漆，整体钢架刷防火漆 2 遍，其骨架、防腐、防火处理应符合设计及规范要求。

4）墙、柱面的钢骨架基层必须做拉拔试验，拉拔值必须大于设计值。钢材要有相关的合格证、检测报告、自检记录、复试报告以及隐蔽验收记录等资料。必须复试报告出来之后才能申报材料报验，满足设计值后方可进行墙面后续施工，如图 7-62 所示。

图 7-61　测量放线

图 7-62　墙面拉拔试验

5）骨架安装后骨架、防腐、防火漆、工序交接等记录，班组自检合格后向监理（甲方）报验。

（4）挂件安装、盖缝片安装如图 7-64 所示。

图 7-63　龙骨安装

图 7-64　金属板挂件

（5）金属板安装。

1）金属板在安装之前，现场项目部的技术人员必须在现场实测并确定每块板的尺寸及编号；金属板禁止在现场开槽或钻孔，一切孔洞均现场实测后，在金属板出厂前预留。挂装金属板应从下往上依次挂板，一面墙，最好从一端展开，挂板时，通过金属板背框上面两个开孔板调整横、竖缝，下面两个开孔板只起限位作用，用直尺和锲型塞尺检查板与板的横竖缝，保证缝宽偏差在 1mm 以内。

2）当设计对建筑物外墙有防水要求时，安装前应修补施工过程中损坏的外墙防水层，除设计特殊要求外，同幅墙的瓷板色彩应一致，板的拼缝宽度应符合设计要求。安装质量应符合相关规范要求，金属板的槽（孔）内及挂件表面的灰粉应清理干净，扣齿板的长度应符合设计要求；当设计未作规定时，扣齿板比金属板支承边短 20～50mm，扣齿或销钉插入金属板深度应符合设计要求，扣齿插入深度允许偏差为±1mm，销钉插入深度允许为±2mm。

3）当底层板的拼缝有排水孔设置要求时，应保证排水通道顺畅，金属板与门窗框接合处的边缘处理应符合设计要求；当设计未作规定时，应用密封胶灌缝。金属板的施工应满足广告灯箱安装的一切要求。

4）安装金属板应根据设计要求，符合幕墙板块分割，安装前基础架内的工程会签后进行隐蔽。

5）安装金属板根据设计要求（即板块分割）放线，将折边板块用铆钉或螺栓将金属板逐块固定在型钢骨架的线位上，板与板之间留缝 10～20mm 或依据设计要求；安装板块注意板块的材料性质及安装图标，防止板块的方向色差。

6）安装板块应根据设计要求，设置、预留检修口、风口及电器的位置等，确保外观的装饰效果。

3. 注意事项

（1）深化图出来后先通知监理组织甲方、设计及机电施工单位核对深化图，与机电装修图纸核对无误后再进行测量放线、角码安装等工作。

（2）角码安装时不能通过膨胀螺栓在砖墙等砌体上固定，如果预埋件漏埋，必须在墙后用不小于 $0.2m^2$ 的钢板通过穿墙件以后埋件的形式固定角码并确保牢固。

（3）出入口通道及站台层的地面如有坡度，金属板的放线及安装必须同出入口通道及站台层的地面坡度一致。

（4）金属板挂板前，应书面通知机电施工单位检查板后的综合管线施工是否完成，在综合管线安装完成前不应挂板，以尽量减少金属板的二次拆装避免对金属板面造成损坏。

4. 质量验收标准

（1）保证项目

1）金属板和骨架及其附件质量必须符合设计要求和有关标准的规定。

2）金属板安装必须牢固，无脱层、翘曲、折裂、缺楞掉角等缺陷。

3）骨架安装必须位置正确，连接牢固、无松动。

（2）基本项目

1）金属板表面平整、洁净，颜色一致，无污染，无肉眼可见的变形、凸凹不平。

2）骨架应横平竖直，无弯曲、无变形。

3）金属板之间的接缝应均匀严密、横平竖直，并符合设计要求。

4）墙面的上、下边及侧边封口、伸缩缝、沉降缝等体系应符合设计要求。

5）墙面隐蔽节点的遮封，装修应整齐美观。

（3）允许偏差项目。金属板幕墙允许偏差和检验方法见表 7-16。

金属板幕墙允许偏差和检验方法　　表 7-16

项次	项　目		允许偏（mm）	检验方法
1	竖缝及墙面垂直度	幕墙高度≤30m	10	激光仪或经纬仪检查
		30m<幕墙高度≤60m	15	
		60m<幕墙高度≤90m	20	
		幕墙高度>90m	25	
2	幕墙平整度		3	3m 靠尺、楔形塞尺检查
3	竖缝直线度		3	3m 靠尺、钢板尺检查
4	横缝直线度		3	3m 靠尺、钢板尺检查
5	拼缝宽度（与设计值比）		2	卡尺检查

5. 成品保护

（1）金属板墙面的骨架、金属板和密封等应制订保护措施，不得使其发生碰撞变形、变色等现象，如图 7-65 所示。

图 7-65　柱角及面层成品保护

（2）施工中金属板墙面及其骨架表面的粘附物应及时清除。

（3）金属板墙面完成后，应制订清扫方案。

（4）清洗金属板幕墙的中性清洁剂，应进行腐蚀性检验。中性清洁剂清洗后应及时用清水冲洗干净。

（5）金属板在安装后至交工验收前应进行保护，特别是转角、柱面应包裹软毯进行保护，避免出现表面磕伤及划痕现象，如图 7-66 所示。

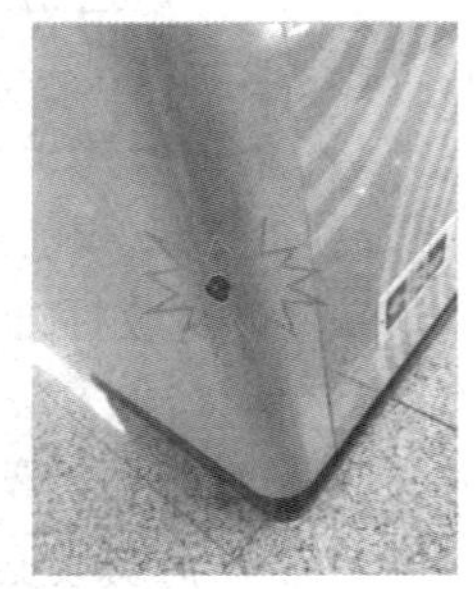

图 7-66　金属板磕伤

6. 常见质量问题及控制

（1）金属板安装后出现错缝现象，如图 7-67 所示。整改措施：金属板在安装之前，必须根据设计图纸在现场实测分格确定每块板的尺寸及编号，优化排版，实现对缝美观。同一幅墙面金属板的拼缝宽度应符合设计要求。

（2）金属板上相关设备出现开孔错误现象。整改措施：相关单位在进行开孔前需与施

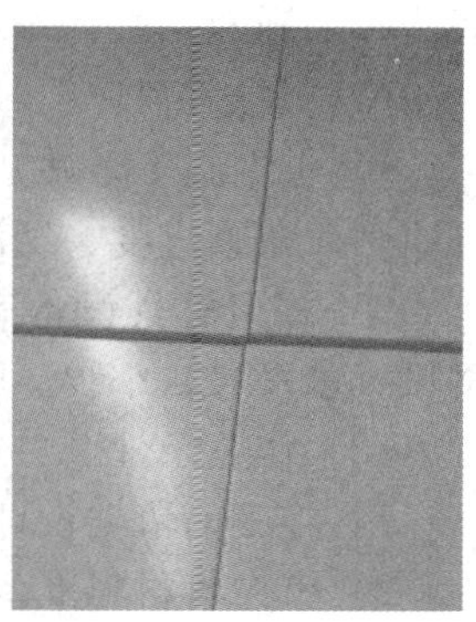

图 7-67　金属板安装后出现错缝现象

工单位提前做好沟通及交底，确认无误后在开孔区域用可擦笔做好标记，做到一次开孔到位，如图 7-68 所示。

（3）钢骨架辅料不符合要求。防控措施：墙体龙骨热镀锌层及技术要求符合检查及验收，并对螺栓、螺母、垫片等小配件进行质量把关验收，严格控制墙面钢架材料及构件的镀锌层厚度，并及时进行现场检测，如图 7-69 所示。

（4）金属板面板表面不平整起拱变形，如图 7-70 所示。防控措施：背衬与金属板应粘结牢固，不得脱离，平面板的背衬要符合规范要求。

图 7-68　开孔前提前放线

图 7-69　钢骨架辅料

图 7-70　金属板起拱

7.4.4　墙面瓷砖镶贴

1. 施工准备

（1）主要材料

1）水泥：一般使用 42.5 级普通硅酸盐水泥或矿渣硅酸盐水泥。应有出厂证明和复试合格；当水泥存放超过三个月或有结块时不能使用。

2）白水泥：42.5 级普通硅酸盐水泥或矿渣硅酸盐水泥。

3）砂：以中砂为宜，平均粒径不小于 0.35mm，不能用粉砂，使用前应过筛子，含泥量不能大于 3%。

4）墙面砖：材料有出厂合格证及性能检测报告，抗压、抗折及规格品种均符合设计要求，外观颜色一致、表面平整，图案花纹正确，边角齐整，无翘曲、裂纹等缺陷。卫生间墙砖采用600mm×300mm×10mm的高光通体砖，具体样品待业主及设计单位确定。

（2）常用机具

1）根据施工条件，应合理选用适当的机具设备和辅助用具，以能达到设计要求为基本原则，兼顾进度、经济要求。

2）常用机具设备有：云石机、手推车、计量器、筛子、木耙、铁锹、大桶、小桶、钢尺、水平尺、小线、胶皮锤、木抹子、铁抹子等。

（3）作业条件

1）施工前依据设计要求放出大样图并对现场实际尺寸进行排砖等准备。

2）事先将材料准备齐全，包括对进场的砖数量、质量进行检查；按照要求必须挑选规格、颜色一致，质量符合要求的砖。

3）进场复试和相关试验已经完毕并符合要求。

4）对所有作业人员已进行了技术交底，特殊工种必须持证上岗。

5）墙面要清理干净，做好施工洞口的封堵工作。做好水平标志，以控制铺设的高度和厚度，可采用竖尺、拉线、弹线等方法。

6）在大面施工前必须先做样板，完成后经相关部门检验合格，各方签认后方可大面积施工。

2. 工艺流程

基层处理→吊垂直、套方、找规矩→贴灰饼→抹底层灰→弹线→墙面贴砖→处理砖缝。

3. 施工要点

（1）基层处理

1）混凝土墙面处理：首先将墙面的混凝土剔平，对墙面进行毛化处理，即在墙面上用10%火碱水将表面尘土、污垢刷掉，随之用清水冲干净，再用1∶1水泥细砂掺10%建筑胶，用扫帚将砂浆甩到墙面上，其甩点要均匀，终凝后浇水养护，具有较高的强度，以手掰不掉为止。

2）砖墙面处理：先剔除砖墙面上多余的灰浆并清扫浮土，然后用清水湿润墙面后抹9mm厚1∶3水泥砂浆底层。

3）墙砖在粘贴前几小时应充分湿润，阴干后备用，墙面也应充分湿水。

（2）吊垂直、套方、找规矩。要求对整个房间找规矩，弹出墙面的50cm水平控制线，并在门窗洞口弹出墙面砖的排砖控制线，并对墙面的垂直度进行检查。不能满足要求时必须修补，调整后施工。

（3）贴灰饼。墙面粘贴前需要基层打底子灰，按照墙面的垂直度和平整度，用稍干点的砂浆在墙面上按照控制点的位置做出抹灰的控制点和面，要求墙的两端必须做，中间间距1.5m左右。

（4）抹底层灰。抹底层灰一般分两次操作，先刷一道掺胶的素水泥浆结合层，然后紧跟着抹第一遍1∶2.5或1∶3水泥砂浆，要求薄薄一层并用抹子压实。第二次用同样配合比的砂浆按冲筋和灰饼抹平，用短杠刮平，低凹处填平补齐，最后用木抹子搓出麻面。根据天气情况终凝后浇水养护。

（5）弹线。抹完底层灰后按照设计的建筑标高，在墙面上弹出50cm线控制标高，并按照此控制线和墙面砖排版图弹出排砖线，特别注意门窗洞口的排砖控制线。要注意在同一墙面上不得有一排以上的非整砖，并将其镶贴在较隐蔽部位。

（6）墙面贴砖。墙面贴砖前应将面砖放入清水中浸泡 2h 以上，然后取出晾干至手按砖背无水迹时方可使用；墙面湿润：砖墙提前一天润湿好，混凝土墙面可以提前 3～4d 湿润，以避免吸走粘结砂浆的水分。粘结砂浆采用 4mm 厚强力胶粉泥粘贴。室内砖的粘贴接缝宽度按照设计要求施工，无设计要求时一般按 1～1.5mm，且横、竖缝宽一致。施工温度控制在 5℃以上。墙砖的粘结层厚度：在砖背面满抹灰浆，四角刮成斜面，厚度控制在 5mm 左右，并注意边角满浆。砖就位后用灰匙木柄轻击砖面，使之与邻面平，粘贴 5～10 块，用靠尺板检查表面的平整度，并用灰匙将缝拨直，阳角拼缝可以用阳角条，也可以用切割机将釉面砖切成 45°斜角，注意不能将釉面损坏或崩边，保证接缝平直、密实。

（7）处理砖缝。贴完墙面砖待达到一定强度后，用竹签或细铁丝将砖缝间的砂浆清理并用棉丝清理干净后，在 48h 后用白色水泥浆勾缝，可以用干净铁丝碾压实勾成凹缝。勾缝水泥浆硬化后用棉丝清理干净。注意勾缝一定要仔细，不能出现毛茬和黑边，影响美观。

4. 质量验收标准

（1）保证项目。饰面砖的品种、规格、颜色、图案必须符合设计要求和相关现行标准规定；饰面砖粘贴必须牢固，严禁空鼓，无歪斜、缺棱、掉角和裂缝等缺陷。

（2）基本项目。表面平整、洁净、色泽协调一致，接缝填嵌密实、平直、宽窄一致，颜色一致，阴阳角处的砖压向正确，非整砖的使用部位适宜。

（3）允许偏差项目。允许偏差符合表 7-17 的要求。

允 许 偏 差 **表 7-17**

项次	项目	允许偏差（mm）	检验方法
1	立面垂直	2	用 2m 拖线板检查
2	表面平直	2	用 2m 靠尺和楔形塞尺检查
3	阴阳角方正	2	用 2m 方尺和楔形塞尺检查
4	接缝直线度	2	拉 5m 小线，不足 5m 拉线用尺量检查
5	接缝高低差	0.5	用钢板短尺和楔形塞尺检查
6	接缝宽度	+0.5	用钢板短尺和楔形塞尺检查

5. 注意事项

（1）墙面砖镶贴后有切实可行的防止污染措施，同时要及时清擦残留在门窗框、门窗扇上的砂浆。特别是铝合金、塑钢门窗框、门窗扇，事先不能将窗上的保护膜撕掉，以防止污染。

（2）抹灰层要防止在终凝前快干、暴晒、水冲、撞击和振动。

（3）水电、通风、设备应在墙面施工前完成管线等敷设，防止安装时损坏面砖。

（4）拆架子时注意不要碰撞墙面，阳角应采取三合板或木板包角。底面未完成前必须将最底层砖留出。

6. 常见质量问题及控制

（1）空鼓、脱落如图 7-71 所示。

原因分析：

1）基层没有处理好，墙面湿润不透，砂浆失水太快，影响粘结强度；

2）砖浸水不足，造成砂浆早期脱水或浸泡后未晾干就粘贴，产生浮动自坠；

3）粘结砂浆不饱满、厚薄不匀，操作时用力不均；

4）砂浆收水后对粘贴后的釉面砖进行纠偏移动；

5）砖本身有隐伤，事先没有严格挑选。

防控措施：

1）墙面湿贴安装基层必须清理干净、洒水润湿，使用墙固处理剂对起砂基层进行加强处理，使用界面剂处理好基层；

图 7-71　瓷砖脱落

2）砖使用前，必须清理干净，用水浸透直至表面不冒气泡，且不少 2h，然后取出晾干后备用，普通低密度的泡水砖（能保证粘结强度的）可不做处理；

3）玻化砖背面的隔离剂等污染物应清理干净，必须使用玻化砖背胶对玻化砖粘结面进行界面处理，如图 7-72 所示，使用玻化砖专用粘结剂（拉伸粘结强度不得低于 0.5MPa），并用机械搅拌器混合均匀，严禁在粘结剂中加入水泥、黄砂，当玻化砖基层使用聚氨酯等柔性防水层时，必须对防水层表面进行界面处理；

4）使用专用粘结剂，砖的粘结层一般控制在 7～10mm 之间，过厚和过薄均易产生空鼓，或者在砂浆内掺胶以增强粘结力，经过厂家防脱落和粘结性加强处理的能确保粘结强度的饰面砖可不做处理，如图 7-73 所示；

图 7-72　瓷砖界面处理

图 7-73　专用粘结剂

5）当发生空鼓脱落时采用聚合物砂浆修补；

6）饰面安装完成后应根据粘结剂的使用说明要求对完成面进行定期养护；

7）粘贴应牢固（单块空鼓小于 15%，且每自然间不超过总数的 5%）。

（2）接缝不平直、有高差及缝宽不均匀，如图 7-74 所示。

原因分析：

1）施工前对釉面砖挑选不严格，挂线贴灰饼、排砖不规矩；

图 7-74　铺贴后接缝有高差

2）平尺板安装不水平，操作技术低；

3）基层抹灰底层不平整。

防控措施：

1）对砖的材质挑选应作为一道工序，挑出有缺陷和质量问题的砖；对于尺寸相同的砖用在同一个房间或同一面墙才能做到缝隙一致；

2）粘贴前作好规矩，用水平尺找平，校对墙面的方正；

3）根据弹好的水平线，稳好平尺板逐行粘贴并及时校正；

（3）成品保护不到位。防控措施：

1）瓷砖地面严禁脚手架施工，如必须搭设脚手架施工，需将脚手架四角包好，禁止来回拉动脚手架；

2）在瓷砖地面施工时大型工具需用板材垫好，小型工具严禁投掷；

3）施工材料摆放稳当，防止摔倒磕碰地面；铁件等材料底下用板材垫起来；

4）施工时严禁滴落强酸强碱及油漆等污染地面；

5）严禁在瓷砖地面进行电焊及切割等施工；

6）门口瓷砖铺上板材保护，防止磕碰瓷砖边角。

7.4.5　彩釉夹胶玻璃安装

1. 施工要点

（1）车站站厅、站台层公共区域墙面采用彩釉夹胶玻璃装饰。

（2）监理严格检查施工放线布局是否符合总体要求，位于结构变形缝处横向龙骨是否断开，分别固定，结构缝以同色彩釉夹胶玻璃做装饰处理。

（3）进场材料严格验收。彩釉夹胶玻璃是否符合设计和相关规定要求，产品合格证、性能检测报告是否齐全，背衬板是否符合环保检测标准要求。

（4）对后置的埋件膨胀螺栓，根据设计所需的荷载对其进行拉拔试验，监理旁站。主龙骨的安装要考虑进出位置的一致性及垂直度，龙骨与角码的连接采用螺栓连接，控制垂直度是重点，如图 7-75 所示。检验标准见表 7-18。

2. 常见问题及控制

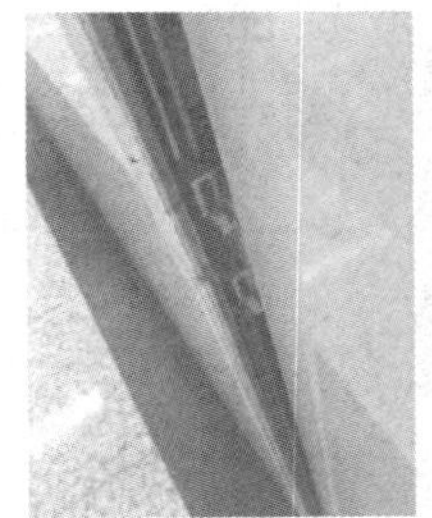

图 7-75　彩釉夹胶玻璃安装实例

安装后出现缝隙不均匀、下沉、磕破现象，如图7-76、图7-77所示。

彩釉夹胶玻璃安装的允许偏差和检验方法　　表7-18

项次	项　目	允许偏差（mm）	检验方法
1	同一饰板之间色差	无明显色差	正常照明下观察
2	立面垂直度	2	用2m垂直尺检查
3	阴阳角方正	2	用直角尺检查
4	缝隙直线度	2	拉通线区划，用钢直尺检查
5	接缝高低差	2	用钢尺和塞尺检查
6	预 留 洞 口	2	用钢尺检查
7	缝 隙 宽 度	3	用塞尺检查

图7-76　彩釉玻璃出现错缝现象

图7-77　彩釉玻璃出现下沉现象

防控措施：

1）在设计和安装所有构件、连接件及紧固件时应满足所有位移和其他允许偏差要求，但不能出现倾斜、外形损坏过量变形；

2）连接件与基层，骨架与连接件的连接，彩釉夹胶玻璃与骨架连接安装牢固可靠无松动；

3）确保骨架连接牢固、安全可靠，横平竖直，无明显错台错位，不得弯曲和扭曲变形。垂直偏差不大于3mm，水平偏差不大于2mm；

4）骨架的挠度，连接件的拉拔力等测试数据要满足设计及规范要求；

5）施工完毕的彩釉玻璃墙面做好警示围挡。

7.4.6　埃特板离壁墙

1. 施工准备

（1）材料要求

埃特板离壁墙基（高3660mm）主要对站台主体侧墙位置进行施工，所用材料如下：

1）采用标准的 C150 型轻钢龙骨（或工点定），竖向龙骨间距 610mm，规格 2440mm×1220mm 埃特墙板，每 3 块埃特板底设一 400mm×400mm 缺口，作边沟检修口用。

2）清理墙面时应把混凝土墙面拉结铁板敲弯或用乙炔割去，凿除凸出部分的水泥浆及灰砂，修补墙洞、电线管槽开关及盒洞，清除浮灰，清扫灰尘。

（2）施工条件

1）做 20mm 厚的水泥砂浆抹灰层，待其干燥后满刷 1.2mm 厚聚氨酯防水涂料。

2）用经纬仪打出大角两个面的竖向控制线，随后在专用挂线角钢架子上用钢丝挂好线，一定要牢固、准确，注意保护和加强检查。

3）根据大角线的位置和埃特板的模数，对埃特板进行排版，各板材间留出 5～8mm 缝，同时弹出水平和竖直控制线，并划出安装沉头螺钉的位置。

2. 工艺流程

弹线→固定沿地、沿顶龙骨→固定边框龙骨→安装竖向龙骨→安装附加龙骨→安装埃特板→接缝及护角处理→沉头螺钉挂铁网→甩浆、抹灰。

3. 工法特点

（1）施工快捷、安装简便、不受季节性影响：埃特板隔墙采用龙骨作为骨架，不需要进行砌筑湿作业。

（2）组合灵活：根据隔声、防火等要求，可以用不同宽度的龙骨组合成不同厚度的隔墙。

（3）抗震性能好：因隔墙重量轻，具有减小地震荷载和承受较大层间变位的能力。

（4）防火性能好：埃特板不燃性为 A 级，加之隔墙内部填充防火材料，具有很好的防火性。

4. 质量要求及验收标准

表面平整、洁净，拼花正确、纹理清晰通顺，颜色均匀一致；缝格均匀，板缝通顺，接缝填嵌密实，宽窄一致，无错台错位，具体质量标准见表 7-19。

离壁墙基施工质量验收标准 **表 7-19**

序号	项　目	允许偏差（mm）	检 验 方 法
1	立面垂直度	2	用 2m 直尺和楔形塞尺检查
2	表面平整度	2	用 2m 直尺和楔形塞尺检查
3	接缝直线度	2	拉 5m 通线和钢尺检查
4	接缝高低差	1	用钢尺和楔形塞尺检查
5	接缝宽度	1	用钢直尺检查

5. 常见质量问题及控制

（1）出现裂缝现象。防控措施：

1）埃特板拼处必须贴穿孔纸带，并填埃特板专用填缝料嵌接缝腻子，扫净缝中浮土，用小刀将腻子嵌入倒角区与板缝取平；

2）待嵌缝腻子终凝后，在两块板的接缝处刮涂不少于 1mm 厚的嵌缝腻子，将接缝纸带贴于接缝处，并用 50mm 宽的刮铲将接缝带压入嵌缝腻子内，使多余的腻子从接缝带两侧或孔中挤出；

3）待第一层腻子凝固但仍处于潮湿状态时，用100mm宽的刮铲再刮第二层腻子将接缝带遮盖。待第二层腻子凝固后，再用150mm宽的刮铲刮第三遍腻子，将埃特板的楔形边填满找平，并使表面光滑；

4）待嵌缝料完全干透后，轻轻地砂光接缝表面。

（2）环境潮湿钢架出现生锈、腐蚀现象。

防控措施：现场检查，把所有金属表面锈蚀、翘皮、脱落的部位进行重点打磨处理，然后对所有需要涂刷的金属表面进行整体打毛处理及除锈，对进行过焊接的位置防锈、防腐处理，防止基层钢架出现生锈、腐蚀现象，如图7-78所示。

图7-78 钢架防锈防腐处理

7.5 涂饰工程

车站装饰装修施工环境潮湿，自然通风条件差的涂饰工程主要是指防潮防霉乳胶漆工程，主要使用在公共区顶面、设备区墙顶面。

1. 施工准备

（1）主要材料。底漆、面漆、管道专用漆应符合设计要求。

（2）主要机具。施工用辊刷、拉毛辊、毛刷、喷枪、空压机及清扫工具等。

（3）作业条件。

1）基层混凝土面均经过全面检查验收，质量验收合格。

2）搭好操作脚手架，满足施工安全的要求和操作要求。

3）提前做好涂刷乳胶漆的样板，并经设计、建设单位等有关部门检查鉴定，达到设计及规范要求，方可组织施工。

4）材料有出厂合格证，符合环保要求，物资报验资料齐全。

5）施工时温度不低于5℃，不高于35℃。

6）对不需涂刷的工程部位提前做好遮挡。

7）涂饰工程操作人员应了解涂料的材性，熟悉操作方法，按要求正确施工。

2. 工艺流程

基层处理及准备→底漆涂刷→面漆涂刷→管道专用漆涂刷。

3. 施工要点

（1）基面处理及准备

1）新建水泥表面和新的抹灰面应固化 30d 以上。如因工期紧不能待其完全固化，可待墙面完全干燥后施涂本产品。

2）应去除（清扫）新墙表面所有污渍、灰尘、浮浆、脱膜剂、固化剂及一切松动物，确保基层表面平整、干净、结实、无脱皮、无粉化、无空鼓、无油污、无浮灰。

3）为保证涂料附着牢固，基面上的小孔洞应用高强度等级水泥修补平整。特殊情况下需用腻子修补，且为耐水腻子或水泥腻子。

4）施工环境空气湿度不得大于 80%，墙面基层含水率不大于 10%，墙面不得有渗水现象，管道表面不得有结露现象。在不符合上述要求的条件下强行施工，会导致涂料起皮泛碱、脱落等严重后果。

5）工程的墙面基体不得出现泛碱，当基体出现泛碱时，应采用专用溶剂清洗，再用清水冲洗干净，干燥后涂刷墙面封底漆。

（2）底漆涂刷

1）辊涂底料一遍，辊涂应均匀，并覆盖基层。

2）使用前应做到充分搅拌均匀后直接施涂，如欲稀释，加水量不超过 5%。

3）要保证施涂均匀，对毛辊无法涂到的特殊位置，如墙角、沟槽等，请用合适的刷子进行刷涂。

4）干燥及重涂时间：4～8h（视施工环境湿度及通风条件好坏而定）。

5）涂布率控制在 $8m^2/kg$。

（3）面漆涂刷

1）基层清扫干净后，先将拉毛辊子蘸满涂料，在手臂摆动范围内纵向横向反复滚动，直至均匀。

2）拉毛花纹应保持纹理方向一致，花纹大小一致。

3）对施涂作业面较大的区域，合理组织施工和安排施工人员，由多个人员配合施涂，保证新旧接面的合理接合。

4）避免施涂新漆时将未完全干燥部分的漆膜破坏。

5）施工时如不慎将漆膜破坏，应在该处涂料施涂的 15min 内或 3h 以外的时间段进行修补。

6）对毛辊无法涂到的特殊位置，请用合适的刷子进行刷涂。

7）干燥及投入使用时间：24h。涂布率控制在 $2.5m^2/kg$。

（4）管道专用漆涂刷。滚涂一遍，特殊部分如较细的管柱可刷涂，以免损耗过大。保持涂层厚薄均匀，不露底、不流坠、色泽均匀。使用前应做到充分搅拌均匀后直接施涂，如欲稀释，加水量不超过 5%，一共涂刷两遍（不需涂刷底漆，第一遍相当于底漆）。干燥及重涂时间：4～8h（视施工环境湿度及通风条件好坏而定）。

4. 质量验收标准

（1）保证项目

1）油漆涂料工程等级和材料品种、颜色应符合设计要求和有关标准的规定。

2）油漆涂料工程严禁脱皮、漏刷和露底及有明显接槎。

（2）质量验收基本项目见表 7-20。

质量验收基本项目 **表 7-20**

项次	项　目	质量要求
1	露底、流坠、皱皮	大面无，小面明显处无
2	光亮和光滑	光亮和光滑均匀一致
3	装饰线、分色线平直	偏差小于 1mm（拉 5m 小线检查，不足 5m 拉通线）
4	颜色、刷纹	颜色一致，无明显刷纹

5. 成品保护

（1）涂刷前应清理周围环境，防止尘土飞扬，影响涂刷质量。

（2）在涂刷墙面涂料时，不得污染地面、踢脚线及玻璃等已完成的分部分项工程，必要时采取遮挡措施。

（3）最后一遍涂料涂刷完后，应使室内空气流通，以预防涂膜干燥后表面无光或表面光泽不足。

（4）涂料未干透前，禁止打扫室内地面，严防尘土等沾污涂料。

（5）涂刷完的墙面应妥善保护，不得磕碰墙面，不得在墙上乱写乱画而造成污染。

（6）拆架子或搬梯子时应防止碰坏墙面涂层。

（7）其他工种施工时应相互配合好，防止损坏和污染墙面涂层。

6. 常见质量问题及控制

（1）露底、涂料脱落，如图 7-79、图 7-80 所示。

图 7-79　涂料脱落

图 7-80　施工现场通风干燥

原因分析：产生原因是漆膜薄，因此刷涂料时除应注意不漏刷外，还应保持涂料乳胶漆的稠度，不可加水过多；基层质量、渗漏未处理到位；施工时室内湿度大。

防控措施：施工中应保持涂料乳胶漆的稠度，涂刷时不漏刷，基层渗漏点应处理完成，基层质量应符合施工要求，应注意施工的环境温度湿度，避开梅雨季节施工，施工现场应及时通风干燥，上道工序养护干燥后再进行下道工序施工。

（2）涂料开裂，如图 7-81 所示。

原因分析：产生原因是基层表面污染；粉刷基层、板块基层板缝处发生开裂；插座、控制箱、开关等部位预埋管线部位预埋深度；基层水泥砂浆粉刷质量；后道工序安装扰动；腻子强度厚度；涂料稠度高。

控制措施：应认真清除基层污染；接缝处抗裂网加强处理；保证插座、控制箱、开关等部位预埋管线部位预埋管线深度（管线外表面与原粉刷面层或原砖墙面的距离）达到 15mm 以上，并使管卡固定牢固，管槽内垃圾必须清理干净，槽内粉刷前需浇水湿润，并冲洗干净，二次补槽并加强处理，水泥砂浆补槽时应分层补槽；待基层强度达到 50%以上方可粉刷面层水泥砂浆，粉刷后，做界面剂贴网格布，然后贴纸胶带批腻子，如图 7-82 所示；减少后道工序安装干扰；基层养护干燥后再进行批腻子，腻子强度厚度符合要求且宜采用外墙腻子，满挂抗裂网布一道，控制腻子的强度稠度；含水率在 8%～10%以下方可进行涂料面层涂刷施工，控制涂料稠度；注意施工环境的温度湿度，按规范要求认真做好养护工作，一般在抹灰 24h 后进行湿润养护（建议三天以上）。

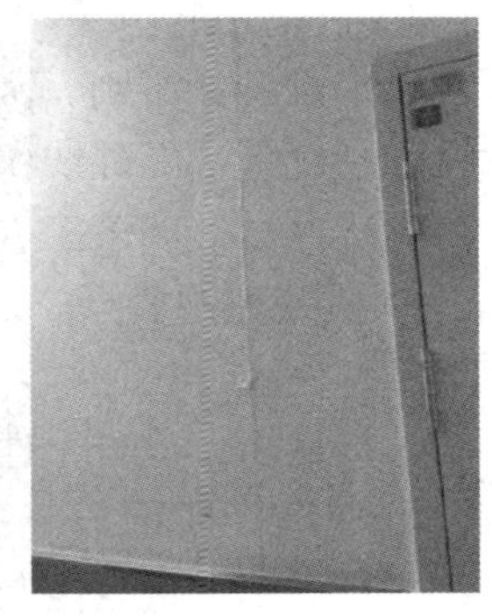

图 7-81　涂料开裂

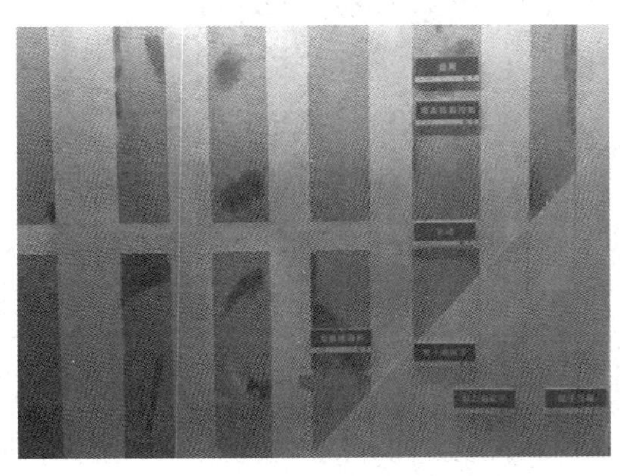

图 7-82　贴纸胶带实例

（3）接槎明显。防控措施：涂刷时要上下刷顺，后一排笔紧接前一排笔，若间隔时间稍长，就容易看出明显接头，因此大面积涂刷时，应配足人员，互相衔接。

（4）刷纹明显。防控措施：涂料（乳胶漆）稠度要适中，排笔蘸涂料量要适当，多理多顺，防止刷纹过大。

（5）分色线不齐。防控措施：施工前应认真划好分色线，刷分色线时要靠放直尺，用力均匀，起落要轻，排笔蘸量要适当，从左向右刷；涂刷带颜色涂料时，配料要合适，保证独立面每遍用同一批涂料，并宜一次用完，保证颜色一致。

7.6　细　部　工　程

车站装饰装修施工细部工程主要指离壁沟、卫生间细部、设备区细部、导向标识、无障碍、不锈钢饰面及不锈钢栏杆安装、聚氨酯防水、挡烟垂壁、绝缘层、AFC 检修口、地面检修盖、地漏盖板、水箅子、检修孔、消火栓暗门细部施工的内容及平面尺寸要求。

7.6.1　离壁沟

1. 工艺流程

放线→钢筋→支模→拆模→沟底找平及收光→涂膜防水→蓄水试验。

2. 准备工作

（1）机具：漆刷、刮板、通线、圈尺。

（2）设备：红外线仪。

（3）人员：油漆工（持证上岗）、瓦工。

3. 质量控制要点

（1）放线：拉通线，控制离壁沟的走向及离墙距离。

（2）钢筋：检查土建预留钢筋，若不足，须通过植筋方式补筋，并纵向设置 6 圆通丝，如图 7-83 所示。

（3）支模：重点控制离壁沟的高度、宽度及厚度，并确保模板牢固，如图 7-84 所示。

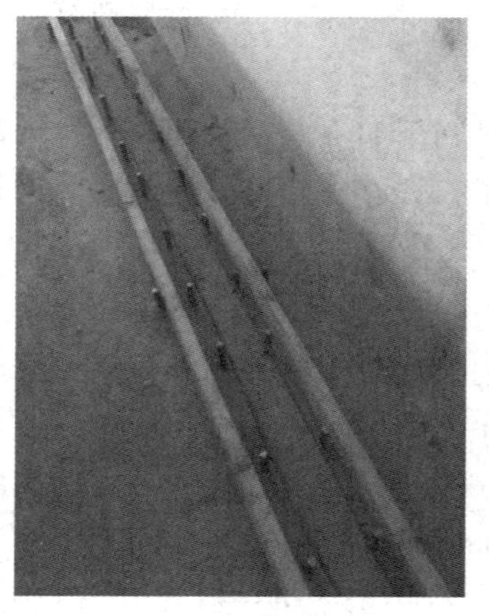

图 7-83　离壁沟钢筋

图 7-84　离壁沟支模

（4）拆模：混凝土浇筑完成后，带模养护 24h，确保混凝土强度达到 1.2MPa。

（5）沟底找平及沟壁收光：沟底找平，重点控制找坡方向和泛水坡度；沟内收光，保证沟壁光滑平整，利于防水施工。

（6）涂膜防水：涂膜防水层与基层应粘结牢固，表面平整，涂刷均匀，无流淌、褶皱、鼓泡、露胎体和翘边等缺陷。

（7）离壁沟防水排水施工前，应弹出离壁沟外立面控制线；水泥砂浆基层坡度和弧度、防水施工应符合国家现行有关标准的规定。

（8）离壁沟验收检查坡度贯通，沟内无杂物，离壁沟排水孔四周密闭良好，防水施工后闭水试验。

（9）蓄水试验：离壁沟防水层施工完成后，须做 48h 闭水试验且验收合格后，可进入下一道工序。如图 7-85 所示。

（10）离壁沟内地漏的数量、位置，应符合设计要求，宜每 20m 设置一个地漏。

4. 常见质量问题及控制

离壁沟未贯通、离壁沟地漏位置预埋不准确、离壁沟防水未施工到位、离壁沟坡度未贯通、离壁沟排水孔四周未密封，隐蔽前沟内有杂物。

防控措施：离壁沟施工应贯通、地漏位置需准确预留在沟内、防水层与基层应粘结牢固、平整涂刷均匀、坡度应贯通、排水孔四周密封完整，隐蔽前应把沟内垃圾清理干净，蓄水试验合格后方可进入下一道工序施工，如图 7-86～图 7-91 所示。

图 7-85　离壁沟蓄水试验

图 7-86　离壁沟未贯通

图 7-87　地漏位置预留不准确

图 7-88　离壁沟防水坡道施工

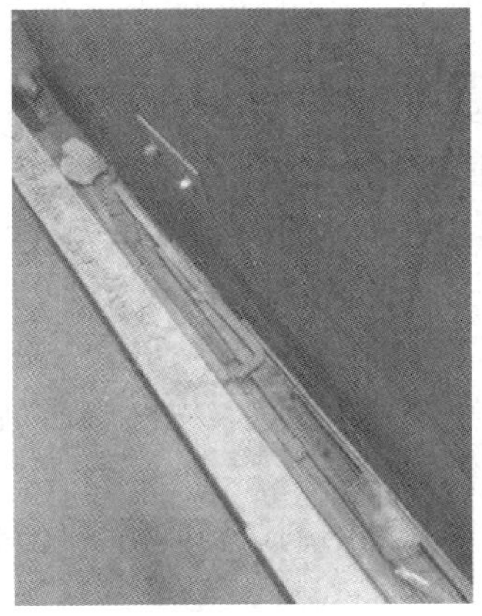

图 7-89　沟内垃圾未清理

图 7-90　沟内无垃圾及坡度实例

图 7-91　防水检查

7.6.2　卫生间细部

1. 卫生间地砖排砖及与卫生设备安装细部

（1）卫生间地砖排布

1）材料：地砖、过门石、水泥砂浆、耐候密封胶。

2）工具：钢卷尺、墨斗、线绳、橡皮锤、切割机、胶枪。

3）工序：实际尺寸量测→计算机排版→贴砖。

4）工艺方法：测量卫生间实际尺寸，测量时应考虑墙面面层厚度及蹲台的高度和宽度、地漏位置、洗面台、拖把池、隔断等位置。按以下原则排布：

① 地漏、蹲便器、拖把池等应居中对称或骑缝。

② 地砖与墙砖对缝。

③ 蹲台平面、立面砖与地面砖对缝。

④ 不得有小于 1/3 且不小于 150mm 的非整砖，非整砖应排在不明显位置。

⑤ 设计无要求时应密贴。

施工时排水坡度为 1%，墙面砖应压地面砖。蹲台、拖把池等阳角应 45°割角拼缝。蹲便器周边留 5～8mm 缝隙打胶密封。地漏表面应比地面面层低 5mm。

5）控制要点：尺寸测量、排布、砖缝、多水房间内外地面高低差。

① 铺贴前做排砖方案，尽量不要出现小于 1/3 的窄列。确须加工切割，瓷砖经过切割后以剩下大于 2/3 为宜，为达到效果美观应做到墙、顶、地三缝合一。

② 卫生间在铺贴瓷砖前墙面需要做防水处理，如果采取先贴墙砖后贴地砖的方式，在铺地砖前需要再做一次闭水试验，地面重新作防水。

③ 卫生间如果采用釉面墙砖，用水泥砂浆作为粘结剂，瓷砖需要经过泡水后铺贴。

6）质量要求：坡度、坡向正确；墙、地、顶三面对缝，卫生器具居中对称，接缝高低差不大于 0.2mm。

（2）卫生间瓷砖排版与卫生间洁具关系

1）卫生间器具、蹲（坐）式便器、小便斗、开关、插座、洗脸台、地漏、拖把池等，必须与装饰密切配合，共同策划，绝对不能各行其是，没有规律。地砖、墙砖的排列，与器具的安装标高方位共同考虑，形成共同策划图，然后各自按确定的标高方位进行施工。

2）洁具安装牢固位置标高准确，坐便器安装与地砖装饰协调缝中对称，洗浴间墙地砖对缝，地漏在面砖中心，卫生间墙、地砖与隔断处理，小便斗居中对称安装，如图7-92所示。

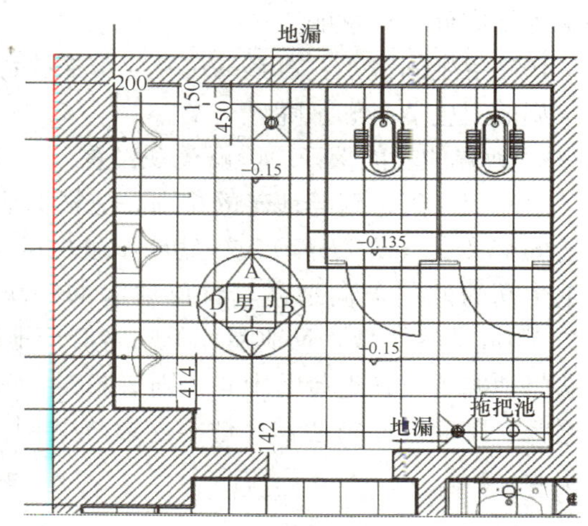

图7-92　蹲便、小便斗综合排砖

3）蹲便器按设计要求位置固定后，应以蹲便器的中心线为基准，将整砖居跨中心线或由中心线向两侧排列；蹲便器四周的地砖要对称、合理，根部不得出现小于1/2的条砖。

4）公共卫生间里并列安装若干套蹲便器时，应统筹考虑地砖的排列，首先应强调各个蹲便器的中心线位置，使每个蹲便区位（卫生间隔断之间）里的地砖排列呈对称形态；相邻蹲便器的过渡地砖应尽量采用整砖。

5）采用与卫生间地面同种地砖的蹲便区的台阶上，应作明显标识，防止从蹲便区位推门出来因忽视台阶而发生安全事故。

6）坐便器与蹲便器一样，安装时其中心线应对准卫生间墙、地砖的中心线或两块墙、地砖的接缝处；若此处墙、地砖接缝不能贯通，可采取在中心线两侧或跨中心线镶贴其他类型的墙砖、锦砖等方式来处理，脚踏阀部位地面铺贴留一块活动砖便于检修。

7）小便器的中心线应对准卫生间墙砖的中心线或两块墙砖的接缝处，对应的感应器、冲水装置、去水管等应处于小便器的正中；小便器两侧应设置挡板，挡板也应安装在墙砖的中心线或两块墙砖的接缝处，如图7-93所示。

8）小便器周边与墙（地）面交界处，蹲便器周边与地砖交界处，坐便器底座与地面

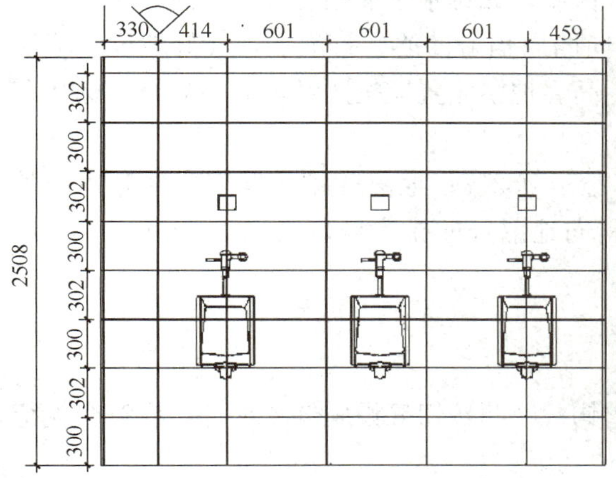

图7-93　小便斗与瓷砖居中

交接处，台上盆周边与盥洗台面交接处，拖布池上口与墙面、底座与地面的交接处，盥洗台、镜子周边与墙砖的交接处等，均应采用防霉性能好、非透明的玻璃胶进行封闭处理。

9）盥洗台上设置两套及两套以上的台盆，其位置应对称或均匀分布，对应的水龙头、去水管等应处于台盆的正中。

10）卫生间镜子、灯具的位置应与盥洗台对中，镜子两边显现的墙砖应对称，应采用节水型的卫生器具和水嘴。

2. 地漏的功能保证、隐藏美观设置

（1）卫生间地漏与地砖的排列，应根据地漏位置进行设计：宜将地漏中心置放在四块地砖的交叉点（图 7-94*a*）或一块地砖的中心（图 7-94*b*）；地砖铺贴应按照 2％的泛水率从卫生间的四周坡向地漏，置放地漏的一块地砖或四块地砖应裁成放射状，泛水率达 5％，形成“斗”型，且地漏箅子应略低于地砖面 3～5mm，使地面积水顺畅的排净。若无法将地漏置放在地砖的中心，则参照图 7-94（*c*）的方式设置。卫生间地漏排列居中排水通畅、贴面坡向蹲便器、地漏与装饰共同策划，做工规范、美观，如图 7-94～图 7-96 所示。

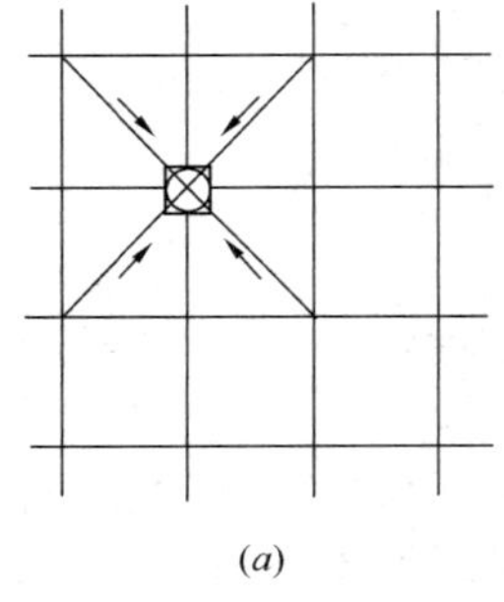
(*a*)

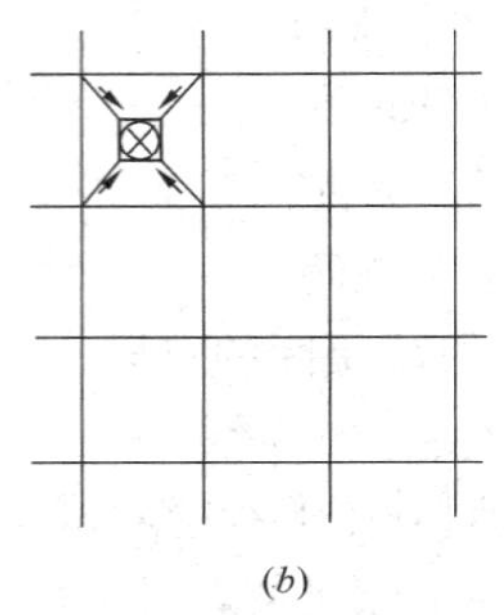
(*b*)

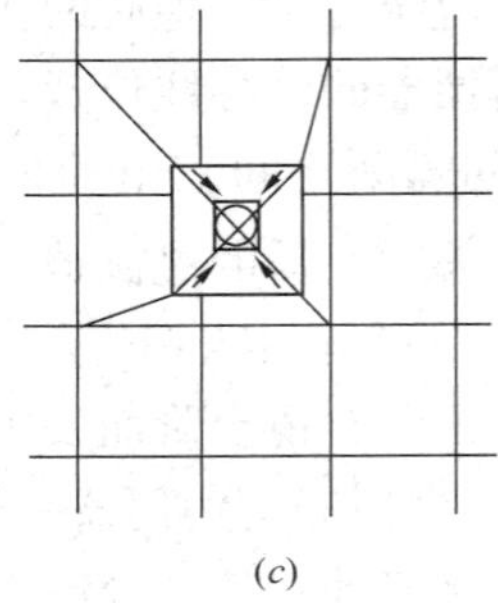
(*c*)

图 7-94　地漏的不同做法

（2）卫生间、地面找坡度不够，导致地漏排水不顺畅，出现积水现象。

防控措施：

1）对施工班组要进行全面细致的技术交底工作，挑选技术好的施工班组做难度高的分项工程。加强质量监督，施工完成要做排水试验，如排水不通畅要及时整改。

2）施工前弹四周水平线，以地漏为中心向四周辐射冲筋、打泡点，找好坡度。地漏预埋时，应注意标高准确，宁可稍低，也不超高。地漏位置应按图纸饰面砖规格。选择和设计地面砖时尺寸不宜过大。

3）控制好地面排水坡度。找平层坡度不小于 0.2％；地漏的排水坡度以地漏边向外 50mm 处排水坡度为 3％～5％；地面面层材料向地漏处的排水坡度为 0.1％～0.2％，地漏处标高应根据门口至地漏的坡度确定。

地漏节点和实例如图 7-95、图 7-96 所示。

3. 无障碍卫生间施工细部

（1）门、便器、安全抓手、洗手池、挂衣钩、呼叫按钮等设施器具配件，应符合现行国家标准《无障碍设计规范》GB 50736 的相关规定。

（2）位置宜靠近公共卫生间入口，应方便行动不便者进入，轮椅回转直径不应小

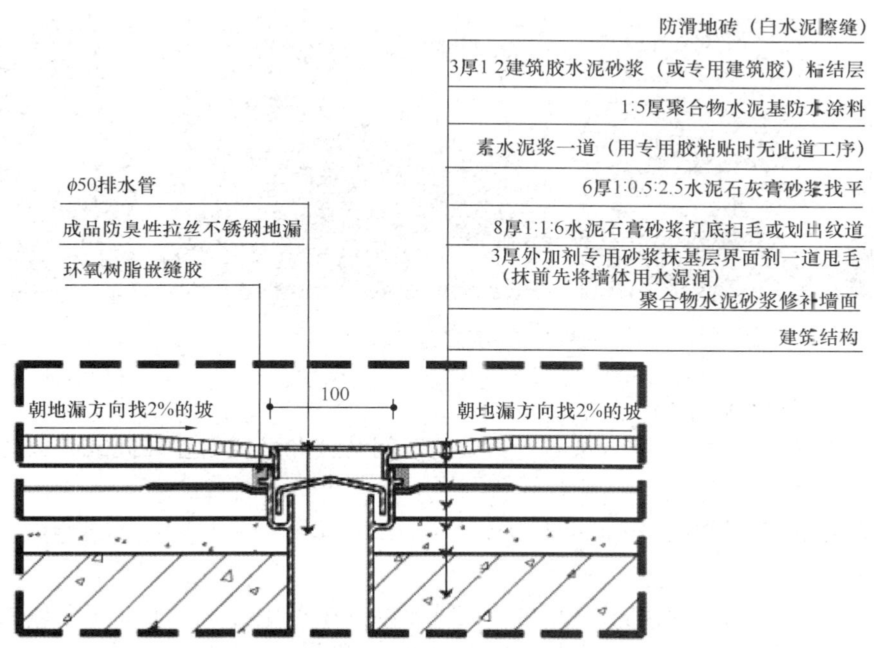

图 7-95　地漏节点

于 1500mm。

（3）应包括成人坐便位、儿童坐便位、儿童小便位、成人洗手盆、儿童洗手盆、有婴儿台功能的多功能台、儿童安全座椅安全抓杆、挂衣钩和呼叫器等设施器具配件。

（4）使用面积宜不小于 6.5m^2。

（5）地面应防滑不积水。

（6）多功能台和儿童安全座椅宜可折叠，儿童安全座椅离地高度宜为 300mm。

（7）厕位间应设隔板和挂衣钩，小便器应设置隔板。

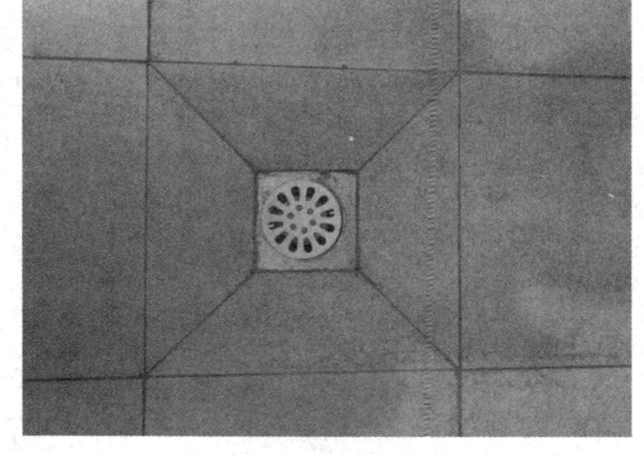

图 7-96　地漏实例

（8）厕位间的门、隔板宜采用悬挂式或地脚式固定方式并应符合下列规定：

1）门及隔板上沿距地面的高度，宜不小于 1800mm。

2）门及隔板应采用防潮、防划、防烫的材料。

3）厕位间悬挂式隔板、门的下沿与地面距离，宜不超过 100mm。

4）厕位间隔断门开启角度，宜不小于 90°。

5）在厕位间内应为人的进出、转身提供空间，空间直径宜不小于 450mm，如图 7-97 所示。

4. 母婴室施工细部

（1）母婴室施工应符合设计、施工规范要求。

（2）母婴室服务范围内应有明显指示标志。

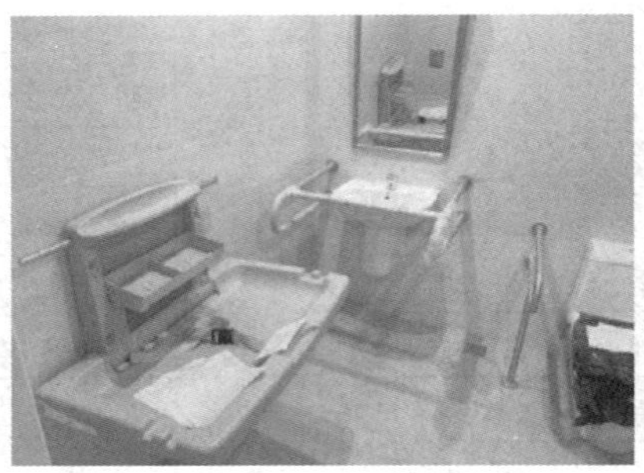

图 7-97　无障碍设施的安装

（3）母婴室应有独立出入口。

（4）母婴室开放时间应向社会告示，开放时间与公共场所营业时间或开放时间一致，如图 7-98 所示。

（5）母婴室短边尺寸：小型应不小于 1.5m、中型不小于 1.8m、大型不小于 2.1m，净高应大于 2.6m。

（6）母婴室内设施应有哺乳专用椅、哺乳小间（中型 1 个、大型 2 个及以上）、婴儿护理台（小型 1 个、中型 2 个、大型 3 个及以上）、婴儿安全座椅、洗手盆/清洁水槽、废物箱、安全镜子、电源插座（置于洗手台及哺乳专用椅处且应为安全插座）、空调、洗手液、干手设备（自动感应干手器、抽纸机）、衣物挂钩，如图 7-99 所示。

（7）母婴室应有婴儿车停放区域且标识清晰。

（8）仅供一人使用的哺乳室内应配置紧急呼叫按钮。

（9）母婴室内装修及台面选材应采用 E0 级的环保材料与不低于 B1 级的防火材料。

（10）母婴室内墙面及台面应采用易清洗材料，地面采用防滑材料。

（11）母婴室内装修及家具应采用弧形或圆角设计，对硬材质的装修及家具的角边上应加装防撞软条。

（12）母婴室内玻璃应采用安全玻璃，如图 7-100 所示。

图 7-98　母婴室开放社会告示

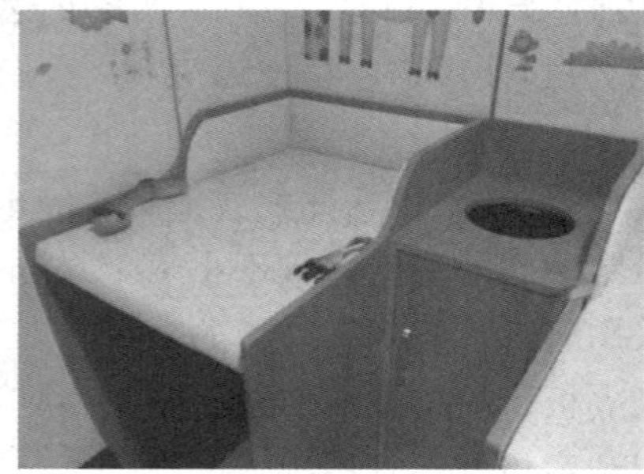

图 7-99　母婴室内设施

图 7-100　安全玻璃

5. 卫生间细部其他施工要点

（1）卫生间和有防水要求的楼板周边除门洞外，做一道高度不小于 200mm 的混凝土翻边，宜与楼板一同浇筑，建筑完成面标高应比室内其他房间地面低 20～30mm。

（2）卫生间和有防水要求的建筑地面必须设置防水层，防水层材料应上翻不小于300mm。下沉式卫生间的防水高度应高于室内房间地面300mm。

（3）卫生间门坎处要有专项防水设计节点图。在无特殊说明时，防水层必须超过门槛内边缘向外铺出不小于250mm，防止装修基层渗水穿过门坎面进入未设防水地面；卫生间墙面粉刷必须采用水泥砂浆。

（4）小便器两侧应设置挡板，挡板也应安装在墙砖的中心线或两块墙砖的接缝处；小便器挡板不应直接接触地面，以免尿垢难以清理；注意挡板高度和材质。

（5）由于公共场所的卫生间蹲便区的台阶面层，通常采用与卫生间地面相同的地砖（石材）进行装饰，因而那些“完成任务”急促离开的人经常会忽略这一两级台阶，造成意外伤害。因此，须在蹲便区外沿设置警示条或其他警示标识。

（6）卫生间门设通风百叶或通风口，如图7-101所示。

图7-101 卫生间门设通风百叶

（7）卫生间瓷砖铺贴宜做到墙、顶、地三缝合一，如图7-102、图7-103所示。

图7-102 墙地砖未对缝

图7-103 墙顶地对缝

7.6.3 设备区细部

1. 设备区房间、走廊铺贴随意，没有经过策划

（1）块料面层铺贴前，必须根据现场实际尺寸进行排砖设计，施工前对每个区域、每

个房间地面进行实测，根据地砖尺寸精心设计，绘制排版图，不得随意铺贴；如图7-104、图 7-105 所示。

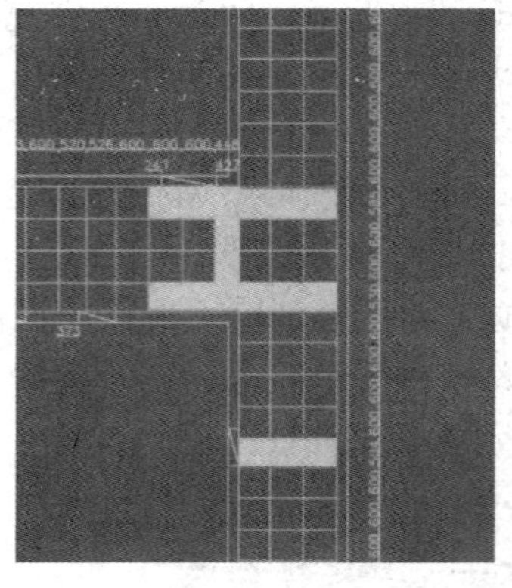

图 7-104　走廊设缓冲排砖策划

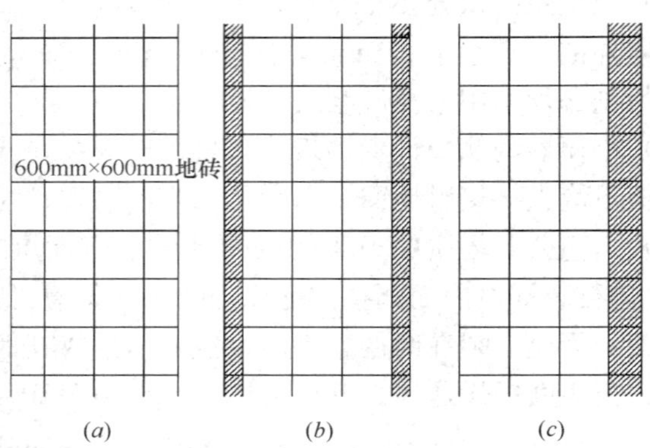

图 7-105　过渡方法实现贯缝

（2）设备区房间、走廊地面，应由房中间向四周排砖，周边应对称。

（3）设备区房间、走廊地面也可以从一边排砖，但无论怎样排，均不得出现小于 1/2 的条砖。

（4）地砖与墙砖的尺寸模数相同者，地砖、墙砖的拼缝应贯通；石材、面砖踢脚线的拼缝应与地砖缝贯通；室内相通的房间地砖拼缝必须贯通；房间与走廊之间的地砖缝尽量贯通；不能贯缝的地方要用异色石材、地砖等过渡方法解决。

（5）房间门口的过渡砖（条石）或门槛应采用整砖（条石），或对称镶贴。

（6）地砖与墙砖模数虽相同，但贯缝难度较大，或不能贯缝的地方要用异色石材、地砖等过渡方法解决。小范围（如卫生间）也可采用同质地面材料套边方法“阻止”贯缝块材地面围边不交圈、切角不到位、套割不严密，如图 7-106～图 7-108 所示。

（7）墙顶地模数有规律的情况下，可通过精心设计、排版，实现墙顶地“三缝合一”。

图 7-106　地面套边

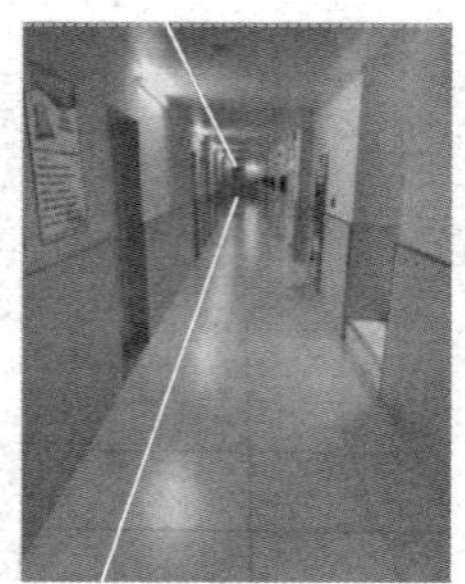

图 7-107　墙顶地三缝合一

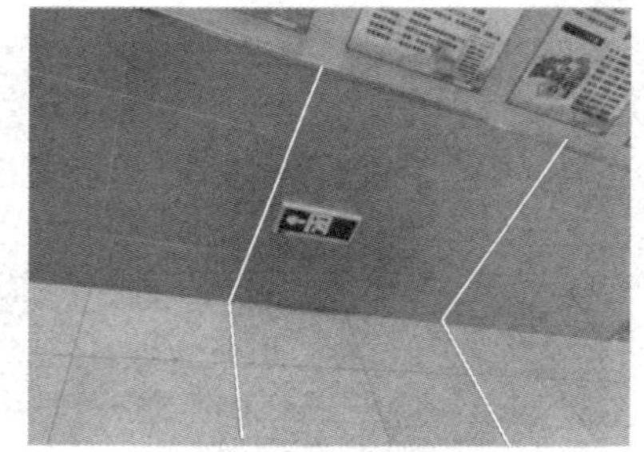

图 7-108　墙地对缝

2. 饰面砖拼缝及阳角细部

（1）材料：面砖等饰面块材、建筑粘结剂、塑料十字卡、勾缝剂、阳角护角等。

（2）工具：吊线坠、线绳、水准仪、靠尺、钢锯、切割机、角磨机。

（3）工序：确定阳角形式→安装护角→接缝处理。

（4）工艺方法：块料面层阳角处理有面砖镶嵌圆弧形护角、倒角拼缝等形式。

1）选用圆弧形塑料或不锈钢护角时，面砖可不进行倒角，面砖铺贴前采用建筑粘结剂固定护角，与护角面结合紧密、平齐。护角在拐角处45°接缝，应在门窗洞口周围交圈，不宜在水平或竖向中间拼接，如图7-109、图7-110所示。

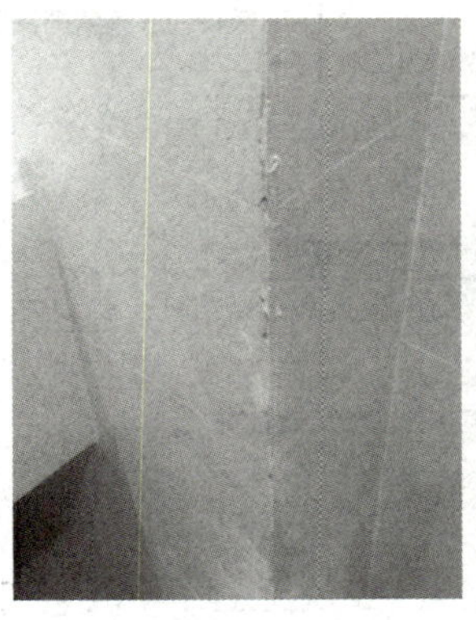

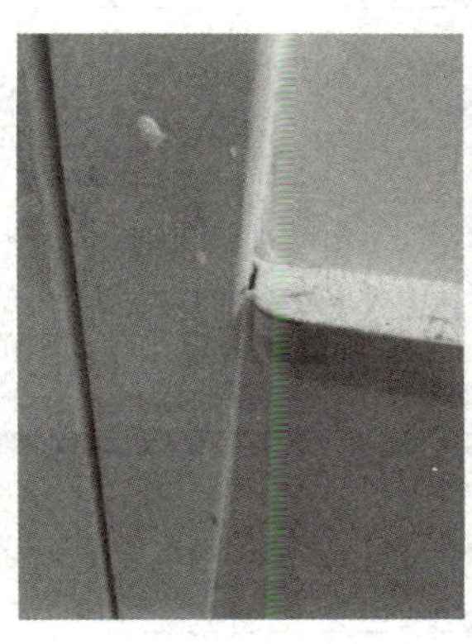

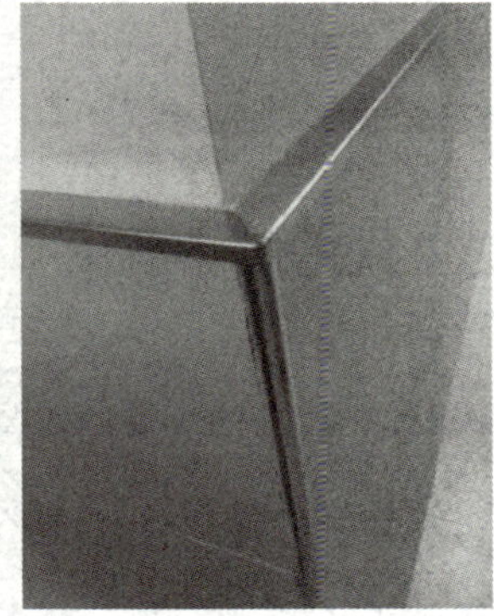

图7-109　阳角破损严重

图7-110　阳角护角实例

2）倒角拼缝时，宜倒成45°拼接严密。

3）块料镶贴应选择相应十字塑料卡控制缝宽，每个十字交界处均应设置塑料卡，并采用与面砖同颜色专用勾缝剂勾缝，勾缝深度低于面砖表面1mm左右。

（5）控制要点：阳角形式、面砖接缝、打胶。

（6）质量要求：阳角垂直、方正，护角固定牢固、与面砖接缝严密，缝隙均匀、深浅一致。

3. 设备房排水明沟施工要点

1）控制排水沟高度、宽度及厚度，并确保牢固。

2）沟底找平，重点控制找坡方向和泛水坡度；沟内收光，保证沟壁光滑平整，边缘清晰、顺直，利于防水施工。

3）涂膜防水层与基层应粘结牢固，表面平整，涂刷均匀，无流淌、褶皱、鼓泡、露胎体和翘边等缺陷，排水沟防水层施工完成后，须做24h闭水试验。

4）排水沟沟内标高应低于室内地面标高，如图7-111、图7-112所示。

4. 设备区电井、管井

（1）施工准备。

1）材料：电子版设计图纸、图纸会审纪要。

2）工具：钢卷尺、红外放线仪、计算机、CAD软件或三维设计软件。

3）工序：核对预留孔洞→计算机排版→调整设备位置、标高→绘制布置图→根部处理→施工。

（2）工艺方法。

1）根据设计图纸、桥架容量及尺寸、配电箱尺寸，核对竖井管线设备位置及孔洞预留尺寸、位置，利用CAD或三维深化设计软件布置电井内设施。

2）排布应遵循下列原则：

① 强弱电分开，且相对集中。

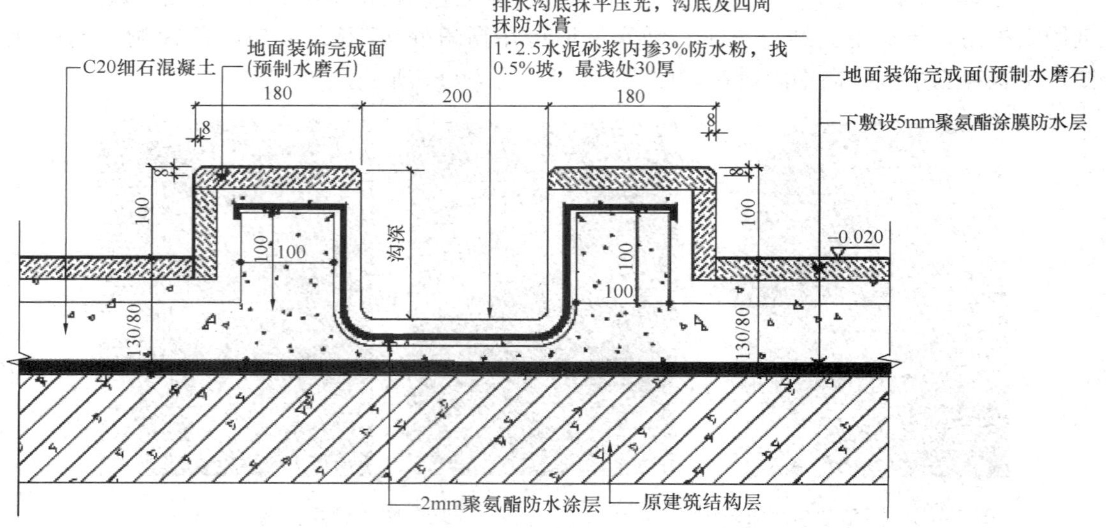

图 7-111 排水沟节点

图 7-112 排水沟实例

② 配电箱应沿墙整齐排列，同配电箱体下沿标高一致。箱体高度 600mm 以内，底边距地 1.5m；箱体高度 600～800mm，底边距地 1.2m；箱体高度 800～1000mm，底边距地 1.0m；箱体高度 1000～1200mm，底边距地 0.8m；箱体高度 1200mm 以上落地安装；预留空间满足安全距离及检修空间要求。

③ 沿墙整齐排列，以管道保温最终外形尺寸为依据，保持管道间距均匀；距墙距离以管道外缘为准，但应考虑空调冷冻水管道支架处绝热垫木的尺寸；优先采用共用支架。

④ 管道穿楼板处根部应设套管或护墩，套管与管道之间应做防火封堵，顶部齐平光滑。

⑤ 管道油漆应完整、均匀、光亮，保冷层牢固平顺严密，标识应清晰醒目。

⑥ 电井内水平接地支线应敷设到所有管线设备就近位置，与设备连接可靠。

⑦ 电井应设门槛，桥架、插接母线在地面或穿楼板地面处有不低于 50mm 的挡水台，桥架、插接母线穿楼板处应做 20～30mm 防火封堵，顶部设置防火托板，加装饰圈。

（3）施工要点。接地可靠、标识清晰、封堵严密、沿墙排布、整齐、合理、有效利用空间。

图 7-113　电井、管井实例

(4) 质量验收标准。电气设备管线布局合理、安装牢固可靠、管道排列整齐，标示齐全准确，支架标高一致。套管下设牢固、严密，标高一致，环缝均匀，封堵规范，表面密室平整，根部处理细腻，装修整洁清爽，如图 7-113 所示。

(5) 常见质量问题及控制。

支架安装后电井、管井内墙面无法施工。

防控措施：支架安装前，电井、管道井内墙面抹灰及腻子应完成。

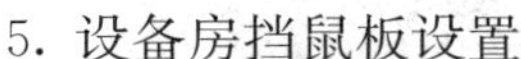

5. 设备房挡鼠板设置

(1) 挡鼠板由特质铝合金材质、不锈钢制作而成，表面耐腐蚀。

(2) 挡鼠板安装在门框上，施工方便快捷，易拆卸，方便搬运设备及管理。

(3) 挡鼠板上部贴有反光条，夜间容易辨别，防止人员被绊倒。

(4) 挡鼠板的高度常规尺寸为 50cm，标准厚度为 25mm，宽度可根据现场实际门扇尺寸要求制作，如图 7-114、图 7-115 所示。

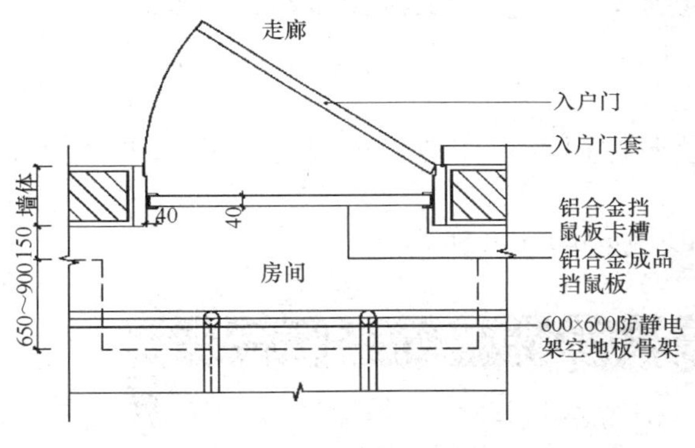

图 7-114　挡鼠板节点

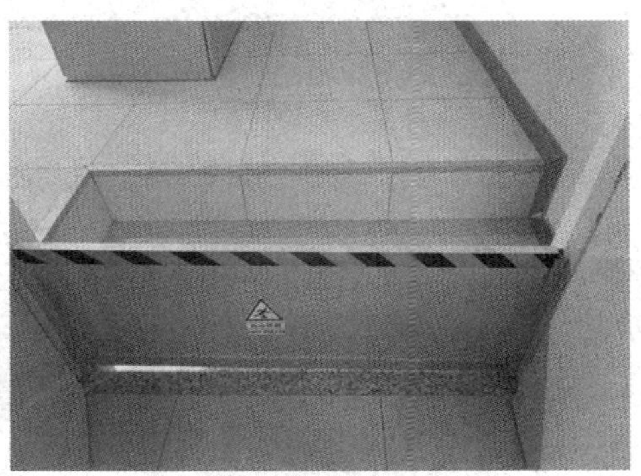

图 7-115　挡鼠板实例

6. 设备房区域未装饰墙柱面观感差

未装饰墙柱面宜做简单装饰，做到整洁清爽，提升观感质量，改善运营工作环境，如图 7-116 所示。

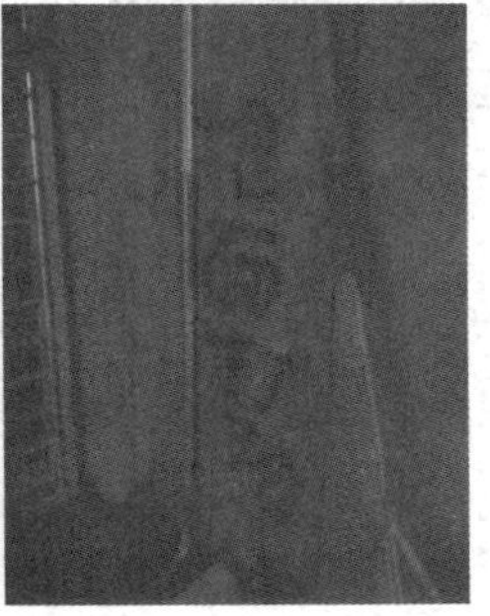

图 7-116　设备房区域未装饰墙柱面观感差

7.6.4 导向标志安装

1. 安装形式分类

导向标识根据安装形式主要划分为吊挂式、嵌入式、落地式、贴附式四类。

(1) 吊挂式：利用吊杆将导向标识上端与建筑物或其他结构物连接的设置方式，如图 7-117所示。

(2) 嵌入式：镶嵌在墙上面并与墙面在同一水平面上，如图 7-118 所示。

图 7-117 吊挂式导向

图 7-118 嵌入式导向

(3) 落地式：通过某种固定方式使导向标识矗立在地面的设置方式，如图 7-119 所示。

(4) 贴附式：直接贴附在墙面或物体上，如图 7-120 所示。

图 7-119 落地式导向

图 7-120 贴附式导向

2. 工艺流程

测量定位→吊杆安装→定位复核→导向牌安装→检查验收。

3. 施工要点

(1) 测量定位。按照设计图纸要求，测量出吊挂式导向牌的安装位置，并在结构顶板上放线标记。

（2）吊杆安装。按照图纸及现场实测尺寸要求制作吊杆并编号标记，在安装前做好防腐防锈措施。吊杆与预埋螺丝（膨胀螺栓）连接要牢固，其承载力要满足设计要求。

（3）定位复核。在导向牌安装前先试挂等比例大小的 KT 板，再通知监理组织设计及运营等相关部门对导向牌最终定位进行复核确认，如需移位则按上述要求重新安装吊杆。

（4）导向牌安装。安装时要注意对成品的保护。

（5）检查验收。导向牌安装完成后，对其水平度、垂直度、高度、离墙间距等进行复查。

4. 注意事项

（1）吊杆与预埋螺丝（膨胀螺栓）连接要牢固，要求在其承载力经拉拔试验合格后再进行下一步施工。

（2）导向牌安装时要注意对其他成品的保护。

（3）导向牌、标示牌等外部不能有尖角、锋边、毛刺等，避免对乘客等的伤害。

（4）公共区域标识系统定位图的定位尺寸如果与其他设备专业有矛盾，或开孔要结合正下方的设备进行定位的，则必须与各专业协调后确定。

5. 常见质量问题及控制

（1）导向表面文字出现错误。

防控措施：生产加工之前应仔细核对导向牌体文字、字母等信息，准确无误后方可确认加工，如图 7-121 所示。

图 7-121　牌体信息错误

（2）吊挂式导向出现摇晃、掉落现象。

防控措施：严格按照设计要求安装，导向独立吊挂，不可安装在吊顶龙骨上，出入口导向背后做斜撑增加导向牢固程度。

7.6.5　无障碍设施施工

无障碍设施施工要点如下：

（1）车站为乘客服务的各类装饰装修设施，应满足无障碍通行要求，并应符合现行国家标准《无障碍设计规范》GB 50763 的有关规定。

图 7-122　盲道与无障碍卫生间连接实例

（2）盲道的整体布局，应满足无障碍环境的要求。

（3）站厅层付费区与非付费区之间分隔栏杆的疏散门，门口提示盲道排布，不得影响疏散门的开启。

（4）无障碍卫生间设计应符合现行国家标准《无障碍设计规范》GB 50763—2012 第 3.9.3 条和 3.9.4 条的规定，详见卫生间无障碍施工细部，如图 7-122 所示。

（5）盲道设计应符合下列规定：

盲道设置实例如图 7-123～图 7-125 所示。

图 7-123　盲道设置实例

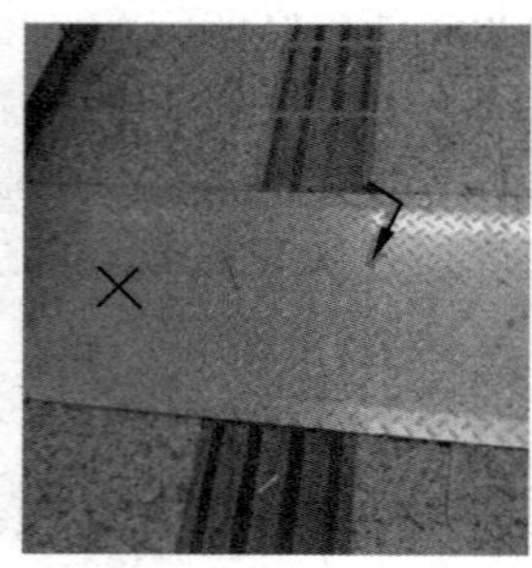

图 7-124　盲道未贯通

图 7-125　盲道贯通

1）无障碍垂直电梯门口提示盲道，宜在垂梯门中心向按钮一侧排布；

2）乘客服务中心应设置盲道指引，提示盲道距乘客服务中心服务台边沿应为 250～500mm；

3）截水沟盖板、人防门槛盖板两侧，宜设置提示盲道；

4）楼梯口盲道行进块排布，不得影响客流；

5）盲道行进块，宜距墙装饰装修面为 250～500mm 处设置，并应避开垃圾箱等障碍物；

6）提示盲道距踏步起点和终点，宜为 250～300mm；

7）车站出入口地面盲道，应与市政盲道衔接；

8）坡道起止位置，宜设置提示盲道。

（6）截水沟盖板排水缝隙宽度，应不超过 15mm。

（7）公共区扶手，应包括供残视者用手触摸、有立体感的盲文，如图 7-126 所示。

图 7-126　不锈钢栏杆盲文

7.6.6　不锈钢栏杆

1. 施工准备

（1）机具：锤子、凿子、圈尺。

（2）设备：红外线仪、电焊机、氩弧焊机、电锤。

（3）人员：安装工、电焊工（持证上岗）。

2. 工艺流程

安装预埋件→放线→安装立柱→扶手与立柱连接→打磨抛光。

3. 施工要点

（1）现场实测放线。土建施工会有一定偏差，装饰设计图纸深度也不够，所以必须根据现场放线实测的数据，根据设计的要求绘制施工放线详图。尤其对楼梯栏杆扶手的拐点位置和弧形栏杆的立柱定位尺寸要格外注意，只有经过现场放线核实后的放线详图，才能作为栏杆和扶手构配件的加工图。

（2）检查预埋件是否齐全、牢固。如果原土建结构上未设置合适的预埋件，则应按照设计需要补做，钢板的尺寸和厚度以及选用的锚栓都应经过计算。如采用尼龙膨管锚钉固定立柱底板时，装饰面层下的水泥砂浆结合层应饱满和有足够的强度。

（3）选择合格的原材料。目前装饰设计中往往只注明选用不锈钢管的管径和壁厚。

（4）注意加工成型工序。应尽量采用工厂成品配件和杆件。

（5）现场焊接和安装。

1）一般应先竖立直线段两端的立柱，检查就位正确和校正垂直度，然后用拉通线方法逐个安装中间立柱，顺序焊接其他杆件。施工时要注意管材间的焊接要用满焊，不能仅点焊几点，以免磨平后会露出管材间的缝隙。

2）对设有玻璃栏板的栏杆，固定玻璃栏板的夹板或嵌条应对齐在同一平面上，不然，当安装玻璃时会发生嵌缝不均匀、不平直，甚至使安装发生困难。

（6）打磨和抛光。这是最后一道施工工序，但目前我国使用的施工机具比较落后，缺乏小型专用磨机和异形磨头（片）。打磨和抛光的质量完全取决于技工手艺的高低。最容易发生焊缝打磨高低不匀，立柱和扶手的连接焊缝不容易打磨和缝光。对发纹不锈钢管和镀钛不锈钢管的接头不宜采用焊接，最好能选用有内衬的专用配件或用套管连接。对镜面不锈钢管焊缝处的打磨和抛光，必须严格按照有关操作工艺由粗砂轮片到超细砂轮片逐步打磨，最后用抛光轮抛光。

4. 质量验收标准

（1）主控项目

1）栏杆、扶手制作与安装所使用材料的品种、材质、规格、数量应符合设计要求。

检验方法：观察；检查产品合格证、性能检测报告、进场检验记录。

2）栏杆、扶手的造型、尺寸及安装位置应符合设计要求。

检验方法：观察；尺量检查；检查进场验收记录。

3）栏杆、扶手预埋件的数量、规格、位置及连接节点应符合设计要求。

检验方法：检验隐蔽工程检查记录。

4）栏杆高度、栏杆间距、安装位置必须符合设计要求。栏杆、扶手安装必须牢固。

检验方法：观察；尺量检查；手扳检查。

（2）一般项目

1）扶手表面应光滑平直、拐角方正、色泽一致。

检验方法：观察。

2）栏杆安装应排列均匀、整齐，与楼梯坡度一致；栏杆与扶手的金属连接无外露现象；花饰尺寸、位置应一致，纹饰线条应清晰美观，无粗糙现象。

检验方法：观察。

3）栏杆的法兰应按照设计要求设置，并应安装牢固，无松动。

检验方法：观察。

4）栏杆、扶手安装的允许偏差和检验方法应符合表7-21的规定。

栏杆、扶手安装的允许偏差和检验方法 **表7-21**

项目	允许偏差值	检查方法
扶手直顺度	1	拉5m线，不足5m拉通线尺量检查
栏杆垂直度	1	吊线尺量检查
栏杆间距	2	尺量检查

5. 注意事项

（1）构件及其连接部分表面应光滑，无锐边、尖角，不得存在对人员造成伤害或妨碍通过的外部缺陷。

（2）栏杆宜为组装式标准件，工厂加工，现场装配，不得现场焊接、打磨，与结构层连接安全稳固，并便于运营维护更换。

（3）室外栏杆、设备与管理用房区泵房、用水房间栏杆，应满足防腐蚀、防锈的要求。

（4）栏杆扶手应满足避免乘客衣服、包等携带物品与扶手端头发生缠绕影响乘客安全的要求，栏杆扶手端头，宜转向延至墙面、地面或栏杆立柱。

（5）栏杆扶手应安装牢固、连续、易于抓握，成人扶手宽度或直径宜不超过80mm，儿童扶手宜为圆管，直径宜为35～45mm。

（6）付费区与非付费区的分隔，宜采用高度不小于1100mm的可透视栏杆，并应设置向疏散方向开启的平开栏杆门，栏杆门宽度应满足消防设备进出的要求。

（7）设备用房内吊装孔、风孔等大型平面留洞的周边，应设安全围栏；站台层设备区走道靠轨行区边缘，应设安全栏杆。

（8）车站室内外楼梯栏杆、洞口临空防护栏杆，应采用不易攀登的构造；采用垂直杆件，杆件净距不应大于110mm。

（9）楼梯栏杆扶手高度自踏步前缘线量起，不宜小于900mm。

（10）楼梯栏杆扶手楼梯水平段栏杆长度超过500mm时，高度不应小于1050mm。

（11）楼梯栏杆儿童扶手高度自踏步前缘线量起，不宜超过600mm。

（12）栏杆立柱中心间距、外观和力学性能，应符合现行行业标准《建筑用玻璃与金属护栏》JG/T 342的相关规定。

（13）楼梯栏杆或洞口临空防护栏杆，与付费区、非付费区之间的分隔栏连接，平段栏杆高度应统一。

（14）靠墙扶手宜采用入墙式安装，当地面坡度不小于5%时，并应符合现行国家标准《无障碍设计规范》GB 50763—2012 第 3.4.3 条的规定。

(15) 靠墙扶手坡道两侧墙面设置靠墙扶手，且宽度大于 3600mm 时，应设置中间栏杆。

(16) 无障碍扶手设计应符合现行国家标准《无障碍设计规范》GB 50763 的有关规定。

(17) 玻璃应符合现行国家标准《建筑用安全玻璃 第 1 部分：防火玻璃》GB 15763.1、《建筑用安全玻璃 第 2 部分：钢化玻璃》GB 15763.2 和《建筑用安全玻璃 第 3 部分：夹层玻璃》GB 15763.3 的相关规定。

(18) 玻璃栏板四角应为圆角；如图 7-127 所示。

图 7-127 玻璃圆角处理

(19) 栏杆、扶手安装，固定件间距、位置、标高、坡度等应定位校正；固定件的大小、规格尺寸等应符合设计要求，如图 7-128～图 7-130 所示。

图 7-128 栏杆高低差过渡

图 7-129 栏杆间距不大于 110mm

图 7-130 扶手弯头

(20) 构件焊接点应打磨，外观平滑，无结疤、毛刺，抛光处宜与钢管外观一致。

(21) 落地玻璃栏板应插入地面，埋设在不锈钢凹槽中；玻璃上方应嵌入不锈钢扶手栏杆的凹槽中，槽内玻璃缝隙应使用中性密封胶封闭。

(22) 安装玻璃栏板的不锈钢立柱，上下固定点应垂直在同水平面内；金属固定点与玻璃栏板之间应有橡胶柔性垫片。

6. 常见质量问题及控制

(1) 管材表面光亮度不够，颜色发暗。

(2) 整体刚度不够，用手拍击扶手有颤抖感。

(3) 立柱不垂直，排列不在同一直线上，弹线不准，安装方法不当。施工时必须精确弹线，先用水平尺校正两端基准立柱和固定，然后拉通线按各立柱定位将各立柱固定。

(4) 立柱晃动不牢固。

(5) 预埋件松动，施焊前应加强检查，发现有问题的埋杆应加固好。

(6) 固定立柱底座用的胀管螺栓太短，或饰面石材下的水泥砂浆层不饱满，应加强每道施工工序的质量检查，以便及时纠正质量问题。

(7) 管材联结处有缝隙。

(8) 采用点焊，没有用满焊，应派有经验的焊工施工，严格按操作规程施工。

（9）钢管局部变形，最好采用内衬的套管。

（10）圆弧形扶手弧线不通顺，有折棱，没有用专用设备加工成型，立柱定位不精确。应选择具有专用设备的工厂加工，要加强对加工构件的质量检查，防止不合格品流入施工区。

（11）焊缝未磨平滑，施工人员责任心不强，应加强现场管理，确保每道施工工序到位。

（12）焊缝处管壁被磨穿透，选用的管材壁厚太薄，在加工弯头时容易发生凹槽，并使管材的圆度变化，在对焊时又没有附加内衬套管，这样在焊接后磨平焊缝时，容易将鼓起一端的管壁磨穿透，应选用厚度合适的管材，对焊时最好附加内衬套管。

（13）抛光亮度不够，磨光马虎，没有认真抛光。应先粗磨，逐次更换更细的磨片，一般至少换6～8次，最后还要用抛光片加抛光膏抛光。

（14）表面有划痕凹坑，成品保护不当，在交叉作业中被物体碰撞、划伤。应合理安排施工工序，最好将扶手安装工作安排到后期进行。对已完工的栏杆扶手成品应进行必要的隔离和保护，防止异物碰撞和划伤。

7.6.7 聚氨酯防水

1. 施工准备

（1）材料准备。选用优质环保型复合防水涂料（聚氨酯防水涂料），符合国家环保和检测标准。

（2）作业条件。基层找平按1∶3水泥砂浆完成，不空鼓、不起砂，达到一定强度。地面、墙面阴角处做好圆弧形。

2. 工艺流程

清理基层→涂刷基层处理剂→涂刷附加层防水涂料→涂刮第一遍涂料→涂刮第二遍涂料→涂刮第三遍涂料→第一次蓄水试验→稀撒砂粒→质量验收→饰面层施工→第二次蓄水试验。

3. 施工要点

（1）清理基层。将基层清扫干净；基层应做到找坡准确，排水顺畅，表面平整、坚实，无起灰、起砂、起壳及开裂等现象。涂刷基层处理剂前，基层表面应达到干燥状态。

（2）涂刷基层处理剂。将聚氨酯按规定比例调配好，另加入适当的稀释剂搅拌均匀即可使用。先在阴阳角、管道根部用毛刷均匀涂刷一遍，然后大面积涂刷，材料用量为0.2kg/m^{2}左右。涂刷后干燥4h以上，才能进行下一工序施工。

（3）涂刷附加层防水涂料。在地漏、管道根、阴阳角和出入口等容易漏水的薄弱部位，应先用聚氨酯防水涂料均匀涂刮一次做附加增强层处理。按设计要求，细部构造也可做带胎体增强材料的附加增强层处理。胎体增强材料宽度300～500mm，搭接缝100mm，施工时，边铺贴平整，边涂刮聚氨酯防水涂料。

（4）涂刮第一遍涂料。将聚氨酯防水涂料正确调配好并搅拌均匀，用胶皮刮或毛刷均匀涂刮一遍。操作时要厚薄一致，用料量为0.5～0.8kg/m^2。

（5）涂刮第二遍涂料。待第一遍涂料涂膜固化干燥后，要按第一遍涂刮方法涂刮第二遍涂料。涂料刮涂方向应与第一遍相垂直，用料量与第一遍相同。

（6）涂刮第三遍涂料。待第二遍涂料涂膜固化干燥后，要按第一遍涂刮方法涂刮第三遍涂料。涂料刮涂方向应与第二遍相垂直，用料量为 0.4～0.5kg/m^2。

（7）第一次蓄水试验。待第二遍涂料涂膜固化干燥后，即可进行蓄水试验。蓄水试验 24h 后观察无渗漏为合格。

（8）饰面层施工。涂膜防水层蓄水试验不渗漏，质量检查合格后，即可抹水泥砂浆和粘贴瓷砖、防滑地砖等饰面层。施工时应注意成品保护，不得破坏防水层。

4. 质量验收标准

（1）保证项目

1）涂膜防水的品种、牌号及配合比，必须符合设计要求和有关规范要求，每批产品应附有出厂合格证。

2）不允许出现空鼓、开裂、气泡、褶皱，粘结牢固。

3）涂膜配合比准确，搅拌均匀。

4）立管涂刷高度为 200mm，淋浴立面高度为 1800mm，洗手台面立面高度为 1400mm，其他均为 300mm。

（2）基本项目

1）涂刷方法、搭接、收头应符合施工规范要求。

2）涂膜防水层应涂刷均匀，不能有损伤、厚度不匀等缺陷。

5. 成品保护

（1）已涂刷好涂膜防水层，应及时采取保护措施，不能损坏，操作人员不能穿戴钉子鞋作业。

（2）涂膜防水层施工后，采取必要封闭，待凝固后，即可进行防水砂浆保护层的施工作业。

6. 常见质量问题及控制

（1）成膜后起鼓或与基层脱落问题的原因分析：

1）基层疏松或有浮灰或有油性物质，施工前应彻底清除此类物质；

2）使用不合适的基层处理剂（如冷底子油），严禁使用不合适基层处理剂；

3）基层有水或潮湿，应等基层干燥后再施工；

4）涂膜没有完全干燥就进行闭水试验或打保护层，应完全干燥后再进行下道工序；

5）双组分配比不准或混合不均匀；

6）施工方案不合适，不建议与水性涂料混用。若要在水性涂料上涂刷聚氨酯防水涂料，应等下面的水性涂料涂膜彻底干燥后才可进行。

（2）防控措施：涂料成膜后起鼓或与基层脱落，需要将起鼓或脱落部分铲除重做，必要时应重新进行基层处理。

7.6.8 挡烟垂壁

1. 施工准备

（1）机具：通线、线坠、圈尺、独立脚手架。

（2）设备：红外线仪、电锤。

（3）人员：安装工。

2. 工艺流程

预埋件安装→镀锌龙骨架安装→防火材料按设备管线要求开孔→防火材料安装、固定→管线开孔位置防火封堵→玻璃安装就位→防火胶泥封堵→表面清洁和验收。

3. 施工工艺

（1）预埋件安装：A10 膨胀螺栓按照弹线的位置固定于结构墙面。

（2）镀锌龙骨架安装：镀锌不等边角钢龙骨规格为 100×63×6，安装固定于墙面及顶板，骨架应按图纸尺寸由专业厂家生产，并进行现场安装，钢架安装要求牢固，垂直度符合要求，尺寸及位置准确。

（3）防火材料按设备管线要求开孔：在骨架上按设备管线要求开孔，开孔位置正确，经验收合格。

（4）防火材料安装、固定：无纺布包面防火材料应有合格证，进场检验合格，符合消防规范规定，表面应完好，不得破损，不得出现撕裂、缺角及挖补等现象，金属部件不允许有裂缝、压坑，不得出现明显的凹凸、毛刺、锤痕及空洞等缺陷。

（5）管线开孔位置防火封堵：框架龙骨与管线开孔位置用水泥砂浆进行封堵，密封应严实，经漏烟量测试达到合格。

（6）接口处理工艺：有设备和管线穿过时，周边封堵应选用防火枕、防火泥等专用材料封堵，并确保设备的荷载不得落在挡烟垂壁上。

4. 施工要点

（1）放线定位：挡烟垂壁定位轴线的测量放线，必须与主体结构的主轴线平行或垂直。

（2）上部吊杆安装：选用的丝杆和金属膨胀管质量要可靠，打孔位置不宜靠近钢筋混凝土构件的边缘，孔内灰渣要清吹干净。

（3）双层硅钙板安装：嵌入固定于龙骨上，防止出现弯棱、凸鼓的现象。

（4）玻璃安装就位：安装好玻璃吊夹具，将玻璃的孔与镀锌角钢预留孔对牢并用穿螺杆将玻璃对穿固定。

（5）防火胶封堵：所有硅钙板与风管楼板面间隙需用防火胶泥密闭封堵，确保阻火效果。

（6）部件在 200±15℃时漏烟量≤$25m^3/(m^2 \cdot h)$。

（7）表面清洁和验收：将玻璃内外表面清洗干净，再一次检查胶缝并进行必要的修补。

（8）安全文明施工：角钢切割、焊接设置固定加工区，可燃物需清理并采取防护措施。高处作业时有可能坠落的物体应以撤除或加固，平台及架子上的物体堆放平稳、牢固，防止掉落。

5. 质量验收标准

（1）挡烟垂壁应符合现行行业标准《挡烟垂壁》GA 533 的相关规定。

（2）挡烟垂壁施工应符合下列要求：

1）安装定位轴线应与主体结构的主轴线平行或垂直。

2）顶板上的金属膨胀管、吊杆应安装牢固，不宜靠近混凝土构件边缘，吊杆、构件应进行防腐处理。

3）吊杆应与挡烟垂壁的金属构件中心线一致，椭圆螺孔中心应与设计的吊杆螺栓位置一致。

（3）玻璃安装应符合下列规定：

1）应符合现行行业标准《建筑玻璃应用技术规程》JGJ 113 的相关规定。

2）玻璃之间的缝隙，玻璃与墙面的缝隙、与金属附件的安装，应采用防火硅胶密封。

3）玻璃注胶部位和金属表面宜使用丙酮或专用清洁剂擦拭干净，注胶部位表面应干燥。

4）注胶环境温度不宜低于5℃。

5）注胶时应沿胶缝位置粘贴胶带，注胶应匀速、匀厚、不夹气泡。

（4）顶板固定型挡烟垂壁应使用防火夹胶玻璃，吊装玻璃孔应研磨光滑，无裂纹和破损。

（5）挡烟垂壁在吊顶内的防火材料应封闭至原结构顶面，设备管线穿过处应做封闭处理。

6. 成品保护

（1）安装过程中，需采取防护措施，以免防火材料表面损坏。

（2）调整骨架时不得硬撬，以免伤害骨架。

（3）安装工具应轻拿轻放，以免损坏成品。

（4）安装完毕后，须覆盖防护。

（5）电动控制系统安装后进行保护，防止人为破坏。

7. 常见质量问题及控制

（1）站厅公共区与长通道间未设置挡烟垂壁。

防控措施：应按照图纸防火分区要求严格设置挡烟垂壁并安装。

（2）安装后出现玻璃未在一条直线上，且有晃动现象。

防控措施：

1）放线定位：挡烟垂壁定位轴线的测量放线，必须与主体结构的主轴线平行或垂直；

2）上部吊杆安装：选用的丝杆和金属膨胀管质量要可靠，打孔位置不宜靠近钢筋混凝土构件的边缘，孔内灰渣要清吹干净；

3）双层硅钙板安装：嵌入固定于龙骨上，防止出现弯棱、凸鼓的现象；

4）玻璃安装就位：安装好玻璃吊夹具，将玻璃的孔与镀锌角钢预留孔对牢并用穿螺杆将玻璃对穿固定，如图 7-131 所示。

（3）安装完毕后顶部出现缝隙，站台楼梯缝隙未封堵。

防控措施：所有硅钙板与风管楼板面间隙需用防火胶泥密闭封堵，确保阻火效果。

（4）玻璃安装完成后有缝隙现象。

防控措施：玻璃下单时应根据现场尺寸进行测量并深化加工，两块玻璃孔隙及与装饰板交接处应用防火胶进行封闭，如图 7-132 所示。

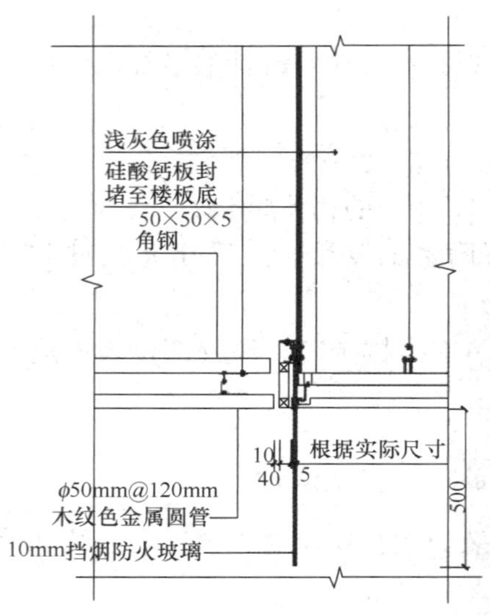

图 7-131　玻璃安装节点

图 7-132　挡烟节点及垂壁实例

7.6.9　绝缘层施工

1. 准备工作

（1）机具：铁板、铲子、斗车、灰桶、注胶枪、2m 长靠尺、圈尺。

（2）设备：电阻摇表、红外线仪、电锤。

（3）人员：电工（测电阻）、瓦工、混凝土工、小工。

2. 工艺流程

基层处理→弹线→安装绝缘挡板→制作找平层→刷绝缘涂料→铺三聚绝缘层→检测绝缘阻值→铺贴花岗石→绝缘检测→绝缘槽裁缝打胶→成品保护。

3. 施工要点

（1）基层处理：施工前需剔除原土建结构层凸出物，再进行水泥砂浆找压光处理。

（2）弹线：在确认施工面完全干燥后，弹好单元隔缝线（按地面材料伸缩缝延伸至屏蔽门边处）。

（3）安装绝缘挡板：在结构层板上打孔后塞上塑料涨管。用 3mm×50mm 的镀锌自动螺丝把聚碳酸酯支撑件固定于每个绝缘单元的周边。

（4）制作找平层：干硬性砂浆，配合比为 1∶3（体积比），应随拌随用，初凝前用完，防止影响粘结质量。

（5）刷绝缘涂料：进行底油涂刷施工，需涂刷均匀。

（6）铺三聚绝缘层：待底油干涸后，将防水绝缘膜整卷摊开到每个单元及一边的支撑架上，且需余留能翻至高出装饰地面 5mm 的长度。量好长度，再从两端回卷至中心处后边撕下离型纸。边赶压让其紧贴于施工面至支撑架上，层膜的搭接宽度为 200mm，并用瓦斯喷灯在搭接处烘烤后压紧。

（7）检测绝缘阻值：做好每单元第一层绝缘层膜后，进行绝缘电阻率的测试，并达到≥1015Ω·cm 的要求。

（8）铺贴花岗石：绝缘层铺设完成后开始地面装饰材料的铺贴，铺贴的工艺由施工单位在施工组织设计提出，并经业主、监理及设计单位认可后方能实施。

（9）绝缘检测：完成密封胶的施工后，再进行绝缘电阻率的验收，绝缘电阻率≥0.5MΩ。

（10）绝缘槽裁缝打胶：地面材料经验收合格后，进行绝缘缝的绝缘密封胶灌填处理（填胶前应先清理缝中的杂物并把两端绝缘层膜切至装饰面下 5mm 处）。使密封胶与两边的绝缘层膜紧密连接，达到绝缘效果，密封胶的填充应与装饰地面平。

（11）成品保护：应做好警示牌或设置防护栏杆，以免对施工完成面污染。

（12）安全文明施工：施工过程中，要求相邻区域无油漆、打洞钻孔的施工。施工时需使用瓦斯喷灯，施工部位的全部易燃物品要转移，在现场每个喷灯处放置灭火器。

4. 质量验收标准

（1）每座车站站台边缘距离站台门一定范围内设置绝缘层，采用暗敷的形式，敷设范围详见图纸。

（2）站台门端门外两侧地面及墙体一定范围内应设绝缘层，绝缘层范围详见图纸。

（3）技术要求：

1）站台板绝缘层。

① 要求单侧站台门体与车站土建结构之间在 500VDC 下实测绝缘电阻≥0.5MΩ（500V 兆欧表）。绝缘层在其寿命期限内绝缘性能不得降低，寿命不得低于 20 年。

② 要求采用独立单元绝缘模块的形式，与轨道中心线平行方向分段划分模块。独立绝缘单元模块的划分与非绝缘层装修石材伸缩缝保持一致，原则上长度不超过 10m。

③ 站台绝缘层与站台地面非绝缘装修层的间隙为 10mm，采用绝缘密封胶收口。最终现场绝缘层铺设与非绝缘区分缝位置根据装修地面铺张图确定。

④ 绝缘层与屏蔽门门槛间隙采用绝缘橡胶收口。

⑤ 关于材料防火性能、抗压性能、耐高压性能、热膨胀系数、绝缘性能等，应提供经国内相关检测机构检验合格的有效检测报告。如国内无此项检测，应提供国际检测报告。

⑥ 站台绝缘层范围内如有孔洞、结构柱等，应考虑相应处理方案；绝缘层施工安装应考虑处理方案。以上方案需提交设计确认后方可施工。

⑦ 完成后的绝缘层对上面结构（地面石材及其粘结层）应具有固定、支撑、粘结和绝缘作用，同时与下面的混凝土垫层牢固粘结。

⑧ 绝缘层应为成熟产品，在其他城市地铁中有成熟运用案例。

2）端门内外两侧墙面绝缘层。首先进行墙面基底处理，墙面涂刷绝缘树脂，实测达到规范要求后，安装经绝缘隔离处理的龙骨及其配件，再安装装修幕墙。详见装修专业施工图。

3）第三方绝缘检测如图 7-133 所示。

本工程屏蔽门安装完毕和站台绝缘层敷设完毕后、试运行前应对本工程绝缘效果进行检测。

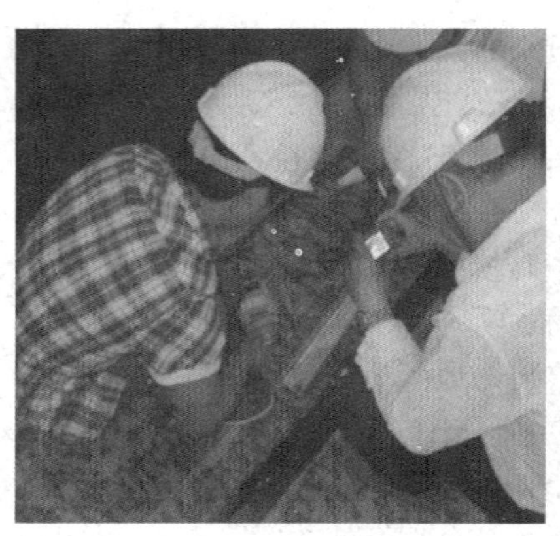 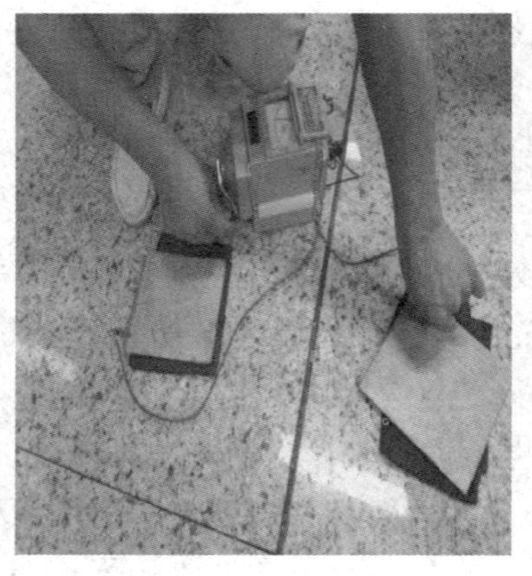 

图 7-133 绝缘层施工及检测实例

7.6.10 AFC 检修口、地面检修盖、地漏盖板、水箅子

1. 施工节点

AFC 检修口、地面检修盖、地漏盖板节点及实例如图 7-134～图 7-136 所示。

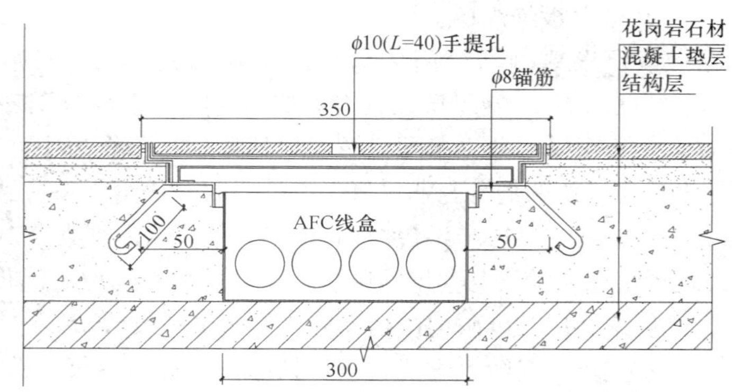

图 7-134 AFC 检修口节点及实例

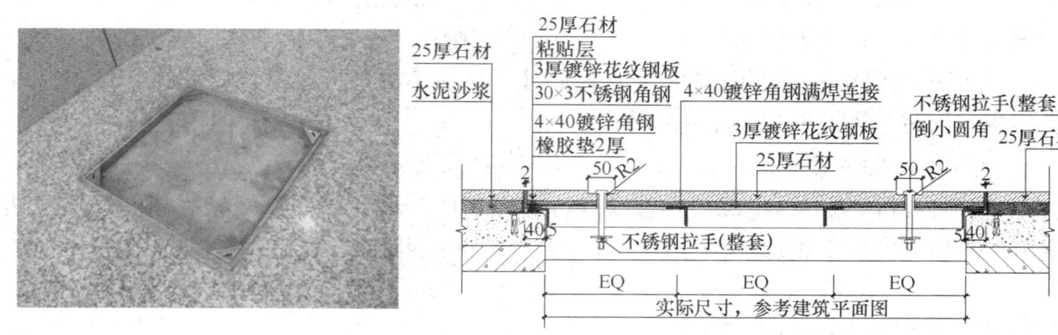

图 7-135 地面检修盖节点及实例

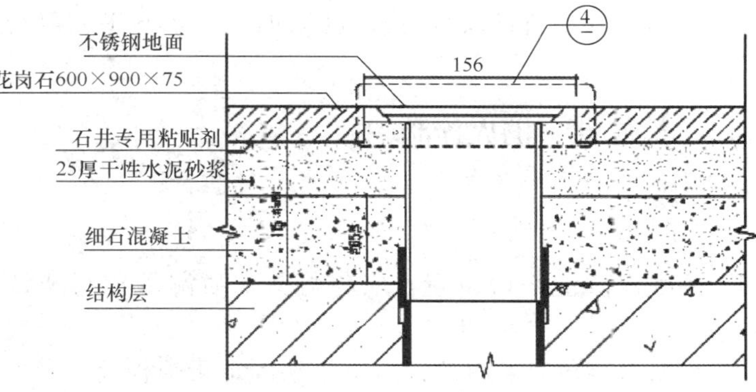

图 7-136　地漏盖板节点及实例

2. 水箅子施工要点

（1）地铁出入口下方和扶梯下方、站厅层与出入口通道处，应设置一道横截沟和集水井，集水井内设水泵；横截沟、集水井和金属水箅子，应符合设计要求。

（2）水箅子的防滑性能、缝隙宽度应满足过水面、人的鞋跟防卡嵌的要求。

（3）水箅子与基础的固定件，应便于拆卸检修，连接牢固耐用，操作方便。

（4）水箅子与横截沟装饰装修面应保持平整，如图 7-137～图 7-139 所示。

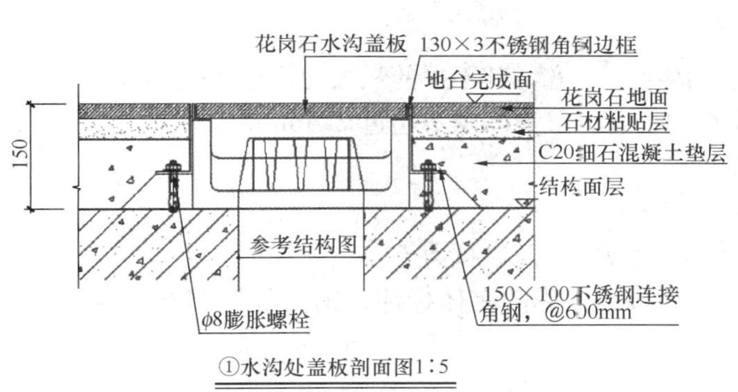

图 7-137　水箅子节点

图 7-138　水箅子基层处理

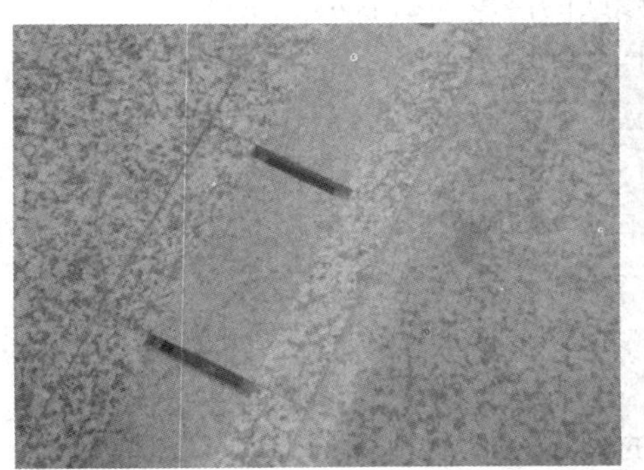

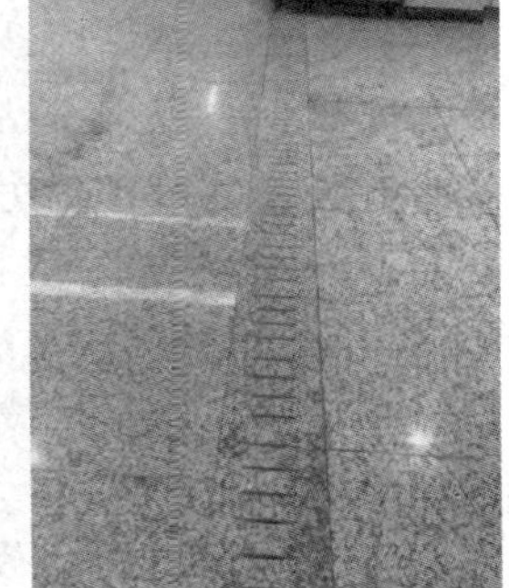

图 7-139　水箅子实例

（5）金属水箅子制造、焊接、机械加工、防腐工艺等应符合国家现行有关标准的规定。

7.6.11 检修孔、消火栓暗门

1. 检修口

（1）工艺要点：

1）弹线定位检修口位置，应与灯具、喷淋等成行成线，检修口处应增加附加次龙骨。

2）检修口四角应采用镀锌角钢吊架固定于顶板上，吊架下端用自攻丝100mm宽难燃板，作为检修上人的抓手。

3）加工方形型轻钢龙骨固定边框，与副龙骨之间用专用水平挂件卡槽式连接固定。专用检修口边框用自攻丝与固定边框连接，每边不小于3个，间距不大于200mm。面板放置专用边框上，下表面与吊顶平齐。

4）边框与整体吊顶衔接美观。

（2）控制要点：角钢吊架、专用边框。

（3）质量要求：

1）材质、颜色应与吊顶饰面材料相一致。

2）与边框合缝平整，缝隙均匀，开启灵活。

2. 消火栓暗门

（1）箱门关闭到位后，应与四周框面平齐，其不平的最大允许值为2.0mm。

（2）箱门与框之间的间隙应均匀平直，最大间隙不超过2.5mm。

（3）栓箱应设置门锁或关紧装置。

（4）箱门的开启角度不得小于160°。

（5）箱门开启应轻便灵活，无卡阻现象，开启拉力不得大于50N。

（6）栓箱箱门正面应以直观、醒目、匀称的字体标注“消火栓”字样。字体不得小于：高100mm、宽80mm。

7.6.12 平面尺寸

1. 车站各部位地面装饰装修面至顶面装饰装修面的高度应符合的规定

（1）地下车站站厅、站台层公共区，应不小于3000mm；

（2）地面、高架车站站厅、站台层公共区，应不小于2600mm；

（3）设备与管理用房、通道、天桥，应不小于2400mm；

（4）车站公共区楼梯、自动扶梯踏步面沿口，至顶面装饰装修面高度，应不小于2300mm；

（5）车站公共区、设备与管理用房区卫生间、茶水间地面装饰装修面距顶面净高，宜不小于2300mm。

2. 车站楼梯装饰装修设计、施工宽度应符合的规定

（1）出入口通道装饰装修宽度，应不小于2400mm；

（2）天桥两侧栏杆扶手中心间距，应不小于2400mm；

(3) 单向楼梯两侧栏杆扶手中心间距，应不小于1800m；

(4) 双向楼梯两侧栏杆扶手中心间距，应不小于2400mm；与上下均设置自动扶梯并行设置的楼梯两侧栏杆扶手中心间距应不小于1200mm；

(5) 消防疏散楼梯两侧栏杆扶手中心间距，应不小于1200mm；

(6) 站台至轨行区的工作楼梯两侧栏杆扶手中心间距，应不小于1100mm。

3. 常见质量问题及控制

(1) 检修孔未加固，原因分析：

1) 前期策划没有做到位，没有提前考虑到施工中会出现的问题；

2) 技术交底不清，交底过程未配有正确做法图片；

3) 检修口周边加固不到位。

防控措施：

1) 前期图纸深化时，应综合考虑空调、消防等配套单位顶面检修的要求，合理设置检修口的位置；

2) 在检修孔四周加固轻钢龙骨或型钢龙骨，并在四个角上增加丝杆吊筋或型钢吊杆；

3) 在副龙骨下方安装0.5mm厚宽度不小于300mm宽“回”字型白铁皮进行加固。

(2) 石材、金属板消防暗门不规范，原因分析：

1) 石材门、金属板门扇位置定位、做法未经策划；

2) 对班组的技术交底不够具体、明确。

防控措施：

1) 石材门、金属板门扇处做法必须进行策划。消火栓暗门位置、标高应符合规范及观感质量的要求，定位准确，如图7-140所示为位置不准确的消火栓。对于转轴、拉手、定位器、钢架做法，石材门、金属板门扇斜口门扇打开角度，门扇反面做法等方面均需考虑到位。门扇安装要牢固，开启方便，打开后为部一般不要见到钢架、轻钢龙骨或其他基层，消火栓箱与主体间隙应完全封闭，饰面门内钢架应用防火材料封闭，如图7-141所示。

图7-140　消火栓位置不准确

图7-141　门扇背面封闭

2）如门扇落地，地面石材需铺进门内。如觉得门扇底口缝隙较大，可将消火栓门底部抬高 100mm 左右（高度可根据现场墙面石材排版而定）。

3）门扇反面应进行加固，以不见基层与板面不变形为基本要求，做到美观牢固，如图 7-142 所示。

图 7-142　消火栓背面加固

4）注意消火栓门的打开角度，须保证消火栓的正常使用，消火栓箱门开启角度应大于 160°，石材饰面门应大于 120°。

（3）消火栓箱门无标识拉手，原因分析：

1）施工时，不了解消防规范；

2）消防门制作安装前未考虑到消防门拉手设置。

防控措施：

1）消防门上按要求粘贴消防规范要求的标识；

2）消防门制作安装前工厂内拉手开好孔（或已安装好拉手），施工现场直接安装即可，如图 7-143、图 7-144 所示。

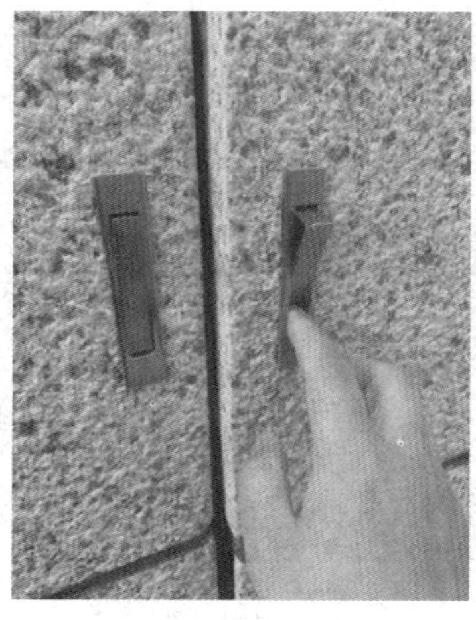

图 7-143　消火栓门拉手

图 7-144　消火栓门标识

7.7 地面附属工程

车站装饰装修施工地上附属设施，包括车站出入口、风亭、紧急疏散出入口、无障碍电梯、冷却塔，以及市政相关设施等。

地面附属工程的一般规定：

（1）车站地面附属建筑装饰装修设计、施工应包括下列内容：

1）应综合利用地上地下空间进行一体化设计，适应城市地域文化特色，具有延续性、普遍适用性，并满足线网概念设计、全线统一的要求；

2）建筑外观和色彩设计应与周边环境相协调；

3）分散布置的地面附属建筑宜采取组合、遮挡、美化等措施，形成整体空间；

4）风亭、冷却塔等建筑物和构筑物装饰装修，应满足消减建筑体量、弱化视觉、融入周边环境的要求；

5）出入口、无障碍电梯，全线应统一风格，并满足标识性、识别性的要求；

6）建筑物、构筑物应统一设计风格；

7）高风亭外立面装饰装修，冷却塔围挡通风率应满足通风的要求；

8）建筑物、构筑物贴路缘石，装饰装修墙面距路缘石平行布置的距离，应满足城市规划的要求；

9）建筑物、构筑物非玻璃装饰装修墙面阳角，应进行倒角处理；

10）永久用地范围内的建筑物和构筑物墙面装饰装修，应与车站公共区的要求一致。

（2）车站地面附属出入口、永久用地范围内的建筑物、构筑物、周边广场，以及停车场地面、楼梯踏步踏面石材，应采用火烧水洗面或机刨槽等防滑构造。

7.7.1 车站出入口

车站出入口施工要点如下：

（1）出入口装饰装修施工前，结构剪力墙板、预留的结构孔洞、穿线管的孔洞等应无渗漏。

（2）出入口幕墙工程施工应符合下列要求：

1）应符合现行《轨道交通车站幕墙工程技术规程》T/CBDA 9 的相关规定；主体结构与幕墙连接的预埋件数量、规格、位置和防腐处理应符合设计要求，后置埋件应做拉拔试验；

2）幕墙的金属框架与主体结构预埋件连接、立柱与横梁的连接、幕墙面板的安装应符合设计要求，并安装牢固；

3）保温隔热材料的导热系数、密度、燃烧性能，玻璃的传热系数、遮阳系数、可见光透射比、中空玻璃露点应符合设计要求；

4）硅酮结构密封胶、硅酮建筑密封胶相容性、粘结性试验的材料应见证取样，并检测合格；

5）防雷装置、幕墙现场淋水检测应符合设计要求。

（3）出入口钢结构施工：

1）钢构件除锈。钢材料壁厚不得小于 3.5mm，喷砂除锈经检查必须合格，表面不得有锈渍、油渍、污渍。

2）钢构件防锈处理。钢构件喷砂除锈检查合格后，2h 必须涂刷防锈漆，富锌环氧底漆不得低于 80μm；中间漆不得低于 60μm。

3）现场预埋件检查。检查预埋件的数量、规格、位置、连接方法和防腐处理必须符合设计要求。后置埋件化学锚栓的现场拉拔强度必须符合设计要求。

4）钢构件现场拼合。钢构件现场拼合时，设计要求顶紧的节点，接触面不应少于 70%紧贴，且边缘最大间隙不应大于 0.8mm。钢构件的直度和侧向弯曲矢高偏差符合要求。主体结构的整体垂直度和整体平面弯曲的偏差要符合要求。钢结构施工完成后，其钢结构表面应干净，结构主要表面不应有疤痕、泥砂等污垢。

5）焊缝检查。钢结构的焊缝表面缺陷检查：焊缝表面不得有裂纹、焊瘤等缺陷。一级、二级焊缝不得有表面气孔、夹渣、弧坑裂纹、电弧擦伤等缺陷，且一级焊缝不许有咬边、未焊满、根部收缩等缺陷。钢结构焊缝外观质量检查：二级、三级焊缝外质量标准应符合规范的规定。三级对接缝应按二级焊缝标准进行外观质量检验。钢结构焊缝外观检查：焊缝应外形均匀、成型较好，焊道与焊道、焊道与基本金属间过渡平滑，焊渣和飞溅物基本清除干净。

6）防火涂料。应确保防火涂料的厚度能满足设计的防火等级要求。

7）允许偏差及检验方法。钢结构组合焊缝尺寸检查：T 形接头、十字接头、角接接头等要求熔透的对接和角对接组合焊缝，其焊脚尺寸不应小于 $t/4$；设计有疲劳验算要求的起重机梁或类似构件的腹板与上翼缘连接焊缝的焊脚尺寸为 $t/2$，且不应小于 10mm。焊脚尺寸的允许偏差为 0～4mm。

（4）地面施工应符合下列规定：

1）出入口通道、室内外地面平整，并应采用遇水不滑的地面材料；出入口石材台阶应采取防滑措施，室内踏步宜加工三道防滑槽；室外平台和台阶的石材应加工成火烧面，并满足整体防滑的要求。

2）地下车站出入口的地面标高，应高出室外地面 300～450mm，取三踏步为宜，并应满足防淹的要求；防淹槽应根据当地最高积水位确定槽高。

3）出入口通道梯段以外地面、踏步应采用防滑处理，前缘不应有凸出部分，拼装切割后单块板块不宜小于 200mm。

4）出入口人防门门槛处地面石材标高，应高出人防门门槛 5mm，人防门门槛装饰装修面板安装后应与地面石材高度一致。

5）车站出入口装饰装修设计如图 7-145、图 7-146 所示，应包括下列内容 。

① 应满足吸引及疏散客流的要求。

② 地面亭顶面应采取隔热保温措施。

③ 地面亭内部顶面装饰装修，应采取防风压、防盗措施。

④ 地面亭内部顶面吊挂，应符合以下要求：

a. 顶面构造应安全可靠；

图 7-145 地面车站出入口

图 7-146 地下出入口通道

b. 宜采用标准化、模块化设计；

c. 站厅、站台层轴间距尺寸相同，顶面装饰装修材料、灯具设计的排模，应与柱子成居中对称关系，并应满足相邻柱跨顶面装饰装修材料排模尺寸相对称的要求；

d. 顶面装修材料安装厚度应减少占用空间，提升顶面标高；

e. 顶面构造应便于拆卸安装、专业管线检修，并应满足防共振、防脱落等安全的要求；

f. 同一区域顶面应与地面装饰装修面层坡度平行；

g. 双柱车站站厅、站台层中间柱跨顶面应起拱，起拱高度宜为顶面短边长度的1/500～1/400；

h. 出入口通道、站台屏蔽门附近区域和高架车站站台等非封闭区域的顶面，应采取防风压措施；

i. 结构变形缝、诱导缝，应与对应位置的顶面龙骨、面层断开；吊杆、灯具吊挂应避开变形缝、诱导缝；

g. 顶面应满足设备及管线检修的要求，检修单元块应便于开启，其他单元块可单独拆卸。

⑤ 防火卷帘收口的顶面装饰装修材料应便于拆卸。

⑥ 应能防止雨水从檐口与侧墙间的缝隙飘入，不影响乘客的出行以及墙面带电设备的运行，地面亭屋面尾部、两侧檐口应凸出墙面，宜不小于200mm。

⑦ 地面、踏步及其他易飘雨淌水处地面石材，宜采用防滑构造。

⑧ 地面亭室内入口地面，宜设置嵌入式防滑除尘地毯。

⑨ 出地面收边坡口高点宜低于1mm，坡口低点高度宜低于0.5mm，设置面积应满足设计的要求。

⑩ 无盖情况，出入口洞口周边临空处应采取安全防护措施。

（5）无障碍坡道应符合下列规定：

1）应符合现行国家标准《无障碍设计规范》GB 50763 和现行行业标准《铁路旅客车站设计规范》TB 10100 的相关规定。

2）坡道设置坡度不宜大于 1∶8，并应采取防滑措施。

3）坡道水平投影长度超过 15m，宜设休息平台。

4）平台宽度应符合使用功能和设备尺寸缓冲空间要求。

图 7-147　防淹挡板

5）供轮椅使用的坡道不应大于 1∶12，空间受限地段不应大于 1∶8。

（6）出入口人防门区域墙面装饰装修宜采用便于拆装的安装。

（7）防淹设施如图 7-147 所示，应符合下列规定。

1）防淹设施宜采用防淹门、防淹挡板；

2）地铁防淹门，包括升降式和平开式；

3）地铁防淹门系统由闸门门叶、门槽埋件、启闭机、锁定装置和控制系统等组成；地铁防淹挡板由防淹挡板支撑、地面盖板和暗藏箱等组成；

4）防淹门和防淹挡板的制造、焊接、机械加工、防腐工艺等应符合现行国家有关标准的规定；

5）有控制系统的防淹门应定期维护保养，宜在机械设备上设置检修口；

6）出入口进站两侧地台装饰装修墙面，应预留防淹挡板插槽；

7）空间条件有限时，宜采用防火或防盗卷帘滑槽为防淹挡板插槽；

8）防淹挡板中柱对应地面位置，应预留不锈钢插槽，插槽应设置可开启不锈钢盖板，盖板表面应与周边地面装饰面平齐且应密封不得渗水；

9）防淹挡板撑与地面之间角度应不小于 45°，背撑与地面固定位置应预留不锈钢插槽，插槽应设置可开启不锈钢盖板，盖板表面应与周边地面防淹挡板装饰面平齐且应密封不得渗水；

10）应设置拉手，防淹挡板高度宜不小于 500mm；

11）面材接缝处宜采用中性硅酮密封胶填充，不得渗水；

12）不锈钢、铝合金等常用面层材料，面材厚度宜不小于 2mm；

13）防淹挡板加工后，表面应光滑，无锐边、尖角等易对人员造成伤害的外部缺陷。

7.7.2　风亭及周边景观

1. 风亭装饰装修设计、施工应包括的内容

（1）风亭可分为：独立风亭、组合风亭、合建风亭等形式。

（2）组合风亭、合建风亭外观，宜隐蔽或弱化其体量。

（3）矮风亭顶口，应满足防止人员坠落、避免杂物落进风井的要求，应设置钢格栅。

（4）可上人钢格栅应在风井内墙面检修爬梯对应位置预留可开启检修门，检修门尺寸应不小于 800mm×800mm，检修门合页应采用成品不锈钢门合页。

（5）风亭侧出风口百叶内侧宜设置防鼠网。

2. 风亭以及周边景观绿化

（1）风亭顶盖板应设置 2 层钢丝保护网，第一层防杂物坠落的不锈钢网施工，应与四周墙板结合紧密，安装牢固；第二层防止人或较大物体坠落，钢丝网不锈钢材料厚度、网孔尺寸应符合设计要求，安装牢固，并在人上下的位置预留检修孔。

（2）风亭上下使用的钢爬梯应安装安全笼罩，并做防锈处理，安装牢固。
（3）风亭防雨水倒灌措施应符合设计要求。
风亭及周边景观如图 7-148 所示。

图 7-148　风亭及周边景观

7.7.3　紧急疏散出入口

紧急疏散出入口装饰装修应符合下列规定：
（1）与车站出入口合建，设计风格应与车站出入口协调统一。
（2）无盖情况，出入口洞口周边临空处应采取安全防护措施。
（3）无盖紧急疏散口，应考虑防盗措施。
（4）封闭式紧急疏散出入口门宜向外开，且不宜设置门槛。
（5）地面消防安全疏散标志的不锈钢收边，应符合设计施工规范。
紧急疏散出入口如图 7-149 所示。

7.7.4　无障碍电梯

（1）合建无障碍电梯在满足功能的前提下，宜采用与合建建筑协调统一的风格，如图 7-150 所示。

图 7-149　紧急疏散出入口

图 7-150　无障碍电梯

（2）坡道装修完成后，栏杆中心距不得小于 1000mm。

（3）无障碍坡道地面装饰装修面，应与建筑地面坡度统一。

7.7.5 冷却塔

1. 冷却塔围挡应符合的规定

（1）应镂空，在满足通风要求的前提下，不得影响城市景观绿化。

（2）应设置检修门，检修门宜设置在隐蔽面。

（3）地上式冷却塔围挡高度，宜不小于冷却塔高度。

（4）下沉式冷却塔周边结构挑空处，应设置安全防护栏杆。

（5）冷却塔围挡，应满足不易攀登的构造要求。

2. 围挡施工要求

（1）围挡、隔离网、隔离栅板材质、规格形式、防腐处理应符合设计要求。

（2）围挡的金属柱和连接件规格、尺寸、材质应符合设计规定，并应做防腐处理。

（3）围挡立柱与基础应位置准确、连接牢固。

（4）围挡与立柱应连接牢固，框架、网面平整，无明显凹凸。

7.7.6 市政相关设施

（1）广场与停车场：

地面恢复宜优先利用基槽中挖出的土进行回填，土质要求应符合现行国家标准的有关规定。

1）广场及自行车停车场地面装饰装修材料的规格、材质，宜与市政人行道路材质统一。

2）应将市政道路盲道，引至设有盲道的车站出入口和无障碍电梯出入口。

（2）自行车站停车场应符合下列规定：

1）自行车停车场应设在车站用地红线内，不得设在城市道路红线以内。

2）自行车停放区域，宜设置自行车站停车架与停车棚，停车棚内净空高度宜不小于 2400mm。

3）自行车停车位，每辆自行车停车中心间距应不小于 600mm。

（3）盲道装饰装修施工应符合下列规定：

1）出入口、通道、楼梯等位置，应设置盲人导向带，并符合现行国家标准《无障碍设计规范》GB 50763 的相关规定。

2）盲道与楼梯和自动扶梯起点、终点、平开门等障碍物的距离以 250～500mm 为宜。

3）盲道应连续，中途不应有电线杆、拉线、树木等障碍物，盲道宜避开井盖铺设。

4）行进盲道转弯处应设提示盲道，长度应大于行进盲道的宽度；人行道中有台阶、坡道和障碍物等应设提示盲道。

（4）路缘石装饰装修施工应符合下列规定：

1）路缘石宜采用石材或预制混凝土标准块；路口、隔离带端部等曲线段路缘石，宜按设计弧形加工预制或采用小标准块。

2）石质路缘石应采用花岗石等质地坚硬的石料，强度应符合设计要求。

3）路缘石吸水率、抗冻、质量损失率应符合设计要求。

4）路缘石宜采用干硬性砂浆铺砌，背后浇筑混凝土支撑并还土夯实。

5）路缘石砌筑应稳固，直线段顺直、曲线段圆顺，缝隙均匀，灌缝密实；平缘石表面应平顺不阻水，还土夯实宽度不宜小于 500mm，高度不宜小于 150mm，压实度不得小于 90%。

（5）透水砖装饰装修施工，应符合现行行业标准《透水砖路面技术规程》CJJ/T 188 的相关规定。

（6）护栏装饰装修施工应符合下列要求：

1）护栏的材质、规格形式、防腐处理应符合设计要求。

2）护栏立柱埋置深度应符合设计要求。

3）护栏的栏板、波形梁应与道路竖曲线协调一致。

4）护栏的波形梁的起、止点和道口处端头处理，应符合设计要求。

（7）广场地面铺装相关图片如图 7-151～图 7-155 所示，应符合下列要求：

图 7-151　广场砖与市政道路顺畅衔接

图 7-152　与市政标高不统一

图 7-153　踏步与市政接口

图 7-154　坡道与市政衔接

图 7-155　与市政衔接钝角处理

1）地面铺装材料的品种、质量、规格，各结构层纵横向坡度、厚度、标高和平整度应符合设计要求。

2）铺装面层与基层应粘结牢固，不应有空鼓、松动、面层积水。

7.8 装饰机电安装工程

车站装饰装修工程装饰机电安装主要指开关、插座、灯具等安装，照明电气工程，给水排水工程。

7.8.1 开关、插座、灯具等安装

1. 工艺流程

（1）公共区开关插座安装：清理→接线→安装。

（2）公共区灯具安装：检查灯具→组装灯具→灯具安装→通电检测。

2. 施工要点

（1）清理盒子内残存的灰块、其他杂物，再用湿布将盒内灰尘擦净。

（2）电器、灯具的相线应经开关控制，不允许拱头连接，应采用LC型压接帽，压接总头后，再进行分支连接。

（3）多联开关先将盒内甩出的导线留出维修长度，削出线芯，注意不要碰伤线芯。将导线按顺时针方向盘绕在开关、插座对应的接线柱上，然后旋紧压头。如果是独芯导线，也可将线芯直接插入接线孔内，再用顶丝将其压紧。注意线芯不得外露。

3. 注意事项

（1）安装在墙面上的开关、插座，接线须准确，暗盒须定位在饰面层上，若开关、插座盒仍安装在原建筑墙面上，不得直接用长螺丝安装面板，要增加一个暗盒，并加一防火垫片，引入新增的暗盒中的电线要加装防护套管，防止电线裸露在外。

（2）灯具运到现场首先检查灯具及其配件是否齐全，有无机械损伤、变形以及涂层剥落、灯罩破裂等缺陷，并对成套灯具内部接线、性能抽检。检查数量、型号、附件是否与设计相符，灯具外形、尺寸必须符合施工图要求。

（3）公共区的隔栅光盘式灯具安装时，灯具应固定在专设的框架上，电源线不应贴近灯具外壳，灯线应留有余量，固定灯罩的边框边缘应紧贴在顶棚面上。

（4）嵌入式筒灯安装必须放线准确，确定顶棚盖板的开孔位置，保证灯具对称安装时其纵横中心轴线必须在同一直线上，偏差不应大于5mm，灯具金属外壳必须与PE线可靠连接。

4. 常见质量问题及控制

（1）灯具安装的安全问题

1）在砌体和混凝土结构上严禁使用木楔、尼龙塞或塑料塞安装固定电气照明装置。

2）质量大于10kg的灯具其固定装置应按5倍灯具重量的恒定均布荷载全数进行强度试验，历时15min，固定装置的部件应无明显变形。

3）灯具安装前应排版设计考虑统一美观，施工中应设置独立吊杆进行安装，如图7-156、图7-157所示。

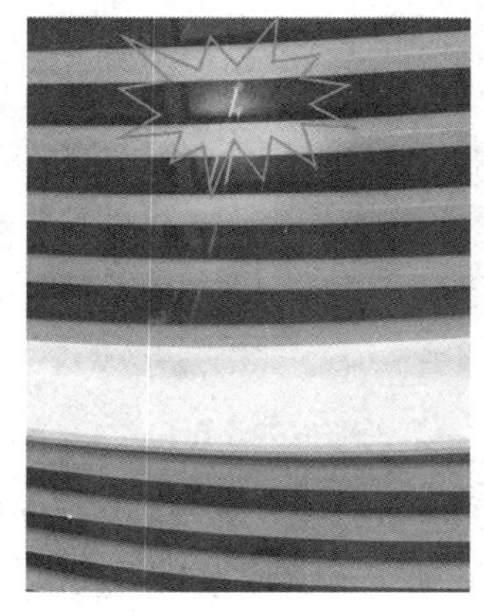

图 7-156　灯具安装设独立吊杆

图 7-157　灯具安装美观整齐

（2）关于开关、插座安装的安全、美观问题

防控措施：安装在饰面墙面上的开关、插座，除按要求准确接线外，应特别注意在饰面板内应增加一个暗盒，防止从原建筑墙面预留的暗盒直接引出电线接入开关、插座中；与饰面板相连的暗盒，应加一防火垫片；引入新增暗盒中的电线应加装防护套管，电线不得裸露，如图 7-158 所示。

线盒安装时进行现场放线，在符合设计施工规范要求下，高度控制在同一个平面，注意标高与间距的统一，面层材料开孔时要注意协调好各相关关系，开孔位置准确，达到整齐美观的效果。

图 7-158　饰面板处增加一暗盒

7.8.2　照明电气工程

1. 电气配管配线施工

（1）机电安装工程的配管、配线、线槽选材应符合设计要求，并经业主确认。进场材料须经材料验收部门、监理验收合格后方可使用。吊顶内的配管高度要满足吊顶要求。

（2）明敷管线施工技术措施。明敷管线具体要求横平竖直、整齐美观、支吊架间距均匀且符合规范，对不同规格管材支架间距应满足相关规范要求。在距箱匚拐弯中心 30cm 处应增设支吊架。在管线较长的地方增设过线盒，具体要求是：无弯管路不超过 30cm；两个接线盒间有三个弯时不超过 8m。

施工步骤为：

1）确定设备的安装位置。

2）画出管路中心线和管路交叉位置。

3）配置电管。

4）量长度。

5）把钢管按照建筑结构形状弯曲。

6）根据测得管线长度锯切钢管。

7）铰制管端螺纹。

8）将管子接线盒等装配成整体进行安装，做接地。

（3）暗敷管线施工措施：

暗敷管线具体要求：管路短、弯头少、两头位置准确，暗管需增设过线盒的要求与明管基本一致。另外，暗管一般不要出现S弯，两个拉线盒之间不要出现4个弯头。敷设步骤为：

1）确定弱电设备位置。

2）测量敷设线管长度。

3）配管加工（弯曲、割据、套罗纹）。

4）将管与盒按已确定的安装位置敷设。

5）管口塞上木塞或废纸，盒内填满废纸或木屑，防止水泥砂浆或杂物进入。

6）检查是否有管、盒遗漏或错误。

7）管盒连成整齐固定于模板上，管子离表面不小于15mm。

8）管与管、管与盒箱连接处，焊接地跨线，使金属外壳连为一体。

（4）弯管制作：

1）管弯头制作时，应注意焊接位置，明管弯头的弯曲半径应≥管子外径的6倍，暗管弯头的弯曲半径应不小于外径的10倍，管子弯扁度不超过管径的1/10，不应有裂缝、褶皱，否则穿线时会划破电缆皮。管子切割时要保证切口平齐，不得出现马蹄口，管子连接前应用锉刀将管口毛刺锉掉，管子进箱盒一般露处2～3扣长度为宜。

2）管子跨接及接地管接头，钢管与箱体、接线盒等均采用圆钢可靠跨接，25mm以下管子用6mm的圆钢，32mm以上管子用8mm圆钢。在圆钢两边进行满焊，焊接应牢固平整、饱满，不得有点焊、夹焊、焊穿等现象。焊接长度不小于圆钢直径的6倍。管子进桥架、控制箱时，应焊接地螺丝，然后用6mm^{2}的接地线与桥架、控制箱连在一起，镀锌管要用专用接地卡接地。

3）配管安装应按照电气施工规范，考虑管径与管内载线的富余量，一般容线量不得超过管截面的40％，配管弯头半径应不小于管径的6倍。信号不同或电压等级不同的线缆，不能共享一条管路。

4）安装系统的干线线缆的布线位置在接近建筑物中心部分，不应在建筑物的四角上，避免雷击。

5）当布线电缆从建筑物外引入时，为避免受雷击、强电碰地、电源感应电势等的外界影响，必须采用牢靠的保护器装置。

6）安装工程的线缆及走线槽均应满足设计对防火、阻燃的要求，并从选材和安装中加以保证。

2. 照明项目施工

（1）本项目施工应严格执行现行国家标准《建筑电气照明装置施工与验收规范》GB 50617的规定。

（2）灯具安装的一般要求：

1）灯具的型号、规格及安装形式、高度应符合设计要求，照明灯具金属外壳均应接地。

2）同一室内成排安装的灯具应整齐，其中心偏差不应大于5mm。

3）事故照明灯具应有特殊标志，疏散指示标志应标明走行方向及距安全出口的距离。

（3）嵌入顶棚内的装饰灯具安装的要求：

1）灯具应固定在专设的框架上，电源线不应贴近灯具外壳，灯线应留有余量，固定灯罩的边框边缘应紧贴在顶棚面上。

2）矩形灯具的边缘应与顶棚面的装饰直线平行，如灯具对称安装时，其纵横中心轴线应在同一直线上，偏斜不应大于5mm。

3）日光灯管组合的开启式灯具，灯管排列应整齐，其金属间隔片不应有弯曲扭斜等。

4）与嵌入式灯具连接的金属软管，其末端的固定管卡，宜安装在自灯具、器具边缘起沿软管长度1m处。

5）固定花灯的吊钩，其圆钢直径不应小于灯具吊挂销钉的直径，且不得小于6mm。

6）采用钢管作灯具吊杆时，钢管的内径不应小于10mm，钢管壁厚度不应小于1.5mm。

（4）插座及开关的安装要求：

1）插座及开关的型号、规格、安装高度应符合设计要求。并列安装的相同型号的面板距地面高度误差不得大于1mm，安装的相同型号的面板距地面高度误差不得大于5mm。插座接线时，单相双孔插座，面对插座的右孔接相线，左孔接零线。单相三孔及三相四孔（五孔）的接地或接零线均应在上方，该面应端正。暗插座、暗开关的盖板紧贴墙面，四周无缝隙。

2）交、直流或不同电压的插座安装在同一场所时，应有明显区别，且其插头与插座不能互相插入；同一场所的三相插座，其接线的相位必须一致。

3）同一场所的开关应安装一致，且操作灵活，接点接触可靠，扳把开关应为上合下分，切断位置应一致。安装高度符合设计要求。

4）电器、灯具的相线应经开关控制。灯具安装符合规定，位置正确。

5）房间内插座按100W计，清扫插座按2kW计，插座距地0.3m。

3. 常见质量问题及控制

常见有吊顶内电气导线裸露、柔性导管的使用安全问题，如图7-159所示。

图7-159　吊顶内电气导线裸露

原因分析：吊顶内布线时遇到，阻燃型硬质管道不能直接到达接线盒或开关盒中的问题时，常常要用柔性导管连接。但在施工中，经常有如下做法：在阻燃型硬质管道的末端未使用柔性导管，导线直接裸露；使用的柔性导管长度超过规范要求；在吊顶内直接用柔性导管布线，不用阻燃型硬质管道；柔性管道没有固定在接线盒内，导线裸露，线头暴露；柔性管道破坏，开裂。这些违反规范的做法会导致吊顶内出现电气安全隐患。

防控措施：办公建筑电气管线应暗敷，管线及线槽应采用非燃烧材料。电气管线暗敷时考虑办公建筑美观、大方，为保证用电安全应采用非燃烧管材，包括阻燃型塑料管。在吊顶内，消防设备布线必须使用金属管或金属线槽布线。

7.8.3 给水排水工程

1. 给水排水及洁具安装

（1）卫生设备的选型应在安装预留预埋初期阶段即予确定，根据产品样本尺寸进行洁具上下水的预留预埋，以保证洁具下水口预留洞位置的准确性，避免事后打凿。

（2）卫生洁具的质量应符合以下要求和规定：

1）外观造型周正规矩；

2）表面光滑无裂纹；

3）洁具釉质色泽一致。

（3）卫生洁具应在卫生间地坪防水层施工完毕后进行安装，应在地砖铺贴前安装就位，坐便器在卫生间地砖铺贴后安装。

（4）安装后的洁具口应用布团塞封以防杂物进入排水管道，并且应做好成品保护以防止卫生洁具尚未正式使用而污物入内的不卫生、不文明现象。

（5）公共卫生间内的成排洁具安装必须做到间距一致、高度一致，与给水配件安装在一直线上。

2. 卫生洁具安装

（1）安装卫生洁具时，不能由于施工而使建筑物的结构强度受到影响，也不应由于卫生设备的使用而使建筑质量下降。

（2）若某些管道必须穿过建筑物的柱、梁、抗震壁等重要构件时，应在土建设计和施工阶段预留穿孔位置。装饰施工时不可随意敲凿结构构件。

（3）在錾凿操作时，禁止使用大锤敲击，以免引起整个结构的振动而造成钢筋和混凝土分离。

3. 面盆安装

（1）有沿面盆的沿口应置于台面上，无沿面盆的沿口应紧靠台面底，台面高度一般均为 800mm。

（2）面盆由型钢制作的台面构件支托，安装前检测面盆支托梁高度，安装时盆底可加橡胶垫片找平，无沿面盆应有限位固定。

（3）有沿面盆与台面接合处，用密封膏抹缝，沿口四周不得渗漏。

4. 坐便器安装

（1）坐便器的固定

1）坐便器排水预留管口位置有偏差时，坐便器应以预留排水管口定位。坐便器中心线应垂直墙面，找正找平后，画好螺孔位置，按说明书规定固定。

2）坐便器排污口与排水管口的连接里“S”弯为地面暗接口，地面预留的排水管口 $DN100$ 应高出地面 10mm（允许偏差±5mm），排水管口距背墙面尺寸，根据不同型号的坐便器定。

3）对外“S”弯为地面明接口，地面预留排水管口 $DN100$ 应高出地面 10mm（允许偏差±5mm）。在排水管口上套一橡胶密封圈，外套上一个 $DN120$，长 60mm 的塑料防护套管，坐便器排污口对正排水管口，插入橡胶密封圈，然后在塑料防护套和橡胶密封圈的间隙填嵌密封膏。

4）坐便器为地上明接口的，排水管口应为 $DN100$ 承口。坐便器排污口插入排水管承口内，用油麻绳捻口后，用密封膏填塞抹平。排水管口的高度和出墙距离，按不同型号的外“P”弯排污口实际尺寸施工。

5）连体式坐便器的排污口带连接法兰，预留的排水管口应低于地面 20mm（允许偏差±5mm），将连接法兰对正排水管口找平后，在地面上画好法兰的螺栓孔位置，裁好塑料胀管，然后在排水管口窝一圈油灰，将连接法兰埋在油灰圈上找平，用沉头螺钉 $\phi5\times40$ 固定连接法兰于地面。连体式坐便器稳固于连接法兰上，排污口接合处用橡胶垫和两个 M10 螺栓将坐便器固定。

（2）坐便器的水箱安装

1）挂墙低水箱应以坐便器中心线定位，瓷水箱用 $\phi6\times75$ 木螺钉固定于墙面时，应用 20mm×20mm×30mm 的垫片。

2）水箱安装。水箱坐于坐便器上，找正冲水口和连接螺孔。水箱靠墙间隙应均匀，不大于 20mm。水箱与坐便器间的橡胶垫片应平整，拧紧冲水柱后，盛水试验水箱与坐便器之间的渗漏，若发现渗漏，应用油灰将橡胶垫片接触的瓷面抹平干燥后重新紧固。冲水栓口紧固后，再将冲水口两侧的两个连接螺栓上好，水箱固定后才可安装箱内附件。

5. 挂斗式小便器安装

（1）两侧带孔的耳朵板，采用膨胀螺栓固定于墙面。

（2）多个挂斗式小便器成组安装时，高度和间距应一致。

（3）挂斗式小便器用“S”形存水弯，排水口在小便器中心垂线上，排水管口为 $DN32$ 外螺纹管口，高于地面 20mm，管中心距墙面 35mm。

（4）若存水弯选用陶瓷瓶式：地面预留管口应为铸铁承插排水管承口，管口中心距墙 70mm，管口平面低于地面。

（5）挂斗式小便器存水弯安装：

1）选用镀铬铜件时，存水弯与地面管口的连接，用带胶圈垫的压盖螺母紧口，外加装饰罩。

2）选用塑料件时，存水弯与地面管口的连接，可用带胶圈垫的塑料格令紧口。或在插入管的管隙用麻丝箍和油灰填嵌封口。

3）选用陶瓷瓶式时，存水弯出水管插入地面承口后用油麻绳捻口，油灰抹口。

4）存水弯与小便器排水连接时，喇叭口与排水口间隙应用油灰膏填充。

6. 地漏安装

（1）在房间地面最低点，箅子顶面低于地面 5mm。

（2）为正确控制高程，应在室内地面地砖施工时配合安装地漏。

（3）地漏安装后进行封堵，防止建筑垃圾进入排水管。

（4）地漏箅子应拆下保管，待交工验收时装上，防止丢失。

7. 常见质量问题及控制

常见有盥洗间台下盆安装的安全问题。

防控措施：检查台下盆安装是否有支撑。盥洗台台下盆的安装，应在钢架上用垫有木质或橡胶材料的两根金属构件支撑盆体，不得采用胶粘或螺钉顶住盆体的方法，杜绝安全隐患。卫生器具的安装应采用预埋螺栓或膨胀螺栓安装固定，卫生器具的支、托架必须防腐良好，安装平整、牢固，与器具接触紧密、平稳，如图 7-160、图 7-161 所示。

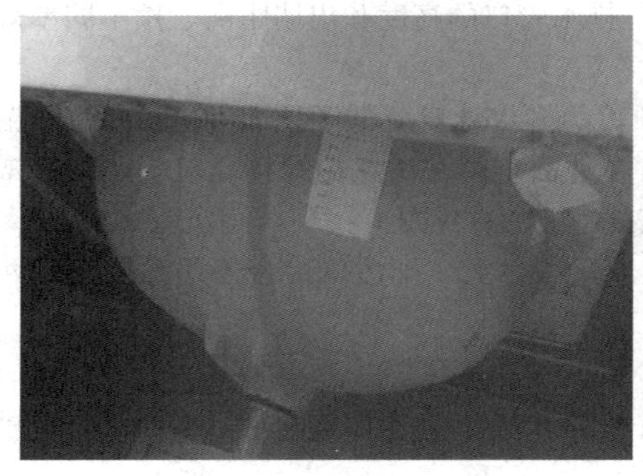

图 7-160　台下盆安装无支架

图 7-161　台下盆安装带支架及橡胶垫

第 8 章　城市轨道交通标识系统

城市轨道交通客流标识系统的建设作为轨道交通建设的关键组成部分，因其结构组成的特殊性，使其能够大量缩短乘客在交通过程中浪费的滞留时间，而且轨道交通车站内部空间的广阔性及宣传性使其成为城市文化宣传的一扇窗口，具有十分重要的意义。

8.1　标识系统概述

标识是城市轨道交通运营管理系统中的重要组成部分，是城市轨道交通为乘客服务的窗口，它代表着城市轨道交通企业的服务水平。当乘客进入车站时，看不到周围环境的参照物，如果乘客不熟悉站内环境，面对众多通道，乘客很难分清方向和选择正确的路线。此时乘客只能通过标识的引导乘车和出站。因此标识设计是否合理，是否能够满足车站运营和乘客的需求，直接关系到乘客乘车秩序、安全和疏导效率。

8.1.1　轨道交通标识系统作用

标识的作用主要体现在以下三方面：

（1）功能性。从本质上来看，标识是城市轨道交通车站运营管理的重要组成部分之一。标识不仅能对乘客流向起到引导作用，还可以作为连接乘客与车站的心灵沟通桥梁而存在。发挥自身的功能特性是标识的基础作用，通过这些特性，乘客能够了解车站的空间布置，同时能够获取相关的导向、服务和管理信息，帮助乘客完成出行。所以说一套完善简明的标识系统能够有效地疏导客流、保证乘客高效出行、显示出优秀的客流组织管理水准。

（2）安全性。城市轨道交通车站是一个公共设施，同时也是城市交通的枢纽之一，在车站的封闭空间中往往会集中大量的乘客，在车站的出入口、候车站台和连接通道处往往有发生拥堵事故的风险，存在一定的安全不确定性。同时在这种封闭空间中，一旦发生火灾，乘客很难从单一定向的空间，正确快速找到出口，借助于疏散标识图，不但可以给乘客提供当前所在位置和地面上的信息，而且可以让乘客在心理上有一个相对准确、稳定的安全空间，这样能在发生紧急事故的情况下及时、有效地逃生，同时协助了应急疏散工作的顺利进行。

（3）文化性。标识作为城市轨道交通车站空间环境的一个重要组成部分，不能单纯地看作是“指示牌”，它还应具有艺术与文化的作用。标识的设计在满足功能与安全的基础上，应尽量传达美感。标识与城市轨道交通车站空间完美结合，不但能使封闭压抑的空间变得舒适，还能体现所在城市的地域文化与精神内涵。

8.1.2 轨道交通标识系统分类

轨道交通导向标识服务信息是指借助于声学、光学、电气等现代技术，在出入口、售票处、通道、站台等乘客经过的地方，通过广播、指示牌（板）、线路图、电子显示屏等各种方式发布有关轨道交通运行和交通方式换乘等静、动态信息。完善的交通信息服务有助于乘客选择最佳行程路径，减少换乘的盲目性，从而达到提高乘客高效出行的目的。

我国的城市轨道交通建设对导向标识的分类还没有严格的标准，常见的标识分类方式见表 8-1。

常见的标识分类方式 **表 8-1**

分类标准	标识种类
性质	引导标识、说明标识、限制标识
功能	确认标识、引导标识、安全警告
设置形式	站立式、悬吊式、挂墙式、贴附式等
照明方式	照明式、非照明式
表现形式	动态标识、静态标识
被感知方式	可触标识、可听标识、可视标识

综合分析多种分类方式并参考《城市轨道交通客运服务标志》GB/T 18574 中的规定后，本文将导向标识分为动态标识和静态标识两大类，根据标识的功能和传达信息的内容，将导向标识分为四类：确认标识、引导标识、综合信息标识、安全警示标识。

（1）静态信息。这类信息面向轨道交通的使用者，提供导向、票务等相关信息。其中，按导向标志的性能不同，导向信息又可划分为方向性、警告性及服务性三类。

方向性导向标志：包括站点位置、进出站方向、购票方向、站内路径引导、列车运行方向标志等。

警告性导向标志：包括乘客停留标志、乘客禁止进入标志等。

服务性导向标志：包括轨道交通系统线路图、沿线停靠站点及接驳交通、枢纽周边区域地图、标志性建筑及接驳交通换乘站地点，及其他公共服务设施导向标志等。

静态信息是轨道交通乃至整个公共交通系统正常运营所应具备的条件，是确保换乘效率的基础。

（2）动态信息。这类信息分为面向使用者和面向管理者两种。

面向使用者的动态信息：主要包括列车到离站时空信息、轨道交通与其他交通方式换乘时空信息、车内拥挤程度等反映车辆行驶状态和枢纽停车等设施利用情况的实时交通信息。

面向管理者的动态信息：实际是一种信息反馈，即针对实际客流需求变化而提供的车辆运营实时信息，使管理者掌握换乘各种交通方式的乘客需求量以及各种交通工具的运行状况，方便对交通工具的管理。

8.1.3 目前城市轨道交通标识系统实施情况

我国对标识的研究起步较晚，之前标识不够重视，设置随意，使得乘客寻路困难，延误乘车时间，给车站的运营效率带来了严重影响。随着社会的不断进步，人们逐渐意识到，标识实则是运营管理中一个重要组成部分，它对客流组织有着举足轻重的影响，于是，专家们开始对导向标识系统开展了一系列的研究。

上海从线路标识色、标识分类、标识设置的关键节点划分以及加强动态信息应用四个方面提出了标准地下两层车站的标识系统设置方法。

武汉通过对国内外城市轨道交通标识系统的对比分析以及现有标识系统的设计理论，并根据自身具体情况，分析和解决了武汉轨道交通标识系统设计需要注意的问题并给出了解决办法。

南京从人的视觉特性出发，研究人的生理及心理特点，探索分析人的视觉识别规律，并与标识设计中的文字、图形符号、色彩、造型比例、规划布置、形式结构与材料工艺相结合，得出标识设计中基于人的视觉特性的参考依据，作为指导标识设计的理论基础。

目前我国有关城市轨道交通标识的国家和行业标准较多，通过对这些国家和行业标准进行分析发现：

（1）因标准使用范围不同，使用要素在很多不同标准中重复规范；

（2）大多标准对各要素单独规范，缺少相互组合下的统一；

（3）标准中制订的原则大多是定性的，如“导向要素的设计应与环境相协调（GB/T 15566.1—2007)”，这样的描述无法给标识系统的布设提供显著帮助；

（4）标准中仅包含一些要素设计的具体技术参数，缺少标识系统布设的整体规划方法，造成设计者不能有效使用这些参数。

8.2 标识系统设计

城市轨道交通客流标识系统规划设计从三个层面：点——标识的个体设计，即标识的视觉形态设计；线——结合单条流线设计标识，具体包括各个标识位置的确定与标识内容应该提供的准确信息；面——是指基于车站整体空间构成特征的清楚认识，和功能空间与流线组织两个方面展开标识系统的布点设计。规划设计的主要工作为：标识的视觉形态设计以及标识系统的布点设置。

8.2.1 导向标识系统视觉形态设计的基本原则

（1）醒目性。标识设计一定要能达到十分醒目的视觉效果。较为重要的标识要能使人们感觉到十分强烈的视觉冲击效果。另外一方面，标识上的文字以及符号应该要足够大，能够使人们远距离便能看到。但是标识不能单独强调“大”，还要注意其美观性，要与标识本身尺寸和其所在的空间尺寸相协调。

（2）规范性和国际化。标识系统设计的规范性是指表示方向的标识信息媒体，例如文字、符号等，这些标识系统的设计应采用国家标准以及国际上惯用的符号。对于性质相同的地下空间设施，其标识的设计风格则应保持一致，以便形成一个相对固定的体系。同时还应配置标准规范的外文作为信息传递的媒介。

（3）准确简洁。标识上所有内容都应该采用广为人知的用语并确保内容正确，标识内容要有唯一性，以免被人误解。

（4）公平性。轨道交通车站服务对象除了普通乘客还包括弱势群体。在标识系统设计时不仅要考虑普通乘客的信息需求，更应该考虑弱势群体的需求。

8.2.2 线路标识色设计

所谓线路标识色是为了使乘客能够更加快速地识别轨道交通线路，而通过运用几种不同特定颜色来表示轨道交通各线路。明晰规范的线路标识色便于乘客更好地识别线路并准确定位自身所在线路空间位置；另外，系统化、规范化线网的色彩还可以丰富地下空间的视觉效果。合理、正确地规划线路标识色能使地下空间与城市空间的色彩形成互补，以丰富人们的出行线路环境、提升出行品质。城市快速轨道交通车站标识体系中线路标识色是不可或缺的一部分。如果能灵活运用换乘站线路标识色，可以不用标识来引导乘客，如图8-1所示。

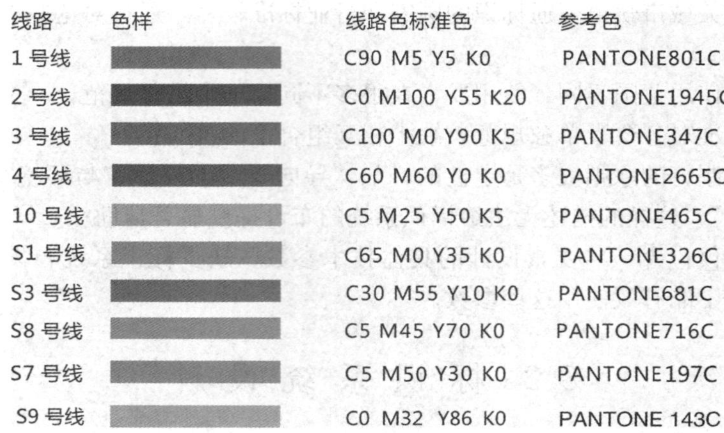

线路	色样	线路色标准色	参考色
1号线		C90 M5 Y5 K0	PANTONE801C
2号线		C0 M100 Y55 K20	PANTONE1945C
3号线		C100 M0 Y90 K5	PANTONE347C
4号线		C60 M60 Y0 K0	PANTONE2665C
10号线		C5 M25 Y50 K5	PANTONE465C
S1号线		C65 M0 Y35 K0	PANTONE326C
S3号线		C30 M55 Y10 K0	PANTONE681C
S8号线		C5 M45 Y70 K0	PANTONE716C
S7号线		C5 M50 Y30 K0	PANTONE197C
S9号线		C0 M32 Y86 K0	PANTONE 143C

图 8-1　某城市轨道交通线路标识色

（1）推荐城市轨道交通线路标识色应用于以下场合：

1）车身：一旦线路的标识色确定，则此线路列车车厢外部的车身颜色就应当使用所选中的标识色或者在其车身外部刷上标识色色带。

2）标识：从出入口进入站厅时，特别是换乘站站厅，一定要采用线路标识色，乘客才能快速寻到自己需要搭乘的线路。另外，标识的文字颜色也可以使用线路标识色，特别是在同站台换乘的站台，效果更好。

3）站台定位：在本线线路的站台一定要采用与其一致的标识色。

4）轨道交通线网示意图：只要是涉及快速轨道交通线路的示意图，都必须使用规定的标识色来代表。

5）其他场合：凡涉及城市轨道交通线路的场合都要用线路标识色与线路相对应。

（2）城市轨道交通的线路标识色设计建议。为了使乘客能在最短的时间里通过色彩即能识别出欲乘线路，就必须在设计线路标识色时，充分发挥色彩的视认度，以使各条线路间的色彩清晰明辨。所以，推荐采用红、橙、黄、绿、青、蓝、紫等人们既熟悉且较易识别的颜色来设计线路标识色，着重考虑换乘节点的两条线路的选取，遵循冷暖色穿插的原则，确保乘客乘车、换乘的清晰识别。

8.2.3 标识本体色设计

不同的颜色给予人的思维刺激也不一样。有关研究表明，在标识颜色的选取上，黄色的颜色最为显眼，其次是白、红、蓝、绿、黑。为保证标识容易被清晰辨认，还需要对颜色的搭配进行探索，一般用亮色调与暗色调组合，可以使视觉清晰度更高。上海轨道交通标识牌底色为深灰色，进出站信息为“白进黄出”如图 8-2 所示，南京轨道交通标识牌底色采用深蓝色，进出站文字采用白色，如图 8-3 所示。

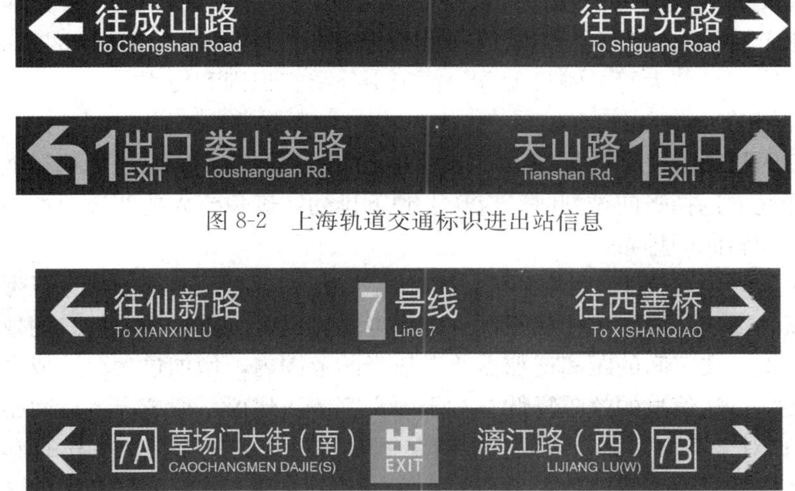

图 8-2　上海轨道交通标识进出站信息

图 8-3　南京轨道交通标识进出站信息

标识本体色设计建议：

（1）深底白字具有递进感，相反白底深字则具有后退感，深底白字的效果远远比白底深字的视觉效果扩张性强，传递信息的速度也更快，因此建议信息含量少的引导标识底色采用相对深色，图形、文字采用白色。

（2）建议采用不同的色彩表达方式代表进站标识与出站标识，出站标识采用的色彩应比进站标识更加醒目。如南京轨道交通标识本体色的应用，进、出站均采用深底白字，但“出”字字样的标识加注绿色以区别。

（3）引导标识涉及轨道交通线路相关信息时，均采用对应的线路标识色。

（4）人们日常阅读常看的为白底黑字，综合信息标识或信息含量比较多的引导标识，建议采用白底黑字或灰底黑字。

（5）为保证标识颜色能够更鲜明地表达其具体含义，在标识中标识底色应占 50%以上，也就是说图形、文字的颜色在面积上不能超过整个标识的一半 。

以上标识本体色的设计建议是针对确认标识、引导标识以及综合信息标识，安全警示类标识的设计应参考现有的设计规范和准则。

8.2.4 标识版面设计

1. 文字

文字是一种重要信息传达方式，在标识中居于重要地位，其组成要素，诸如字体、大小、色彩、排列方式等都可以对乘客的认知速度、认知准确度等认知效果参数造成重要影响，而这些要素中，文字的大小是由乘客的视力、阅览时间、理解时间以及反应时间决定，需要指出的是，文字不仅包含汉字，还包括外文字母和数字。

2. 字体

一般字体的选择要富有美感，具有独特性等，但是标识的字体信息能准确快速地被乘客注意并获取才是首要的。所以字体的识别性非常重要，文字的识别性高低与采用哪种字体有很大关系。参考《城市轨道交通客运服务标志》GB/T 18574 中对文字的相关规定，建议城市轨道交通标识字体设计为：汉字字体采用汉仪中黑简体，这种字体笔画粗细一致，结构方正，易被乘客识别；英文字母和数字都采用国际通用的 A rial Regular 字体，并且单词的首写字母应大写，醒目大方，便于中外乘客识别和使用。

3. 文字的排布

（1）文字的排列。文字的排列设计应符合人的阅读规律，所以优先选择横向从左到右排列，特殊情况下选择竖向排列时，应从上到下排列，避免与人的阅读习惯相反，从右到左、从下到上和斜向的排布。

（2）文字的间距。关于文字的间距可以从字间距和行间距两个方面进行考虑。首先从字的间距方面，适当的增加字的间距在一定程度上可以提高乘客获取信息的效果，尤其是文字远距离辨别。文字间的距离增加需要在适当的范围内，增加过大会造成文字信息缺乏连贯性，使文字传达信息的效果降低。对于中文字体，建议一般情况下行间距以汉字字高的 1～1.5 倍；对于英文字体，建议一般情况下行间距要不小于英文字高的 0.4 倍；对于中文和英文字体行间距一般以中文字高的 0.3 倍以上为宜。确定科学合理的文字间距能有效地提高乘客对标识信息获取，建议中文字间距一般取中文字宽的 0.25～0.3 倍，英文字间距一般取英文字宽的 0.15～0.2 倍。

4. 图形

图形标识的设计较为简单，主要由箭头、图案、示意图等要素组合组成。图形标识构成应尽量洁简，图形能够突破语言障碍，使人一目了然，不同年龄层甚至不同地区的乘客都能通过简单的图形迅速得到信息，比文字更加方便、易懂。

在设计图形标识时要充分考虑人的视觉及认知特性的影响，运用图形符号准确表达图形标识所要传达的信息，避免误导乘客；图形符号的构型要简明，让乘客易于发现和辨识，还要考虑制造过程的便利性；图形符号不仅应该实现必要信息传达的功能，还需要融入到所处空间的环境中，图形的边界应该明确、稳定。

图形设计的具体建议：

（1）标识中应优先使用图形符号，如图形不能完全表达清晰，则在图形旁配以文字加以说明。

（2）图形的设计优先考虑使用国际通用图形，当无国际通用图形可以采用时，可以参考国家及地方现有的标识标准，规范图形的设计。

（3）图形符号内不得添加文字、数字。

图形的高度建议参考 GB/T 18574 的推荐值。

5. 版面布局

（1）引导标识版面布局如图 8-4 所示。

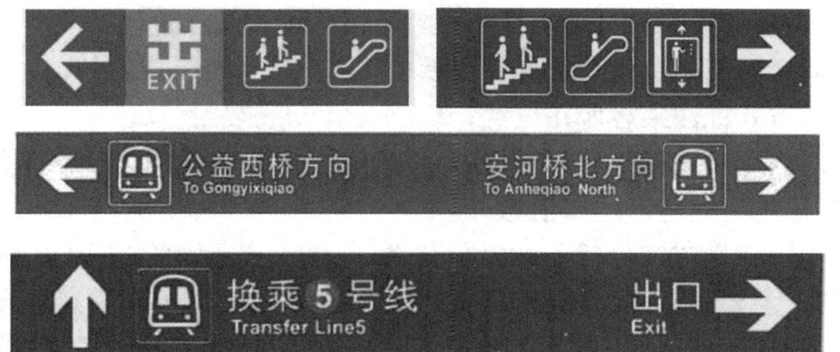

图 8-4　引导标识版面布局

根据乘客的视觉特征，建议引导标识采用横向布置。

1）箭头指左向（含左上、左下），图形符号、文字、数字等应当位于箭头标识右侧，并按重要程度自左向右排列；

2）箭头指右向（含右上、右下），图形符号、文字、数字等应当位于箭头标识左侧，并按重要程度自右向左排列；

3）箭头指上向或下向，图形符号、文字、数字等宜位于箭头右侧，并按重要程度自左向右排列。

（2）确认标识如图 8-5 所示，确认标识参考 GB/T 18574，建议设置如下：

图 8-5　确认标识

1）确认标识横向排列布局时，图形符号宜位于左方，文字位于右方。

2）确认标识纵向排列布局时，图形符号宜位于上方，文字位于下方。

3）确认标识横向排列布局时，标识中的排列应中文在上，拼音或英文在下。

4）确认标识纵向排列布局时，应中文在右，拼音或英文在左。拼音或英文字符较多时，应顺时针旋转 90°。

（3）综合信息标识如图 8-6 所示，综合信息标识版面布局可灵活设计，局部设计应尽

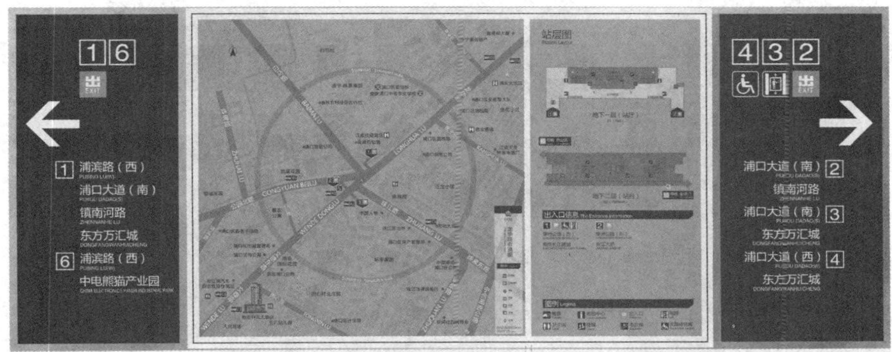

图 8-6　综合信息标识

量与引导标识和位置标识的设计要求保持一致，以下提出几点建议：

1）车站布局和车站周边信息宜分开展示；

2）以醒目的方式标注乘客所在位置；

3）图形中应当尽量精简文字的使用，可以标注数字编码，然后辅以信息索引说明，以简化图形，突出所要表达的主要信息；

4）车站的周边信息应该包括车站出口位置，500m 范围内的主要道路名称、公交站位置、公共建筑、主要居住区、景点等具有代表性的事物，以方便乘客选择出站口。

（4）安全警示标识如图 8-7 所示，安全警示标识中说明性的标识版面设计参考引导标识与确认标识，其他标识应按现有的标识设计规范及准则设置。

图 8-7　安全警示标识

8.2.5　标识系统的布点

1. 空间分析

根据乘客行为以及人性化设计原则，将车站划分为八个关键节点，如图 8-8 所示。

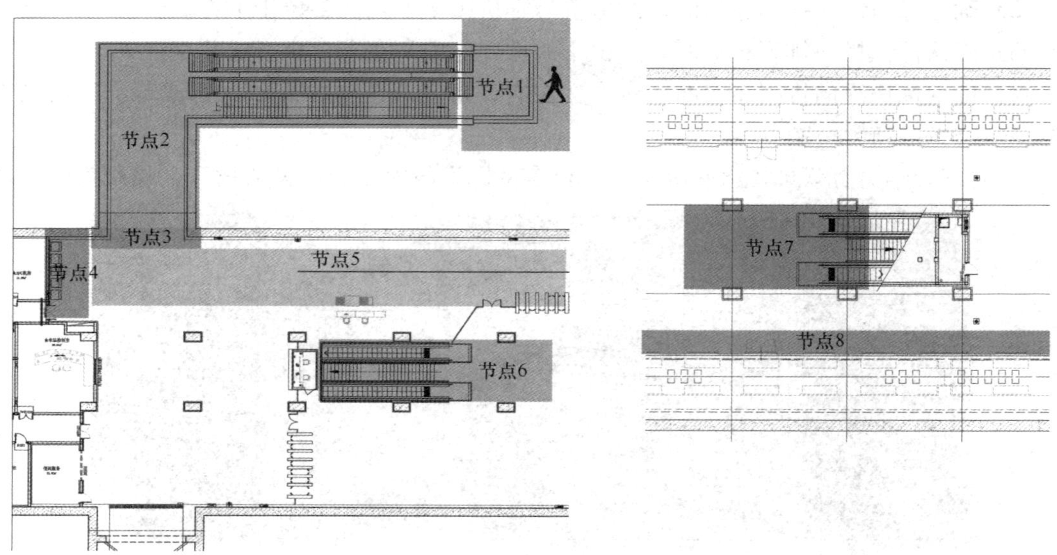

图 8-8　车站关键节点示意图

节点 1：站外至出入口（包括出入口）；

节点 2：出入口至通道（包括通道）；

节点 3：通道至站厅（通道与站厅的连接处）；

节点 4：站厅至售票（包括售票）；

节点 5：售票至闸机（包括闸机）；

节点 6：闸机至楼梯（包括站厅楼梯）；

节点 7：楼梯至站台（包括站台）；

节点 8：站台至车厢（包括站台上下车区域及车厢）。

2. 标识的设置方法

（1）标识的设置原则如下：

1）连续设置原则：为防止乘客产生疑惑，相同内容的信息应连续布置；

2）优先设置原则：标识牌应优先设置，商业设施只能处于辅助地位；

3）岔道必置原则：在行进路线不是唯一的岔路口处，必须设置；

4）信息组合原则：相关信息可以进行醒目、清晰的组合；

5）杜绝错误原则：错误信息必须立即改正，防止误导；

6）数量合理原则：信息牌布置要避免“多多益善”，应与周边环境保持协调；

7）信息完整原则：告知信息的缺失，容易引起乘客流动的无序和混乱；

8）有疑必设原则：会引起大多数人疑问的场所，必须设置标识信息牌。

（2）各类标识的具体位置设置方法：根据现有的规范，标识信息内容应分级提供，不需一次性提供完整的内容，只需提供乘客当前所需的信息内容。因为当人遇到标识时会将其所提供的信息内容全部读完，此时冗余的标识信息将拖延乘客的行进。因此，建议城市轨道交通车站标识采用分级设置，根据轨道交通车站中乘客的行为路径，建议分三级标识导向，逐级提供标识信息，以提高乘客标识信息的获取效率。

具体标识组织方法如下：

一级标识，主要提供乘客要到达目标位置的大概方位，一般是信息量较大的引导标识或综合信息标识；

二级标识，按一定的频率向乘客提供明确目标位置的引导，一般是信息较为单一的引导标识；

三级标识，目标位置确认标识。

城市轨道交通车站内乘客流线是由乘客的行为模式决定的，乘客从不同方向的出入口通过单一的通道汇集在站厅层非付费区，然后通过进站闸机到付费区，再由引导标识指引到各自所需到达的列车站台，在站厅层完成汇集与分散。乘客的出站行为模式反之（乘客换乘行为模式包含在出站模式之中）。所以一级标识应该设置在站厅层流线交织处或乘客流线信息需求比较大的位置，二级标识按照各流线间隔设置，具体设置方向下文详细展开，三级标识即流线的终点，一般为确认标识。

（3）引导标识。车站中乘客在引导标识指引下完成进站上车与下车出站等行为，因此，引导标识的布设应以乘客流线为基础。在乘客流线分析后，针对乘客在不同流线节点处的信息需求，按一定的频次连续地布设，特别是乘客需做方向判断的节点处，避免引导信息发生中断。另外，引导标识应垂直乘客流线布设，且应位于该通行位置的中线上。

如图 8-9 所示，该图反映的是乘客在轨道交通车站内部行为流线，图中 C、H、J 字符分别代表出站、换乘、进站流线的方向选择和决策节点，即应设置引导标识的位置，节点之间再根据通行长度按一定间距加设标识。

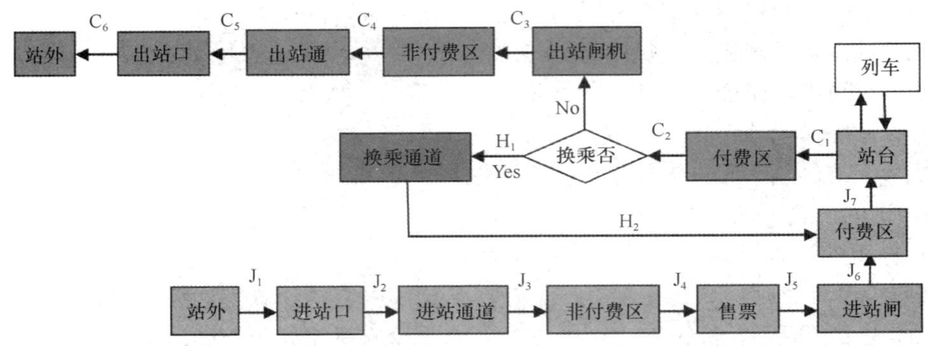

图 8-9 轨道交通车站内乘客进流线图

引导标识的设置间距是与乘客视距密切相关的，相邻且相关的两块引导标识间距不能超过乘客的视线范围。根据 GB/T 18574，建议当通行长度大于 30m 时，宜重复设置。

（4）确认标识。确认标识作用点即为乘客流线的起点和终点，也就是乘客需要接受服务的终端。轨道交通车站功能空间组成为：车站出入口、站厅层、站台层、通道，这些功能空间涵盖了所有的乘客流线起点和终点（包括各种出入口）。因此，确认标识应设置在相应设施的上方、墙面、立柱或附近位置。

（5）综合信息标识。综合信息标识一般应当设置在多条流线交织的空间，或者设置在乘客流线中需求信息量较大的节点。例如站台层不宜设置信息量大的标识，在不影响人流的位置可以设置列车运行线路标识和轨道交通线网示意图，站厅层非付费区出站闸机靠近出入口且不影响人流处可以设置车站空间示意图、轨道交通线网示意图、车站周边信息图等综合信息标识，站厅层付费区与站台连接的楼梯附近设置车站出口信息标识等，具体布设位置需根据流线组织分析和需求分析确定。

由于城市轨道交通处于封闭的地下空间，乘客在其中的方向辨别能力较差，建议综合信息标识中具有定位信息的标识设置应使标识中的位置方向与乘客所处的实际方位保持一致。即乘客面对标识的方向，就是标识的正上方，乘客左右手边与标识中标注的乘客位置左右方向完全一致。

（6）安全警示标识。建议安全警示标识中的警示标识、禁止标识、消防安全标识、紧急疏散标识应自成体系，与其他标识分开设置，以免对其他标识运作的干扰。其中带有说明性的标识可以参考综合信息标识的方法设置。

3. 标识的设置形式

城市轨道交通标识的设置形式有贴附式、挂吊式、悬臂式、落地式四种，根据前文分析各种标识类型对应常采用的设置形式如下：

贴附式：确认标识、引导标识、综合信息标识、安全警示标识；

挂吊式：确认标识和引导标识；

悬臂式：确认标识和引导标识；

落地式：引导标识、安全警示标识。

贴附式标识的设置高度：根据国内相关规范贴附式标识的下边缘距离地面应大于等于700mm，上边缘距离地面应小于2300mm。具体高度根据贴附式标识的类型、当地乘客的相关特征数据及贴附位置的建筑空间决定。

挂吊式标识各地区轨道交通车站的设置情况不统一，建议城市轨道交通标识中挂吊式标识的设置高度应充分调查该地区乘客相关特征数据并参考其他地区的设置高度后根据自身具体情况取值。

悬臂式标识参考挂吊式标识的设置高度。

落地式标识为非固定式的，可以根据车站内部的需求灵活放置，主要起辅助作用，其高度不宜过高，高度根据当地乘客的相关特征数据而定，一般情况取标识的上边缘距地面1800mm。

4. 城市轨道交通客流标识系统设计程序

（1）全面了解相关设计标准，结合当地具体情况，制订城市轨道交通客流标识系统的设计标准。

标识的系统化、标准化设计将各个标识组成分工明确、层级清晰的整体，既易于管理，又避免大量资源的浪费。所以完善的设计标准是城市轨道交通客流标识系统设计的必备基础。

（2）密切配合交通流线的设计，合理选择位置、信息内容以及标识样式，交通流线的设计就是为了尽量减少客流的交织，保证车站乘客的迅速流通，提高空间的使用效率。标识作为车站的配套设施，只有密切结合流线的设计，辅助乘客按照设计路线快速、顺利地完成全程，才能够达到最初的设计目的。

（3）确保标识牌制作工艺的高水平，充分考虑与其他方面的配合，如安装、装修在标识制作过中，要从标识材料的选择、机电技术要求、安装方式以及安装位置等方面，综合考虑标识的可安装性，尽量减少对周边环境的不良影响，并尽可能延长维护周期以及使用寿命。

（4）全面贯彻设计意图，一般而言，从设计到最后产品的出炉，每一个环节都需要贯彻原始的设计意图，才能保证设计的全面实施。

（5）再次确认信息内容的准确性。

从标识系统的设计到最后投入使用，需要经历一段工期，这就可能会发生因周边环境信息的变化导致标识提供信息的滞后，所以需要及时确认并更新标识内容。

8.2.6 消防应急照明和疏散指示系统

合理设计消防应急照明和疏散指示系统，最主要的目的就是保证消防应急照明和疏散指示系统的质量，确保系统正常运行，在发生危险的情况下，为乘客提供醒目、连续、及时、有效、准确的疏散指引信息，做到安全可靠、技术先进、经济合理、节能环保。

（1）消防应急设计应根据建筑的结构形式和使用功能，以防火分区、楼层、站厅和站台等为基本单元确定各水平疏散区域的疏散指示方案。疏散指示方案应包括确定各区域疏散路径、指示疏散方向和指示疏散出口、安全出口消防应急标志灯具的工作状态，并符合下列要求：

1）按照最短路径疏散的原则确定该区域的疏散指示方案；

2）具有两种及以上疏散指示方案的，首先应根据火灾时相邻防火分区可借用和不可借用的两种情况，分别按照最短路径疏散原则和避险原则确定相应的疏散指示方向；其次按最短路径疏散原则确定的疏散指示方案应为该场所默认的疏散指示方案。

（2）消防应急照明和疏散指示按消防应急灯具的控制方式可分为集中控制型系统和非集中控制型系统。设置消防控制室的场所应选择集中控制型系统；设置火灾自动报警系统，但未设置消防控制室的场所宜选择集中控制型系统。

（3）应急照明控制器、应急照明集中电源 、应急照明配电箱和灯具应选择符合现行国家标准《消防应急照明和疏散指示系统》GB 17945 的规定和有关市场准入制度的产品。

8.2.7 消防应急照明和疏散设置要求

采用不同疏散预案的车站，改变相应标志灯具指示状态的控制设计应符合下列规定：

（1）应由消防联动控制器发送的代表相应疏散预案的联动控制信号作为控制改变该区域相应标志灯具指示状态的触发信号；

（2）应急照明控制器接收到代表相应疏散预案的消防联动控制信号后，应自动执行以下控制操作：

1）按对应的疏散指示方案，控制该区域内需要变换指示方向的方向标志灯改变箭头指示方向；

2）控制该场所需要关闭的疏散出口处设置的出口标志灯的“出口指示标志”的光源熄灭、“禁止入内”指示标志的光源应急点亮；

3）该区域内其他标志灯的工作状态不应改变。

（3）备用照明的设计应符合下列规定：

1）备用照明灯具可采用正常照明灯具，在火灾时应保持正常的照度；

2）备用照明灯具应由正常照明电源和消防电源专用应急回路互投后供电。

8.2.8 车站标识示例

（1）地下岛式站示例，如图 8-10 所示。

（2）地下侧式站示例，如图 8-11 所示。

（3）高架侧式站示例，如图 8-12 所示。

（4）高架岛式站示例，如图 8-13 所示。

（5）换乘站示例，如图 8-14 所示。

综上所述，对标识系统的界定、分类和设置形式进行了分析。根据标识的特点，将城市轨道交通客流标识系统的设计分为视觉形态设计和空间位置设计。按照不同的分类方法，分析城市轨道交通车站内部的客流特性，关注不同类型乘客的需求，从乘客的心理特征、视觉特征、认知特征及寻路特征需求，开展设计。通过对城市轨道交通车站功能空间组成分析，对车站内部交通流线进行分析，将乘客流线分为进站流线、出站流线和换乘流线。在流线分析的基础上，研究各流线节点处乘客对信息的需求，作为标识系统布设规划的理论基础。从标识的色彩体系、文字、图形、版面形状和布局等几方面，明确标识视觉形态设计原则、方法；从功能空间、流线组织、单条流线几方面对标识进行布点设计；标识系统设计应分三级组织，实现逐级引导。

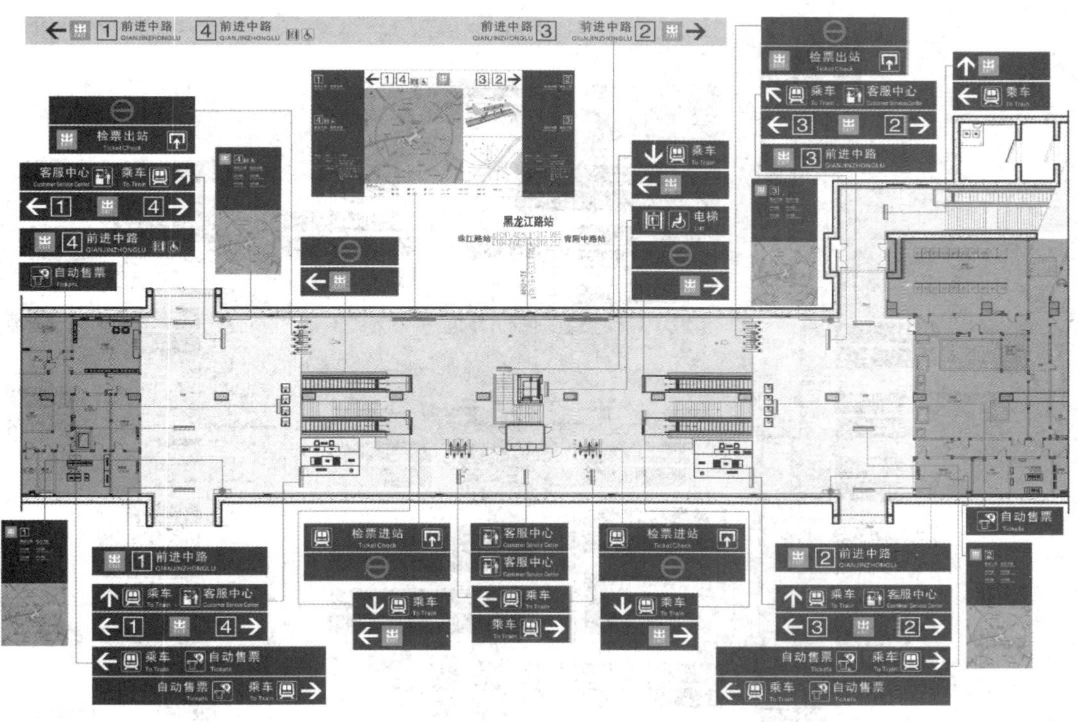

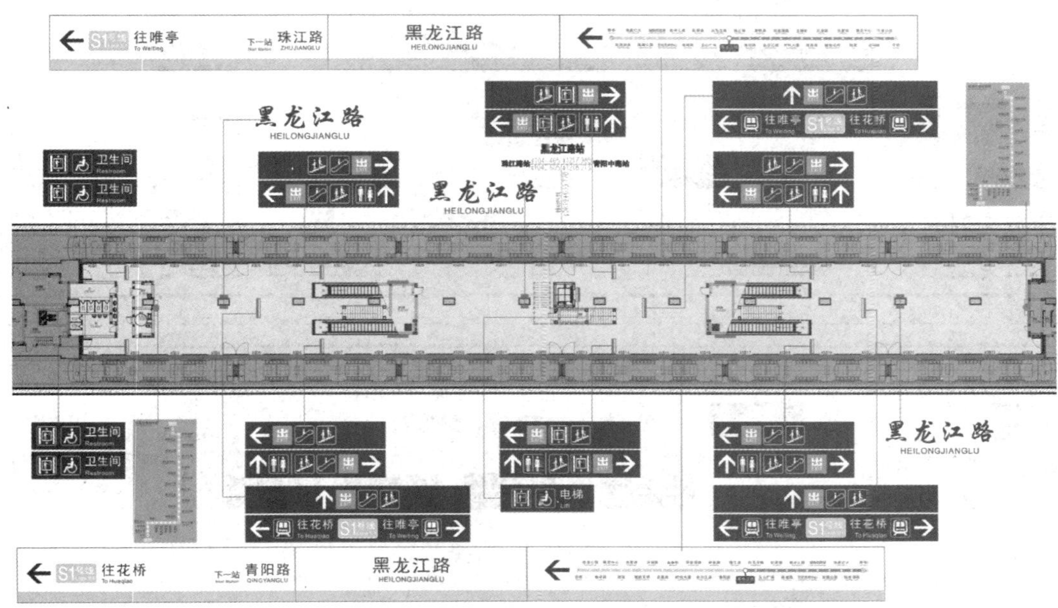

图 8-10　地下岛式站示例

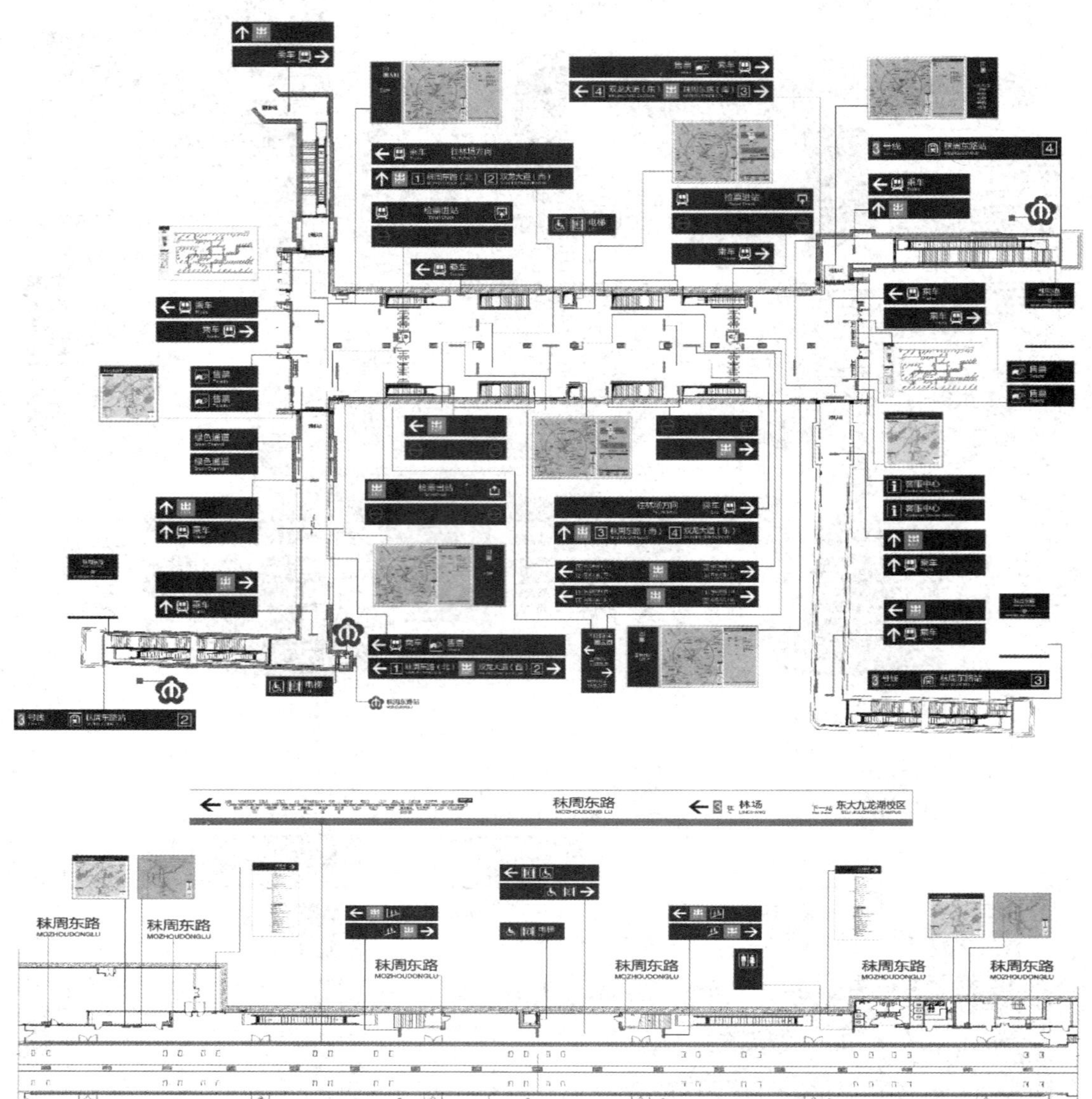

图 8-11　地下侧式站示例

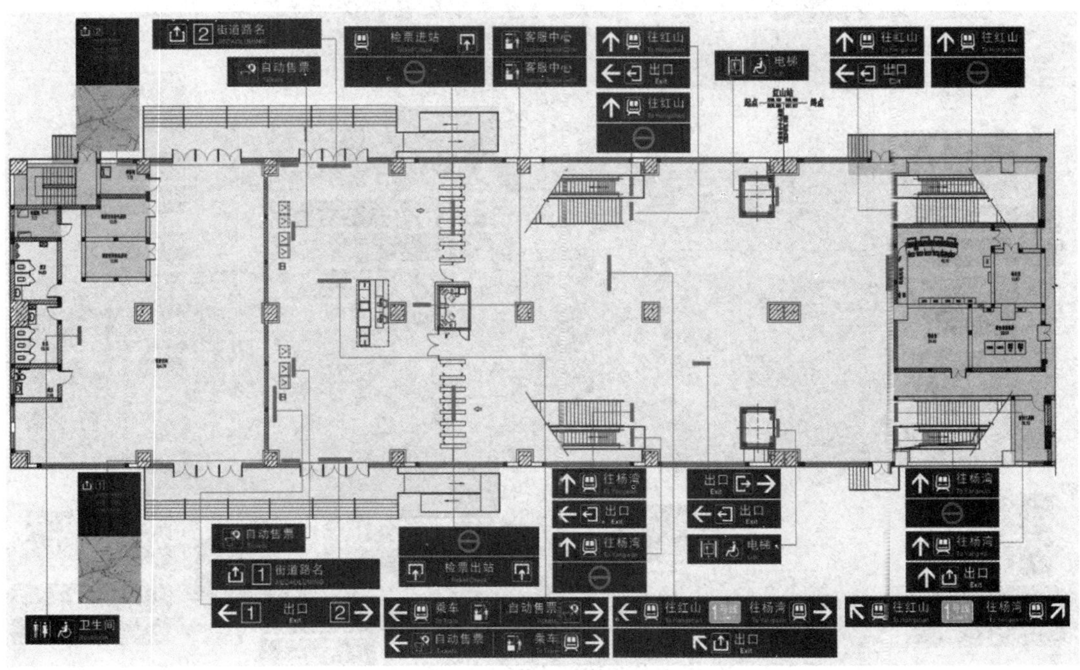

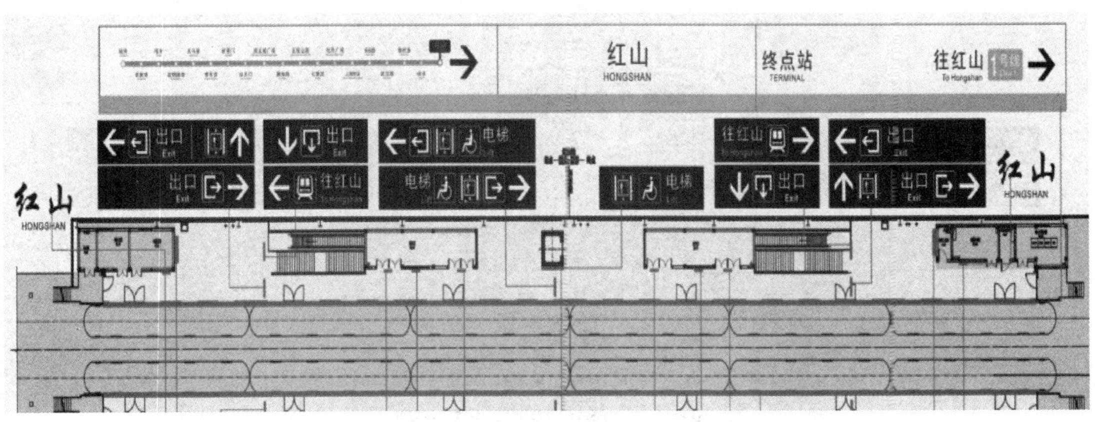

图 8-12 高架侧式站示例

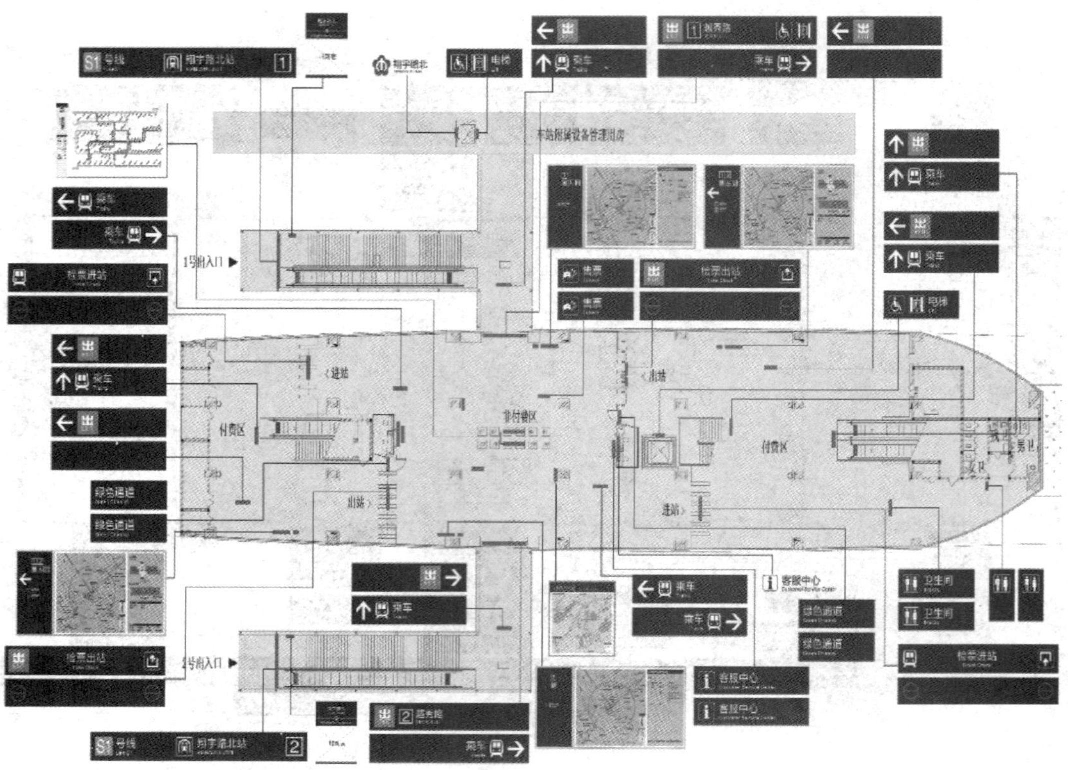

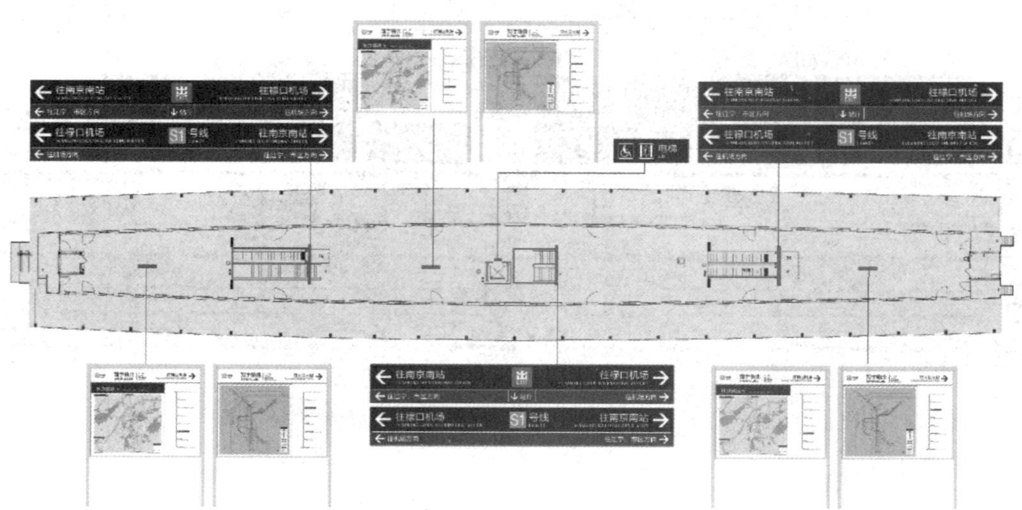

图 8-13　高架岛式站示例

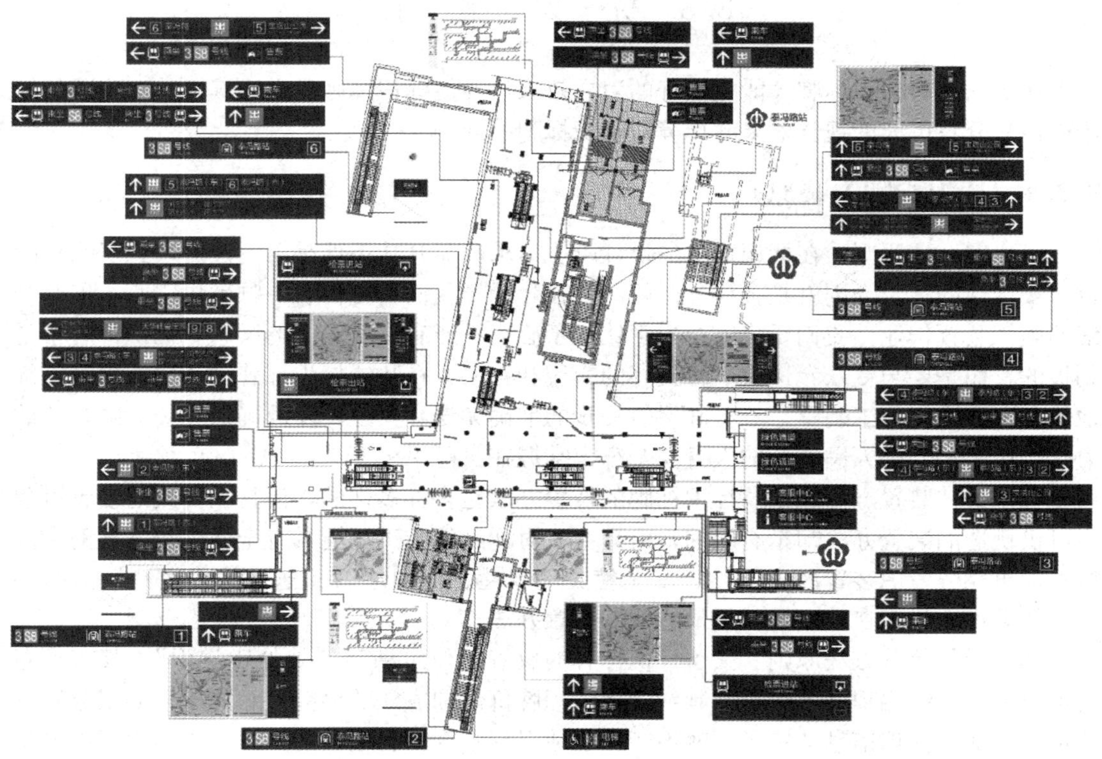

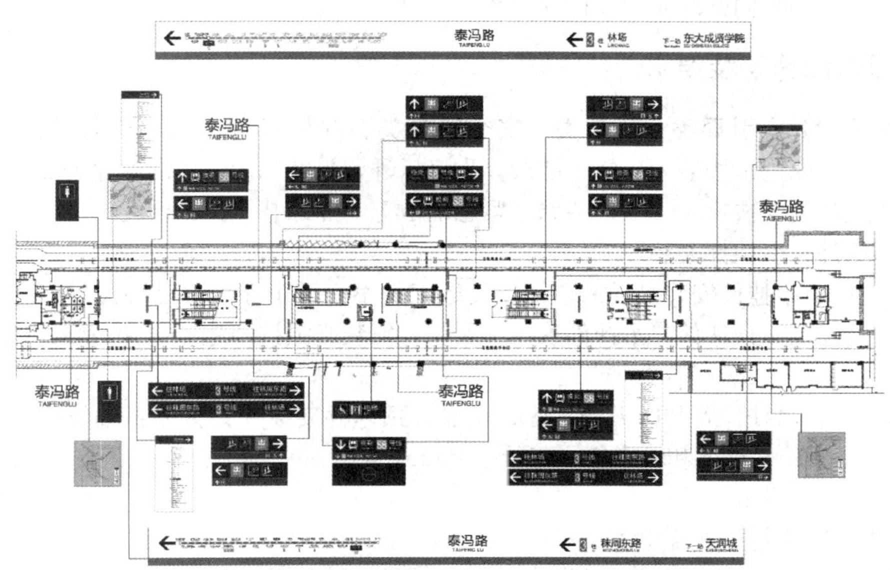

图 8-14　换乘站示例

8.3 标 识 施 工

连续的指导标识标牌才能提供好的引导效果，要使标识标牌具有连续性，在安装的时候应该充分考虑人的视觉效果和环境对标识标牌的影响。

8.3.1 标识标牌安装原则

（1）安全性原则。在标识标牌的设计阶段力求凸显其功用性是第一位的，到了装置阶段，安全性的装置准则就是金科玉律般的存在，辅导我们一直怀着一颗敬畏之心去展开详细的施工装置作业，我们要将安全施工铭记于心，不能有一丝一毫的懈怠。标识标牌不是刻板的，而是要与受众者达成一种良好的交流和互动，在装置标识标牌时，应该事无巨细地依照工序进行施工装置，只有确保每一步的准确无误和安全，才敢确保完美无缺，才敢力排隐患要素，将人民群众的人身安全牢牢掌握在自己手中。

（2）最佳装置方法原则。标识标牌的装置办法是多种多样的，但是在实践的装置过程中可供挑选的装置办法却是有限的，由于要在对详细的施工环境具有全面细致掌握的大前提下，再充分考虑装置的安定性、安全性、美观性、协调性以及施工的方便性等诸多要素，然后挑选一个在特定场景下最适宜的装置办法。

（3）最佳装置方法原则。关于标识标牌的放置方位可谓是“处处皆学识”，其布点布局可以说是在一定程度上影响和制约着标识标牌价值和成效的终究展示作用，如果放置方位错了，那么标识信息就错了，就不能正确地引导乘客顺利地进出车站。在标识标牌方位布点时，最好采纳前期踩点试验的办法，可以依据试验情况，对导向进行适当的调整，这一装置准则也需要我们好好领会其设计意图。

8.3.2 标识标牌安装要求

标识系统主要有引导类、资信类、安全警告类、宣传规范类、可动电子类（LCD、LED）标识等，原则是按层划分施工区段，先里后外，先特殊后一般的顺序安装，其重点是图纸深化设计及与扶梯、动照、装修、紧急疏散等专业的技术接口问题。

（1）预埋件、吊挂件安装

1）预埋件、吊挂件安装是导向标识安装施工的第一道工序，也是确保导向标识牌系统安装质量的前提，预埋件、吊挂件加工、制作、安装必须按图施工，并与装饰施工同步进行。

2）预埋件、吊挂件安装时做到牢固、可靠，预埋件安装允许偏差：轴线或中心线偏差不得大于3mm，平整度和垂直度小于等于2mm。

（2）标识牌体供电

1）标志牌采用树干式配电方式供电；

2）供电采用交流220V，用电设备端子处电压偏差不能偏离±5%，距离过远时应采取措施以满足线路电压偏差要求；

3）标志牌配电箱与照明配电箱合用；

4）城市轨道交通各站内接地母线的路由、规格应符合设计要求。

（3）电气配管敷设

1）标识系统电气配管一般采用 $DN25\times1.6$mm JDG 电镀管和 $DN25\times2.0$mmSC 热镀锌管敷设。

2）电管采用紧固螺钉连接时，螺钉应拧紧；在振动的场所，紧固螺钉应有防松动措施。

3）钢管与盒（箱）或设备的连接采用明配钢管或暗配的镀锌钢管与盒（箱）连接，并采用锁紧螺母或护圈帽固定。

（4）电气线缆敷设

1）导线采用低烟无卤阻燃 BV 导线。

2）根据标识牌配电回路的要求，每根管内绝缘导线数不多于八根。

3）三根以上绝缘导线穿于同根管时，总截面（包括外保护层）不超过管内截面的 40%。

4）各种导线应严格按照设计要求选择规格型号、相线、零线及保护地线，并应加以区分，用黄、绿、红导线分别作 A、B、C 相线，黄绿双色线作接地线，黑线作零线。

5）管内穿线前，应检查管口的护口是否齐全，是否有遗漏和破损，导线连接时，必须先削掉绝缘再进行连接，而后加焊，包缠绝缘。

（5）标识牌体现场安装前按要求进行检查，将设备逐个进行检测和调试，发现无任何故障后，方可开始安装。

1）悬挂式：在站厅通道出入口处或高架站站厅安全出口上设置电光源型安全出口标志，高度在门沿上方 200mm。

2）挂墙式：标志牌大部分顶部离地高度 2100mm，与墙面材料平齐，不影响装饰整体效果，在拐弯处墙面根据需要相应增设疏散指示标志，换乘通道的疏散标志设计应符合双向疏散的原则。

3）落地式：沿疏散通道或主要疏散路线、步行楼梯中心线设置，为了装饰美观、便于施工，地牌设置在地面每块石材中心。

（6）标识系统试运转

1）标识牌设备试运转是检验标识系统是否符合设计要求和规范规定的重要环节，试运转现场代表、监理及施工人员均应参与，依据标识牌有关技术文件、施二方案进行。

2）试运转时，按先无负荷，后带负荷，先单机后联动，按顺序进行，上一步合格后，再进行下一步试运转。

8.3.3 标识设施管理与维护

（1）牌体设施管理

1）标识管理应做到降低维修保养成本、减少维修作业次数及维修时间、简化维修操作程序，做到安全、可靠。

2）方便性：当维修人员维修某部件时无须拆除其他部件，在维修或更换某部件时无须拆换箱体。

3）互换性：紧固件及标准件采用公制，相同功能的部件可以互换。

4）可修复性：构件或组件都设计成可具修复性，设备可以在现有维修条件下进行维修。

（2）牌体设施的维护

1）对污染的标识牌要进行清理和清洗，清除内部的灰尘、边角料等杂物，对无法进行人工清除的标识牌要用压缩空气进行吹扫。

2）整体效果的动态标识牌，有技术要求需拆洗时，要进行解体检查和清洗。并做好相应的标志和记录，组装及维护的牌体必须达到设计要求和质量标准，确保标识系统正常运行。

参 考 文 献

[1] 郭晓阳，王占生．城市轨道交通车站空间环境设计—程序·方法·实例[M]．北京：中国水利水电出版社，2014.

[2] 陈易．城市地下空间室内设计[M]．上海：同济大学出版社，2015.

[3] 束昱，路姗，阮叶菁．城市地下空间规划与设计[M]．上海：同济大学出版社，2015.

[4] 全永燊，杨涛，赵一新，等．《国务院办公厅关于进一步加强城市轨道交通规划建设管理的意见》解读[J]．城市交通，2018(5)．

[5] 马小毅，金安，刘明敏．国内城市轨道交通首线初期客运强度变化分析及启示[J]．城市轨道交通研究，2016(6).

[6] 徐士伟，黄荣新．新时代广州市轨道交通线网规划[J]．交通与港航，2019(4).

[7] 国家发展改革委关于上海市城市轨道交通 第三期建设规划(2018～2023 年)的批复．中华人民共和国国家发展和改革委员会．2018-12-11[引用日期 2018-12-27].

[8] 刘贵斌．浅谈陶土板幕墙系统的特性及应用[J]．建筑学研究前沿，2012(9).

[9] 李俊．有横梁陶土板幕墙的施工技术与应用[J]．建筑装饰，2010(5).

[10] 漆文年．浅谈地铁车站装饰设计与地域文化之间的关系[J]．2014 中国轨道车辆技术与装备大会，2014.